BALLISTIK

VON

DR. THEODOR VAHLEN
o. ö. Professor der reinen und angewandten Mathematik
an der Universität Greifswald

MIT 53 ABBILDUNGEN

VEREINIGUNG WISSENSCHAFTLICHER
VERLEGER WALTER DE GRUYTER & CO.
VORMALS G. J. GÖSCHEN'SCHE VERLAGSHANDLUNG
J. GUTTENTAG, VERLAGSBUCHHANDLUNG — GEORG
REIMER KARL J. TRÜBNER — VEIT & COMP.
BERLIN W. 10 UND LEIPZIG
1922

Druck von
C. G. Röder G. m. b. H., Leipzig.
869222.

Dem Andenken
der gefallenen Waffengefährten
gewidmet

Vorwort.

Die deutsche ballistische Literatur besitzt das umfangreiche Werk von Cranz, durch die Fülle seines Stoffes, die vielen wertvollen Tafeln und die zahlreichen durchgerechneten Beispiele ein unentbehrliches Handbuch für den ballistischen Praktiker, für den Offizier und Waffentechniker. Wendet sich Cranz ausdrücklich an den Nichtmathematiker und vermeidet er deshalb möglichst mathematische Entwicklungen, so bringt das vorliegende Buch gerade den mathematischen Gehalt der Ballistik zur Darstellung, in der Erwägung, daß für wesentliche Fortschritte auf dem Gebiete der Ballistik die Mitwirkung der Mathematik unerläßlich ist. Die Auffassung der Ballistik als einer mathematischen Disziplin verlangte einen strengeren systematischen Aufbau. Als Wissenschaft muß sich die Ballistik frei nach ihren eigenen Gesetzen entwickeln. Zwar muß sie aus der Praxis Aufgaben, Anregungen und Erfahrungsergebnisse entnehmen und ihr dafür neue oder verbesserte Schießverfahren, Versuchsmethoden usw. zurückgeben. Wird aber aus dieser steten Fühlung mit der Praxis eine Führung durch die Praxis, so bleiben wissenschaftliche Ergebnisse von nicht gleich erkennbarem, praktischem Wert ungefördert. Der angedeuteten Gefahr ist die Ballistik nicht immer entgangen. Das ist der Hauptgrund für die auch von Cranz beklagte auffallend langsame Entwicklung der Ballistik gegenüber verwandten Wissenschaften. Die Praxis hat den Schaden davon, indem sie z. B. durch unrationelle Schießversuche oder durch Festhalten an falschen Formeln (s. S. 106) Munition vergeudet. Und wenn die Praxis der Theorie etwa in der Berücksichtigung des Höhenluftgewichts und des Höhenwindes voraus war, so wird doch erst durch die Theorie das Verfahren betreffend das Luftgewicht bestätigt und begründet, dasjenige betreffend den Höhenwind als falsch erkannt und durch das Richtige ersetzt. Daß dies erst in diesem Buche erfolgt, beweist das wirkliche Zurückbleiben der Ballistik. Weitere Beispiele sind, daß man bisher den Regen nicht richtig zu berücksichtigen wußte, daß man die periodischen Schußweitenänderungen mit wachsender Rohrerwärmung nicht deuten konnte, daß man mit falschen Flugbahnschwenkungen arbeitete, daß man einen wesentlich empirischen Drall anwandte, der die Züge beschädigte u. v. a. Diese Beispiele zeigen zugleich, wie das vorliegende Buch, obwohl theoretisch, doch niemals die praktischen Fragen aus den Augen verliert. Ja, es verdankt geradezu der Praxis seine Entstehung. Als der Verfasser für die ihm als Batteriechef und Abteilungskommandeur unterstellten Luftabwehrformationen praktische Schießverfahren aufstellen mußte, zeigte sich, daß noch nicht die beiden ersten Voraussetzungen hierzu erfüllt waren, nämlich: Kenntnis des geometrischen und zeitlichen Verlaufs der Flugbahn bei großen Erhöhungen und großen Anfangsgeschwindigkeiten, und: Möglichkeit, die Höhe des Luftziels zu messen. Letzteres erreichte der Verfasser sofort durch seinen Höhenmesser, der eine Reihe weiterer Vorrichtungen veranlaßte (s. achtzehntes Kapitel), ersteres führte ihn zu einer sehr einfachen und genauen Flugbahnzeichnung und zu neuen analytischen Entwicklungen, durch die eine bisher mehr geahnte als erkannte Zweiteilung der äußeren Ballistik hervortrat. Diese Zweiteilung ergab nicht nur ein wertvolles Einteilungsprinzip, sondern stellte die älteren Verfahren erst an ihren rechten Platz und in das rechte Licht. Insbesondere gilt dies von den Siacchischen Näherungsformeln. Für diese ergaben sich mehrere Abschätzungen der Genauigkeit in verschiedenen Schärfegraden, eine unentbehrliche Ergänzung aller Näherungsformeln, die aber hier merkwürdigerweise noch fehlte.

Nachdem der Verfasser einen Teil seiner Ergebnisse in einer Reihe von Aufsätzen und in wiederholten Vorlesungen veröffentlicht hatte, gewann für ihn die Ballistik als Ganzes eine neue Gestalt. Dem Wunsch nach Veröffentlichung kam die Verlagsfirma in dankenswerter Weise entgegen. Die nunmehr vorliegende Ballistik weist als neu noch die zwischen innerer und äußerer Ballistik einzuschaltende Übergangsballistik und als Ballistik in großen Höhen die kosmische Ballistik auf. Aber auch in dem alten Bestande der Ballistik wird der Kundige allenthalben Neues finden. So ist noch die neue Behandlung der konischen Pendelung und der Seitenabweichung hervorzuheben, ferner eine neue Theorie der Schußfaktoren, praktisch wichtige Bemerkungen über Streuungen u. v. a.

Wenn auch durchgängig, wie es der Gegenstand verlangt, mit den Methoden der Mathematik, besonders auch denen der angewandten, gearbeitet wird, so werden doch grundsätzlich die einfachsten und kürzesten bevorzugt bzw. eigens aufgesucht. Nur so war es möglich, den großen Stoff auf dem verfügbaren Raum darzustellen.

Für dieses Buch denke ich mir den sonstigen ballistischen Leserkreis erweitert durch die vielen Studierenden der mathematisch-physikalisch-technischen Wissenschaften, die im Felde Interesse an der Ballistik gewannen, wie ich es aus den mir oft zur Begutachtung zugegangenen ballistischen Arbeiten solcher entnommen habe. Dieses Interesse an der Ballistik auch weiterhin rege zu halten, zu vertiefen und zu eigenen Arbeiten anzuregen und dadurch die Ballistik als neues Fach neben die anderen Fächer der angewandten Mathematik zu stellen, soll mit zu den Aufgaben dieses Buches gehören.

Eldena bei Greifswald, Januar 1922.

Vahlen.

Inhalt.

Siebentes Kapitel.

Achtes Kapitel.

Neuntes Kapitel.

Zehntes Kapitel.

Elftes Kapitel.

Literatur.

Bernoulli, Joh., Acta eruditorum p. 1453, Mai 1719 = opera, II, p. 393ff., 513.
Euler, L., Neue Grundsätze der Artillerie (nach dem englischen Werk von Robins), Berlin 1745.
— Recherches sur la véritable courbe usw. Königl. preuß. Akad., Abh. 1753.
Didion, J., Traité de balistique, Paris 1848.
Otto, Tafeln für den Bombenwurf, Berlin 1842.
Magnus, Über die Abweichung der Geschosse (Königl. preuß. Akad., Abh., Berlin 1852, Poggendorffs Ann. 88, 1), Berlin 1860.
Kummer, E. E., Über die Wirkung des Luftwiderstandes auf Körper von verschiedener Gestalt, insbesondere auch auf die Geschosse. Königl. preuß. Akad., Abh., Berlin 1875/76.
Siacchi, F., Balistica, Rom 1870/84, Turin 1888; Balistique, Paris 1892.
Majevski, N., Balistique, (russ.) St. Petersburg 1870; (frz.) Paris 1822.
— Über die Lösung d. Probl. des direkten und indirekten Schießens (russ.), St. Petersburg 1882; dtsch. v. Klußmann, Berlin 1886.
de Saint-Robert, P., Mémoires scientifiques, Turin 1872/74.
de Sparre, M., Mouvement des projectiles oblongs, Paris 1875.
— Sur le mouvement des projectiles dans l'air, Paris 1891.
Heydenreich, W., Lehre vom Schuß, Berlin 1898.
Vallier, E., Balistique expérimentale, Paris 1894.
Groß, W., Berechnung der Schußtafeln, Leipzig 1901.
Charbonnier, Traité de balistique extérieure. 2. Ed., Paris 1904.
— Balistique extérieure rationelle, Paris 1907.
— Balistique intérieure, Paris 1908.
Cranz, C., Lehrbuch der Ballistik, I b. IV, Leipzig 1917 u. f.
Lorenz, H., Ballistik, München u. Berlin 1917.
Weitere Literatur s. Enz. d. math. Wissenschaften, IV, 3, S. 186ff.

Aufsätze des Verfassers:

1. Beiträge zur Ballistik. I. Archiv d. Math. u. Phys. (3) XXV, 1916, S. 209.
2. Beiträge zur Ballistik. II. Archiv d. Math. u. Phys. (3) XXVI, 1917, S. 119.
3. Eine neue Flugbahnzeichnung. Artilleristische Monatshefte Heft 136/137, 1918, S. 145.
4. Über die Berücksichtigung der Tageseinflüsse. Artilleristische Monatshefte Heft 141, 1918, S. 49.
5. Luftwiderstand schrägfliegender Geschosse. Artilleristische Monatshefte Heft 147, 1919, S. 89.
6. Konische Pendelung und Seitenabweichung rotierender Langgeschosse. Artilleristische Monatshefte Heft 153, 1919, S. 98.
7. Beanspruchung der Züge infolge des Dralls. Artilleristische Monatshefte Heft 162, 1920, S. 199.
8. Ein Hilfsplan für indirektes Schießen. Artilleristische Monatshefte Heft 158, 1920, S. 66.

Erstes Kapitel.

Einführung. Koordinaten. Erdkrümmung.

§ 1. Aufgabe und Einteilung.

Ballistik ist die Lehre vom Schuß oder Wurf eines schweren Körpers, des Geschosses, im Luftraume. Sie ist als Zweig der Mechanik eine teils empirische, teils deduktive Wissenschaft. Wir behandeln hier hauptsächlich den deduktiven oder mathematischen Teil. Die Zeit, in der auf das Geschoß nur die Schwerkraft und der Luftwiderstand wirken, behandelt die „äußere" Ballistik. Als Anfangspunkt der (äußeren) Bahn ist der erste Punkt zu bezeichnen, von dem ab nur noch diese beiden Kräfte auf das Geschoß wirken. Die Zeit vom Anfang der Geschoßbewegung an bis zu dem Zeitpunkt, in dem das Geschoß anfängt aus dem Rohre auszutreten, behandelt die „innere" Ballistik. Die Zwischenzeit vom beginnenden Austritt bis zu dem Zeitpunkt, in dem die nachdringenden Pulvergase auf das Geschoß nicht mehr wirken, ist besonders wichtig für den Bewegungszustand des Geschosses im Anfangspunkt seiner Bahn. Sie wird im Kapitel XIV des vorliegenden Buches zum erstenmale einer besonderen Betrachtung unterzogen und dort als „Übergangsballistik" bezeichnet.

In der äußeren Ballistik genügte bisher die Annahme, daß die Erde eine ebene, unbewegte Scheibe ist, daß die Schwerkraft nach Größe und Richtung, und daß das Luftgewicht, von dem der Luftwiderstand abhängt, längs der ganzen Flugbahn konstant sind. Erst in neuerer Zeit mußte man Schußweiten und -höhen berücksichtigen, für die diese vereinfachenden Annahmen nicht mehr genau genug sind. Man kann daher der älteren Ballistik, als „niederen" oder „tellurischen" (von tellus = Scheibe) die neuere als „höhere" oder „kosmische" hinzufügen. Die kosmische wird im Kapitel XII des vorliegenden Buches zum erstenmale systematisch behandelt. Das Problem der kosmischen Ballistik wird namentlich unter der Voraussetzung gelöst, daß die störenden Einflüsse, durch die sie sich von der tellurischen unterscheidet, wie kleine Größen behandelt werden können. In noch höhere Sphären dringen unsere Geschosse noch nicht; dort ziehen die Meteore ihre Bahnen, deren Berechnung zu den Aufgaben der Himmelsmechanik gehört.

§ 2. Koordinaten.

Wir legen im allgemeinen ein rechtwinkliges Koordinatensystem xyz zugrunde, dessen Anfang, der Anfang der Flugbahn, O in (bzw. nahe) der Erdoberfläche liegt; die x-Achse sei wagerecht, positiv in der Schußrichtung nach vorn, die y-Achse wagerecht, positiv nach rechts, die z-Achse senkrecht, positiv nach oben. Nur zur Untersuchung des Einflusses der Erdkrümmung und -drehung führen wir ein rechtwinkliges System XYZ ein, dessen Anfang im Mittelpunkt der Erde liegt, die als Kugel vom Radius $R = \frac{2}{\pi} \cdot 10000\,\text{km} = 6366\,\text{km}$ angenommen wird. Die Richtungen der X-, Y-, Z-Achsen werden dadurch festgelegt, daß der Punkt O in der nördlichen geographischen Breite Γ (> 0) die Koordinaten:

$$X_0 = 0,\quad Y_0 = R \cdot \cos\Gamma,\quad Z_0 = R \cdot \sin\Gamma$$

haben und das XYZ-System mit dem xyz-System gleichsinnig sein soll. Zur Vermittlung zwischen beiden Systemen wird noch ein zu beiden gleichsinniges System $(x)(y)(z)$ eingeführt, mit dem Anfangspunkt O, der positiven (x)-Achse wagerecht nach Osten, der positiven (y)-Achse wagerecht nach Süden, also der positiven (z)-Achse senkrecht nach oben.

Ist Λ das Azimut der x-Achse, und zwar der Winkel der positiven x-Achse mit der Südrichtung, positiv für südöstliche Richtungen, so gelten demnach die Transformationsformeln:

$$\begin{array}{ll|l} (x) = x\sin\Lambda - y\cos\Lambda & & x = (x)\sin\Lambda + (y)\cos\Lambda \\ (y) = x\cos\Lambda + y\sin\Lambda & & y = -(x)\cos\Lambda + (y)\sin\Lambda \\ (z) = z & & z = (z) \end{array} \qquad (1)$$

$$\begin{aligned} X &= (x) = x\sin\Lambda - y\cos\Lambda \\ Y - Y_0 &= (y)\sin\Gamma + (z)\cos\Gamma = x\cos\Lambda\sin\Gamma + y\sin\Lambda\sin\Gamma + z\cos\Gamma \qquad (2) \\ Z - Z_0 &= -(y)\cos\Gamma + (z)\sin\Gamma = -x\cos\Lambda\cos\Gamma - y\sin\Lambda\cos\Gamma + z\sin\Gamma. \end{aligned}$$

Denn dreht man das System xyz um die z-Achse um den Winkel $\frac{\pi}{2} - \Lambda$ im Drehungssinn Süd—Ost—Nord—West, so kommt es mit dem System $(x)(y)(z)$ zur Deckung. Und dreht man das System $(x)(y)(z)$ um die (x)-Achse um den Winkel $\frac{\pi}{2} - \Gamma$ im Drehungssinn Süd—Zenit—Nord—Nadir, so wird es zum System XYZ gleichlaufend.

§ 3. Erdkrümmung.

Hat man die Koordinaten eines Punktes P einer Flugbahn gleich x, y, z berechnet, so ist z seine Höhe über der durch den Anfang O gelegten Horizontalebene. Für die Praxis braucht man aber die Höhe des Punktes P über der Erdoberfläche. Mit welchem Fehler kann man die erstere für die letztere nehmen? Der Punkt P $(x\,y\,z)$ hat vom Erdmittelpunkt die Entfernung $\sqrt{(R+z)^2+x^2+y^2}$, also über der Erdoberfläche die Höhe $\sqrt{(R+z)^2+x^2+y^2}-R$. Nimmt man z für diese, so begeht man den Fehler:

$$\sqrt{(R+z)^2+x^2+y^2}-R-z=(R+z)\left(1+\frac{1}{2}\frac{x^2+y^2}{(R+z)^2}+\ldots-1\right)$$
$$=\frac{1}{2}\frac{x^2+y^2}{R}+\cdots$$

Demnach ist seine für Erdkrümmung berichtigte Höhe

$$z+\frac{1}{2}\frac{x^2+y^2}{R} \tag{3}$$

und sein Abstand vom Erdmittelpunkt

$$R+z+\frac{1}{2}\frac{x^2+y^2}{R}. \tag{4}$$

Dabei sind Glieder höherer als erster Ordnung in $\frac{1}{R}$ weggelassen, d. h. es ist die Erdkrümmung $\frac{1}{R}$ als kleine Größe erster Ordnung angesehen.

Um zu beurteilen, ob der Fehler praktisch von Belang werden kann, sei für einen außerordentlich weiten Schuß $\sqrt{x^2+y^2}=\frac{200}{\sqrt{\pi}}=112{,}8$ km, dann wird der Fehler $\frac{40000}{2R\pi}$ gleich 1 km. Diese Größe ist also nicht zu vernachlässigen.

Als Endpunkt der Flugbahn P^0 (x^0, y^0, z^0) wird der zweite in der Ebene $z=0$ liegende Punkt derselben bezeichnet, als Schußweite die Strecke $\sqrt{x^{0\,2}+y^{0\,2}}=OP^0$. Wegen der Erdkrümmung fliegt das Geschoß noch etwas weiter, ehe es auf der Erdoberfläche ankommt. Um wieviel?

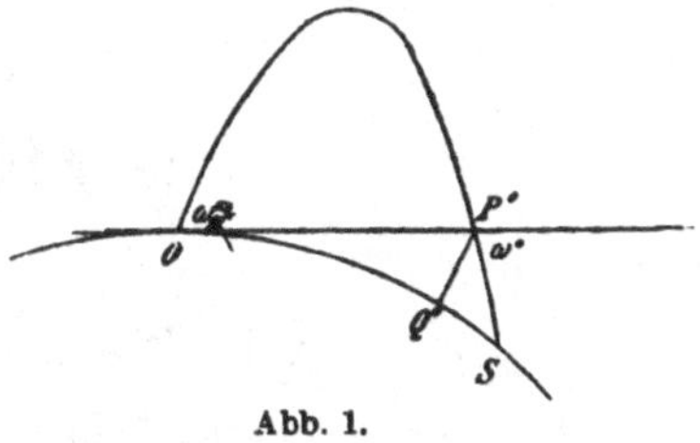

Abb. 1.

Es sei zunächst für einen beliebigen Flugbahnpunkt P (x, y, z) der Punkt Q die Projektion von P auf die Erdoberfläche. Dann ist auf der Erde der Bogen

$$\widehat{OQ}=R\cdot\operatorname{arc\,tg}\frac{\sqrt{x^2+y^2}}{R+z}=\sqrt{x^2+y^2}\left(1-\frac{z}{R}+\ldots-\frac{1}{3}\frac{x^2+y^2}{R^2}+\ldots\right).$$

Insbesondere wird jetzt für den Endpunkt P^0 $(x^0, y^0, 0)$ der Unterschied

$$\sqrt{x^{0\,2}+y^{0\,2}}-\widehat{OQ^0}=\frac{1}{3}\frac{(x^{0\,2}+y^{0\,2})^{\frac{3}{2}}}{R^2}.$$

Dieser Fehler ist von der zweiten Ordnung in der Krümmung $\frac{1}{R}$; man kann also unbedenklich $\sqrt{x^{0\,2}+y^{0\,2}}$ für $\widehat{OQ^0}$ nehmen. Ist jetzt $|\omega^0|$ der spitze Auffallwinkel im Punkte P^0, so fliegt das Geschoß nach Erreichen von P^0 weiter um das Stück $\widehat{Q^0S}$, wobei wir das kurze Flugbahnende P^0S als geradlinig ansehen können. Also wird $\widehat{Q^0S}$, das ebenfalls als gerade anzusehen ist, gleich $P^0Q^0\cdot\operatorname{tg} Q^0P^0S$, und $\angle Q^0P^0S$ ist das Supplement zu $|\omega^0|+Q^0P^0O$, wo $\angle Q^0P^0O$ das Komplement zu $\frac{\widehat{OQ^0}}{R}$ ist. Also wird

$$Q^0S = P^0Q^0\cdot\operatorname{tg}\left|\omega^0\right| - \frac{\widehat{OQ^0}}{R} = P^0Q^0\cdot\frac{1+\operatorname{tg}|\omega^0|\cdot\frac{\widehat{OQ^0}}{R}}{\operatorname{tg}|\omega^0|-\frac{\widehat{OQ^0}}{R}}$$

$$= P^0Q^0\cdot\operatorname{ctg}|\omega^0|\cdot\left\{1+\operatorname{tg}|\omega^0|\cdot\frac{\widehat{OQ^0}}{R}\right\}\left\{1+\operatorname{ctg}|\omega^0|\frac{\widehat{OQ^0}}{R}+\cdots\right\}$$

$$= P^0Q^0\cdot\left(\operatorname{ctg}|\omega^0|+\frac{1}{\sin^2\omega^0}\cdot\frac{\widehat{OQ^0}}{R}\right)$$

$$= \frac{1}{2}\,\frac{x^{0\,2}+y^{0\,2}}{R}\left(\operatorname{ctg}|\omega^0|+\frac{\sqrt{x^{0\,2}+y^{0\,2}}}{R}\cdot\frac{1}{\sin^2\omega^0}\right).$$

Da $|\omega^0|$ bei weiten Schüssen nahezu $\frac{\pi}{2}$ wird, also $\operatorname{ctg}|\omega^0|$ nahezu 0 und $\sin|\omega^0|$ nahe 1, so ist diese Größe Q^0S auch zu vernachlässigen.

Zweites Kapitel.

Die wirkenden Kräfte.

§ 4. Die Anziehungskraft der Erde

erteilt einem schweren Körper in der Nähe der Erdoberfläche eine Beschleunigung von $g = 9{,}81\,\frac{\mathrm{m}}{\mathrm{sec}^2}$ etwa, die aber im quadratischen Verhältnis der Entfernung vom Erdmittelpunkt abnimmt. Ist sie im Punkte $(0, 0, 0)$ gleich g, so beträgt sie also im Punkte $(0, 0, z)$ nur noch

$$g\cdot\frac{R^2}{(R+z)^2} = g\left(1+\frac{z}{R}\right)^{-2} = g\cdot\left(1-\frac{2}{R}z\right) = g\cdot\left(1-\frac{\pi}{10^7}z\right). \qquad (5)$$

Das fortgelassene quadratische Glied kann bei sehr hohen Schüssen 1% ausmachen; wäre also gegebenenfalls zu berücksichtigen. Die Angaben über den Koeffizienten von $\frac{z}{10^7}$ in (5) sind verschieden: mit Berücksichtigung der Erdabplattung erhält man einen etwas größeren Wert als π, die Messungen haben etwas kleinere Werte ergeben.

Diese Beschleunigung heißt die „wahre" Schwere-Beschleunigung. Mit der Masse m des Körpers multipliziert, ergibt sie das wahre Gewicht G desselben. Dabei wird abgesehen von dem „Auftrieb", der gleich ist dem Gewicht der verdrängten Luft. Das beträgt bei Geschossen nur etwa $\frac{1}{5000}$ des Gewichts G. Bei Geschossen im Wasser müssen wir den Auftrieb berücksichtigen.

Im Punkte (x, y, z) beträgt wegen (3) die wahre Beschleunigung

$$g\left(1 - \frac{2}{R}\left(z + \frac{1}{2}\frac{x^2 + y^2}{R}\right)\right).$$

Sie macht dort aber mit der z-Richtung den Winkel $\frac{\widehat{OQ}}{R}$, dessen Tangens gleich $\frac{\sqrt{x^2 + y^2}}{R + z}$ war. Ihre Komponente in der z-Richtung ergibt sich also durch Multiplikation ihres Wertes mit $\cos\frac{\widehat{OQ}}{R}$, ihre Komponente in der x- bzw. y-Richtung durch Multiplikation mit $\frac{x}{\sqrt{x^2 + y^2}} \cdot \sin\frac{\widehat{OQ}}{R}$, bzw. mit $\frac{y}{\sqrt{x^2 + y^2}} \cdot \sin\frac{\widehat{OQ}}{R}$. Ihre Komponenten in diesen drei Achsenrichtungen sind also unter Vernachlässigung von Gliedern höherer Ordnung:

$$g \cdot \frac{x}{R}, \quad g \cdot \frac{y}{R}, \quad g \cdot \left(1 - \frac{2}{R} z\right). \tag{6}$$

Die Zentrifugalkraft.

Durch die Umdrehung der Erde erhält ein Massenpunkt $P(XYZ)$ eine zentrifugale Beschleunigung, die nach Größe und Richtung gleich ist der Entfernung $\sqrt{X^2 + Y^2}$ des Punktes P von der Drehachse Z, multipliziert mit dem Quadrate der Umdrehungsgeschwindigkeit

$$\nu = \frac{2\pi}{24 \cdot 60 \cdot 60 \,\text{sec}} = 0{,}000073 \,\text{sec}^{-1}, \text{ also gleich ist } \nu^2 \cdot \sqrt{X^2 + Y^2}.$$

Diese Zentrifugalbeschleunigung setzt sich mit der „wahren" Schwerebeschleunigung zu einer resultierenden Beschleunigung zusammen, die wir als „scheinbare" Schwerebeschleunigung (Fallbeschleunigung) bezeichnen. Diese ist nach Größe*) und **Richtung** von der wahren etwas verschieden.

Wir wollen die Komponenten der Zentrifugalbeschleunigung des Punktes $P(XYZ)$ nach den Richtungen x, y, z berechnen. Die Komponenten von $\nu^2 \cdot \sqrt{X^2 + Y^2}$ nach der X- und Y-Achse sind $\nu^2 \cdot X$ und $\nu^2 \cdot Y$; und deren Komponenten nach x, y, z bzw.

$$\nu^2 X \frac{\partial X}{\partial x}, \quad \nu^2 X \frac{\partial X}{\partial y}, \quad \nu^2 X \frac{\partial X}{\partial z} \quad \text{und}$$

$$\nu^2 Y \frac{\partial Y}{\partial x}, \quad \nu^2 Y \frac{\partial Y}{\partial y}, \quad \nu^2 Y \frac{\partial Y}{\partial z}, \quad \text{also nach § 2 die}$$

Komponenten der Zentrifugalbeschleunigung nach x, y, z:

$$\begin{aligned} &\nu^2 (x \sin^2 \Lambda - y \sin \Lambda \cos \Lambda) \\ &+ \nu^2 (x \cos^2 \Lambda \sin^2 \Gamma + y \sin \Lambda \cos \Lambda \sin^2 \Gamma + (R + z) \cos \Lambda \sin \Gamma \cos \Gamma), \\ &\nu^2 (- x \sin \Lambda \cos \Lambda + y \cos^2 \Lambda) \\ &+ \nu^2 (x \sin \Lambda \cos \Lambda \sin^2 \Gamma + y \sin^2 \Lambda \sin^2 \Gamma + (R + z) \sin \Lambda \sin \Gamma \cos \Gamma), \\ &\nu^2 (x \cos \Lambda \sin \Gamma \cos \Gamma + y \sin \Lambda \sin \Gamma \cos \Gamma + (R + z) \cos^2 \Gamma). \end{aligned} \tag{7}$$

Die mit R multiplizierten Teile sind die Komponenten der Zentrifugalbeschleunigung für den Punkt O (0,0,0). Die Differenz der Zentrifugalbeschleunigungen für O und P hat also die Komponenten:

$$\begin{aligned} &\nu^2 \{x (1 - \cos^2 \Lambda \cos^2 \Gamma) - y \sin \Lambda \cos \Lambda \cos^2 \Gamma + z \cos \Lambda \sin \Gamma \cos \Gamma\}, \\ &\nu^2 \{- x \sin \Lambda \cos \Lambda \cos^2 \Gamma + y (1 - \sin^2 \Lambda \cos^2 \Gamma) + z \sin \Lambda \sin \Gamma \cos \Gamma\}, \\ &\nu^2 \{x \cos \Lambda \sin \Gamma \cos \Gamma + y \sin \Lambda \sin \Gamma \cos \Gamma + z \cos^2 \Gamma\}. \end{aligned} \tag{8}$$

Das Koeffizientensystem ist symmetrisch, die Diagonalelemente liegen zwischen 0 und 1, die andern zwischen -1 und $+1$.

Im XYZ-System sind die Komponenten derselben Differenz

$$\nu^2 \cdot (X - X_0), \quad \nu^2 \cdot (Y - Y_0), \quad 0,$$

also gleich einer Beschleunigung, die nach Größe und Richtung der ν^2-fachen Äquatorealprojektion von OP gleich ist. Demnach ist sie höchstens gleich $\nu^2 \cdot OP$, nämlich, wenn P und O in derselben Parallelkreisebene liegen, was z. B. bei westöstlichen Schüssen nahezu eintritt. Davon fällt in etwa 60^0 geogr. Breite die Hälfte in die Richtung der Schwerkraft, während $^7/_8$ $\left(\doteq \frac{1}{2} \cdot \sqrt{3}\right)$ horizontal wirken. Für einen Schuß mit $OP = 100$ km ergäbe das in Richtung der Schwerkraft

$$\tfrac{1}{2} \cdot 0{,}0000000053 \cdot 100000 \frac{\text{m}}{\text{sec}^2} = 0{,}27 \frac{\text{m}}{\text{sec}^2},$$

also eine scheinbare Verminderung von g um etwa 2,7%, die also bei so

---

*) Den Einfluß der geogr. Breite auf die Größe kann man durch den Faktor $(1 - 0{,}00259 \cdot \cos 2\Gamma)$ darstellen, mit dem $g_{45^0} = 9{,}80549$ multipliziert werden muß, um g_Γ zu ergeben.

weiten Schüssen keineswegs zu vernachlässigen ist. Wie sie berücksichtigt wird, zeigen wir später (Kapitel XII).

Die Erde ist von der Sonne $150 \cdot 10^6$ km entfernt und umkreist sie mit einer Winkelgeschwindigkeit

$$\mathsf{N} = \frac{2\pi}{365\frac{1}{4} \cdot 24 \cdot 60 \cdot 60 \cdot \mathrm{sec}} = 0{,}0^6 2\,\mathrm{sec}^{-1}.$$

Das ergibt eine Zentrifugalbeschleunigung

$\mathsf{N}^2 \cdot 0{,}15 \cdot 10^{12}\,\mathrm{m} = 0{,}006\,\frac{\mathrm{m}}{\mathrm{sec}^2}$, also eine scheinbare Vergrößerung der Schwere in Richtung des Schattens um $0{,}6\,^0/_{00}$, die selbst bei den weitesten Schüssen zu vernachlässigen ist. Denn selbst, wenn sie g im vollen Betrage vergrößert (bzw. nachts verkleinert), also wenn die Sonne im Zenit (bzw. Nadir) steht, verändert sie die Schußweite nur um weniger (s. § 44) als $0{,}6\,^0/_{00}$, also bei 100 km um weniger als 60 *m*.

§ 5. Coriolis-Kraft.

Die Lage eines Punktes P im Raume werde durch den Vektor $\mathfrak{r}$ bestimmt, der die Strecke OP nach Größe und Richtung gibt. Es sei $\mathfrak{r} = \mathfrak{r}(t_1, t_2)$ eine Funktion von zwei Variablen t_1, t_2. Bei festem t_2, veränderlichem t_1 beschreibe P die Kurve $A, B, C, \ldots$ und zwar mögen diese Punkte den Werten $t_1, t_1 + dt_1, t_1 + 2\,dt_1 \ldots$ entsprechen. Bei festem t_1, veränderlichem t_2 beschreibe P die Kurve $A, A_1, A_2, \ldots$, und zwar mögen diese Punkte den Werten t_2, $t_2 + dt_2$, $t_2 + 2\,dt_2 \ldots$ entsprechen. Zugleich beschreibt B die Kurve $B, B_1, B_2, \ldots$ und C die Kurve $C, C_1, C_2, \ldots$ Deutet man t_1 als Zeitvariable, so soll die dadurch definierte Bewegung von P längs $ABC\ldots$ die relative Bewegung von P auf der Kurve $ABC\ldots$ heißen. Deutet man t_2 als Zeitvariable, so soll die dadurch definierte Bewegung der Kurve $ABC\ldots$ in die Lagen $A_1B_1C\ldots$, $A_2B_2C_2\ldots$, (die aber zugleich eine Deformation sein kann) die führende Bewegung heißen. Setzt man $t_1 = t_2 = t$, so bewegt sich P längs der Kurve $AB_1C_2\ldots$ Diese Bewegung heißt die zusammengesetzte.

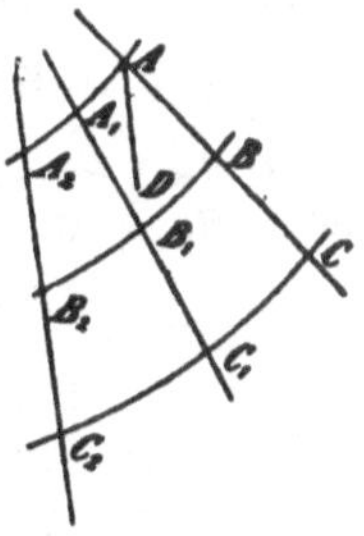

Abb. 2.

Für das zweite Differential von $\mathfrak{r}$ ergibt sich:

$$d^2\mathfrak{r} = \frac{\partial^2 \mathfrak{r}}{\partial t_1^2}\,dt_1^2 + \frac{\partial^2 \mathfrak{r}}{\partial t_2^2}\,dt_2^2 + 2\,\frac{\partial^2 \mathfrak{r}}{\partial t_1\,\partial t_2}\,dt_1 \cdot dt_2.$$

Setzt man $t_1 = t_2 = t$, so erhält man hieraus für die Beschleunigung der zusammengesetzten Bewegung:

$$\frac{d^2\mathfrak{r}}{dt^2} = \left(\frac{\partial^2 \mathfrak{r}}{\partial t_1^2}\right)_{t_1 = t_2 = t} + \left(\frac{\partial^2 \mathfrak{r}}{\partial t_2^2}\right)_{t_1 = t_2 = t} + 2\left(\frac{\partial^2 \mathfrak{r}}{\partial t_1\,\partial t_2}\right)_{t_1 = t_2 = t}.$$

Sie besteht also aus drei Teilen: der erste ist die Beschleunigung der relativen Bewegung, der zweite ist die Beschleunigung der führenden Bewegung, der dritte heißt nach seinem Entdecker die Coriolis-Beschleunigung. Es ist die doppelte Änderungsgeschwindigkeit der einen Geschwindigkeit infolge der andern Bewegung. Geometrisch wird das zweite Differential von $\mathfrak{r} = OP$ gleich $(OC_2 - OB_1) - (OB_1 - OA) = B_1C_2 - AB_1 = B_1C_1 + C_1C_2 - AA_1 - A_1B_1 = (B_1C_1 - A_1B_1) + (B_1B_2 - BB_1) + (C_1C_2 - AA_1) - (B_1B_2 - BB_1) = (B_1C_1 - A_1B_1) + (B_1B_2 - BB_1) + (C_1C_2 - B_1B_2 - AA_1 + BB_1)$. Die beiden ersten Klammern geben durch dt^2 dividiert die Beschleunigungen der relativen und der führenden Bewegung. Der dritte Teil ist der Zähler der Coriolis-Beschleunigung. Mit Rücksicht auf die vektoriellen Gleichungen:

$$C_1C_2 + C_2B_2 + B_2B_1 + B_1C_1 = 0$$
$$AA_1 + A_1B_1 + B_1B + BA = 0$$

schreiben wir ihn:

$$(B_2C_2 - B_1C_1) + (A_1B_1 - AB).$$

Jetzt sei insbesondere die relative Bewegung gradlinig gleichförmig, also die Linien $ABC\ldots$, $A_1B_1C_1\ldots$, Gerade, die Strecken $AB = BC = A_1B_1 = B_1C_1 = A_2B_2 = B_2C_2 = \ldots$. Und es sei die führende Bewegung eine gleichförmige Rotation um eine Achse, also die Kurven $AA_1A_2\ldots$, $BB_1B_2\ldots$, $CC_1C_2\ldots$ koachsiale Kreise, die Bögen $\widehat{AA_1} = \widehat{A_1A_2} = \ldots$, $\widehat{BB_1} = \widehat{B_1B_2} = \ldots$, $\widehat{CC_1} = \widehat{C_1C_2} = \ldots, \ldots$ Wegen $B_1C_1 = A_1B_1$ wird für die Coriolis-Beschleunigung:

$$(B_2C_2 - B_1C_1) + (A_1B_1 - AB) = B_2C_2 - AB.$$

Dies wird weiter gleich $AD - AB = BD$, wenn man den Vektor $AD = B_2C_2$ macht. Projiziert man jetzt die ganze Figur auf eine zur Drehachse senkrechte Ebene, die wir als Äquatorebene bezeichnen wollen, und bezeichnet die projizierten Punkte mit (A), (B) usw., so sind die Strecken AB, B_2C_2, AD gleich und gegen die Projektionsebene gleich geneigt, also auch ihre Projektionen $(A)(B) = (A)(D)$. Also wird $BD = (B)(D) = (A)(B) \cdot \text{arc}\,(B)(A)(D)$, und, weil $(B_2)(C_2) \parallel (A)(D)$, also $\text{arc}\,(B)(A)(D)$ gleich dem Bogen $(A)(A_1)(A_2)$ gleich dem doppelten Bogen $(A)(A_1)$ ist, wird schließlich $BD = 2 \cdot (A)(B) \cdot \widehat{(A)(A_1)}$, also die Coriolis-Beschleunigung $\frac{BD}{dt^2}$ gleich

$$2 \cdot \frac{(A)(B)}{dt} \cdot \frac{\widehat{(A)(A_1)}}{dt}$$

d. h. gleich dem doppelten Produkt aus der Äquatorealprojektion (v) der relativen Geschwindigkeit v und der Winkelgeschwindigkeit ν der führenden Bewegung. Sie ist parallel der Äquatorebene und dreht (ν) im Drehungssinne der führenden Bewegung.

Jetzt sei der Punkt P der Schwerpunkt des Geschosses, die relative Bewegung sei seine momentane Bewegung mit der Geschwindigkeit v, die führende Bewegung sei die Drehung der Erde. Dann folgt:

Das Geschoß erleidet infolge der Erddrehung eine Coriolis-Beschleunigung; diese ist gleich

$$2 \cdot \nu \cdot v \cdot \sin \widehat{vZ},$$

sie liegt in der Parallelkreisebene von P und steht senkrecht auf v. Sie wirkt ablenkend auf v im Sinne der Drehung. Sind also $\dot{X}, \dot{Y}, \dot{Z}$ die Komponenten von v im XYZ-System, also $\dot{X}, \dot{Y}$ die Komponenten der Äquatorealprojektion von v, so sind $2\nu\dot{Y}$, $-2\nu\dot{X}$, 0 die Komponenten der Coriolis-Beschleunigung.

Sind also

$$X = \mathfrak{X}(t)$$
$$Y = \mathfrak{Y}(t)$$
$$Z = \mathfrak{Z}(t)$$

die Gleichungen der Flugbahn ohne Berücksichtigung der Coriolis-Beschleunigung, so sind

$$\ddot{X} = 2\nu \cdot \dot{Y} + \ddot{\mathfrak{X}}(t)$$
$$\ddot{Y} = -2\nu \cdot \dot{X} + \ddot{\mathfrak{Y}}(t)$$
$$\ddot{Z} = \ddot{\mathfrak{Z}}(t)$$

die Differentialgleichungen der Flugbahn unter Mitwirkung der Coriolis-Beschleunigung. Die Anfangsbedingungen für diese Gleichungen bestehen darin, daß erstens anfänglich, d. h. für $t = 0$, beide Bahnen in demselben Punkte $X_0 = \mathfrak{X}_0$, $Y_0 = \mathfrak{Y}_0$, $Z_0 = \mathfrak{Z}_0$ beginnen; und daß zweitens in diesem Punkte für beide Bahnen die Geschwindigkeiten gleich sind, also

$$\dot{X}_0 = \dot{\mathfrak{X}}_0, \quad \dot{Y}_0 = \dot{\mathfrak{Y}}_0, \quad \dot{Z}_0 = \dot{\mathfrak{Z}}_0.$$

Demnach ergibt die Integration der dritten Gleichung sofort:

$$Z = \mathfrak{Z},$$

d. h. die Bewegung des Geschosses in Richtung der Erdachse bleibt durch die Coriolis-Beschleunigung unverändert, nur die Äquatorealprojektion der Bewegung ändert sich. Der Punkt XYZ passiert eine Parallelkreisebene zur selben Zeit wie der Punkt $\mathfrak{X}\mathfrak{Y}\mathfrak{Z}$.

Zur Integration der beiden ersten Gleichungen setzen wir

$$X + iY = S$$
$$\mathfrak{X} + i\mathfrak{Y} = \mathfrak{S};$$ dann kann man sie zusammenfassen in:

$$\ddot{S} = -2\nu i\dot{S} + \ddot{\mathfrak{S}}.$$

Diese Gleichung gibt einmal integriert:

$$\dot{S} + 2\nu i(S - S_0) = \dot{\mathfrak{S}},$$

denn am Anfang für $S = S_0$ soll auch $\dot{S} = \dot{\mathfrak{S}}$ sein. Erweitert man die integrierte Gleichung mit $e^{2\nu i t} \cdot dt$, so steht links das Differential von $e^{2\nu i t} \cdot (S - S_0)$; also wird $e^{2\nu i t}(S - S_0) = \int\limits_0 e^{2\nu i t} \cdot d\mathfrak{S}$. Die Integrationskonstante ist 0, weil für $t = 0$ $S = S_0$ werden soll. Trennt man die reellen und imaginären Teile, so erhält man

$$(X - X_0)\cos 2\nu t - (Y - Y_0)\sin 2\nu t = \int\limits_0 (\cos 2\nu t \cdot d\mathfrak{X} - \sin 2\nu t \cdot d\mathfrak{Y})$$

$$(X - X_0)\sin 2\nu t + (Y - Y_0)\cos 2\nu t = \int\limits_0 (\sin 2\nu t \cdot d\mathfrak{X} + \cos 2\nu t \cdot d\mathfrak{Y})$$

oder auch:

$$\begin{aligned} X - X_0 &= \cos 2\nu t \int\limits_0 (\cos 2\nu t \cdot d\mathfrak{X} - \sin 2\nu t \cdot d\mathfrak{Y}) \\ &\quad + \sin 2\nu t \int\limits_0 (\sin 2\nu t \cdot d\mathfrak{X} + \cos 2\nu t \cdot d\mathfrak{Y}) \\ Y - Y_0 &= -\sin 2\nu t \int\limits_0 (\cos 2\nu t \cdot d\mathfrak{X} - \sin 2\nu t \cdot d\mathfrak{Y}) \\ &\quad + \cos 2\nu t \int\limits_0 (\sin 2\nu t \cdot d\mathfrak{X} + \cos 2\nu t \cdot d\mathfrak{Y}). \end{aligned}$$

Geht man von der Gleichung:

$$(S - S_0)\, e^{2\nu i t} = \int\limits_0 e^{2\nu i t} d\mathfrak{S}$$

zu der Ungleichung der absoluten Beträge über, so erhält man

$$|S - S_0| \leqq |\mathfrak{S} - \mathfrak{S}_0|,$$

d. h. für die Äquatorealprojektion gilt der Satz: In der für Coriolis-Beschleunigung berichtigten Bahn entfernt sich der Punkt nicht weiter vom Anfangspunkt O als höchstens um die Bogenlänge der unberechtigten. Danach kann man die Größe des Fehlers abschätzen, den man durch Vernachlässigung der Coriolis-Beschleunigung begeht.

Wir bilden einen möglichst ungünstigen Fall, indem wir einen Schuß in der Äquatorebene abgeben, so daß für die Flugbahn immer $Z = 0$ ist. Die Flugbahn ist dann mit ihrer Äquatorealprojektion identisch und der obige Satz, bezogen auf die ganze Flugbahn OP^0 lautet: Die Schußweite der berichtigten Flugbahn ist höchstens gleich der Bahnlänge der unberichtigten.

Ist x^0 die Schußweite der unberichtigten Flugbahn, so werden wir einen zu großen Bogen bekommen, wenn wir die Flugbahn als Parabel ansehen, die die Bahn am Ende tangiert. Für einen Parabelbogen s^0 mit der Sehne x^0 findet man bekanntlich mit elementaren Mitteln (vgl. §15 [18])

$$\frac{s^0}{x^0} = \frac{\operatorname{tg}\omega^0 \cdot \sec\omega^0 + l\operatorname{tg}\left(\frac{\pi}{4} + \frac{\omega^0}{2}\right)}{2 \cdot \operatorname{tg}\omega^0}.$$

Einige Werte dieses Quotienten gibt die Tabelle:

$\|\omega^0\|$	$s^0 : x^0$
5°	1,00127
10°	1,00516
15°	1,01184
20°	1,02165
25°	1,03514
30°	1,05306

aus der hervorgeht, daß z. B. bei 10° Fallwinkel der besagte Fehler im ungünstigsten Fall erst (ca.) 5‰ ausmachen kann.

Wie die Coriolis-Beschleunigung, wenn es bei sehr weiten Schüssen nötig werden sollte, zu berücksichtigen ist, wird im Kapitel XII gezeigt werden.

§ 6. Der Luftwiderstand abhängig von der Geschoßgeschwindigkeit.

Zwischen dem Luftwiderstand W, der Masse m eines Körpers und der Verzögerung w durch den Luftwiderstand besteht die Beziehung

$$W = m \cdot w. \tag{4}$$

Der Luftwiderstand hängt z. T. von der Reibung zwischen Luft und Oberfläche des bewegten Körpers ab. Derjenige Teil des Widerstandes, der übrigbleibt, wenn die Reibung vernachlässigt wird, heiße Formwiderstand. Der um den Formwiderstand verringerte Luftwiderstand heiße Reibungswiderstand. Die Reibung ist zu ermitteln aus Versuchen, bei denen kein Formwiderstand vorhanden ist, also aus Drehungen oder Drehschwingungen von Drehkörpern (am besten Zylindern) um ihre Achse. Die Reibung mit der Luft ist sehr klein; der Reibungswiderstand soll deshalb im folgenden neben dem Formwiderstand vernachlässigt werden.

Ein ebenes Flächenstück $\mathfrak{f}$ bewege sich mit der Geschwindigkeit v senkrecht zu seiner Ebene durch die ruhende Luft von der Dichte (d. h. Masse durch Volumen) δ. Sein Luftwiderstand sei W. Bezeichnet man mit L, M, T bzw. die Dimensionen Länge, Masse, Zeit, so sind die Dimensionen von $\mathfrak{f}$, v, δ, W bzw. L^2, LT^{-1}, ML^{-3}, MLT^{-2}. Demnach läßt sich aus $\mathfrak{f}$, v, δ, W ein dimensionsloses Monom $W^{-1}\delta\mathfrak{f}v^2$ und kein zweites hiervon unabhängiges bilden. Besteht also zwischen $\mathfrak{f}$, v, δ, W allein eine Beziehung, so kann diese nur dahin lauten, daß das Monom $W^{-1}\delta\mathfrak{f}v^2$ einen konstanten Wert hat, daß also*)

$$W = \Phi \cdot \delta\,\mathfrak{f}\,v^2 \tag{5}$$

ist, worin Φ eine numerische Konstante bedeutet, deren Wert im Mittel zu etwa $^1/_{12}$ angegeben wird. Das ist das Newtonsche Widerstandsgesetz, das erfahrungsgemäß in weitem Umfange mit guter Annäherung (wie schon Newton bewußt war) gilt. Es verliert seine Gültigkeit, je näher v der Schallgeschwindigkeit c liegt. Dann gilt auch die obige Herleitung nicht mehr, denn aus den fünf Größen $\mathfrak{f}$, v, c, δ, W lassen sich zwei und

*) Über die Berechtigung dieser Schlußweise vgl. Anm. 1.

nur zwei voneinander unabhängige Monome bilden, z. B. $W^{-1}\,\delta\,\mathfrak{f}\,v^2$ und v/c; das Gesetz muß also in einer Beziehung zwischen diesen beiden Monomen bestehen, also die Form haben

$$W = \Phi\,(v/c)\,\delta\,\mathfrak{f}\,v^2\,, \tag{6}$$

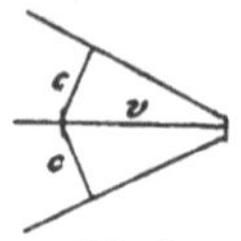

Abb. 3.

wo Φ eine noch zu ermittelnde Funktion ist. Ist $v < c$, so eilen die von dem Flächenstück erzeugten Schallwellen diesem voraus, das Flächenstück tritt also bei seiner weiteren Bewegung in wirbelnde Luft ein, während das Newtonsche Gesetz ruhende Luft voraussetzt. Ist $v > c$, so bleiben die erzeugten Schallwellen hinter dem Flächenstück zurück. Vor dem Flächenstück staut sich die Luft zu größerer Dichte, während das Newtonsche Gesetz gleichbleibende Dichte voraussetzt. Die vom Kopf aus gebildete Verdichtungswelle verläuft wie die Bugwelle eines Schiffes, unter einem Winkel α gegen die Bahn des Flächenstückes, um so spitzer, je größer v gegen c ist. Die Fortpflanzungsgeschwindigkeit dieser Welle in normaler Richtung ist gleich c, infolgedessen (s. Bild 3) ist $\frac{c}{v} = \sin\alpha$. Das wird von Mach zur Ermittlung der Geschoßgeschwindigkeit benutzt. Hinter dem Flächenstück entsteht durch Luftverdünnung ein negativer Druck, ein „Sog"*), der seinen Maximalwert, eine Atmosphäre, erreicht, wenn die Luftverdünnung ihr Minimum, Luftleere erreicht. Das tritt ein, wenn v den Wert c' derjenigen Geschwindigkeit überschreitet, mit der die Luft in den leeren Raum einströmt. Die Geschwindigkeit c' braucht man im Luftwiderstandsgesetz nicht ausdrücklich zu berücksichtigen, da sie sich durch c ausdrückt. Bezeichnet man nämlich mit h die Höhe der homogen angenommenen Atmosphäre gleichen Druckes $\mathfrak{p}$ an der Erdoberfläche, so ist bekanntlich

$$c'^2 = 2\,g\,h$$

und andererseits

$$c^2 = k \cdot \frac{\mathfrak{p}}{\delta}\,,$$

wenn mit $k = 1,41\ldots$ das Verhältnis der spezifischen Wärmen $\frac{C_\mathfrak{p}}{C_\mathfrak{v}}$ bezeichnet wird. Ist jetzt G das Gewicht einer Luftsäule von 1 qm Basis, so ist $G\,h = \frac{G}{1\,\text{qm}} \cdot 1\,\text{qm} \cdot h = \mathfrak{p} \cdot \mathfrak{V}$, wenn $\mathfrak{V}$ das Volumen der homogenen Luftsäule gleicher Basis und von der Höhe h ist. Dividiert man durch die Masse der Luftsäule, so kommt

*) Beim Geschoß saugt ein hohler Boden stärker als ein flacher, ein flacher stärker als ein gewölbter. Dadurch wirkt der Sog stabilisierend, d. h. er sucht die Geschoßachse der Bahntangente zu nähern, im Gegensatz zum Druck an der Spitze. Man vergleiche auch die Wirkung gekerbter Schiffsruder.

$$g h = \frac{p}{\delta}, \text{ also}$$

$$c'^2 = \frac{2}{k} c^2 = (\text{ca.})\ k \cdot c^2, \text{ d. h. etwa}$$

$$c' = 1{,}2 \cdot c.$$

Für $c = 333$ m/sec, kommt $c' = 400$ m/sec, $h = \frac{c'^2}{2g} = (\text{ca.})\ 8000$ m.

Die empirisch ermittelten Tabellen und graphischen Darstellungen von W/v^2 lassen erkennen, daß die Kurve Φ in der Nähe von $v = c$ am steilsten ist und dort einen Wendepunkt hat, und daß dieselbe in der Nähe von $v = c'$ ein Maximum hat. Unterhalb 240 und oberhalb 420 ist W/v^2 ziemlich konstant, und zwar in letzterem Gebiet etwa 2,8mal so groß wie in ersterem. Die empirische Ermittlung des Gesetzes wird dadurch, besonders bei großen Geschwindigkeiten, beeinträchtigt, daß die Nähe der Erdoberfläche die Ausweichemöglichkeit der Luft erschwert und so den Luftwiderstand in einer mit der Flughöhe des Geschosses wechselnden Weise beeinflußt. Zur Herleitung eines „reinen" Gesetzes müßte man diesen Einfluß erst ausschalten. Dasselbe gilt für die Reibung. Bei großen Geschwindigkeiten wirkt nämlich auch die äußere Reibung in verhältnismäßig stärkerem, nicht mehr zu vernachlässigendem Maße mit. Da sie wesentlich der ersten Potenz der Geschwindigkeit proportional wirkt, so wird der Gesamtwiderstand proportional einer zwischen der ersten und zweiten liegenden Potenz der Geschwindigkeit (s. u.).

An jeder Stelle der Widerstandstabelle muß zwischen den Größen v, Δv, W, ΔW eine Beziehung bestehen, wenn mit Δv und ΔW die Differenzen an der Stelle bezeichnet werden. Da sich aus diesen vier Größen zwei und nur zwei von einander unabhängige dimensionslose Monome, z. B. $\frac{\Delta v}{v}$, $\frac{\Delta W}{W}$ bilden lassen, muß zwischen diesen eine Beziehung bestehen und, da dieselben kleine Größen gleicher Ordnung sind, muß diese Beziehung linear sein:

$$\frac{\Delta W}{W} = n \frac{\Delta v}{v}.$$

Daraus folgt durch Integration

$$W = a v^n.$$

Das ist das Bernoullische Widerstandsgesetz. Genau genommen, hat der Exponent n an jeder Stelle der Tabelle einen etwas andern Wert, nämlich $\frac{\Delta W}{W} : \frac{\Delta v}{v}$. Aber er ändert sich so langsam, daß er zonenweise als konstant angesehen werden kann. Der Koeffizient a des Gesetzes hat an der Stelle v_0, W_0 den Wert $\frac{W_0}{v_0^n}$. Das Bernoullische Gesetz ist für die Lösung des ballistischen Problems insofern von Bedeutung, als für dasselbe die ballistischen Integrale integrabel werden. Nach Majevsky hat im Intervall für die Geschwindigkeit v

von	50— 240	n	den	Wert	2
„	240— 300	„	„	„	3
„	300— 375	„	„	„	5
„	375— 420	„	„	„	3
„	420— 550	„	„	„	2, und nach Sabudsky
„	550— 800	„	„	„	1,7
„	800—1000	„	„	„	1,55

Derartige, aus der Widerstandstabelle abgeleiteten Gesetze besagen natürlich nicht mehr als diese, sondern weniger, da sie die Tabelle nur angenähert wiedergeben. Sie haben nur dann Wert, wenn sie, wie das Bernoullische „integrabel" sind. Das Problem in dieser Hinsicht ist nicht die Approximation der Tabelle durch eine Formel, sondern durch eine integrable Formel. Wir kommen später hierauf zurück (s. Kapitel VI u. VII). Das Auftreten des Exponenten 2 im Intervall $420 < v < 550$ bedeutet nur scheinbare Gültigkeit des Newtonschen Gesetzes; es erklärt sich als Übergang von den höheren Exponenten in der Nähe der Schallgeschwindigkeit zu dem Exponenten 1 für sehr große Geschwindigkeiten. Bei sehr kleinen Geschwindigkeiten (etwa unterhalb 50 m/sec) kommt die innere Reibung (Zähigkeit) der Luft zur Geltung, deren Maß der Reibungskoeffizient η ist. Die Widerstandskraft, die das Gleiten einer Luftschicht auf einer andern verzögert, ist direkt proportional der Berührungsfläche und der relativen Geschwindigkeit beider Schichten, umgekehrt ihrer infinitesimalen Entfernung. Der Proportionalitätsfaktor η ist also von der Dimension $M\,L^{-1}\,T^{-1}$. Infolgedessen gibt es zwischen δ, v, $\mathfrak{f}$ und η nur das Monom

$$R = \frac{\delta v \cdot \mathfrak{f}^{\frac{1}{2}}}{\eta}$$

von der Dimension 1 und kein hiervon unabhängiges. Also kann η nur in dieser „Reynoldschen Zahl" in Φ vorkommen. Das Auftreten von $\mathfrak{f}^{\frac{1}{2}}$, also einer Strecke, spricht dafür, daß die Reibung vom Umfang abhängt. Es sei jetzt

$$\Phi = \Phi\left(\frac{v}{c}, \quad \frac{\eta}{\delta v \mathfrak{f}^{\frac{1}{2}}}\right)$$

und $\left(\frac{v}{c}\right)^{\alpha}\left(\frac{\eta}{\delta\, v\, \mathfrak{f}^{\frac{1}{2}}}\right)^{\beta}$ das bei kleinem v zur Geltung kommende Glied von Φ.

Nun ist erfahrungsgemäß W bei kleinen Geschwindigkeiten proportional v.

Also folgt $$\alpha - \beta + 1 = 0$$
und dann wird W proportional
$$\delta^{1-\beta}\ \eta^{\beta}\ \mathfrak{f}^{1-\frac{\beta}{2}}\ v.$$

Die Zähigkeit der Luft muß hauptsächlich am Rande des Flächenstückes überwunden werden. Der Widerstand ist also dem Umfang $\mathfrak{u}$ wahrscheinlich proportional; wie der Widerstand eines Drahtes seiner Länge proportional ist. Das ergäbe $\beta = 1$, $\alpha = 0$*), W prop. $\eta \cdot \mathfrak{u} \cdot v$.

Bei sehr großen Geschwindigkeiten überwiegt die äußere Reibung zwischen der bestrichenen Fläche und der Luft. Der Widerstand W muß von dieser Reibung λ, von dem Druck $\mathfrak{p}$, der Dichte δ, der Geschwindigkeit v, der bestrichenen Fläche $\mathfrak{f}$ abhängen. Da bekannt ist, daß W der Geschwindigkeit proportional ist, kann die Beziehung mit Rücksicht auf die Dimensionen nur heißen:
$$W = \lambda \cdot \delta \sqrt{\mathfrak{p}\,\delta} \cdot \mathfrak{f} \cdot v \text{ oder auch } \lambda \cdot \frac{c'}{k} \cdot \delta \cdot \mathfrak{f} \cdot v = \lambda\, \mathfrak{f}\, c\, v.$$
Diese Formel erleidet aber eine Änderung; da es sich nur um Geschwindigkeiten oberhalb $c' = 400$ m/sec handelt, kommt noch hinzu die Reibung am Umfang $\mathfrak{u}$ des Flächenstückes bzw. des Geschoßbodens. Nehmen wir sie proportional $\eta'\ \mathfrak{u}\ (v - 400)$, wo η' proportional η ist, so wird
$$W = \lambda \cdot c\, \mathfrak{f}\, v + \eta' \cdot \mathfrak{u} \cdot (v - 400).$$
Nun steht λ zu η', und bei Geschossen normaler Formen $\mathfrak{f}$ zu $\mathfrak{u}$ in einem ziemlich festen Verhältnis. Nehmen wir im Mittel an
$$\eta' \cdot \mathfrak{u} = 2 \cdot c \cdot \mathfrak{f},$$
so wird $$W = 3 \cdot \lambda \frac{c'}{k} \cdot \delta \cdot \mathfrak{f}\ (v - 267)$$
oder annähernd $$W = 1000 \cdot \lambda \cdot \mathfrak{f} \cdot (v - 267).$$
Das ist in formaler Übereinstimmung mit dem Gesetz von Chapel (1874**):
$$W = 36{,}5 \cdot \mathfrak{f}\ (v - 263),$$
wo aber $\mathfrak{f}$ den Querschnitt (in qm) bedeutet und $\delta = 1{,}206$ angenommen ist.

§ 7. Der Luftwiderstand abhängig von der Geschoßform und -größe.

Wenn auch die Art der Abhängigkeit des Luftwiderstandes W von der Geschwindigkeit v theoretisch nicht erkannt ist, so ist diese Abhängigkeit doch wenigstens empirisch genau genug ermittelt und in Tabellen niedergelegt. Für die Abhängigkeit des W von dem Flächenstück oder allgemeiner von Form und Größe des Geschosses ist selbst dies nicht der

*) Hopf (Die Naturwissenschaften 1920, S. 102) nimmt von vornherein $\alpha = 0$, $\beta = 1$ an, was erst zu begründen ist.

**) Enc. d. sciences math. IV, 6, S. 16.

Fall. Schon die Annahme des Newtonschen Gesetzes, daß W demselben proportional sei, ist höchstens annähernd richtig. Hier tritt vielmehr folgende Schwierigkeit ein: Der Widerstand ist nicht addierbar, d. h. sind W und W' die Widerstände zweier ebener Flächenstücke $\mathfrak{f}$ und $\mathfrak{f}'$, so ist nicht $W + W'$ der Widerstand eines Flächenstückes $\mathfrak{f} + \mathfrak{f}'$, das durch Verbindung der beiden zu einem entsteht. Infolgedessen ist z. B. der Widerstand eines Flächenstückes $\mathfrak{f}$ verschieden, je nachdem, ob es quadratisch oder rechteckig oder kreisförmig ist. Man hilft sich durch die Hinzufügung eines „Formfaktors". Darin liegt die Annahme, daß der Widerstand aus zwei Faktoren besteht, von denen der eine nur von dem Flächenstück, der andere nur von der Geschwindigkeit abhängt. Auch diese Annahme ist nur näherungsweise richtig.

Betrachten wir jetzt ein ebenes Flächenstück $\mathfrak{f}$, das sich nicht senkrecht, sondern schräg zu seiner Ebene bewegt. Der spitze Neigungswinkel seiner Normalen gegen die Fortbewegungsrichtung sei ω. Man nimmt an, daß sich W um einen von ω abhängigen Faktor ändert $F\,(\cos\omega)$; aber für diese Funktion F werden viele verschiedene Formen angegeben, z. B.

$$\cos\omega\,,\quad \cos^2\omega\,,\quad \cos^{1{\cdot}618}\omega\,,\quad \frac{(1+\frac{1}{4}\pi)\cdot\cos\omega}{1+\frac{1}{4}\pi\cdot\cos\omega}\quad \text{usw.}$$

Diese verschiedenen Formen stimmen darin überein, daß $F\,(0) = 0$ und natürlich $F\,(1) = 1$ ist. $F(0) \neq 0$ würde bedeuten, daß ein in seiner Ebene fortbewegtes Flächenstück Widerstand erleidet. Ein solcher Widerstand wäre kein Form-, sondern Reibungswiderstand; von dem sollte aber abgesehen werden. Wir nehmen im folgenden $F\,(\cos\omega)$ nicht irgendwie speziell an, die Annahme $F\,(0) = 0$ behalten wir natürlich bei. Der von dem Flächenstück $\mathfrak{f}$ abhängige Faktor des Widerstandes $\mathfrak{f} \cdot F\,(\cos\omega)$ heiße die Widerstandsfläche. Der andere Faktor des Widerstandes hat jedenfalls die Dimension Kraft/Fläche, also die Dimension eines Druckes und heiße deshalb Widerstandsdruck. Auch der Widerstand eines beliebigen Körpers läßt sich in Hinblick auf seine Dimension in die Faktoren Widerstandsdruck und Widerstandsfläche zerlegen. Die Widerstandstabelle liefert aber nur den Widerstand als Ganzes, und zwar für ein bestimmtes sogenanntes „Normal"geschoß. Man nimmt an, daß man aus dieser die Tabelle für ein anderes Geschoß erhält durch Multiplikation mit einem geeigneten Faktor. Diese Annahme ist nur annähernd richtig, für nicht zu große Geschwindigkeitsintervalle und für Geschosse, die nach Form und Größe von dem Normalgeschoß nicht zu sehr abweichen. Ein solcher von der Geschwindigkeit unabhängiger Faktor ist als Quotient der Widerstandsflächen des gegebenen und des Normalgeschosses anzusehen. Um nun diesen Faktor wenigstens annähernd vorauszuberechnen, berechnet man die Widerstandsfläche eines Geschosses, indem man die Widerstandsflächen der Oberflächenelemente summiert.

Betrachten wir zunächst etwas allgemeiner einen nirgends konkaven Körper. Ist $d\sigma$ sein Oberflächenelement, ω der Winkel der nach außen gerichteten Normalen von $d\sigma$ mit der Bewegungsrichtung des Körpers, so ist $F(\cos\omega)\,d\sigma$ die Widerstandsfläche des Elementes $d\sigma$, genommen in der Normalenrichtung. Für den Widerstand kommt aber nur die in der Fortbewegungsrichtung liegende Komponente derselben, also $F(\cos\omega)\cos\omega\cdot d\sigma$ in Betracht. Für den Körper ist also die in der Bewegungsrichtung genommene Komponente seiner Widerstandsfläche

$$\mathfrak{F}=\int F(\cos\omega)\cdot\cos\omega\cdot d\sigma, \tag{8}$$

die Integration erstreckt über den von der Luft bestrichenen Teil der Oberfläche, wo also $\cos\omega > 0$ ist. Ebenso erhält man die Komponente der Widerstandsfläche für den Sog durch Integration über den Teil der Oberfläche, wo $\cos\omega < 0$ ist, also genau in derselben Weise wie für den Druck bei umgekehrter Bewegungsrichtung.

Nimmt man einen geeigneten Mittelwert $F(\cos\omega_0)$ dieser, ihrer Natur zufolge nie negativen Funktion vor das Integral, so kommt

$$\mathfrak{F}=F(\cos\omega_0)\cdot\int\cos\omega\cdot d\sigma. \tag{9}$$

Hier ist $\int\cos\omega\,d\sigma$ der Flächeninhalt der Projektion des Körpers auf eine Ebene senkrecht zur Bewegungsrichtung, also der Querschnitt des durchdrungenen Raumes. Bei einer Änderung der Bewegungsrichtung um den Winkel α ändert sich dieser Querschnitt; aber es ist unrichtig anzunehmen, daß die Änderung der Widerstandsfläche nur hiervon herrührt. Vielmehr ändert sich auch der Mittelwert $F(\cos\omega_0)$ in einen davon etwas verschiedenen Wert $F(\cos\omega_\alpha)$, wie zu erwarten ist und sich weiter unten ergeben wird.

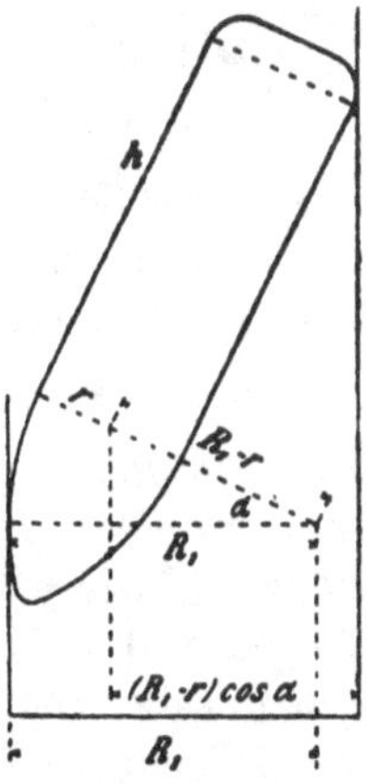

Abb. 4.

Wir beschränken die Betrachtung jetzt auf einen nirgends konkaven Rotationskörper, dessen Achse mit der Bewegungsrichtung den kleinen Winkel α macht. Die Annahme eines kleinen α genügt für die Praxis. Bei nichtkleinem α wird der Widerstand zu groß, der Flug hört auf stabil zu sein, wird unregelmäßig und der mathematischen Behandlung unzugänglich.

Der Körper bestehe aus einem zylindrischen Teil von der Höhe h und vom Radius r, dem Mantel; ferner aus der Spitze und dem Boden, deren Meridianschnitte bei ihrer Berührung mit dem Mantel die Krümmungsradien R_1 bzw. R_2 haben mögen. Die Projektion dieses Körpers auf eine Ebene, deren Normale den kleinen Winkel α mit der Achse des

Körpers macht, besteht erstens aus der Projektion eines Mittelschnittes $2rh$ des Mantels, also einem Rechteck vom Inhalt $2rh \cdot \sin\alpha$; zweitens aus den Projektionen von Spitze und Boden. Diese Projektionen sind für kleine α als Halbellipsen zu berechnen, da die für die Projektion allein in Betracht kommenden Zonen von Spitze und Boden als ellipsoidisch angesehen werden können. Die Halbachsen der Ellipsen sind r und $R_1 - (R_1 - r)\cos\alpha$ bezw. $R_2 - (R_2 - r)\cos\alpha$ (s. Abb. 4). Demnach wird der Querschnitt des durchdrungenen Raumes für kleine α

$$r^2\pi + 2rh\sin\alpha + (R_1 - r + R_2 - r)\frac{r\pi}{2}(1 - \cos\alpha)$$

also die Widerstandsfläche:

$$\mathfrak{F}(\alpha) = F(\cos\omega_\alpha)\cdot\left[r^2\pi + 2rh\alpha + r^2\pi\cdot\left(\frac{R_1 + R_2}{2r} - 1\right)\frac{\alpha^2}{2} + \ldots\right]. \quad (10)$$

Wir wollen jetzt die Widerstandsfläche $\mathfrak{F}(\alpha)$ nach Potenzen von α entwickeln:

$$\mathfrak{F}(\alpha) = \mathfrak{F}(0) + \mathfrak{F}'(0)\cdot\alpha + \mathfrak{F}''(0)\cdot\frac{\alpha^2}{2} + \ldots$$

und die Koeffizienten der ersten Glieder $\mathfrak{F}(0)$, $\mathfrak{F}'(0)$, $\mathfrak{F}''(0)$ berechnen.

Zunächst ist $\mathfrak{F}(0) = F(\cos\omega_0)\cdot r^2\pi$, wo $F(\cos\omega_0)$ einen von $F(\cos\omega_\alpha)$ etwas verschiedenen Mittelwert der Funktion $F(\cos\omega)$ bedeutet.

Es sei jetzt $\mathfrak{H}$ die Achsenrichtung, $\mathfrak{F}$ die Bewegungsrichtung, $\mathfrak{N}$ die Normalenrichtung. Also ist $\angle\,\mathfrak{H}\mathfrak{F} = \alpha$, $\angle\,\mathfrak{N}\mathfrak{F} = \omega$. Ferner sei der Winkel $\angle\,\mathfrak{N}\mathfrak{H} = \frac{\pi}{2} - \varepsilon$ und der Winkel der Stellung*) $\mathfrak{H}\mathfrak{F}$ mit der Stellung $\mathfrak{H}\mathfrak{N}$ gleich φ. Dann ergibt das Dreikant der Richtungen $\mathfrak{H}\mathfrak{F}\mathfrak{N}$ (s. Abb. 5)

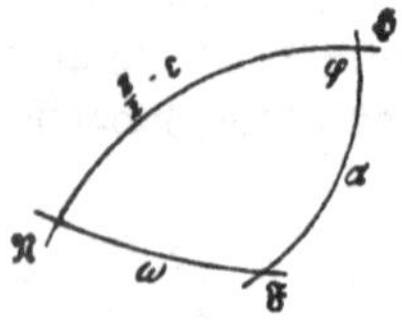

Abb. 5.

$$\cos\omega = \cos\alpha\,\sin\varepsilon + \cos\varepsilon\,\sin\alpha\,\cos\varphi.$$

Für diejenigen Teile des Integrals $\int F(\cos\omega)\cos\omega\cdot d\sigma$, die sich auf die bestrichene Mantelfläche beziehen, ist $\varepsilon = 0$, also $\cos\omega = \sin\alpha\cdot\cos\varphi$, also das Integral gleich:

$$\sin\alpha\cdot\int F(\sin\alpha\cdot\cos\varphi)\cos\varphi\,d\sigma = \sin\alpha\,F(\sin\alpha\,\cos\varphi_0)\cdot\int\cos\varphi\,d\sigma.$$

Das Integral $\int\cos\varphi\,d\sigma$ bedeutet den Querschnitt des vom Mantel bei rein seitlicher Bewegung bestrichenen Raumes, ist also gleich $2rh$. Der Faktor $F(\sin\alpha\cdot\cos\varphi_0)$ wird gleich $F(0) + F'(0)\cdot\sin\alpha\cdot\cos\varphi_0 + \ldots$ Wegen $F(0) = 0$ beginnt also die Entwicklung des auf den Mantel bezüglichen Teiles der Widerstandsfläche mit einem Gliede mit α^2.

Diejenigen Flächenelemente $d\sigma$, die zu einem Werte $\varepsilon > 0$ (bzw. < 0) gehören, bilden eine Zone der Spitze (bzw. des Bodens). Bei jeder

*) Stellung ist für eine Ebene das, was Richtung für eine Gerade ist: parallele Ebenen haben gleiche Stellung.

solchen Zone erstreckt sich die Integration über alle diejenigen Flächenelemente $d\sigma$, für welche $\cos\omega = \cos\alpha \sin\varepsilon + \sin\alpha \cos\varepsilon \cos\varphi$ nicht negativ (bzw. nicht positiv) wird, also, weil $\cos\alpha$ stets positiv ist, über die Werte von φ, für die

$$\frac{\operatorname{tg}\varepsilon}{\operatorname{tg}\alpha} + \cos\varphi \geqq 0 \text{ (bzw. } \leqq 0)$$

ist; demnach über eine vollständige Zone $-\pi \leqq \varphi \leqq +\pi$ nur, wenn $|\varepsilon| \geqq \alpha$ ist. Von den zu einer vollständigen Zone gehörigen Flächenteilen $d\sigma$, fassen wir je zwei zusammen, denen konträrgleiche Werte von $\cos\varphi$ zugehören. Die betreffenden Teile des Integranden ergeben:

$$\sum F(\cos\alpha \sin\varepsilon \pm \sin\alpha \cos\varepsilon \cos\varphi) \cdot (\cos\alpha \sin\varepsilon \pm \sin\alpha \cos\varepsilon \cos\varphi),$$

also eine gerade Funktion von α. Demnach ist der ganze Integrand, also auch das Integral nach φ eine solche. Das niedrigste mit α behaftete Glied enthält also mindestens die zweite Potenz von α.

Bei einer unvollständigen Zone ist $\varepsilon < \alpha$. Die aus

$$\frac{\operatorname{tg}\varepsilon}{\operatorname{tg}\alpha} \geqq -\cos\varphi \text{ (bzw. } \leqq -\cos\varphi)$$

zu bestimmenden Grenzen für φ seien $\pm\varphi_\varepsilon$. Demnach ist

$$\operatorname{tg}\varepsilon = -\cos\varphi_\varepsilon \cdot \operatorname{tg}\alpha,$$

also $\cos\omega = \sin\alpha \cos\varepsilon (\cos\varphi - \cos\varphi_\varepsilon)$. Folglich hat der Integrand $F\big(\sin\alpha \cos\varepsilon (\cos\varphi - \cos\varphi_\varepsilon)\big) \cdot \big(\sin\alpha \cos\varepsilon (\cos\varphi - \cos\varphi_\varepsilon)\big)\, d\sigma$ als in α niedrigstes Glied ein solches mit α^2 mindestens.

Zusammenfassend ergibt sich also:

Bildet die Bewegungsrichtung eines nirgends konkaven Rotationskörpers den kleinen Winkel α mit der Achse, so fällt aus der Entwicklung der Widerstandsfläche nach Potenzen von α das in α lineare Glied fort.

Bezeichnet ds das Bogenelement eines Meridians bei einem Punkte mit ε und φ, ferner r_ε den Radius des Parallelkreises der Punkte mit ε, so ist $d\sigma = r_\varepsilon\, d\varphi\, ds$. Ist ferner R_ε der Krümmungsradius des Meridians an der Stelle ε, so ist $ds = R_\varepsilon \cdot d\varepsilon$, also

$$d\sigma = R_\varepsilon\, r_\varepsilon\, d\varepsilon\, d\varphi.$$

Um nun das Integral $\int F(\cos\omega) \cos\omega\, d\sigma$ zu berechnen, ist es unzweckmäßig, den Körper durch einfache geometrische Körper, wie Kegel, Kugel, Ellipsoid, mehr oder weniger gut zu approximieren, wie dies seit Kummer*) üblich ist. Das führt zu unhandlichen Formeln von geringer Genauigkeit. Approximiert man dagegen den Meridian des Körpers durch eine ganze Funktion r_ε von $\cos\varepsilon$ und $\sin\varepsilon$, was beliebig genau möglich ist, so ist das

*) Berliner Akademie 1875, 1876.

Integral in endlicher und einfacher Form berechenbar, vorausgesetzt, daß man auch für F eine ganze Funktion setzt. Für Geschoßspitzen ist meist $R_\varepsilon = R$ konstant, also

$$r_\varepsilon = r - R\,(1 - \cos\varepsilon).$$

Ferner nimmt man in der Regel $F(\cos\omega) = \cos^2\omega$. Dann ergibt die Rechnung:

$$\mathfrak{F}(0) = r^2\pi\left(\frac{2}{3}\frac{r}{R} - \frac{1}{6}\left(\frac{r}{R}\right)^2\right), \qquad \mathfrak{F}'(0) = 0,$$

$$\frac{1}{2}\mathfrak{F}''(0) = R^2\pi\left(\frac{3}{8}\left(\frac{r}{R}\right)^4 - \frac{3}{2}\left(\frac{r}{R}\right)^3 + \frac{3}{2}\left(\frac{r}{R}\right)^2 + \frac{r}{R} + \frac{5}{3}\right).$$

Vergleicht man dieses speziellere oder das vorhergehende allgemeinere Ergebnis bezüglich $\mathfrak{F}(\alpha)$ mit dem obigen (10), so sieht man, daß die Widerstandsfläche bei schrägem Flug sich aus der bei geradem Flug nicht einfach durch Einsetzen des veränderten Querschnittes des durchdrungenen Raumes ergibt. Dieser Querschnitt (s. S. 18) enthält α linear, die Widerstandsfläche nicht.

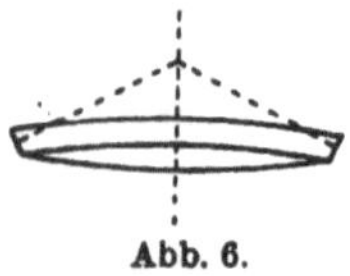

Abb. 6.

Das Widerstandszentrum von $d\sigma$ liegt auf dessen Normalen, also dasselbe bei einer schmalen Zone im Normalenschnitt auf der Achse (s. Abb. 6). Demnach liegt es bei einer Kugelkappe oder -zone im Mittelpunkte der Kugel und bei einem Kegel der Höhe h und Seite s teilt es die Strecke $SM = \frac{s^2}{h}$ (s. Abb. 7), auf der die Angriffspunkte aller Zonen liegen, in demselben Verhältnis wie der Mantelschwerpunkt die Höhe, also im Verhältnis 1 : 2; in beiden Fällen unabhängig von α.

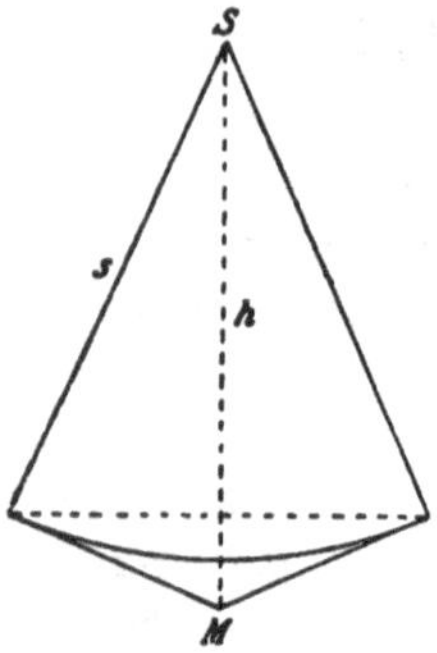

Abb. 7.

Bei einer Bogenspitze ergibt sich die Lage des Widerstandszentrums als Mittel aus den Lagen der Widerstandszentren der Zonen, in die man die Oberfläche der Bogenspitze zerlegen kann. Da die Widerstandsfläche jeder Zone von der Form $a + b\alpha^2 + \ldots$ ist, ist auch die Höhe des resultierenden Widerstandszentrums von derselben Form. Also:

Das Widerstandszentrum bei schrägem Flug ($\alpha \neq 0$) hat von demselben bei geradem Flug ($\alpha = 0$) einen Abstand, der bei kleinem α proportional α^2 ist.

Aus dem Widerstand W ergeben sich die Längskomponente in Richtung der Geschoßachse und die Querkomponente senkrecht zur Geschoßachse durch Multiplikation bzw. mit $\cos\alpha$ und $\sin\alpha$, oder bis auf Glieder zweiter Ordnung in α, mit 1 und α. Die Querkomponente ist also bis auf

Glieder dritter Ordnung gleich $W\alpha$, die Längskomponente bis auf Glieder zweiter Ordnung gleich W, wenn mit W der zu $\alpha = 0$ gehörige Wert des Luftwiderstandes bezeichnet wird. Das Entsprechende gilt für die Verzögerung w durch den Luftwiderstand.

Zur Prüfung des Satzes über das Widerstandszentrum kann man die Kummerschen Versuche heranziehen. Für eine Granate der Mantelhöhe 112,5 *mm*, dem Radius 37,5 *mm*, der Spitzenhöhe (halbes Ellipsoid) 47,5 *mm* fand Kummer für den Abstand des Angriffspunktes vom Boden:

$$\sum = 110 \quad 108 \quad 106 \quad 104 \quad 102 \quad 100\, mm$$

den Winkel $\alpha = 18 \quad 21 \quad 23 \quad 25 \quad 30 \quad 32$ Grad.

Die Beziehung zwischen $\sum$ und α läßt sich angenähert ausdrücken durch:

$$116 - \sum = \frac{1}{54}\alpha^2,$$

denn diese Formel gibt für

$$\sum = 110 \quad 108 \quad 106 \quad 104\, mm$$

$$\alpha = 18 \quad 20{,}78 \quad 23{,}23 \quad 25{,}45 \text{ Grad.}$$

Eine bessere Übereinstimmung kann bei diesen schon nicht mehr kleinen Winkeln nicht erwartet werden, auch sind die Kummerschen Werte für α wohl nur auf ganze Grade genau.

Die Widerstandsfläche ergab sich bei geradem Flug gleich $F(\cos\omega_0) \cdot r^2\pi$, wo $r^2\pi$ der Geschoß-Querschnitt, $F(\cos\omega_0)$ ein Mittelwert von $F(\cos\omega)$ an allen Stellen der Spitze ist, der sogenannte „Spitzen"- oder Formfaktor, der in der Regel mit i bezeichnet wird. Bezeichnet jetzt $\mathfrak{f}$ den Querschnitt, so ist $\mathfrak{f} \cdot i$ die Widerstandsfläche. Der von der Geschwindigkeit v abhängige Widerstandsdruck sei $f(v)$. Diesen liefert die Widerstandstabelle. Der Widerstand ergibt sich daraus vermittelst

$$W = \mathfrak{f}\, i\, f(v) \tag{11}$$

und die Verzögerung $w = \frac{W}{m}$ vermittelst

$$w = \frac{\mathfrak{f} i}{m} f(v)\,. \tag{12}$$

Der hier auftretende Divisor $\frac{m}{\mathfrak{f}}$ heißt die Q u e r d i c h t e; ebenso der Faktor $\frac{G}{\mathfrak{f}}$ das Q u e r g e w i c h t (Q u e r s c h n i t t s b e l a s t u n g). Je größer die Querdichte, je kleiner die Verzögerung. Der Faktor $\frac{\mathfrak{f} i}{m}$ werde mit c bezeichnet, und soll der G e s c h o ß f a k t o r heißen. Die Verzögerung des Geschosses ist also $c \cdot f(v)$.

Die obige Berechnung der Widerstandsfläche kann nur als eine Annäherung angesehen werden, da sie auf der unzutreffenden Annahme der Addierbarkeit der Widerstände beruht. Das Unzulängliche geht auch aus folgendem hervor. Die Berechnung würde für ähnliche Geschosse gleiche Formfaktoren $i = F(\cos\omega_0)$ ergeben, während z. B. die Versuche von Didion ergaben, daß der Formfaktor für Kugeln noch vom Radius derselben abhängt. Da $F(1) = 1$ ist, würde sich für ein ebenes Flächenstück, das sich senkrecht zu seiner Ebene bewegt, immer der Formfaktor $i = 1$ ergeben, unabhängig von der Begrenzung des Flächenstückes; das stimmt auch nicht mit der Erfahrung*). Wir definieren deshalb unter Zugrundelegung der Tabelle, wie folgt: Die Tabelle liefert den Widerstandsdruck $f(v)$; der Widerstand W dividiert durch den Widerstandsdruck $f(v)$ ist die Widerstandsfläche. Die Widerstandsfläche dividiert durch den Querschnitt $\mathfrak{f}$ ist der Formfaktor i. Die Verzögerung w dividiert durch $f(v)$ gibt den Geschoßfaktor c. In diesen Festsetzungen liegt nur die eine Annahme, daß zwei Geschosse proportionale Widerstandstabellen haben. Diese Annahme liegt dem größten Teile der Ballistik zugrunde. Wie man von dieser Annahme zu einer genaueren fortzuschreiten hat, wird sich später ergeben.

Im vorstehenden ist i eine unbenannte, $f(v)$ eine benannte Zahl, nämlich ein Druck. Legen wir die Dimension von $f(v)$ in i hinein, so daß $f(v)$ eine unbenannte Zahl, i ein Druck wird, so nennen wir $\mathfrak{f} \cdot i$ den „spezifischen" Widerstand und $\frac{\mathfrak{f} i}{m} = c$ die spezifische Verzögerung des Geschosses.

§ 8. Mechanische Ähnlichkeit.

Zwei mechanische Vorgänge heißen „mechanisch ähnlich", wenn sie in entsprechenden Zeitmomenten geometrisch ähnlich sind und in entsprechenden Raumteilen proportionale Massen haben. Zwischen den Verhältnissen λ, τ, μ, $\varkappa$ entsprechender Längen, Zeiten, Massen, Kräfte besteht dann die Relation $\varkappa = \mu\lambda\tau^{-2}$ (Newton). Die geradlinigen Bewegungen zweier Geschosse in der Luft sind mechanisch ähnlich, wenn $\mu = 1$ ist, weil sie sich in Medien gleicher Masse bewegen, und wenn $\varkappa = 1$ ist, weil auf beide dieselbe Schwerkraft wirkt. Demnach ist $\sqrt{\lambda} = \lambda\tau^{-1}$, d. h. die Geschwindigkeiten müssen sich wie die Quadratwurzeln der linearen Abmessungen verhalten. Alsdann sind wegen $\lambda\tau^{-2} = 1$ die Verzögerungen durch den Luftwiderstand gleich. Leider ist aber die Ähnlichkeit nicht vollständig, weil die Fortpflanzungsgeschwindigkeiten der Wellenbewegung in beiden Medien dieselben sind, statt auch im Verhältnis $\sqrt{\lambda}$ zu stehen. Nur weit genug von dieser Geschwindigkeit entfernt ist der Ähnlichkeitssatz anwendbar.

Bei geometrisch ähnlichen Geschossen gleichen Materials ist die Masse dem Kubus, der Querschnitt dem Quadrate, also die Querschnitts-

*) Vgl. z. B. Eiffel, La résistance de l'air et l'aviation, Paris 1911.

belastung der ersten Potenz und der Geschoßfaktor c der reziproken ersten Potenz des Kalibers proportional. Mit wachsendem Kaliber kann man also c (theoretisch) beliebig klein machen.

§ 9. Der Luftwiderstand abhängig vom Luftgewicht.

Nach dem Newtonschen Gesetze ist der Luftwiderstand der Dichte der Luft proportional. Man hat bisher keine Veranlassung gehabt, diese Annahme durch eine genauere zu ersetzen. Statt der Dichte führt man das spezifische Gewicht in kg/cbm ein, das im Mittel etwa 1,2 beträgt. Der Kruppschen Widerstandstabelle liegt der Wert 1,206 zugrunde, der bei 15° Celsius, 750 mm Barometerstand und halber Sättigung statthat. Braucht man den Widerstand für ein anderes Luftgewicht δ, so muß man die Zahlen der Tabelle mit $\frac{\delta}{1{,}206}$ multiplizieren. Andere betrachten 1,22 als Mittelwert.

Bei der Unbestimmtheit, die jedem Mittelwert von Natur anhaftet, wäre es berechtigt und zweckmäßig, sich auf einen „runden" Wert, z. B. 1,2 als Mittelwert, zu einigen.

Tagesluftgewicht. Das Luftgewicht hängt von der Temperatur, dem Luftdruck und dem Feuchtigkeitsgehalt der Luft ab. Zur Berechnung desselben dient die Formel:

$$\delta = 0{,}465 \cdot \frac{B_0}{T} - 0{,}174 \cdot \frac{s \cdot E}{T}, \qquad (13)$$

darin bedeutet B_0 den auf 0° Celsius reduzierten Barometerstand,

T die absolute Temperatur (273° = 0° Celsius, 274° = 1° Celsius),

E die Spannung des gesättigten Wasserdampfes bei T Grad in *mm* Quecksilbersäule,

s die relative Feuchtigkeit in Teilen der Sättigung, so daß $s = 1$ der Sättigung entspricht.

B_0 ergibt sich aus dem abgelesenen Barometerstand B durch Subtraktion von $0{,}000162 \cdot B \cdot (T - 273)$, s liest man am Hygrometer ab, E entnimmt man einer Tabelle. Im folgenden ein kurzer Auszug aus einer solchen:

t^0 Celsius	−10	−5	0	5	10	15	20	25	30	35	40	45	50
E	2,2	3,2	4,6	6,5	9,1	12,8	17,4	23,5	31,5	41,9	54,9	71,4	92,0

Höhenluftgewicht. Bezeichnet man mit δ_z das Luftgewicht in z m Höhe, so ist annähernd (für Höhen von einigen Kilometern höchstens)

$$\delta_z = \delta_0 \cdot (1 - 0{,}0001 \cdot z). \qquad (14)$$

Der Koeffizient 0,0001 ist das Mittel aus dem älteren St.-Robertschen Werte 0,00008 und dem neueren Charbonnierschen Werte 0,00011, wenn man dem letzteren das doppelte Gewicht der ersteren beilegt. Ein genauer Wert steht nicht fest, da es sich um interpolierende Approximation einer Tabelle handelt.

Eine solche lineare Formel hat aber den Nachteil, daß sich für große z negative δ_z ergeben. Aus ähnlichen Gründen ist überhaupt eine ganze oder unecht gebrochene Funktion von z unbrauchbar. Man muß eine echt gebrochene oder eine exponentielle Formel nehmen, also z. B.:

$$\delta_z = \delta_0 \cdot \frac{1}{1 + 0{,}0001 \cdot z} \quad \text{oder} \quad \delta_z = \delta_0 \cdot e^{-\frac{z}{10^4}}, \text{ u. dgl.}$$

Alle solchen Formeln geben den Koeffizienten von z in der Entwicklung von δ_z nach Potenzen von z übereinstimmend zu $\frac{\delta_0}{10^4}$. Eine exponentielle Formel würde bedeuten, daß zwischen $\log \delta_z$ und z eine lineare Gleichung besteht. Das ist nicht der Fall; die Kurve der Punkte ($\log \delta_z$, z) ist vielmehr noch deutlich und einseitig gekrümmt*). Das weist darauf hin, daß man im Exponenten wenigstens bis zum 2ten Grade gehen, also etwa $\delta_z = \delta_0 \cdot e^{-\alpha \frac{z}{10^4} - \beta \left(\frac{z}{10^4}\right)^2}$ nehmen muß. Für die Berechnung sehr hoher Flugbahnen können solche interpolatorischen Darstellungen eines empirischen Gesetzes von Vorteil sein, wenn sie so eingerichtet sind, daß sie eine Rechnungsersparnis mit sich bringen. Sonst kann man bei der direkten Verwendung der empirischen Tabelle stehenbleiben (s. Kapitel XII).

Drittes Kapitel.

Grundlegung und elementare Methoden.

§ 10. Die Differentialgleichungen des ebenen Schusses.

Bezeichnungen:

x horizontale Abszisse eines Flugbahnpunktes P, vorwärts positiv,
z vertikale Ordinate desselben, aufwärts positiv,
s der Flugbahnbogen OP,
t die Flugzeit,
$v = \dot{s} = ds/dt$ die Geschwindigkeit,
ω die Erhöhung der Tangente gegen die Horizontale,
$\dot{x} = v \cdot \cos\omega$, $\dot{z} = v \cdot \sin\omega$ die Geschwindigkeitskomponenten,
$w = f(v)$ die Verzögerung durch den Luftwiderstand,
$\ddot{z} = -w \cdot \cos\omega$, $\ddot{x} = -w \cdot \sin\omega - g$ die Verzögerungskomponenten,
$\mathfrak{r}$ der Leitstrahl OP nach Größe und Richtung,
$\varrho = \frac{ds}{d\omega}$ der Krümmungsradius der Bahn im Punkte P,

*) S. z. B. W. Große, Über das Luftgewicht, Artilleristische Monatshefte Nr. 141 (1918) S. 75.

$x_0 = 0$, $z_0 = 0$, $s_0 = 0$, $t_0 = 0$, $v_0 \neq 0$, w_0, ω_0, ... die Werte im Bahnanfang O,

x^0, $z^0 = 0$, s^0, ... die Werte im sogenannten Bahnendpunkt P^0,

x_*, z_*, ... die Werte im Flugbahngipfel.

In der x-Richtung wirkt nur die Verzögerungskomponente $w \cos\omega = w\frac{\dot{x}}{v}$, in der z-Richtung wirkt außer der Verzögerungskomponente $w \sin\omega = w\frac{\dot{z}}{v}$ noch die Beschleunigung g der Schwerkraft; andererseits sind $\ddot{x}$ und $\ddot{z}$ die Beschleunigungskomponenten, also erhält man die Differentialgleichungen (Abb. 8):

$$\ddot{x} = -\frac{w}{v}\dot{x}$$
$$\ddot{z} = -\frac{w}{v}\dot{z} - g. \tag{1}$$

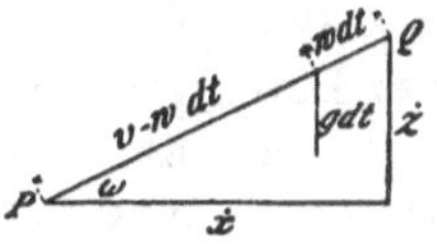

Abb. 8.

Diese Gleichungen bedeuten die Zerlegung der Beschleunigung in eine horizontale und eine vertikale Komponente.

Zerlegen wir zweitens tangential und normal. In Richtung der Tangente wirkt die volle Verzögerung w und außerdem die in diese Richtung fallende Komponente $g \cdot \sin\omega$ der Schwerebeschleunigung, während die andere Komponente derselben $g \cdot \cos\omega$ senkrecht zur Bahn wirkt. Ändert sich im Zeitteil dt die Geschwindigkeit v in der Größe um dv, in der Richtung um $d\omega$, so ist dv/dt die tangentiale, $v \cdot d\omega/dt$ die normale Beschleunigungskomponente; das ergibt die Differentialgleichungen (Abb. 9):

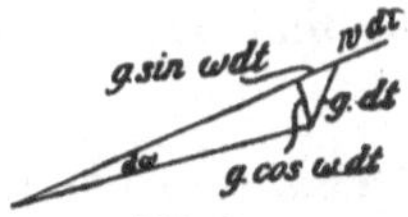

Abb. 9.

$$\dot{v} = -w - g \cdot \sin\omega \tag{2}$$
$$v \cdot \dot{\omega} = -g \cdot \cos\omega.$$

Diese Gleichungen sind natürlich auch aus den Gleichungen (1) abzuleiten. Man komponiere diese erstens mit $\dot{x} = v \cdot \cos\omega$ und $\dot{z} = v \cdot \sin\omega$ und berücksichtige, daß $\ddot{x}\dot{x} + \ddot{z}\dot{z} = \frac{1}{2} d(\dot{x}^2 + \dot{z}^2)/dt = \frac{1}{2} dv^2/dt$ ist. Zweitens komponiere man sie mit $-\dot{z}$ und $\dot{x}$, und berücksichtige, daß $\ddot{z}\dot{x} - \ddot{x}\dot{z} = \dot{x}^2 d\frac{\dot{z}}{\dot{x}}/dt = \dot{x}^2 \frac{d\,\mathrm{tg}\omega}{dt} = \frac{\dot{x}^2\, d\omega}{\cos^2\omega \cdot dt}$ ist. Die angewandten Kompositionen bedeuten eine orthogonale Transformation von dem System xz in das System Tangente-Normale.

Mit Rücksicht auf $\varrho = ds/d\omega$ und $v = ds/dt$, also $\dot{\omega} = \frac{v}{\varrho}$, kann man die Gleichungen (2) auch schreiben:

$$v \cdot dv = -(w + g \sin\omega) \cdot ds$$
$$\frac{v^2}{\varrho} = g \cos\omega. \tag{3}$$

Die Gleichungen (3) lassen folgende Interpretationen zu: Die erste mit der Geschoßmasse m multipliziert besagt: „Die Abnahme der lebendigen Kraft $\frac{1}{2} mv^2$ ist gleich dem Produkt aus der Kraft und dem Wege", d. i. der bekannte Energiesatz; ebenso besagt die zweite: „Die Zentrifugalkraft hält der Normalkomponente der Schwere das Gleichgewicht." Umgekehrt kann man aus diesen bekannten Sätzen die Gleichungen (3) folgern. Die zweite Gleichung (3) läßt erkennen, daß Flugbahnen, die an einer Stelle gleiches v und ω haben, auch in der Krümmung übereinstimmen, sich also oskulieren; unabhängig von w. Für $w = 0$ erhält man: die tangierende Parabel oskuliert zugleich.

Bei vektorieller Auffassung der vorkommenden Größen kann man die Bewegungsgleichungen noch in einer weiteren Form schreiben. Bezeichnen jetzt $\mathfrak{r}$, w und g Vektoren, so ist die Gesamtbeschleunigung $w + g$ die Diagonale des aus w und g gebildeten Parallelogrammes. Andererseits ist $\mathfrak{r}$ die Geschwindigkeit nach Größe und Richtung, und $d\dot{\mathfrak{r}}/dt$ die Beschleunigung nach Größe und Richtung. Demnach ist $d\dot{\mathfrak{r}}/dt = -w - g$. Ferner bestehen die Taylorschen Entwicklungen

$$\begin{aligned} \Delta x &= \dot{x}\,\Delta t + \tfrac{1}{2}\,\ddot{x}\,(\Delta t)^2 + \tfrac{1}{6}\,.\,\dddot{x}\,.\,(\Delta t)^3 + \ldots \\ \Delta z &= \dot{z}\,\Delta t + \tfrac{1}{2}\,\ddot{z}\,(\Delta t)^2 + \tfrac{1}{6}\,.\,\dddot{z}\,.\,(\Delta t)^3 + \ldots, \end{aligned} \tag{4}$$

die man in die eine vektorielle zusammenfassen kann:

$$\Delta \mathfrak{r} = \dot{\mathfrak{r}}\,\Delta t + \tfrac{1}{2}\,\ddot{\mathfrak{r}}\,(\Delta t)^2 + \tfrac{1}{6}\,\dddot{\mathfrak{r}}\,(\Delta t)^3 + \ldots \tag{5}$$

Bricht man die Reihe mit dem zweiten Gliede ab, so ist bekanntlich $\ddot{\mathfrak{r}}$ durch einen Mittelwert hiervon im Intervalle von $\mathfrak{r}$ bis $\mathfrak{r} + \Delta\mathfrak{r}$ zu ersetzen. Nimmt man als Mittelwert dieses Differentialquotienten den Differenzenquotienten $\frac{\Delta\dot{\mathfrak{r}}}{\Delta t}$, so erhält man

$$\begin{aligned} \Delta\mathfrak{r} &= (\dot{\mathfrak{r}} + \tfrac{1}{2}\,\Delta\dot{\mathfrak{r}})\cdot\Delta t \\ \text{und dazu kommt (s. o.)}\quad \Delta\dot{\mathfrak{r}} &= -\,(w + g)\cdot\Delta t, \end{aligned} \tag{6}$$

wenn Differentiale näherungsweise durch Differenzen ersetzt werden.

Bezeichnet man die Bahnpunkte zur Zeit t und zur Zeit $t + \Delta t$ mit P_0 und P_1 und entsprechend die zugehörigen Vektoren mit $\mathfrak{r}_0$, $\mathfrak{r}_1$, $\dot{\mathfrak{r}}_0$, $\dot{\mathfrak{r}}_1$, $\ddot{\mathfrak{r}}_0$, $\ddot{\mathfrak{r}}_1$, so kann man die Gleichungen (6) auch schreiben:

$$\begin{aligned} \mathfrak{r}_1 - \mathfrak{r}_0 &= \frac{\dot{\mathfrak{r}}_0 + \dot{\mathfrak{r}}_1}{2}\,\Delta t \\ \dot{\mathfrak{r}}_1 - \dot{\mathfrak{r}}_0 &= \ddot{\mathfrak{r}}_0\cdot\Delta t. \end{aligned} \tag{7}$$

Das gibt
$$\mathfrak{r}_1 = \mathfrak{r}_0 + \dot{\mathfrak{r}}_0\cdot\Delta t + \tfrac{1}{2}\,\ddot{\mathfrak{r}}_0\,(\Delta t)^2, \tag{8}$$
also bis auf Glieder dritter Ordnung in Δt genau. Läßt man Δt von 0 bis Δt wachsen, so beschreibt der Punkt P (nach 8) einen Parabelbogen, wie wenn er unter dem Einfluß einer konstanten Gesamtbeschleunigung $\ddot{\mathfrak{r}}_0$ steht. Dies wird durch die zweite der Gleichungen (7) ausgedrückt.

Um das Wesen der ersten der Gleichungen (7) deutlicher zu erkennen, zerlegen wir diese vektorielle Gleichung in ihre Komponenten

$$x_1 - x_0 = \frac{\dot{x}_0 + \dot{x}_1}{2} \cdot \Delta t, \qquad z_1 - z_0 = \frac{\dot{z}_0 + \dot{z}_1}{2} \cdot \Delta t. \tag{7'}$$

Diese Gleichungen sind bekannter in der Form

$$\int_t^{t+\Delta t} F(t)\, dt = \frac{F(t) + F(t+\Delta t)}{2} \cdot \Delta t, \tag{7''}$$

wo $F(t) = \dot{x}$ bzw. $= \dot{z}$ ist. Das ist die sogenannte Trapezregel zur annähernden Ermittelung eines Flächeninhaltes (mechanischen Quadratur). Die Gleichungen (7) lassen sich weiterführen, z. B. geben die Gleichungen

$$\begin{aligned} \mathfrak{r}_1 - \mathfrak{r}_0 &= \frac{\dot{\mathfrak{r}}_0 + \dot{\mathfrak{r}}_1}{2} \Delta t \\ \dot{\mathfrak{r}}_1 - \dot{\mathfrak{r}}_0 &= \frac{2\ddot{\mathfrak{r}}_0 + \ddot{\mathfrak{r}}_1}{3} \Delta t \\ \ddot{\mathfrak{r}}_1 - \ddot{\mathfrak{r}}_0 &= \dddot{\mathfrak{r}}_0 \Delta t \end{aligned} \tag{9}$$

durch Elimination von $\dot{\mathfrak{r}}_1$, $\ddot{\mathfrak{r}}_1$:

$$\mathfrak{r}_1 = \mathfrak{r}_0 + \dot{\mathfrak{r}}_0 \Delta t + \tfrac{1}{2} \ddot{\mathfrak{r}}_0 (\Delta t)^2 + \tfrac{1}{6} \dddot{\mathfrak{r}}_0 \cdot (\Delta t)^3, \tag{10}$$

also bis auf Glieder vierter Ordnung in Δt genau. Allgemein kann man aus den Werten von $\mathfrak{r}_0$, $\dot{\mathfrak{r}}_0$, $\ddot{\mathfrak{r}}_0$, ... die Werte von $\mathfrak{r}_1$, $\dot{\mathfrak{r}}_1$, $\ddot{\mathfrak{r}}_1$, ... mit jedem gewünschten Grade der Genauigkeit finden.

Wie die Trapezregel, so kann man auch die Simpsonsche Regel aus der Integral- in die Differentialrechnung übertragen und dann vektoriell verallgemeinern. Das führt zu folgendem Formelsystem:

$$\begin{aligned} \mathfrak{r}_1 - \mathfrak{r}_0 &= \frac{\dot{\mathfrak{r}}_0 + 4\dot{\mathfrak{r}}_{0,5} + \dot{\mathfrak{r}}_1}{6} \cdot \Delta t \\ \dot{\mathfrak{r}}_1 - \dot{\mathfrak{r}}_{0,5} &= \dot{\mathfrak{r}}_{0,5} - \dot{\mathfrak{r}}_0 = \tfrac{1}{2} \ddot{\mathfrak{r}}_0 \Delta t. \end{aligned} \tag{11}$$

Ebenso die sogenannte $^3/_8$ Regel zu folgendem:

$$\begin{aligned} \mathfrak{r}_1 - \mathfrak{r}_0 &= \frac{\dot{\mathfrak{r}}_0 + 3\dot{\mathfrak{r}}_{1/3} + 3\dot{\mathfrak{r}}_{2/3} + \dot{\mathfrak{r}}_1}{8} \Delta t. \\ \dot{\mathfrak{r}}_1 - \dot{\mathfrak{r}}_{2/3} &= \dot{\mathfrak{r}}_{2/3} - \dot{\mathfrak{r}}_{1/3} = \dot{\mathfrak{r}}_{1/3} - \dot{\mathfrak{r}}_0 = \tfrac{1}{3} \ddot{\mathfrak{r}}_0 \Delta t \text{ usw.} \end{aligned} \tag{12}$$

Bei allen diesen Verfahren sind aus den Anfangswerten $\mathfrak{r}_0$, $\dot{\mathfrak{r}}_0$ die Werte $\ddot{\mathfrak{r}}_0$, $\dddot{\mathfrak{r}}_0$, ... d. h. die Werte $\ddot{x}_0$, $\ddot{z}_0$, $\dddot{x}_0$, $\dddot{z}_0$ usw. aus den Differentialgleichungen abzuleiten, wie folgt.

Die Differentialgleichungen (1) ergeben durch Differentiation

$$\begin{aligned} \dddot{x} &= w' \cos\omega\, (w + g \sin\omega) - \frac{wg}{v} \sin\omega \cdot \cos\omega \\ \dddot{z} &= w' \sin\omega\, (w + g \sin\omega) + \frac{wg}{v} \cos^2\omega \text{ usw.} \end{aligned} \tag{13}$$

und für die Ableitungen z', z'' ... von z nach x erhält man die Gleichungen:

$$z'\dot{x} = \dot{z}$$
$$z''\dot{x}^2 + z'\ddot{x} = \ddot{z}$$
$$z'''\dot{x}^3 + 3z''\dot{x}\ddot{x} + z'\dddot{x} = \dddot{z} \text{ usw.,}$$

also die Werte

$$z' = \frac{\dot{z}}{\dot{x}} = \operatorname{tg}\omega$$
$$z'' = -\frac{g}{\dot{x}^2} \tag{14}$$
$$z''' = \frac{2g\ddot{x}}{\dot{x}^4} = -2\cdot\frac{w}{g}\frac{z''^2}{\sqrt{1+z'^2}}$$

usw.

Davon macht man folgenden Gebrauch: Hat man bei einer Flugbahn auf $n+1$ Zwischenscheiben in den Entfernungen $x_0, x_1, x_2 \ldots, x_n$ die Flughöhen $z_0, z_1, z_2, \ldots, z_n$ gemessen, so ergibt sich daraus angenähert nach der Lagrangeschen Interpolationsformel:

$$z = z_0 \frac{(x-x_1)(x-x_2)\ldots(x-x_n)}{(x_0-x_1)(x_0-x_2)\ldots(x_0-x_n)} + \ldots$$
$$+ z_n \frac{(x-x_0)(x-x_1)\ldots(x-x_{n-1})}{(x_n-x_0)(x_n-x_1)\ldots(x_n-x_{n-1})},$$

indem man sie nach Potenzen von $x - x_0$ entwickelt:

$$z = z_0 + z_0' \cdot (x-x_0) + \tfrac{1}{2} z_0'' \cdot (x-x_0)^2 + \ldots + \tfrac{1}{n!} z_0^{(n)} \cdot (x-x_0)^n.$$

Dadurch werden die Werte der Ableitungen z_0', z_0'', ... $z_0^{(n)}$ interpolatorisch bestimmt. Vergleicht man sie mit den Werten nach (14), so erhält man der Reihe nach erst ω_0 aus $\operatorname{tg}\omega_0 = z_0'$, dann $\dot{x}_0$ aus $-\frac{g}{\dot{x}_0^2} = z_0''$, dann $v_0 = \dot{x}_0 \cdot \sec\omega_0$, dann $\ddot{x}_0$ aus $\frac{2g\ddot{x}_0}{\dot{x}_0^4} = z_0'''$, dann $w_0 = -\ddot{x}_0 \cdot \sec\omega_0$, usw.; die folgenden Glieder liefern die Werte von w_0', w_0'', w_0''', ..., $w_0^{(n-3)}$. Ferner ergibt $\frac{w_0}{f(v_0)}$ den Geschoßfaktor c. Hierzu braucht man mindestens vier Zwischenscheiben, da für $n=3$ die Lagrangesche Formel die Werte von z_0', z_0'', z_0''' liefert. Demnach ist im allgemeinen durch vier Punkte eine Flugbahn bestimmt, da durch vier Punkte die Anfangselemente ω_0, v_0, w_0 bestimmt sind. Dabei nimmt man an, daß mit Kenntnis des Geschoßfaktors c zugleich die ganze Widerstandsfunktion des Geschosses bekannt ist (s. S. 22). Nimmt man dies nicht an, so liefern n Flugbahnpunkte die Werte w_0, w_0', ..., $w_0^{(n-3)}$, also interpolatorisch

$$w = w_0 + w_0' \cdot (v-v_0) + \tfrac{1}{2} w_0'' \cdot (v-v_0)^2 + \ldots$$
$$+ \frac{1}{(n-3)!} w_0^{(n-3)} \cdot (v-v_0)^{n-3},$$

zur empirischen Ermittelung der Funktion w von v.

§ 11. Numerisch-graphische Lösungen.

Das Hauptproblem der Ballistik: die Ermittelung der Flugbahn aus den gegebenen Anfangselementen v_0, w_0, ω_0 kann zunächst in der Weise gelöst werden, daß man zu einem Bahnelement zur Zeit t das Bahnelement zur Zeit $t + \Delta t$ findet. Unter Bahnelement ist zu verstehen ein Bahnpunkt und die Geschwindigkeit nach Größe und Richtung in ihm. Die erste Lösung dieser Art stammt von Poncelet*) und knüpft am besten an die Gleichungen (3) an. Die zweite dieser Gleichungen liefert den Krümmungsradius ϱ an der gegebenen Stelle und damit, da die Tangente an der Stelle gegeben ist, den Krümmungskreis. Trägt man auf diesem von dem gegebenen Punkte das kleine Bogenelement $\Delta s = v \cdot \Delta t$ ab, so hat man damit annähernd den gesuchten Punkt zur Zeit $t + \Delta t$. Die Geschwindigkeit in diesem findet man aus der ersten Gleichung (3), die den Geschwindigkeitszuwachs Δv liefert. Ob man eine solche Lösung numerisch oder, wie Poncelet, graphisch durchführt, ist unwesentlich und hängt von den Zwecken und dem gewünschten Genauigkeitsgrade ab. Bedeutend einfacher als die Ponceletsche ist die folgende Lösung, die sich aus den Gleichungen (6) ergibt**). Man nehme Δt zur Zeiteinheit. Es sei P der Bahnpunkt zur Zeit t, PQ die Geschwindigkeit in ihm nach Größe und Richtung, ferner $QR = w$ die Verzögerung, $RS = g$. Dann ist nach der zweiten Gleichung (6) QS die Gesamtbeschleunigung im Zeitteil Δt und PS die Geschwindigkeit zur Zeit $t + \Delta t$ nach Größe und Richtung. Schließlich ist die Mitte P_1 von QS nach der ersten Gleichung (6) der Bahnpunkt zur Zeit $t + \Delta t$.

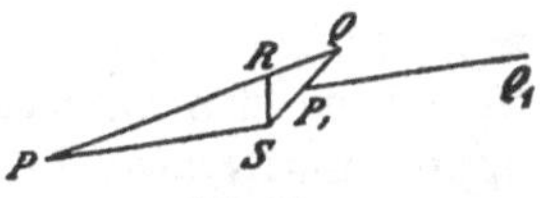

Abb. 10.

Da durch 2 Punkte P, P_1 und die Tangenten in ihnen eine Parabel bestimmt ist, kann man die punktweise konstruierte Bahn durch Parabelbögen ausfüllen. Ebenso liefert das Gleichungssystem (9) z. B. die folgende Lösung (Abb. 11): Es sei $PQ = \dot{r}_0$, $QS' = \ddot{r}_0$, $S'S'' = \dddot{r}_0$, dann ist $QS'' = \ddot{r}_1$, ferner sei $S'S = \frac{1}{3} S'S''$, dann ist $PS = \dot{r}_1$, und die Mitte von QS ist der neue Bahnpunkt P_1 usw.

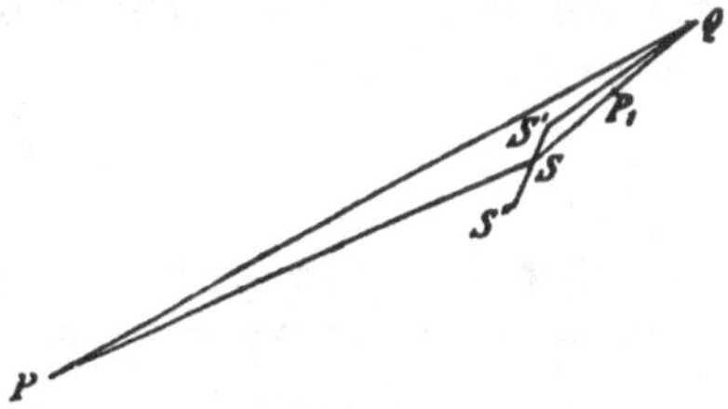

Abb. 11.

Die Genauigkeit solcher Lösungen ist danach zu beurteilen, wieviel Glieder der Taylorschen Entwicklung sie richtig wiedergeben.

Die Konstruktionen von Indra (Graphische Ballistik, Wien 1876), Rothe (Artill. Monatshefte 1911, 1915), Narath (ebenda) beruhen auf

*) Leçons de mécanique industrielle, Metz 1828/29, II, § 55.

**) Vahlen, Artilleristische Monatshefte 1918, S. 145.

unzulässigen Voraussetzungen. Die von Cranz (Ballistik, 1917, S. 201) gilt nur für möglichst flache Bahnen und folgt dann aus der obigen, wenn man statt $w = c\,f(v)$ nimmt $-\ddot{x} = c \cdot f(\dot{x})$.

Bei diesen Methoden sind die Ableitungen $\ddot{\mathfrak{r}}_0$, $\dddot{\mathfrak{r}}_0, \ldots$ auf Grund der Formeln (13) zu bilden. Darin kommen die Ableitungen w', w'', ... der Funktion w von v vor. Diese Funktion ist aber nur tabellarisch gegeben. Also kann man die Ableitungen nur interpolatorisch aus Differenzenquotienten annähernd bilden. Demnach kann man nach Methoden fragen, die von vornherein nur die Funktionswerte selbst möglichst vorteilhaft verwenden. Die älteste solche Methode ist im Prinzip schon bei Euler*) vorhanden, der die Differentialgleichung näherungsweise durch eine Differenzengleichung ersetzt. Eine wesentliche Verbesserung bedeutet demgegenüber die Methode von Runge**), der die Simpsonsche Regel auf Differentialgleichungen überträgt. Heun***) und Kutta†) haben dies Verfahren weitergeführt. Auf die Berechnung der Geschoßflugbahn wendet Veithen††) die Kuttasche Methode an. Neuendorff††) rechnet hierzu ein Beispiel und bemerkt, daß die errechneten Bahnen mit den erschossenen nicht genügend übereinstimmen. Durch diese Methoden werden die vier Integrationen, die die Gleichungen (1) erfordern, approximativ ausgeführt. Nun ist bekannt (s. § 13), daß von diesen vier Integrationen drei auf Quadraturen zurückkommen, nachdem zuvor eine Differentialgleichung erster Ordnung, die Hauptgleichung, integriert ist. Man wird daher auf eine größere Genauigkeit rechnen, wenn man die Näherungsmethoden nur auf die Hauptgleichung anwendet, da für die dann noch erforderlichen drei Quadraturen vergleichsweise exakte Methoden zur Verfügung stehen. Die Hauptgleichung ist die z. B. aus (1) folgende Gleichung zwischen $\dot{x}$ und $\dot{z}$:

$$d\dot{z} = \left(\frac{\dot{z}}{\dot{x}} + \frac{g}{w}\,\frac{v}{\dot{x}}\right) d\dot{x},$$

worin $w = c\,f(v)$, $v = \sqrt{\dot{x}^2 + \dot{z}^2}$ zu setzen ist. Führt man Polarkoordinaten v, ω ein, vermittelst $\dot{x} = v \cdot \cos\omega$, $\dot{z} = v \cdot \sin\omega$, so erhält man

$$dv = \left(\frac{w}{g} + \sin\omega\right) \frac{v\,d\omega}{\cos\omega}, \tag{1}$$

was wir zur Abkürzung schreiben wollen:

$$d\omega = F(v, \omega)\,dv. \tag{2}$$

*) Inst. calc. int. 1, 1768, S. 493.

**) Math. Ann. 46, 1895, S. 167.

***) Ztschr. Math. Phys. 45, 1900, S. 23.

†) Ztschr. Math. Phys. 46, 1901, S. 435 u. Diss., München 1901.

††) Artilleristische Monatshefte 1919, S. 98.

Nach Cauchy nimmt man statt dessen

(3) $$\Delta\omega = F(v, \omega)\,\Delta v,$$ d. h. man berechnet ω_1, aus den gegebenen v_0, ω_0 und dem gegebenen Zuwachs $\Delta\omega = \omega_1 - \omega_0$ vermittest

$$\omega_1 - \omega_0 = F(v_0, \omega_0) \cdot (v_1 - v_0).$$

Dieses einfachste Verfahren kann nützlich sein, man muß aber aus der besonderen Beschaffenheit der Funktion $F(v, \omega)$ möglichsten Nutzen ziehen. Das geschieht im vorliegenden Falle, indem man die Gleichung in die Form setzt:

$$g \cdot d\,(v \cos\omega) = w \cdot v \cdot d\omega$$

oder:

$$d\,(v \cos\omega)^{-n} = \frac{w}{g \cdot v^n} \cdot d\Omega, \qquad \Omega = n \int\limits_{\omega} \frac{d\omega}{\cos^{n+1}\omega}.$$

Dabei wählt man n so, daß $\frac{w}{v^n}$ nahezu konstant bleibt. Für die Funktion Ω sind für die in Betracht kommenden Werte von n Tabellen vorhanden. Den Schritt von (v_0, ω_0) zu (v_1, ω_1) macht man also so:

$$(v_1 \cos\omega_1)^{-n} - (v_0 \cos\omega_0)^{-n} = \frac{w_0}{g\,v_0{}^n} \cdot (\Omega_1 - \Omega_0).$$

Der Vorteil besteht darin, daß man das Intervall $\omega_1 - \omega_0$ wegen der geringen Veränderlichkeit von $\frac{w}{v^n}$ verhältnismäßig groß wählen kann.

Für den Fall $w = a v^n$ ist die Gleichung damit genau integriert. Man braucht sie nicht erst in die Form einer Bernoullischen Gleichung zu bringen*):

$$dv = \left(\frac{a}{g} v^{n+1} + \sin\omega \cdot v\right) \cdot \frac{d\omega}{\cos\omega}$$

und vermittelst $v^n = \frac{1}{u}$ in eine lineare zu transformieren, wie dies im allgemeinen Fall einer Bernoullischen Gleichung nötig ist. Auch wenn man w durch eine lineare Funktion von lv approximiert, kommt man auf eine lineare Differentialgleichung, die in bekannter Weise zu integrieren ist. Zur Verbesserung des Eulerschen Ansatzes (3) wenden wir ihn zunächst auf den Fall an, daß $F(v, \omega) = F(v)$ ist, also von ω nicht abhängt. Die Näherung

$$\Delta\omega = F(v)\,\Delta v$$

ist dann zu ersetzen durch die besseren:

$$\Delta\omega = F(v + \tfrac{1}{2}\Delta v) \cdot \Delta v, \qquad \Delta\omega = \frac{F(v) + F(v + \Delta v)}{2}\,\Delta v,$$

*) Vgl. Encycl. d. math. Wiss. II, 1. 1, S. 237.

von denen bekanntlich die erste*) eine Approximation eines Flächenstückes durch ein Tangententrapez T, die zweite**) durch ein Sehnentrapez S bedeutet. Letztere liegt auch dem obigen aus den Gleichungen (6) gefolgerten Verfahren zugrunde.

Das Mittel

$$\tfrac{1}{3}S+\tfrac{2}{3}T=\frac{F(v)+4F\left(v+\frac{1}{2}\varDelta v\right)+F(v+\varDelta v)}{6}\varDelta v,$$

die Simpsonsche Regel***) approximiert den Flächeninhalt bis zu den Gliedern dritter Ordnung in $\varDelta v$ einschließlich.

Entsprechend setzt Runge erstens

$$\varDelta_1\omega=F\left(v+\tfrac{1}{2}\varDelta v,\omega+\tfrac{1}{2}F(v,\omega)\cdot\varDelta v\right)\cdot\varDelta v$$

und zweitens

$$\varDelta\omega=\frac{F(v,\omega)+F(v+\varDelta v,\omega+F(v,\omega)\varDelta v)}{2}\varDelta v.$$

Aber aus diesen beiden ist kein Mittel zu bilden, das bis auf Glieder dritter Ordnung richtig wäre. Vielmehr ist das zweite zu ersetzen durch

$$\varDelta_0\omega=\frac{F(v,\omega)+F\Big(v+\varDelta v,\ \omega+F\big(v+\varDelta v,\omega+F(v,\omega)\varDelta v\big)\varDelta v\Big)}{2}\varDelta v;$$

dann gibt das Mittel

$$\tfrac{1}{3}\varDelta_0\omega+\tfrac{2}{3}\varDelta_1\omega$$

den gewünschten Grad der Annäherung.

Eine Annäherung vierter Ordnung gibt die Formel von Kutta:

$$\begin{aligned}
\varDelta_0\omega &= F(v,\omega)\varDelta v\\
\varDelta_1\omega &= F\left(v+\tfrac{1}{2}\varDelta v,\ \omega+\tfrac{1}{2}\varDelta_0\omega\right)\varDelta v\\
\varDelta_2\omega &= F\left(v+\tfrac{1}{2}\varDelta v,\ \omega+\tfrac{1}{2}\varDelta_1\omega\right)\varDelta v\\
\varDelta_3\omega &= F(v+\varDelta v,\omega+\varDelta_2\omega)\varDelta v\\
\varDelta\omega &= \frac{\varDelta_0+2\varDelta_1+2\varDelta_2+\varDelta_3}{6}.
\end{aligned}$$

Für die Anwendung dieser Formeln ist zu berücksichtigen, daß die Funktion F zwar für jeden Wert von ω, aber nur für die Tabellenwerte von v gegeben ist; danach sind die Argumente v, $v+\frac{1}{2}\varDelta v$, $v+\varDelta v$ zu wählen. Will man $\omega-\omega_0$ nach Potenzen von $v-v_0$ in die Taylorsche Reihe entwickeln:

$$\omega-\omega_0=\omega_0'\cdot(v-v_0)+\tfrac{1}{2}\omega_0''(v-v_0)^2+\tfrac{1}{6}\omega_0'''(v-v_0)^3+\ldots,$$

so erhält man aus

*) Mac-Laurin, Treatise of fluxions 2, Edinbourg 1742, Kap. IV, S. 632.
**) Trapez-Regel von Borda oder Bézout.
***) Mathematical dissertations ..., London 1743, S. 109.

$\omega^{\mathrm{I}} = F(v, \omega)$ der Reihe nach:

$$\omega^{\mathrm{II}} = \frac{\partial F}{\partial v} + F \cdot \frac{\partial F}{\partial \omega} = DF$$

$$\omega^{\mathrm{III}} = D^2 F + F' DF, \qquad F' = \frac{\partial F}{\partial \omega}$$

$$\omega^{\mathrm{IV}} = D^3 F + F' D^2 F + F'^2 DF + 3\, DF' \cdot DF$$

$$\omega^{\mathrm{V}} = D^4 F + F' \cdot D^3 F + F'^2 \cdot D^2 F + F'^3 \cdot DF$$
$$+ 4 \cdot DF' \cdot D^2 F + 6 \cdot DF \cdot D^2 F' + 7 F' \cdot DF \cdot DF' + F'' \cdot DF \cdot DF.$$

Der Anwendung dieser Formeln gegenüber bedeuten die Formeln von Runge und Kutta bei gleichem Grade der Annäherung eine bedeutende Rechnungsersparnis.

Eine andere Rungesche Methode wenden Cranz und Rothe auf die Hauptgleichung $dv = F(\omega, v)\, d\omega$ an*). Sie besteht kurz in folgendem. Man bedecke die $(v\omega)$-Ebene mit einem System von „Isoklinen“

$$F(\omega, v) = C_i. \qquad (i = 0, 1, 2, \ldots)$$

Die von dem Anfang ω_0, v_0 ausgehende Integralkurve ist so zu ziehen, daß sie die i-te Isokline mit einer Tangentenrichtung $\frac{dv}{d\omega} = C_i$ schneidet. Eine so gewonnene Anfangslösung $v_1(\omega)$ wird durch iterierte Quadraturen verbessert nach:

$$\frac{dv_2}{d\omega} = F\big(\omega,\ v_1(\omega)\big), \qquad v_2 - v_0 = \int_{\omega_0}^{\omega} F\big(\omega,\ v_1(\omega)\big)\, d\omega, \quad \text{usw.}$$

Das Verfahren ist umständlich, aber genau. Für die Herstellung des Isoklinensystems kommt es zustatten, daß man die Hauptgleichung vermittelst

$$v = e^u, \qquad dv = e^u\, du$$

$$\sin\omega = \operatorname{tg\,hyp} \mathfrak{z}, \qquad \frac{d\omega}{\cos\omega} = d\mathfrak{z}, \qquad \mathfrak{z} = l\,\operatorname{tg}\left(\frac{\pi}{4} + \frac{\omega}{2}\right)$$

transformieren kann auf

$$\frac{du}{d\mathfrak{z}} = \operatorname{tg\,hyp} \mathfrak{z} + \frac{c}{g} f(e^u).$$

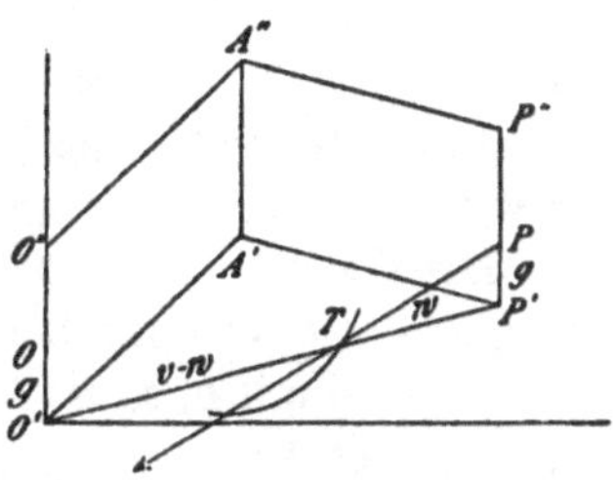

Abb. 12.

Man kann die Integration der Hauptgleichung durch folgenden Mechanismus ausführen. $O'O''$ liege in der Zeichenebene fest, $O\,O''\,A'A''$, $A'A''\,P'P''$ seien zwei Gelenkparallelogramme, durch die $P'P''$ in erforderlichem Umfange an jede Stelle der Ebene zu bringen ist (Abb. 12). Mit $O'A'$ starr verbunden ist eine ebene Kurve, die $O'P'$ immer so in einem Punkte T schneidet, daß $O'T = v - w$, $TP' = w$ ist, wenn $O'P' = v$ ist. Macht

*) Artilleristische Monatshefte 1917, S. 197.

man dann $OO' = PP' = g$ und zieht den Punkt P vermittelst eines in P befestigten Fadens in Richtung über T, so beschreibt ein in P angebrachter Zeichenstift die gesuchte Kurve. Die Anfangslage P_0 von P ist dadurch bestimmt, daß

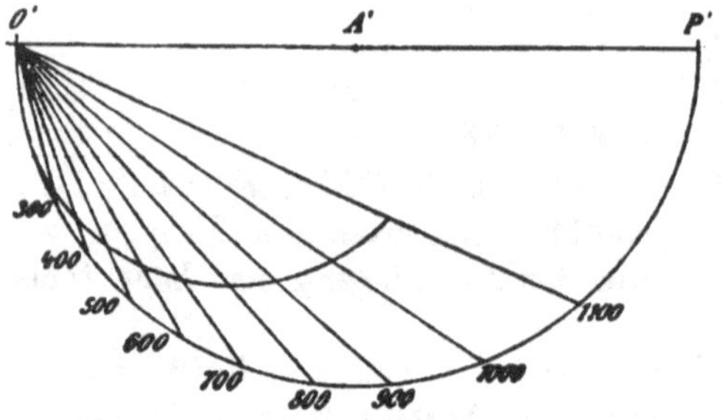

Abb. 13.

$$OP_0 = v_0, \quad O''OP_0 = \frac{\pi}{2} - \omega_0$$

sein muß. Der Beweis folgt sofort daraus, daß die Tangentenrichtung PT der Kurve die Resultierende ist aus $g = PP'$ und $w = P'T$. Der Maßstab für g und w ist beliebig, aber bei beiden derselbe. Die Konstruktion der T-Kurve erfolgt so: Für jede Gestalt des Dreiecks $O'A'P'$ trage man auf $O'P' = v$, den Wert $v - w = O'T$ ab (s. Abb. 13). Für ein Geschoß mit größeren (kleineren) w braucht man keine andere T-Kurve, sondern verkleinert (vergrößert) statt dessen $PP' = OO'$ im entsprechenden Verhältnis.

Viertes Kapitel.

Ausnahme- und Grenzfälle.

§ 12. Die Hauptgleichung. Zwei Lösungsklassen. Der Ausnahmefall.

Faßt man die Gleichungen (2), S. 25, zusammen in

$$-dt = \frac{dv}{w + g \sin\omega} = \frac{v\,d\omega}{g \cos\omega}, \tag{1}$$

so erhält man auch so die „Hauptgleichung", die wir schrieben:

$$g \cdot dv \cos\omega = w \cdot v \cdot d\omega$$

oder

$$g \cdot d\dot{x} = w \cdot v \cdot d\omega = -\ddot{x} \cdot \dot{x} \cdot d\,\mathrm{tg}\omega \tag{2}$$

Die durch die Polarkoordinaten v und ω bestimmte Kurve heißt der Geschwindigkeitsriß (Hodograph*).

Die Gleichung (2) läßt erkennen, daß, wenn w klein ist im Vergleich zu g, $\dot{x}$ wenig veränderlich ist im Vergleich zu ω. Wenn aber w groß ist im Vergleich mit g, so ist ω wenig veränderlich im Vergleich mit $\dot{x}$. Daraus ergeben sich

Zwei Lösungsklassen. Ist $w < g$, so ist es zweckmäßig ω oder tang ω als unabhängige Veränderliche einzuführen, während das in diesem Falle wenig veränderliche $\dot{x}$ hierzu weniger geeignet ist. Ist dagegen

*) Hodograph ist schlecht, besser wäre Tachygramm.

$g > w$, so ist $\dot{x}$ die stärker veränderliche Größe und wird deshalb als unabhängige Veränderliche bevorzugt. $\dot{x}$ eignet sich im allgemeinen besser als v hierzu, da, wie wir sehen werden, $\dot{x}$ auf der Flugbahn nur abnimmt, (s. S. 46) während v erst ab-, dann zunimmt. Nur, wenn sowohl $\dot{x}$ als ω konstant sind, muß man v als unabhängige Variable nehmen. Dies ist

Der Ausnahmefall, nämlich der senkrechte Schuß, in dem $\dot{x} = 0$ und $\omega = \pm\frac{\pi}{2}$ ist. Auch für den fast senkrechten Schuß ist es zweckmäßig v als unabhängige Veränderliche zu nehmen, da $\dot{x}$ und ω bei diesem wenig veränderlich sind.

Man erhält hierfür die Gleichungen:

$$dt = -\frac{dv}{w + g\sin\omega} \quad \text{(aus 1), d. h.} \quad t = -\int_{v_0}^{v} \frac{dv}{w + g\sin\omega},$$

$$\text{also} \quad ds = \frac{v\,dv}{w + g\sin\omega}, \qquad s = -\int_{v_0}^{v} \frac{v\,dv}{w + g\sin\omega}$$

$$dx = -\frac{v\cos\omega\,dv}{w + g\sin\omega}, \qquad x = -\int_{v_0}^{v} \frac{v\cos\omega\,dv}{w + g\sin\omega} \tag{3}$$

$$dz = -\frac{v\sin\omega\,dv}{w + g\sin\omega}, \qquad z = -\int_{v_0}^{v} \frac{v\sin\omega\,dv}{w + g\sin\omega}$$

$$\frac{d\omega}{\cos\omega} = -\frac{g\,dv}{v(w + g\sin\omega)} \quad \text{(aus 1),} \quad \left[\lg\operatorname{tg}\left(\frac{\pi}{4} + \frac{\omega}{2}\right)\right]_{\omega_0}^{\omega} = -\int_{v_0}^{v} \frac{g\,dv}{v(w + g\sin\omega)}.$$

Für den senkrechten Schuß kommen hiervon nur die beiden ersten Formeln in Betracht und man hat in ihnen bzw. $\omega_0 = +\frac{\pi}{2}$ oder $\omega_0 = -\frac{\pi}{2}$ zu setzen, je nachdem ob es sich um den Schuß senkrecht aufwärts oder senkrecht abwärts handelt. Letzterer Fall umfaßt für $v_0 = 0$ auch das Fallenlassen eines Geschosses von einem unbewegten Luftfahrzeug aus. Für den fast senkrechten Schuß ist ω abschnittsweise konstant zu nehmen, z. B. für den Schuß aufwärts gleich 90°, 89°, 88°, 87° usw., für den Schuß abwärts gleich ...87°, 88°, 89°, 90°. Die vorkommenden Integrale sind als Summen zu berechnen, z. B.

$$\int \frac{dv}{w + g\sin\omega} = \sum \frac{\Delta v}{c\,f(v) + g\sin\omega}.$$

Die Berechnung wird am einfachsten, wenn ω so nahe gleich $\pm\frac{\pi}{2}$ ist, daß man genau genug $\sin\omega = \pm 1$, $\cos\omega = \frac{\pi}{2} \mp \omega$ setzen kann. Die Formeln werden dann

$$t = -\int_{v_0}^{v} \frac{dv}{w \pm g}$$

$$s = -\int_{v_0}^{v} \frac{v\,dv}{w \pm g} = \pm z \tag{4}$$

$$x = -\frac{\frac{\pi}{2} \mp \omega_0}{G(v_0)} \cdot \int_{v_0}^{v} \frac{G(v)\,v\,dv}{w \pm g}$$

$$\lg\left(\frac{\pi}{2} \mp \omega\right) - \lg\left(\frac{\pi}{2} \mp \omega_0\right) = -\int_{v_0}^{v} \frac{g \cdot dv}{(w \pm g)\,v} = \lg \frac{G(v)}{G(v_0)},$$

wo in der vorletzten Formel für $\cos\omega = \frac{\pi}{2} \mp \omega$ der aus der letzten folgende Wert $\left(\frac{\pi}{2} \mp \omega_0\right) \cdot \frac{G(v)}{G(v_0)}$ eingesetzt ist und die Funktion $l\,G(v)$ durch die letzte Gleichung erklärt wird; nämlich so:

$$l\,G(v) = -\int_{1200}^{v} \frac{g\,dv}{(w \pm g)\,v}.$$

Die acht vorkommenden Integrale sind für eine Anzahl Werte des in der Verzögerung $w = c \cdot f(v)$ vorkommenden Geschoßfaktors c und für die untere Grenze 1200 berechnet und graphisch dargestellt worden (s. Cranz, Bd. 4, S. 142 ff.).

Beim Schuß senkrecht aufwärts wird der Gipfel erreicht, wenn $v = 0$ ist. Also ergeben sich die Gipfelelemente aus

$$t_* = \int_0^{v_0} \frac{dv}{g + w}, \qquad s_* = \int_0^{v_0} \frac{v\,dv}{g + w}.$$

Nehmen wir selbst die Anfangsgeschwindigkeit $v_0 = \infty$, so bleibt doch t_* endlich, wenn $n_\infty > 1$, und s_*, wenn $n_\infty > 2$. Dann könnte man kein Geschoß von der Erde wegschießen; es käme schließlich zum Stillstand und fiele zurück. Aber es ist $n_\infty = 1$ (s. S. 15), also entweicht bei hinreichend großer Geschwindigkeit das Geschoß schließlich, selbst wenn Schwere und Luftgewicht mit der Höhe nicht abnähmen.

Es sei v_g der Wert von v, für den $w = g$ wird und $\lim\limits_{w \to g} \frac{(v - v_g)\, w'}{w - g} = n_g$; in der Nähe von $w = g$ dann ist $w - g$ proportional der n_g-ten Potenz von $v - v_g$; denn es wird für $w - g = c\,(v - v_g)^n$, $w' = c\,n\,(v - v_g)^{n-1}$ $= n \cdot \frac{w - g}{v - v_g}$.

Für den Schuß senkrecht abwärts gelten in den Formeln (4) die unteren Vorzeichen. Es ist also

$$t = \int_v^{v_0} \frac{dv}{g - w}, \qquad s = \int_v^{v_0} \frac{v\,dv}{g - w}.$$

Ist $w < g$, wie z. B. beim fallenden Ast eines senkrecht aufwärts gerichteten Schusses, so ist $dv = (g - w)\,dt$ positiv*); v, also auch w wächst. t_g, s_g seien die zu v_g gehörigen Bahnelemente. Diese ergeben sich aus:

$$t_g = \int_{v_g}^{v_0} \frac{dv}{g - w} \qquad s_g = \int_{v_g}^{v_0} \frac{v\,dv}{g - w}.$$

Demnach sind t_g, s_g endlich, wenn $n_g < 1$. Aber es ist $n_g = 1$, denn die Widerstandskurve $w = c \cdot f(v)$ kann an der Stelle $w = g$, $v = v_g$ wie an jeder anderen nur eine geneigte Tangente haben. Also erreicht das Geschoß die Stelle $v = v_g$, $w = g$ erst für $t_g = \infty$, $s_g = \infty$.

Ist $w > g$, so ist $dv = (g - w)\,dt$ negativ, also nehmen v und w ab. Für die Stelle $w = g$, $v = v_g$ folgt wieder $t_g = \infty$, $s_g = \infty$, wenn $n_g = 1$.

Ist $w = g$, so ist $dv = (g - w)\,dt = o$, d. h. die Geschwindigkeit bleibt konstant gleich v_g; die Bewegung ist gleichförmig. v_g ist die schon von Huygens eingeführte Grenzgeschwindigkeit. Ein vertikaler Luftstrom von der Geschwindigkeit v_g ist grade stark genug, den Körper am Fallen zu hindern.

Für den Schuß senkrecht abwärts werden die Elemente des „virtuellen" Gipfels (mit $v = 0$):

$$t_* = \int_0^{v_0} \frac{dv}{g - w}, \qquad s_* = \int_0^{v_0} \frac{v\,dv}{g - w};$$

---

*) Man braucht sich in diesem Falle nicht, wie Cranz (Ballistik 1917, S. 241) auf das quadratische Luftwiderstandsgesetz zu beschränken. Es ist auch nicht nötig, daß aus $w < g$ folgen müsse $v < 240$; denn zu jedem v gibt es Werte von c, für die $c\,f(v) < g$ ist (s. S. 23).

ist $w < g$, so sind diese Integrale zu berechnen und ergeben den Punkt und die zugehörige Zeit, von wo ab das Geschoß fallen müßte, um nach der Zeit t_* und der Fallhöhe s_* die gegebene Anfangsgeschwindigkeit v_0 zu erreichen. Ist aber $w > g$, so ist kein Gipfel vorhanden, denn mit abnehmender Zeit wächst v, kann also nicht gegen 0 abnehmen.

§ 13. Die beiden Integrationsansätze und ihre Grenzfälle.

Zwei Integrationsansätze.

Nimmt man $\operatorname{tg}\omega$ als unabhängige Veränderliche, so liefert die zweite Gleichung (2) (S. 25) für $v = \dot{x} \cdot \cos\omega$:

$$g\,dt = -\dot{x}\,d\operatorname{tg}\omega \qquad gt = -\int \dot{x}\,d\operatorname{tg}\omega$$

und daraus

$$\begin{aligned} g\,dx &= -\dot{x}^2 d\operatorname{tg}\omega & gx &= -\int \dot{x}^2 d\operatorname{tg}\omega \\ g\,dz &= -\dot{x}^2 \operatorname{tg}\omega\, d\operatorname{tg}\omega & gz &= -\int \dot{x}^2 \operatorname{tg}\omega\, d\operatorname{tg}\omega \\ g\,ds &= -\dot{x}^2 \sec\omega\, d\operatorname{tg}\omega & gs &= -\int \dot{x}^2 \sec\omega\, d\operatorname{tg}\omega\,. \end{aligned} \tag{5}$$

Diese Formeln geben eine Lösung, wenn man $\dot{x}$ als Funktion von $\operatorname{tg}\omega$ ausdrücken kann; das hätte durch Integration der Hauptgleichung (2) zu erfolgen. Da die zweite Gleichung (2) (S. 25) stets gilt, wenn außer der Schwerkraft nur tangentiale Kräfte wirken, gilt dasselbe für die Gleichungen (5). Insbesondere gelten sie also auch im leeren, d. h. widerstandsfreien Raum. In diesem vereinfachen sie sich dadurch, daß $\dot{x}$ konstant gleich $\dot{x}_0$ ist, wie aus (1) (S. 25) für $w = 0$ folgt.

Nimmt man zweitens $\dot{x}$ als unabhängige Veränderliche, so muß man zu den identischen Gleichungen

$$\begin{aligned} dt &= \frac{d\dot{x}}{\ddot{x}} & t &= \int \frac{d\dot{x}}{\ddot{x}} \\ dx &= \frac{\dot{x}\,d\dot{x}}{\ddot{x}} & x &= \int \frac{\dot{x}\,d\dot{x}}{\ddot{x}} \end{aligned} \tag{6}$$

aus (5) hinzunehmen

$$d\operatorname{tg}\omega = -\frac{g\,d\dot{x}}{\dot{x}\ddot{x}} \qquad \operatorname{tg}\omega_0 - \operatorname{tg}\omega = \int \frac{g\,d\dot{x}}{\dot{x}\ddot{x}}\,,$$

also noch

$$dx \cdot \operatorname{tg}\omega_0 - dz = \frac{\dot{x}\,d\dot{x}}{\ddot{x}} \int \frac{g\,d\dot{x}}{\dot{x}\ddot{x}}\,, \quad x \cdot \operatorname{tg}\omega_0 - z = \int\!\!\int \frac{g\,d\dot{x}}{\dot{x}\ddot{x}} \cdot \frac{\dot{x}\,d\dot{x}}{\ddot{x}}\,.$$

Damit diese Formeln eine Lösung liefern, muß man $\ddot{x}$ durch $\dot{x}$ ausdrücken. Auch das erfolgt durch die Hauptgleichung. Kennt man nämlich die Beziehung zwischen $\operatorname{tg}\omega$ und $\dot{x}$, dann kann man auch $\ddot{x}$ durch $\dot{x}$ ausdrücken vermittelst der Gleichung $d\operatorname{tg}\omega = -\dfrac{g\,d\dot{x}}{\dot{x}\ddot{x}}$ und umgekehrt, kann man $\ddot{x}$ durch $\dot{x}$ ausdrücken, dann wird durch diese Gleichung, in der die Variablen getrennt sind, auch $\operatorname{tg}\omega$ durch $\dot{x}$ ausgedrückt.

Die hier vorgenommene Unterscheidung, ob $\frac{w}{g}$ oder $\frac{g}{w}$ die kleinere Größe ist, hat an die Stelle der früher üblichen nach Flach- und Steilfeuer zu treten, mit der sie sich nur z. T. deckt. Da nämlich, wie wir sehen werden, w von dem Bahnpunkt an, wo es seinen kleinsten Wert hat, asymptotisch gegen den Wert g hin wächst, wird die Flugbahn durch den Punkt, wo $w = g$ ist, in zwei Teile geteilt, in deren erstem $w > g$, in deren zweitem $w < g$ ist. Beim Steilschuß der Praxis liegt dieser Teilpunkt $w = g$ in der Regel diesseits des Anfangspunktes, im „virtuellen" Teil (der rückwärtigen Verlängerung) der Flugbahn; weil man bei Steilbahnen in der Regel, aber z. B. nicht gegen Luftziele, kleine Geschwindigkeiten anwendet. Beim Flachschuß der Praxis liegt der Teilpunkt $w = g$ in der Regel jenseits des Endpunktes, weil beim Flachschuß meist die Anfangsgeschwindigkeit so groß ist, daß auch noch für die Endgeschwindigkeit $w > g$ ist. Demnach ist in der Praxis für den Steilschuß meist $w < g$, für den Flachschuß meist $w > g$. Liegt aber der Punkt $w = g$ auf dem in Betracht kommenden Flugbahnbogen, so muß man die Bahn teilen und die Teile nach verschiedenen Methoden behandeln.

Zwei Grenzfälle. Zur ersten Klasse von Lösungen gehört als Grenzfall der widerstandsfreie Schuß, gekennzeichnet durch $w = 0$, $\dot{x} = \dot{x}_0$. Zur zweiten Klasse gehört als Grenzfall der schwerefreie Schuß, gekennzeichnet durch $g = 0$, $\omega = \omega_0$. Der Grenzfall der einen Klasse ist in der andern nicht enthalten, weil für $\dot{x} = \dot{x}_0$ die Gleichungen (6), für $\omega = \omega_0$ die Gleichungen (5) hinfällig werden. Auch beim fast widerstandsfreien Schuß, d. h. wenn w/g sehr klein, also nach (2) (S. 34) $\dot{x}$ wenig veränderlich ist, muß man die Formeln (5), ebenso beim fast schwerefreien Schuß, d. h. wenn g/w sehr klein ist, also nach (2) (S. 34) ω wenig veränderlich ist, muß man die Formeln (6) anwenden. Solche Flugbahnen sollen „Grenzbahnen" heißen.

§ 14. Der schwerefreie Schuß.

Ist g/w so klein, daß es genau genug durch 0 ersetzt werden kann, so geben die Gleichungen (6):

$\mathrm{tg}\,\omega = \mathrm{tg}\,\omega_0$, also $\ddot{x} = -w \cdot \cos\omega = -w \cdot \cos\omega_0$ und $\dot{x} = v \cdot \cos\omega = v \cdot \cos\omega_0$,

also
$$t = \int \frac{d\dot{x}}{\ddot{x}} = -\int \frac{dv}{w}$$

und
$$x = -\int \frac{v \cdot \cos\omega_0\, dv}{w}, \qquad z - x \cdot \mathrm{tg}\,\omega_0 = 0.$$

Führt man die Funktionen ein

$$\int\limits_{v} \frac{dv}{f(v)} = T(v)\,, \qquad \int\limits_{v} \frac{v\,dv}{f(v)} = D(v), \tag{7}$$

so wird demnach der schwerefreie Schuß vollkommen beschrieben durch die Gleichungen

$$c \cdot t = T(v) - T(v_0)\,, \qquad c \cdot s = D(v) - D(v_0)\,. \tag{8}$$

Demgemäß ermittelt man den Geschoßfaktor c, indem man auf einem möglichst rasanten Flugbahnbogen Anfangs- und Endgeschwindigkeit, v_0, v, Schußweite s und Flugzeit t mißt und mit den nach (7, 8) berechneten Werten vergleicht. Solche Messungen erfolgen z. B., indem man Rahmen durchschießt und dadurch elektrische Ströme unterbrochen werden. Auch hierbei braucht man, wie oben § 10 (S. 38) mindestens vier Rahmen, deren Entfernungen x_0, x_1, x_2, ... gemessen sein müssen; nämlich zwei zur Messung der Anfangs- und zwei zur Messung der Endgeschwindigkeit. Aber statt der Höhen z_0, z_1, z_2 usw. sind die Zeiten t_0, t_1, t_2 usw. zu beobachten. Das ist viel genauer möglich. Bei diesem Verfahren wird aber, wie oben § 10 angenommen, daß eine Widerstandstabelle bereits bekannt ist. Ist das nicht der Fall, sondern soll aus den erschossenen Wertepaaren s_0, $t_0 = 0$, s_1, t_1,... s_n, t_n der Zusammenhang zwischen w und v erst ermittelt werden, so ergibt zunächst die Lagrangesche Interpolationsformel wie in § 10 eine ganze Funktion

$$s = s_0 + \dot{s}_0 t + \tfrac{1}{2}\ddot{s}_0 t^2 + \ldots + \frac{1}{n!}\overset{n}{s}_0 t^n$$

und daraus wegen $\dot{s} = v$, $\ddot{s} = -w$ die Gleichungen

$$v = \dot{s}_0 + \ddot{s}_0 t + \ldots + \frac{1}{(n-1)!}\overset{n-1}{s}_0 t^{n-1}$$

$$-w = \ddot{s}_0 + \dddot{s}_0 t + \ldots \frac{1}{(n-2)!}\overset{n-2}{s}_0 \cdot t^{n-2},$$

durch die w als Funktion von v bestimmt ist; am einfachsten durch Einsetzen von $t_0 = 0$, t_1, t_2, ..., t_n, und Interpolation:

$$w = w_0 \cdot \frac{(v - v_1) \ldots (v - v_n)}{(v_0 - v_1) \ldots (v_0 - v_n)} + \ldots + w_n \frac{(v - v_0) \ldots (v - v_{n-1})}{(v_n - v_0) \ldots (v_n - v_{n-1})}$$

Wir fragen nach den Werten von s und t, für welche die Geschwindigkeit v den Wert 0 erreicht. Sie ergeben sich aus den Formeln:

$$t = \int\limits_0^{v_0} \frac{dv}{w}, \qquad s = \int\limits_0^{v_0} \frac{v\,dv}{w}.$$

Da mit $v = 0$ auch $w = 0$ wird, können diese Integrale endliche oder unendliche Werte haben. Es kommt darauf an, ob der Integrand an der

Stelle $v=0$ von einer Ordnung <1 unendlich wird oder nicht. Sei $\lim\limits_{v=0}\frac{v\,w'}{w}=n_0$, dann wird w für kleine v der n_0-ten Potenz von v proportional. Also bleibt die Zeit $\int\limits_0^{v_0}\frac{dv}{w}$ endlich, wenn $n_0<1$, der Weg $\int\limits_0^{v_0}\frac{v\,dv}{w}$, wenn $n_0<2$. Die Erfahrung legt es nahe, $n_0<1$ anzunehmen.

Umgekehrt fragen wir nach den Werten von s und t, für die bei unendlicher Anfangsgeschwindigkeit $v_0=\infty$ v einen endlichen Wert annimmt. Es sind die Werte der Integrale

$$\int\limits_v^{\infty}\frac{dv}{w}, \qquad \int\limits_v^{\infty}\frac{v\,dv}{w}.$$

Setzt man $\lim\limits_{v=\infty}\frac{v\,w'}{w}=n_\infty$, so wird w für große v der n_∞-ten Potenz von v proportional. Demnach wäre die Zeit endlich, wenn $n_\infty>1$, der Weg, wenn $n_\infty>2$; aber es ist $n_\infty=1$ (s. S. 15).

Der schwerefreie Schuß ist, bei kleinen Geschwindigkeiten, annähernd zu verwirklichen, wenn man das Geschoß der Schwere entzieht, entweder indem man es auf wagerechter Ebene gleiten oder rollen läßt, oder indem man seinen Auftrieb seinem Gewicht gleich macht, wie es beim Aerostaten geschieht.

§ 15. Der widerstandsfreie Schuß.

Für $w=0$ lauten die Differentialgleichungen:

$$\ddot{x}=0, \quad \ddot{z}=-g. \tag{9}$$

Sie geben einmal integriert:

$$\dot{x}=\dot{x}_0, \quad \dot{z}=\dot{z}_0-gt \tag{10}$$

und zum zweiten Male integriert:

$$x=\dot{x}_0 t, \quad z=\dot{z}_0 t-\tfrac{1}{2}gt^2, \tag{11}$$

oder auch

$$x\cdot\sec\omega_0=v_0\cdot t, \quad x\cdot\operatorname{tg}\omega_0-z=\tfrac{1}{2}gt^2. \tag{12}$$

Die Elimination von t gibt die Gleichung der Flugbahn:

$$z=x\cdot\operatorname{tg}\omega_0-\tfrac{1}{2}g\frac{x^2}{\dot{x}_0^2}. \tag{13}$$

Die Flugbahn ist also eine Parabel mit dem Parameter $\frac{\dot{x}_0^2}{g}$.

Für $z=0$ erhält man die Schußweite:

$$x^0=\frac{2\,\dot{x}_0^2\cdot\operatorname{tg}\omega_0}{g}=\frac{v_0^2\cdot\sin 2\omega_0}{g}, \tag{14}$$

also die gleiche bei komplementären Anfangserhöhungen ω_0 und am größten für $\omega_0 = \frac{\pi}{4}$. Ein Drittel dieser Erhöhung gibt die Erhöhung für die halbe Höchstschußweite, weil $\sin 30^0 = \frac{1}{2}$ ist.

Für die Flugzeit erhält man:

$$t^0 = \frac{x^0 \sec\omega_0}{v_0} = \frac{2\, v_0 \sin\omega_0}{g} = \frac{2}{g}\, \dot{z}_0 . \tag{15}$$

Schreibt man die Bahngleichung:

$$z = x \cdot (x^0 - x) \cdot \frac{\operatorname{tg}\omega_0}{x_0}, \tag{16}$$

so erkennt man die Symmetrie des auf- und des absteigenden Astes, und die Lage des Gipfels:

$$x_* = \tfrac{1}{2}\, x^0, \quad z_* = \tfrac{1}{4}\, x^0 \operatorname{tg}\omega_0 = \frac{\dot{z}_0^2}{2g} = \frac{g}{8} \cdot t^{0\,2}, \quad t_* = \tfrac{1}{2}\, t^0 = \frac{\dot{z}_0}{g}. \tag{17}$$

Die Gleichungen (5) ergeben:

$$\left.\begin{aligned}
\frac{g}{\dot{x}_0^2}\, x &= \frac{g}{\dot{x}_0}\, t = \operatorname{tg}\omega_0 - \operatorname{tg}\omega \\
\frac{g}{\dot{x}_0^2}\, z &= \frac{\operatorname{tg}^2\omega_0 - \operatorname{tg}^2\omega}{2} \\
\text{also} \qquad \frac{z}{x} &= \frac{\operatorname{tg}\omega_0 + \operatorname{tg}\omega}{2} \\
\frac{g}{\dot{x}_0^2}\, s &= \tfrac{1}{2}\left(\operatorname{tg}\omega \cdot \sec\omega + l \operatorname{tg}\left(\frac{\pi}{4} + \frac{\omega}{2}\right)\right)_{\omega}^{\omega_0} \\
\text{speziell} \qquad \frac{g}{\dot{x}_0^2}\, s^0 &= \operatorname{tg}\omega_0 \cdot \sec\omega_0 + l \operatorname{tg}\left(\frac{\pi}{4} + \frac{\omega_0}{2}\right)
\end{aligned}\right\} \tag{18}$$

und $\frac{s^0}{x^0} = \frac{\operatorname{tg}\omega_0 \cdot \sec\omega_0 + l \operatorname{tg}\left(\frac{\pi}{4} + \frac{\omega_0}{2}\right)}{2 \cdot \operatorname{tg}\omega_0}$, wie wir oben S. 10 benutzt haben.

Für die Geschwindigkeit folgt:

$$v^2 = \dot{x}^2 + \dot{z}^2 = \dot{x}_0^2 + \dot{z}_0^2 - 2 g \dot{z}_0 t + g^2 t^2 = v_0^2 - 2 g z, \tag{19}$$

d. i. in der Form: $\frac{1}{2} m v_0^2 - \frac{1}{2} m v^2 = G z$ der bekannte Energiesatz.

Für gleiche z auf dem auf- und dem absteigenden Aste ergibt sich gleiches v; insbesondere ist $v^0 = v_0$ und v am kleinsten für z am größten $z = z_* = \frac{\dot{z}_0^2}{2g}$, also $v_*^2 = v_0^2 - \dot{z}_0^2 = \dot{x}_0^2$, d. h. $v_* = \dot{x}_0$, wie auch aus $\omega_* = 0$ folgt.

Da das Minimum von v mit dem Maximum von $\cos\omega$ zusammenfällt, so fällt auch das Minimum des Krümmungsradius $\varrho = \frac{v^2}{g \cdot \cos\omega}$ in den Gipfel und hat den Wert $\varrho_* = \frac{\dot{x}_0^2}{g}$, ist also dem Parameter gleich.

Vier Aufgaben: a) Gegeben ω_0 und ein Bahnpunkt $P(x, z)$; gesucht die Flugbahn. Für $\dot{x}_0$ erhält man aus (11,12) die Gleichung:

$$\frac{2}{g} \cdot \dot{x}_0^2 = \frac{x^2}{x \cdot \operatorname{tg}\omega_0 - z},$$

demnach muß die Bedingung $x \cdot \operatorname{tg}\omega_0 - z > 0$ erfüllt sein, d. h. P unter der Anfangstangente liegen. Man erhält zwei Werte für $\dot{x}_0$, nämlich $\pm \dot{x}_0$, also zwei Bahnen, die sich aber nur durch die Richtung unterscheiden, in der sie durchlaufen werden. P liegt auf dem reellen Teil der einen, auf dem virtuellen Teil der anderen.

b) Gegeben v^0, $P(x, z)$. Sei $z/x = \operatorname{tg}\varepsilon$; ε heißt der Geländewinkel. Für $\operatorname{tg}\omega_0$ erhält man aus (13) die quadratische Gleichung:

$$z = x \operatorname{tg}\omega_0 - \frac{g x^2}{2 v_0^2}(1 + \operatorname{tg}^2\omega_0),$$

also zwei Lösungen, die mit ω_0' und ω_0'' bezeichnet seien. Definiert man h durch die Gleichung

$$v_0^2 = 2 g h,$$

so sind die Wurzeln der quadratischen Gleichung für $\operatorname{tg}\omega_0$ bzw. reell, zusammenfallend oder imaginär, je nachdem die Diskriminante

$$(2 h x)^2 - x^2 \left(4 h z + x^2\right) \gtreqless 0 \tag{20}$$

ist, d. h. innerhalb der Parabel $4 h^2 = 4 h z + x^2$ liegen die mit zwei Erhöhungen ω_0', ω_0'' erreichbaren Punkte, auf ihr, die mit einer $\omega_0' = \omega_0''$ erreichbaren, außerhalb, die nicht erreichbaren. Die Gleichung für $\operatorname{tg}\omega_0$ kann man schreiben:

$$\operatorname{tg}\omega_0 - \operatorname{tg}\varepsilon = \frac{g x}{2 \dot{x}_0^2} \quad \text{oder} \quad \frac{\sin(\omega_0 - \varepsilon)\cos\omega_0}{\cos\varepsilon} = \frac{g x}{2 v_0^2}$$

$$\text{oder} \quad \frac{\sin(2\omega_0 - \varepsilon)}{\cos\varepsilon} = \operatorname{tg}\varepsilon + \frac{g x}{v_0^2},$$

demnach sind die beiden Lösungen dieser Gleichung $2\omega_0' - \varepsilon$, $2\omega_0'' - \varepsilon$ supplementär, d. h. $(2\omega_0' - \varepsilon) + (2\omega_0'' - \varepsilon) = \pi$ oder $\omega_0' + \omega_0'' = \frac{\pi}{2} + \varepsilon$. Demnach liegen die beiden Abschußrichtungen symmetrisch gegen die Halbierungslinie des Winkels $ZOP = 90^0 - \varepsilon$. Das Maximum der Schußweite in der Richtung OP, also das Maximum von x bei gegebenem ε erhält man für $\sin(2\omega_0 - \varepsilon) = 1$, d. h. wenn die Abschußrichtung den Winkel ZOP halbiert. Dann ergibt die Gleichung

$$\sec\varepsilon = \operatorname{tg}\varepsilon + \frac{g x}{v_0^2}$$

quadriert und $\operatorname{tg}\varepsilon = \frac{z}{x}$ gesetzt:

$$4 = \frac{x^2}{h^2} + 4\frac{z}{h}$$

für die äußerst erreichbaren Punkte, die also mit den durch nur eine Flugbahn erreichbaren Punkten übereinstimmen.

c) Gegeben zwei Bahnpunkte $P_1(x_1, z_1)$, $P_2(x_2, z_2)$; gesucht ω_0, v_0. Man erhält nach (13) zwei lineare Gleichungen für $\operatorname{tg}\omega_0$ und $\dot{x}_0^{-2}$. Einfacher als durch Rechnung löst man die Aufgabe durch Zeichnung, da man eine Parabel aus drei gegebenen Punkten O, P_1, P_2 und der gegebenen Achsenrichtung OZ zu konstruieren hat. Hat man sie gefunden, so ergibt sich $\dot{x}_0$ aus dem Parameter $\frac{\dot{x}_0^2}{g}$, und daraus $v_0 = \dot{x}_0 \sec\omega_0$.

Von dieser Schußart machte man früher Gebrauch, um z. B. die Crete der Brustwehr noch eben zu überschießen und ein im Wallgang befindliches Ziel zu treffen. Ein solcher Schuß ist als Streifschuß zu bezeichnen, wobei man unter Streifen eine so schwache Berührung meint, daß dadurch die Geschoßbahn unbeeinflußt bleibt. Wenn Otto ihn als Rikoschett-Schuß bezeichnet, so entspricht dies nicht dem sonstigen Sprachgebrauch, demzufolge hierunter der heute als Abpraller bezeichnete Schuß zu verstehen ist. Ottos Buch: Mathematische Theorie des Rikoschett-Schusses (Berlin 1833) wird daher irrtümlich unter der Literatur des Rikoschett-Schusses aufgeführt*).

d) Gegeben drei Bahnpunkte P_1, P_2, P_3. Diese Aufgabe ist überbestimmt, da zwar durch vier Punkte O, P_1, P_2, P_3 eine Parabel (zweideutig) bestimmt ist, aber die Achsenrichtung dann nicht die vorgeschriebene zu sein braucht. Insbesondere wird durch zwei Punkte und die Tangenten in ihnen ein Parabelbogen eindeutig bestimmt. Davon kann man Gebrauch machen, um die punktweisen Flugbahnkonstruktionen (S. 29) von Punkt zu Punkt durch Parabelbogen auszufüllen; oder z. B. auch die „ganze" Flugbahn OP^0 durch einen Parabelbogen zu approximieren, der sie am Anfang O und am Ende P^0 berührt. Der Scheitel dieses Bogens liegt in der Mitte zwischen der Mitte von OP^0 und dem Schnitt der Tangenten in O und P^0.

Flugbahnscharen. Geben wir ω_0 alle Werte von 0^0 bis 360^0, so erhalten wir eine Schar von Flugbahnen. Für diese ist

$$\text{der Halb-Parameter} = \frac{\dot{x}_0^2}{2g} = \frac{v_0^2 \cos^2\omega_0}{g} = h\cos^2\omega_0,$$

$$\text{die Scheitelhöhe } z_* = \frac{\dot{z}_0^2}{2g} = h\sin^2\omega_0,$$

also die Direktrixhöhe $= h\cos^2\omega_0 + h\sin^2\omega_0 = h$; sie haben dieselbe Direktrix. Die Koordinaten des Brennpunktes F werden:

*) Cranz, Ballistik 1917, S. 500.

$$x_F = \tfrac{1}{2} x^0 = \frac{v_0^2 \sin 2\omega_0}{2g} = h \sin 2\omega_0,$$

$$z_F = h - \frac{\dot{x}_0^2}{g} = h - 2h\cos^2\omega_0 = h\cos 2\omega_0,$$

also liegen diese alle auf dem Kreise um O mit dem Radius h.

Die Koordinaten des Scheitels sind:

$$x_* = \tfrac{1}{2} x^0 = h \sin 2\omega_0, \quad z_* = \frac{z_0^2}{2g} = h \sin^2\omega_0,$$

also liegen die Scheitel auf der Ellipse:

$$\left(\frac{x}{h}\right)^2 + \left(\frac{z - \frac{h}{2}}{\frac{h}{2}}\right)^2 = 1.$$

Die Hüllkurve der Schar fanden wir schon oben; es war die Parabel:

$$x^2 = 4h(h - z).$$

Die „Simultanpunkte", d. h. die zur gleichen Zeit t auf allen Bahnen erreichten Punkte, genügen der durch Elimination von ω_0 aus den Gleichungen

$$x = v_0 \cos\omega_0 \cdot t, \quad z = v_0 \sin\omega_0 \cdot t - \tfrac{1}{2} g \cdot t^2$$

hervorgehenden Gleichung

$$x^2 + (z + \tfrac{1}{2} g t^2)^2 = (v_0 t)^2;$$

sie liegen also auf einem Kreise vom Radius $v_0 t$ und mit dem Mittelpunkt

$$x = 0, \quad z = -\tfrac{1}{2} g t^2.$$

Fünftes Kapitel.

Allgemeine Flugbahneigenschaften. Grenzbahnen. Potenzreihen.

§ 16. Allgemeine Eigenschaften der Flugbahn.

Ohne die Differentialgleichungen (1) (S. 25) zu integrieren, kann man aus ihnen eine Anzahl allgemeiner, gewissermaßen nur qualitativer Eigenschaften ableiten.

1. Die Bahn ist konkav nach unten, $z' = \operatorname{tg}\omega$ nimmt ab, denn (s. [14] S. 28) $z'' = -\frac{g}{\dot{x}^2}$ ist negativ.

2. Da ω nur abnimmt, wächst die Gesamtkrümmung $\left|\int_{\omega^0}^{\omega} d\omega\right| = \omega_0 - \omega$.

3. Schreibt man die erste Gleichung (5) S. 38 $\dot{x}\frac{d\,\mathrm{tg}\omega}{dt}+g=0$,

so folgt daraus, daß $\dot{x}$ stets positiv ist. Deshalb ist $\ddot{x}=-\frac{w}{v}\dot{x}$ stets negativ, d. h. $\dot{x}$ nimmt stets ab.

4. Da $v\cdot\cos\omega$ nur abnimmt, ist bei gleichem $\cos\omega$ v größer auf dem auf- als auf dem absteigenden Aste. Dasselbe folgt dann für den Krümmungsradius aus $\varrho=\frac{v^2}{g\cdot\cos\omega}$.

5. Es ist $\omega_0<|\omega^0|$, denn die Gleichung $-\mathrm{tg}\omega\cdot d\,\mathrm{tg}\omega=\frac{g\,dz}{\dot{x}^2}$ (5. S. 38) gibt integriert vom Anfang bis zum Scheitel

$$\tfrac{1}{2}\mathrm{tg}^2\omega_0=\int\limits_0^{z_*}\frac{g\,dz}{\dot{x}^2}$$

und vom Scheitel zum Endpunkt

$$\tfrac{1}{2}\mathrm{tg}^2\omega^0=\int\limits_0^{z_*}\frac{g\,|dz|}{\dot{x}^2}$$

daraus folgt, wegen (3) die Behauptung. Dasselbe gilt für irgend zwei gleich hohe Bahnpunkte.

6. Es ist $x_*>\frac{1}{2}x^0$, denn die Gleichung $dx=\frac{dz}{\mathrm{tg}\omega}$ gibt integriert über den aufsteigenden Ast

$$x_*=\int\limits_0^{z_*}\frac{dz}{\mathrm{tg}\omega}$$

und über den absteigenden

$$x^0-x_*=\int\limits_0^{z_*}\frac{dz}{\mathrm{tg}\omega},$$

daraus folgt wegen (5) $x_*>x^0-x_*$, also $x_*>\frac{1}{2}x^0$.

7. Es ist $v_0^2>v^{0^2}$, denn die Änderung der lebendigen Kraft $\frac{1}{2}mv^{0^2}-\frac{1}{2}mv_0^2$ ist gleich der Arbeit der Schwere + der Arbeit des Widerstandes; die erstere ist 0, weil Anfangs- und Endpunkt im gleichen Niveau liegen, und die Arbeit des Widerstandes $-\int W\,ds$ ist negativ. Dasselbe gilt für irgend zwei gleich hohe Bahnpunkte.

8. Die Geschwindigkeit hat einen kleinsten Wert auf dem absteigenden Ast. Die Bedingungen für ein Minimum von v sind: $\dot{v}=0$, $\ddot{v}>0$. Die erste ergibt (1) (S. 34) $w+g\sin\omega=0$, also $\omega<0$, d. h. das Minimum liegt auf dem absteigenden Aste. Die zweite Bedingung gibt, wegen

$\ddot{v} = -w'\dot{v} - g\cos\omega\cdot\dot{\omega}$ und wenn man $\dot{v}=0, \dot{\omega} = -\frac{g\cdot\cos\omega}{v}$ aus (2) S. 25 einsetzt: $\ddot{v} = \frac{g^2\cos^2\omega}{v} > 0$, ist also erfüllt. Dabei ist aber $v \neq 0$, $\omega \neq \frac{\pi}{2}$ angenommen. Diese Fälle sind daher besonders zu betrachten. Ist erstens $v=0$, so fällt das Geschoß von dieser Stelle senkrecht herab; das Minimum $v=0$ kann also nur im Scheitel des Schusses senkrecht aufwärts eintreten. Die Annahme $\omega = +\frac{\pi}{2}$ ist unvereinbar mit $-\dot{v} = w + g\sin\omega = 0$. Die Annahme $\omega = -\frac{\pi}{2}$ ergibt $\dot{v} = -w + g = 0$, $\ddot{v} = -w'\dot{v} = 0, \dddot{v} = -w''\dot{v}^2 - w'\ddot{v} = 0$, $\ddddot{v} = -w'''\dot{v}^3 - 3w'\dot{v}^2\ddot{v} - w'\dddot{v} = 0$ usw. Diese Stelle ist also kein Minimum; sie wird beim Schuß senkrecht abwärts asymptotisch erreicht oder es ist von Anfang an $\dot{v} = -w + g = 0$, also v konstant.

9. Es gibt einen endlichen und von 0 verschiedenen Grenzwert für die Geschwindigkeit, der nicht überschritten wird. Vom kleinsten Werte an wächst v, also ist $\dot{v} = -w - g\sin\omega > 0$, also $w < g|\sin\omega|$. w bleibt also kleiner als g, also bleibt auch v endlich. Bezeichnen wir die Werte an der zweiten Stelle, wo $\dot{v} = -w - g\sin\omega = 0$ wird, mit dem Index ∞. Dieses v_∞ ist kein Maximum, denn es ist $\ddot{v}_\infty = \frac{g^2\cos^2\omega_\infty}{v_\infty}$ nicht kleiner als 0, und es ist kein Minimum, weil es mit wachsendem v erreicht wird, also ist $\ddot{v}_\infty$ nicht größer als 0; demnach muß $\ddot{v}_\infty = \frac{g^2\cos^2\omega_\infty}{v_\infty} = 0$, d. h. $\omega_\infty = -\frac{\pi}{2}$, $w_\infty = g$ sein. Die Grenzgeschwindigkeit erhält man also aus der Gleichung $cf(v_\infty) = g$; sie ist mithin für das Geschoß ebenso kennzeichnend wie der Geschoßfaktor c, der sich durch sie mittels $c = g/f(v_\infty)$ ausdrückt.

10. Die Flugbahn hat eine senkrechte Asymptote des absteigenden Astes.

Die Gleichungen (aus [5] § 13 S. 38)

$$g\cdot dx = -v^2 d\omega, \quad g\cdot dz = -v^2 \operatorname{tg}\omega\, d\omega, \quad g\cdot dt = -v\sec^3\omega\, d\omega$$

geben von ω_0 bis $\omega_\infty = -\frac{\pi}{2}$ integriert

$$g x_\infty = v_m^2\left(\frac{\pi}{2} + \omega_0\right), \quad g z_\infty = -v_m^2\cdot\Big[\lg\cos\omega\Big]_{\omega_0}^{-\frac{\pi}{2}},$$

$$g t_\infty = v_m\left[\operatorname{tg}\omega\cdot\sec\omega + \lg\operatorname{tg}\frac{\pi}{4} + \frac{\omega}{2}\right]_{\omega_0}^{-\frac{\pi}{2}},$$

wenn mit v_m Mittelwerte bezeichnet werden. Da diese wegen (9) endlich sind, folgt, daß x_∞ endlich bleibt, während z_∞ uud t_∞ unendlich werden.

11. Der Krümmungsradius hat einen kleinsten Wert an einer Stelle, die zwischen dem Gipfel und der Stelle kleinster Geschwindigkeit liegt. Auf dem aufsteigenden Aste nimmt v ab, $\cos\omega$ wächst, also nimmt $\varrho = \frac{v^2}{g\cos\omega}$ ab; auf dem absteigenden Aste, vom Punkte kleinster Geschwindigkeit ab, wächst v, $|\cos\omega|$ nimmt ab, also wächst ϱ. Also liegt das Minimum von ϱ auf dem angegebenen Bogen. Differentiiert man $\varrho = \frac{v^2}{g\cos\omega}$ nach ω, so kommt

$$\frac{d\varrho}{d\omega} = \frac{2v}{g\cos\omega} \cdot \frac{dv}{d\omega} + \frac{v^2\sin\omega}{g\cos^2\omega},$$

setzt man darin aus der Hauptgleichung

$$\frac{dv}{d\omega} = \frac{vw}{g\cos\omega} + v\,\mathrm{tg}\,\omega$$

ein, so wird $\frac{d\varrho}{d\omega} = \frac{2v}{g^2\cos^2\omega}(2w + 3g\sin\omega)$.

Also ist an der Stelle größter Krümmung $2w + 3g\sin\omega = 0$.

Die beiden Bedingungen für die Stelle kleinster Geschwindigkeit und für die Stelle größter Krümmung fallen zusammen, nur wenn $\omega = 0$ und $w = 0$ ist, d. h. im Gipfel der widerstandsfreien Schußbahn, und beim Schuß senkrecht aufwärts.

Heißt P_k der Punkt, wo $1 + k\frac{g}{w}\sin\omega = 0$ ist, so liegt P_k vor P_h, wenn $k > h > 1$ ist; denn $|\sin\omega|$ nimmt ab, w wächst vom Punkt P_1 kleinster Geschwindigkeit rückwärts bis zum Gipfel.

Stellen extremer Krümmung heißen in der Differentialgeometrie „Scheitel".

Da das Minimum von v auf dem absteigenden Aste liegt, wächst v auf dem virtuellen Teile mit abnehmender Zeit. Die zu $v = \infty$ gehörigen Elemente ergeben sich aus (3) (§ 12) S. 35.

$$t_{-\infty} = \int_\infty^{v_0} \frac{dv}{w + g\sin\omega}, \qquad s_{-\infty} = \int_\infty^{v_0} \frac{v\,dv}{w + g\sin\omega}$$

$$\left[\mathrm{l\,tg}\left(\frac{\pi}{4} + \frac{\omega}{2}\right)\right]_{\omega_0}^{\omega_{-\infty}} = \int_\infty^{v_0} \frac{g\,dv}{v\,(w + g\sin\omega)}.$$

Demnach ist $t_{-\infty}$ endlich für $n_\infty > 1$, $s_{-\infty}$ (ebenso $x_{-\infty}$, $z_{-\infty}$) endlich für $n_\infty > 2$, $\omega_{-\infty} < \frac{\pi}{2}$ für $n_\infty > 0$. Da nun $n_\infty = 1$ ist (S. 15), gehört zu $v = \infty$ eine geneigte Asymptote und eine unendliche Zeit.

12. Legt man durch zwei Punkte einer Flugbahn eine zweite, die die erste in einem der beiden Punkte berührt, so haben diese beiden Bahnen keinen weiteren Punkt gemein; denn der Berührungspunkt zählt doppelt und durch vier Punkte gehen nicht zwei Flugbahnen (s. S. 28). Nimmt man insbesondere den Anfangs- und den Endpunkt, und legt durch sie eine Parabel mit der Anfangserhöhung $|\omega^0|$, so schließt diese die gegebene Flugbahn ein. Legt man durch den Anfangs- und Endpunkt eine Parabel mit der Anfangserhöhung ω_0, so wird diese von der Flugbahn eingeschlossen. Die Scheitelhöhe z_* der Bahn liegt also zwischen denjenigen dieser beiden Parabeln, d. h. zwischen $\frac{1}{4} x^0 \operatorname{tg}\omega_0$ und $\frac{1}{4} x^0 \operatorname{tg}|\omega^0|$, (17, S. 42) ist also angenähert gleich einem Mittel aus diesen, etwa $z_* = \frac{1}{8} x^0 \cdot (\operatorname{tg}\omega_0 + \operatorname{tg}|\omega^0|)$ oder $\frac{1}{4} x^0 \cdot \sqrt{\operatorname{tg}\omega_0 \cdot \operatorname{tg}|\omega^0|}$ oder $\frac{1}{2} x^0 \cdot \frac{1}{\operatorname{ctg}\omega^0 + \operatorname{ctg}|\omega^0|}$.

13. Alle Bahnen von demselben Anfangspunkt O aus, mit derselben Anfangserhöhung ω_0 und demselben Geschoßfaktor c, aber allen möglichen Werten für v_0 erfüllen den Raum unterhalb der Anfangstangente, derart, daß durch jeden Punkt dieses Raumes eine geht. Ist P ein Punkt dieses Raumes, so erfüllen alle Bahnen mit demselben c, aber variablen v_0 und ω_0, den Raum, der oberhalb OP und zwischen den Senkrechten durch O und P, und den, der unterhalb OP und außerhalb jener Senkrechten liegt; so daß durch jeden Punkt dieses Raumes eine solche Bahn geht. Ist Q ein solcher, so erfüllen alle Bahnen durch OPQ, mit variablen c, v_0, ω_0 gewisse Flächenteile, so daß durch jeden darin liegenden Punkt eine geht. Durch vier so gelegene Bahnpunkte geht also eine Flugbahn (vgl. S. 28).

14. Die Flugbahn-Schar mit demselben O und v_0 und c aber variablen ω_0 hat eine Hüllkurve. Ist P ein Punkt derselben, so ist P der weiteste Punkt, der in der Richtung OP mit den gegebenen v_0 und c erreicht werden kann. Insbesondere sei P^0 der in der Horizontalen weiteste erreichbare Punkt. Der zugehörige Schuß heiße der „Maximalschuß". Für einen Schuß, flacher als der Maximalschuß, wächst die Schußweite mit wachsender Anfangserhöhung ω_0; für einen Schuß, steiler als der Maximalschuß, wächst die Schußweite mit abnehmender Anfangserhöhung ω_0. Schüsse der ersten Art sollen „flache", der zweiten Art „steile" heißen. Der Teil einer Bahn bis zum Berührpunkt P mit der Hüllkurve heiße „Hauptbogen", der übrige Teil heiße „Endbogen". Läßt man ω_0 alle Werte von $+\frac{\pi}{2}$ bis $-\frac{\pi}{2}$ annehmen, so beschreibt P die ganze Hüllkurve,

und das Innere der Hüllkurve wird bestrichen sowohl von den Hauptbogen, wie von den Endbogen. Demnach gehen durch jeden Punkt innerhalb der Hüllkurve zwei Bahnen, und zwar oberhalb des Maximalschusses zwei steile oder zwei flache; unterhalb des Maximalschusses ein steiler, ein flacher. Ferner oberhalb des Horizontalschusses ($\omega_0 = 0$) ein Haupt-, ein Endbogen, unterhalb des Horizontalschusses zwei Endbögen.

15. Ein Kegelschnittbogen, der den Flugbahnbogen OP^0 in O und P^0 berührt, hat die Gleichung:

$$(x - z\,\mathrm{ctg}\omega_0)(x^0 - x + z\,\mathrm{ctg}\omega^0) = \lambda^2 z^2 .$$

Je kleiner (größer) λ^2, je höher (flacher) ist der Bogen. Nur positive λ^2 kommen für Näherungsbogen in Betracht. Für $\lambda^2 = -\mathrm{ctg}\omega_0 \cdot \mathrm{ctg}\omega^0$ wird die Gleichung linear in z:

$$z = \frac{x(x^0 - x)}{x^0\,\mathrm{ctg}\omega_0 - \varepsilon x},$$

wenn $\mathrm{ctg}\omega_0 + \mathrm{ctg}\omega^0 = \varepsilon$ gesetzt wird. Das ist die schon von Newton vorgeschlagene Näherungshyperbel mit senkrechter End-Asymptote bei $x = \frac{x^0\,\mathrm{ctg}\omega_0}{\varepsilon}$. Es wird

$$z' = \frac{x^2\,\mathrm{ctg}\omega^0 + (x^0 - x)^2\,\mathrm{ctg}\omega_0}{(-x\,\mathrm{ctg}\omega^0 + (x^0 - x)\,\mathrm{ctg}\,\omega_0)^2}$$

$$z'' = \frac{2\,x^{0\,2} \cdot \mathrm{ctg}\omega_0 \cdot \mathrm{ctg}\omega^0}{(-x\,\mathrm{ctg}\omega^0 + (x^0 - x)\,\mathrm{ctg}\omega_0)^3}$$

$$z''' = \frac{6\,x^{0\,2} \cdot \varepsilon \cdot \mathrm{ctg}\omega_0\,\mathrm{ctg}\omega^0}{(-x\,\mathrm{ctg}\omega^0 + (x^0 - x)\,\mathrm{ctg}\omega_0)^4},$$

also, wegen (14) S. 28:

$$+\ddot{x}^3 : \dot{x}^4 = \frac{g}{8}\,z'''^2 : z''^4 = \frac{27}{16}\,\frac{g}{x^{0\,2}} \cdot \frac{\varepsilon^3}{\mathrm{ctg}\omega_0\,\mathrm{ctg}\omega^0}, \quad |\ddot{x}| \text{ prop. } x^{\frac{4}{3}}$$

als Widerstandsgesetz, unter dem die Hyperbel als Flugbahn beschrieben würde. Im Hinblick auf das Widerstandsgesetz, S. 14, bedeutet also die Hyperbel bei Flachbahnen und sehr großem v eine ganz gute Näherung.

Für $\lambda = \frac{\mathrm{ctg}\omega_0 - \mathrm{ctg}\omega^0}{2}$ wird der Kegelschnitt eine Parabel mit der Achsenrichtung $x = \frac{\varepsilon}{2} z$, also dem konstanten Horizontalwiderstand

$$-\ddot{x} = \frac{\varepsilon}{2} g .$$

Die Gipfel der Kegelschnittbogen liegen auf der Geraden

$$x = \frac{1}{2} x^0 + \frac{\varepsilon}{2} z ,$$

die durch den Schnitt T der Tangenten

$$x - z\,\mathrm{ctg}\,\omega_0 = 0, \quad x^0 - x + z\,\mathrm{ctg}\,\omega^0 = 0$$

und die Mitte M von OP^0 geht. Die Höhe der Bogen ist

$$z_* = \frac{x^0}{2\lambda + \mathrm{ctg}\,\omega_0 - \mathrm{ctg}\,\omega^0}.$$

Für den Fall der Parabel ist der Gipfel die Mitte von MT und kann als Näherung für die Flugbahnhöhe genommen werden. Solche Näherungsformeln sind besser, als z. B.

$$x_* = \frac{1}{2}x^0 + \frac{1}{20}x^0, \qquad v_0 = \frac{3}{2}\sqrt{\frac{g\,x^0}{\sin 2\,\omega_0}}$$

und ähnliche, die für die Parabel nicht gelten; aber einer Parabel kommt eine Flugbahn bei kleinem $\frac{w}{g}$ beliebig nahe (11. S. 58). Für die Parabel ist (s. S. 41. 42) $x_* = \frac{1}{2}x^0$, $v_0 = \sqrt{\frac{g\,x^0}{\sin 2\omega_0}}$, $z_* = \frac{g}{8}\cdot t^{0\,2}$, $t^0 = \frac{2}{g}v_0 \sin\omega_0$.

Solche Formeln gelten um so besser, je kleiner $\frac{w}{g}$.

§ 17. Normierte Größen.

Die fünf Größen x, t, v_0, w_0, g lassen sich durch zwei Dimensionen: Länge und Zeit, ausdrücken. Infolgedessen kann man aus ihnen drei und nur drei voneinander unabhängige dimensionslose Monome bilden, z. B. $\xi = \frac{w_0}{v_0^2}x$, $\tau = \frac{w_0}{v_0}t$, $\gamma = \frac{g}{w_0}$. Besteht zwischen jenen fünf Größen eine Beziehung, so kann sie demnach nur in einer Beziehung zwischen jenen drei Monomen bestehen. Das Entsprechende gilt für z, wo noch das Monom $\zeta = \frac{w_0}{v_0^2}z$ einzuführen ist. Dasselbe folgt durch Transformation der Differentialgleichungen. Setzen wir noch $\frac{w}{w_0} = \tilde{\omega}$, $\frac{v}{v_0} = v$, so werden dieselben

$$\ddot{\xi} = -\frac{\tilde{\omega}}{v}\dot{\xi}, \qquad \ddot{\zeta} = -\frac{\tilde{\omega}}{v}\dot{\zeta} - \gamma$$

und die Anfangswerte sind

$$\dot{\xi}_0 = \cos\omega_0, \qquad \dot{\zeta}_0 = \sin\omega_0, \qquad v_0 = 1, \qquad \tilde{\omega} = 1.$$

Die Art des Vorkommens der dimensionslosen Größe ω_0 läßt sich in dieser Weise nicht voraussehen. Aber nach Einführung von:

$$\xi\cos\omega_0 + \zeta\sin\omega_0 = \mathfrak{x} \qquad \xi\sin\omega_0 - \zeta\cos\omega_0 = \mathfrak{z} \tag{0}$$

werden die Differentialgleichungen:

$$\ddot{\mathfrak{x}} = -\frac{\bar{\omega}}{v}\dot{\mathfrak{x}} - \gamma \sin\omega_0 \qquad \ddot{\mathfrak{z}} = -\frac{\bar{\omega}}{v}\dot{\mathfrak{z}} + \gamma \cos\omega_0 \tag{1}$$

und die Anfangsbedingungen:

$$\mathfrak{x}_0 = \mathfrak{z}_0 = 0, \qquad \dot{\mathfrak{x}}_0 = 1, \qquad \dot{\mathfrak{z}}_0 = 0.$$

Da $\frac{\bar{\omega}}{v}$ bloße Funktion ist von $v^2 = \dot{x}^2 + \dot{z}^2 = v_0^2(\dot{\xi}^2 + \dot{\zeta}^2) = v_0^2(\dot{\mathfrak{x}}^2 + \dot{\mathfrak{z}}^2)$, so kommt in den Gleichungen (1) ω_0 nur in den Verbindungen $\gamma \cdot \sin\omega_0$, $\gamma \cdot \cos\omega_0$ vor. Also setzen wir:

$$\mathfrak{x} = \varphi(\tau, \gamma\cos\omega_0, \gamma\sin\omega_0), \qquad \mathfrak{z} = \gamma \cdot \cos\omega_0 \cdot \psi(\tau, \gamma\cos\omega_0, \gamma\sin\omega_0);$$

letzteres, weil $\mathfrak{z} = 0$ wird, wenn $\gamma\cos\omega_0 = 0$ ist; denn die Bahn wird gerade, wenn entweder $\gamma = 0$, oder wenn $\cos\omega_0 = 0$ ist.

Zum Zwecke der Normierung stehen die drei Größen w_0, g, v_0 zur Verfügung. Soll das Monom $g^a \cdot w_0^b \cdot v_0^c$ von der Dimension Länge oder Zeit sein, so muß im ersten Fall $a + b + c = 1$, $2a + 2b + c = 0$, d. h. $a + b = -1$, $c = 2$, und im zweiten Fall $a + b + c = 0$, $2a + 2b + c = -1$, d. h. $a + b = -1$, $c = +1$ sein. Man erhält daher für Länge und Zeit bzw. die Normierungsfaktoren:

$$g^a w_0^{-1-a} v_0^2, \qquad g^a w_0^{-1+a} v_0^{+1}.$$

Für $a = 0$ erhält man die oben angewandten. Die hier gefundenen allgemeineren unterscheiden sich von jenen speziellen nur durch eine Potenz von $\frac{g}{w_0} = \gamma$.

Wir wollen das Vorkommen von γ in den Entwicklungen

$$\xi = \dot{\xi}_0 \tau + \tfrac{1}{2}\ddot{\xi}_0 \tau^2 + \tfrac{1}{6}\dddot{\xi}_0 \tau^3 + \dots$$
$$\zeta = \dot{\zeta}_0 \tau + \tfrac{1}{2}\ddot{\zeta}_0 \tau^2 + \tfrac{1}{6}\dddot{\zeta}_0 \tau^3 + \dots$$

näher untersuchen. Es wird für $k > 0$ behauptet, daß $\overset{k+2}{\xi_0}$, $\overset{k+2}{\zeta_0}$ ganze Funktionen von γ höchstens der Ordnung k sind. Für $k = 0$ findet man dagegen:

$$\ddot{\xi}_0 = -\frac{\bar{\omega}_0}{v_0} \cdot \dot{\xi}_0, \qquad \ddot{\zeta}_0 = -\frac{\bar{\omega}_0}{v_0} \cdot \dot{\zeta}_0 - \gamma.$$

Wir setzen den zu beweisenden Satz bis zu $\overset{k+1}{\xi_0}$, $\overset{k+1}{\zeta_0}$ voraus, und beweisen ihn durch Schluß von k auf $k + 1$. Nun lassen die Formeln

$$\dot{v} = v^{-1}(\dot{\xi}\ddot{\xi} + \dot{\zeta}\ddot{\zeta})$$
$$\ddot{v} = v^{-1}(\dot{\xi}\dddot{\xi} + \dot{\zeta}\dddot{\zeta} + \ddot{\xi}^2 + \ddot{\zeta}^2) - v^{-3}(\dot{\xi}\ddot{\xi} + \dot{\zeta}\ddot{\zeta})^2 \quad \text{usw.}$$

erkennen, daß $\overset{h}{v}$ eine ganze Funktion von $\ddot{\xi}$, $\ddot{\zeta}$, …, $\overset{h+1}{\xi}$, $\overset{h+1}{\zeta}$ ist, die in jedem Gliede h Differentiationen von $\dot{\xi}$, $\dot{\zeta}$ nach τ enthält. Nach Voraussetzung sind $\overset{h+1}{\xi_0}$, $\overset{h+1}{\zeta_0}$ in γ ganz von der Ordnung $h-1$. Ein in $\overset{h}{v_0}$ vorkommendes Monom

$$(\ddot{\xi}_0)^{a_2}(\ddot{\zeta}_0)^{b_2}(\dddot{\xi}_0)^{a_3}(\dddot{\zeta}_0)^{b_3}\ldots \quad \text{mit} \quad a_2+b_2+2a_3+2b_3+\ldots=h$$

wird also in γ ganz von der Ordnung

$$b_2+a_3+b_3+2a_4+2b_4+\ldots \leqq h.$$

Ebenso auch $\overset{h}{v_0}$, für $h \leqq k$.

Ferner ergeben die Formeln:

$$\dot{(\tilde{\omega} v^{-1})} = \tilde{\omega}' \dot{v} v^{-1} - \tilde{\omega} \dot{v} v^{-2}$$

$$\ddot{(\tilde{\omega} v^{-1})} = \tilde{\omega}'' \dot{v}^2 v^{-1} + \tilde{\omega}' \ddot{v} v^{-1} - 2\tilde{\omega}' \dot{v}^2 v^{-2} - \tilde{\omega} \ddot{v} v^{-2} + 2\tilde{\omega} \dot{v}^2 v^{-3}$$

usw., daß $\overset{h}{(\tilde{\omega} v^{-1})}$ eine ganze Funktion von $\dot{v}, \ddot{v}, \ldots, \overset{h}{v}$ ist, die in jedem Gliede h Differentiationen enthält. Also ist auch $\overset{h}{(\tilde{\omega} v^{-1})}$ eine ganze Funktion von γ der Ordnung h, für $h \leqq k$.

Demnach werden

$$\overset{k+2}{\xi_0} = -\overset{k}{\left(\frac{\tilde{\omega}_0}{v_0}\right)}\dot{\xi}_0 - \binom{k}{1}\overset{k-1}{\left(\frac{\tilde{\omega}_0}{v_0}\right)}\ddot{\xi}_0 - \ldots - \frac{\tilde{\omega}_0}{v_0}\cdot\overset{k+1}{\xi_0}$$

$$\overset{k+2}{\zeta_0} = -\overset{k}{\left(\frac{\tilde{\omega}_0}{v_0}\right)}\dot{\zeta}_0 - \binom{k}{1}\overset{k+1}{\left(\frac{\tilde{\omega}_0}{v_0}\right)}\ddot{\zeta}_0 - \ldots - \frac{\tilde{\omega}_0}{v_0}\cdot\overset{k-1}{\zeta_0}$$

ganze Funktionen der Ordnung k in γ, was zu beweisen war. Entwickeln wir also

$$\mathfrak{x} + \mathfrak{z}\,\mathrm{tg}\,\omega_0 = \xi \sec\omega_0, \qquad \mathfrak{z} \sec\omega_0 = \xi\,\mathrm{tg}\,\omega_0 - \zeta$$

nach Potenzen von τ, so werden die Koeffizienten von τ^{k+2} ganze Funktionen von $\gamma \cdot \cos\omega_0$, $\gamma \cdot \sin\omega_0$ von der Ordnung k, für $k > 0$. Die Koeffizienten von τ sind $\dot{\xi}_0 \sec\omega_0 = 1$, $\dot{\xi}_0\,\mathrm{tg}\,\omega_0 - \dot{\zeta}_0 = 0$; die von $\frac{1}{2}\tau^2$ sind $\ddot{\xi}_0 \sec\omega_0 = -\frac{\tilde{\omega}_0}{v_0}\dot{\xi}_0 = -1$, $\ddot{\xi}_0\,\mathrm{tg}\,\omega_0 - \ddot{\zeta}_0 = \gamma$.

Nehmen wir jetzt erstens an, daß γ so klein ist, daß wir näherungsweise höhere Potenzen vernachlässigen können, so fallen die Größen $\gamma \sin\omega_0$, $\gamma \cos\omega_0$ fort und wir erhalten:

$$\xi \sec\omega_0 = \varphi(\tau)$$
$$\gamma(\xi\,\mathrm{tg}\,\omega_0 - \zeta) = \psi(\tau),$$

oder, wenn wir zu den nichtnormierten Größen x, z, t zurückkehren:

$$\frac{w_0}{v_0^2}\, x \sec\omega_0 = \varphi\left(\frac{w_0}{v_0} t\right) \tag{2}$$

$$\frac{w_0}{v_0^2}(x\,\mathrm{tg}\,\omega_0 - z) = \frac{g}{w_0}\,\psi\left(\frac{w_0}{v_0} t\right).$$

Nehmen wir zweitens an, daß γ groß st, so wollen wir statt der normierten Größen

$$\frac{w_0}{v_0^2}\,x=\xi\,,\qquad \frac{w_0}{v_0^2}\,z=\zeta\,,\qquad \frac{w_0}{v_0}\,t=\tau$$

die normierten Größen

$$\frac{g}{v_0^2}\,x=\gamma\xi\,,\qquad \frac{g}{v_0^2}\,z=\gamma\zeta\,,\qquad \frac{g}{v_0}\,t=\gamma\tau$$

wählen. Dann werden die Koeffizienten von $(\gamma\tau)^{k+2}$ in den Entwicklungen von

$$\gamma\xi\cdot\sec\omega_0=\gamma\varphi\left(\frac{1}{\gamma}\cdot(\gamma\tau)\,,\ \gamma\cos\omega_0\,,\ \gamma\sin\omega_0\right)$$

$$\frac{1}{\gamma}\,(\gamma\xi\cdot\mathrm{tg}\,\omega_0-\gamma\zeta)=\gamma\psi\left(\frac{1}{\gamma}\,(\gamma\tau)\,,\ \gamma\cos\omega_0\,,\ \gamma\sin\omega_0\right)$$

ganze Funktionen von γ der Ordnung $k+1$, dividiert durch γ^{k+2}. Setzt man also näherungsweise für große γ: $\frac{1}{\gamma}=0$, so fallen die Glieder von τ^2 bzw. τ^3 an fort und es bleiben als Näherung übrig:

$$\xi\sec\omega_0=\tau$$

$$\frac{1}{\gamma}\,(\xi\,\mathrm{tg}\,\omega_0-\zeta)=\tfrac{1}{2}\,\tau^2\,;$$

oder, wenn man zu den nichtnormierten Größen zurückkehrt:

$$\begin{aligned} x\sec\omega_0&=v_0t\\ x\,\mathrm{tg}\,\omega_0-z&=\tfrac{1}{2}\,g\,t^2\,. \end{aligned}\qquad (2^*)$$

Während also für kleine $\frac{g}{w_0}$ die Flugbahn durch die Bahn (2) angenähert wird, erhält man für kleine $\frac{w_0}{g}$ nur die Parabel (2*) als Annäherung, wenn man die Glieder soweit vernachlässigt, daß die rechten Seiten von ω_0 nicht mehr abhängen. Die Gleichungen (2*) sind aber auch in der allgemeinen Form (2) enthalten. Bahnen dieser Art sollen „Grenzbahnen" heißen.

Im folgenden kommt es uns zunächst nur auf die Abhängigkeit von t an, deshalb schreiben wir die Gleichungen (2)

$$x\sec\omega_0=X(t)\,,\qquad x\,\mathrm{tg}\,\omega_0-z=Z(t)\,,$$

oder

$$x=X\cos\omega_0\,,\qquad z=X\sin\omega_0-Z\,,\qquad (3)$$

worin X und Z Funktionen von t sind, die ω_0 nicht enthalten*).

*) Es ist ein ziemlich weitverbreiteter Irrtum zu glauben, daß die Flugbahn stets so darstellbar sei; s. z. B. Witting, Soldaten-Mathematik (Leipzig 1916) S. 21; Kritzinger, Schuß und Schall (Leipzig 1918) S. 15; Riebesell, Mathematik im Kriege (Leipzig 1916) S. 23.

§ 18. **Grenzbahnen.**

Für Bahnen dieser Art kann man weitere allgemeine Eigenschaften aufstellen. Wir betrachten wieder die Schar dieser Flugbahnen, wenn ω_0 von $-\frac{\pi}{2}$ bis $+\frac{\pi}{2}$ wächst. Den Ort der Simultanpunkte erhält man durch Elimination von ω_0:

$$x^2 + (z + Z)^2 = X^2,$$

es ist also ein Kreis mit dem Radius X, dem Mittelpunkt $x = 0, z = -Z$ (Abb. 14). Schießt man mit Zeitzündern, so ist dies der Ort der Sprengpunkte für Geschosse mit gleich „tempierten“ Zündern. Sprengpunkte im Geschützniveau werden also durch Vergrößern von ω_0 nicht senkrecht zur Erdoberfläche gehoben, wie meistens angenommen wird, sondern senkrecht zur Anfangstangente.

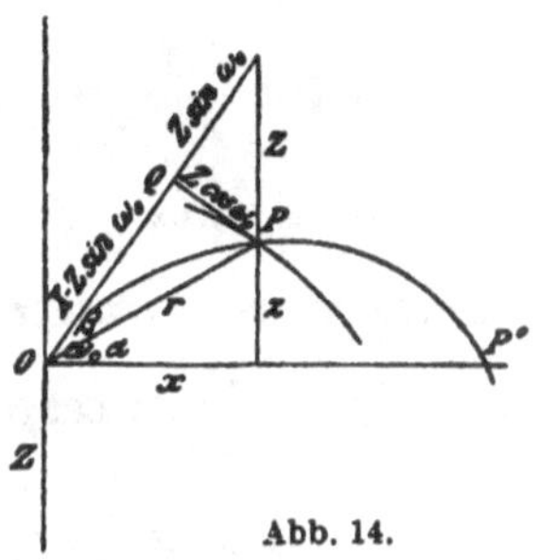

Abb. 14.

Die Gleichung einer Bahn ist $z = x \operatorname{tg}\omega_0 - Z$, wo Z durch Elimination von t vermittelst $x \sec\omega_0 = X(t)$ eine Funktion von $X = x \sec\omega_0$ wird. Für die Hüllkurve ergibt sich also durch Differentiation nach ω_0: $x \sec^2\omega_0 - \frac{\dot Z}{\dot X} x \frac{\sin\omega_0}{\cos^2\omega_0} = 0$, d. h. $\dot X - \dot Z \sin\omega_0 = 0$. Für den Berührungspunkt mit der Hüllkurve wird also $X - Z\sin\omega_0$ ein Maximum. Das ist die Projektion OQ von OP auf die Anfangstangente. Diese wird aber offenbar am größten, wenn PQ Tangente der Bahn in P wird. Da dann andererseits OP die größte Schußweite in der Richtung OP ist (s. o. S. 49), so ergibt sich der Satz: Für die größte Schußweite sind Steig- und Fallwinkel komplementär; und zwar gilt das auf horizontalem und auf geneigtem Boden. Insbesondere folgt also: die Anfangserhöhung für die größte horizontale Schußweite ist kleiner als 45 Grad.

Auf dem Hauptbogen wächst $OP = X - Z\sin\omega_0$, ist also $\dot X - \dot Z \sin\omega_0 > 0$, auf dem Endbogen nimmt OP ab, ist also $\dot X - \dot Z \sin\omega_0 < 0$.

Wir bezeichnen jetzt den Geländewinkel mit α, den „Visierwinkel“ QOP mit β, so daß $\alpha + \beta = \omega_0$ ist. Beim Schießen gegen Luftziele ist die Frage, ob bei gleichbleibender Entfernung r des Zieles der Visierwinkel mit dem Geländewinkel wächst oder abnimmt. Zur Beantwortung muß man die Ableitung von β nach α berechnen. Eliminiert man X aus den Gleichungen

$$X\cos(\alpha + \beta) = r \cdot \cos\alpha$$

$$X\sin(\alpha + \beta) - Z = r \cdot \sin\alpha, \tag{5}$$

indem man aus der ersten $X = \frac{r\cos\alpha}{\cos(\alpha+\beta)}$ in die zweite einsetzt, so erhält man

$$r\cdot\cos\alpha\cdot\mathrm{tg}(\alpha+\beta) - r\cdot\sin\alpha = Z \tag{6}$$

oder

$$r\cdot\sin\beta = \cos(\alpha+\beta)\cdot Z\,,$$

wo jetzt Z Funktion von $\frac{r\cdot\cos\alpha}{\cos(\alpha+\beta)}$ ist.

Durch Differentiation von (6) nach α erhält man

$$\frac{\partial\beta}{\partial\alpha}\,r\cdot\cos\beta = -Z\cdot\sin(\alpha+\beta)\left(1+\frac{\partial\beta}{\partial\alpha}\right) + \cos(\alpha+\beta)\cdot\frac{\dot Z}{\dot X}\frac{\partial X}{\partial\alpha}\,,$$

darin ist für $\frac{\partial X}{\partial\alpha}$ der aus der differentiierten Gleichung (4)

$$-X\sin(\alpha+\beta)\cdot\left(1+\frac{\partial\beta}{\partial\alpha}\right) + \frac{\partial X}{\partial\alpha}\cdot\cos(\alpha+\beta) = -r\sin\alpha$$

folgende Wert einzusetzen. Das gibt:

$$\frac{\partial\beta}{\partial\alpha}\left(r\cos\beta + Z\cdot\sin(\alpha+\beta) - \frac{X\dot Z}{\dot X}\sin(\alpha+\beta)\right)$$

$$= -Z\cdot\sin(\alpha+\beta) - \frac{\dot Z}{\dot X}\,r\cdot\sin\alpha + \frac{X\dot Z}{\dot X}\sin(\alpha+\beta)\,.$$

Mit Rücksicht auf (5) geben die zwei letzten Glieder $\frac{\dot Z}{\dot X}Z$, also die drei Glieder rechts

$$\frac{Z}{\dot X}\left(\dot Z - \dot X\sin(\alpha+\beta)\right),\ \text{d. h. wegen (3)}\ -\frac{Z}{\dot X}\dot z\,.$$

Links wird (s. Abb. 14) $r\cdot\cos\beta + Z\cdot\sin(\alpha+\beta) = X$, also wird die Gleichung für $\frac{\partial\beta}{\partial\alpha}$:

$$\frac{\partial\beta}{\partial\alpha}\cdot(\dot X - \dot Z\sin\omega_0) = -\frac{Z}{X}\cdot\dot z\,. \tag{7}$$

Für die Beurteilung des Verhaltens des Visierwinkels β für veränderlichen Geländewinkel α kommt es demnach auf die Vorzeichen von $\dot z$ und von $\dot X - \dot Z\sin\omega_0$ an. Für den Scheitel einer Bahn ist $\dot z = 0$, also folgt zunächst:

Die Grenze zwischen dem Gebiete mit wachsendem und dem mit abnehmendem β bei wachsendem α wird durch die Kurve der Bahngipfel gebildet.

Allgemein folgt: Der Visierwinkel β wächst mit dem Geländewinkel α, wenn $\dot X - \dot Z\sin\omega_0$ und $\dot z$ konträres Zeichen haben, d. h. auf dem absteigenden Teil ($\dot z < 0$) eines Hauptbogens ($\dot X - \dot Z\sin\omega_0 > 0$) oder auf dem aufsteigenden Teil ($\dot z > 0$) eines Endbogens ($\dot X - \dot Z\sin\omega_0 < 0$); aber der letztere Fall ist nicht realisierbar. Der Visierwinkel β nimmt ab mit wachsendem Geländewinkel α, wenn $\dot{X} - \dot{Z}\sin\omega_0$ und $\dot{z}$ gleiches Zeichen haben, d. h. auf dem aufsteigenden Teil eines Hauptbogens oder dem absteigenden Teil eines Endbogens.

Schneidet der Kreis mit dem Radius r die Kurve der Scheitel einmal, so wird β auf ihm erst wachsen, dann nur noch abnehmen; schneidet er zweimal, so wird vom zweiten Schnitt ab β noch wieder wachsen; schneidet er keinmal, so wird β auf ihm nur wachsen. Diese Sätze gelten, wenn der Hauptbogen durchs Ziel gelegt wird. Die Übereinstimmung dieser Sätze mit der Erfahrung bestätigt folgender Auszug aus einer Schußtafel für den Visierwinkel in ganzen Graden und Sechzehnteln:

r	$\alpha = 0$	5	10	15	20	25	30	35
7000	$\beta = 14$	14^{5}	14^{8}	14^{7}	14^{5}	14^{2}	13^{11}	13^{4}
7600	16	16^{12}	16^{14}	17^{2}	17^{2}	17^{2}	16^{10}	16^{11}
7800	16^{11}	17^{9}	17^{13}	18^{2}	18^{2}	18^{3}	18^{1}	18^{9}
8000	17^{7}	18^{6}	18^{14}	19^{2}	19^{2}	19^{7}	20^{2}	

§ 19. Potenzreihen.

Die Differentialgleichungen (1) S. 25 werden durch die Potenzreihen integriert:

$$\begin{aligned} x &= \dot{x}_0 t + \tfrac{1}{2}\ddot{x}_0 t^2 + \tfrac{1}{6}\dddot{x}_0 t^3 + \dots & \dot{x} &= \dot{x}_0 + \ddot{x}_0 t + \tfrac{1}{2}\dddot{x}_0 t^2 + \dots \\ z &= \dot{z}_0 t + \tfrac{1}{2}\ddot{z}_0 t^2 + \tfrac{1}{6}\dddot{z}_0 t^3 + \dots & \dot{z} &= \dot{z}_0 + \ddot{z}_0 t + \tfrac{1}{2}\dddot{z}_0 t^2 + \dots, \end{aligned} \tag{8}$$

in denen für die Ableitungen die oben berechneten Werte einzusetzen sind. Das gibt:

$$\begin{aligned} x\sec\omega_0 &= v_0 t + \dots & \dot{x}\sec\omega_0 &= v_0 + \dots \\ x\,\mathrm{tg}\,\omega_0 - z &= \tfrac{1}{2} g t^2 + & \dot{x}\,\mathrm{tg}\,\omega_0 - \dot{z} &= g t + \dots \end{aligned} \tag{9}$$

Setzt man in den Koeffizienten $\dot{x}_0 = v_0 \cos\omega_0$, $\dot{z}_0 = v_0 \sin\omega_0$ ein, so kommen darin nur die Werte vor: v_0, w_0, w_0', w_0'', ... Da aber für w die Taylorsche Reihe gilt:

$$\frac{w}{w_0} = 1 + n\left(\frac{v}{v_0} - 1\right) + \tfrac{1}{2} n_1 \left(\frac{v}{v_0} - 1\right)^2 + \tfrac{1}{6} n_2 \left(\frac{v}{v_0} - 1\right)^3 + \dots,$$

in der $n = \dfrac{w_0' v_0}{w_0}$, $n_1 = \dfrac{w_0'' v_0^2}{w_0}$, $n_2 = \dfrac{w_0''' v_0^3}{w_0}$ usw. ist, so kommen v_0, w_0, w_0', w_0'', ... nur in diesen Verbindungen vor. Die Potenzreihen sind also aufstellbar, wenn n, n_1, n_2, ... bekannt sind. Zu dem Zweck berechnet man aus der Widerstandstabelle die Werte der Differentialquotienten w', w'', w''', ... angenähert durch die Lagrangesche Interpolationsformel (s. S. 28). Die Differentialgleichungen sind als solche erster Ordnung in $\dot{x}$ und $\dot{z}$ anzusehen, also nach dem Cauchyschen Existenzsatze durch Potenzreihen integrierbar, konvergent in einem Gebiete, in welchem $\dfrac{w}{v} = c\,\dfrac{f(v)}{v}$ eine konvergente Potenzreihe von $\dot{x}$ und $\dot{z}$ ist. Aber $f(v)$ ist nur durch eine Tabelle für $v = 1, 2, \ldots 1200$ gegeben, also ist $f(v)/v$ durch eine ganze rationale Funktion von $v^2 = \dot{x}^2 + \dot{z}^2$ vom Grade $N \leqq 1200$ genau ausdrückbar. Also sind die obigen Reihen konvergent.

Für die Bahn erhält man die Gleichung, indem man in die Reihe:

$$z = z_0 + z_0' x + \tfrac{1}{2} z_0'' x^2 + \tfrac{1}{6} z_0''' x^3 + \tfrac{1}{24} z_0^{(4)} x^4 + \ldots \text{ für } z_0', z_0'', z_0''' \ldots \quad (10)$$

die oben (14) S. 28 gefundenen Werte einsetzt; das gibt:

$$\begin{aligned} x \operatorname{tg}\omega_0 - z &= \tfrac{1}{2} g \left(\frac{x}{\dot{x}_0}\right)^2 + \tfrac{1}{3} g \frac{w_0}{v_0} \left(\frac{x}{\dot{x}_0}\right)^3 \\ &+ \tfrac{1}{12} g \left(4\left(\frac{w_0}{v_0}\right)^2 - \frac{w_0 w_0'}{v_0} + \left(\frac{w_0}{v_0}\right)' g \sin\omega_0\right) \cdot \left(\frac{x}{\dot{x}_0}\right)^4 + \ldots \end{aligned} \quad (11)$$

Da sich diese Reihe auch durch Elimination von t aus den Reihen für x und z ergibt, ist sie ebenfalls konvergent, in dem angegebenen Sinne.

Durch Reihenumkehrung aus (9) erhält man noch:

$$t = \frac{x}{\dot{x}_0} + \frac{1}{2} \frac{w_0}{v_0} \left(\frac{x}{\dot{x}_0}\right)^2 + \frac{1}{3} \left\{ \left(\frac{w_0}{v_0}\right)^2 - \frac{1}{2} \left(\frac{w_0}{v_0}\right)' (w_0 + g \sin\omega_0) \right\} \left(\frac{x}{\dot{x}_0}\right)^3 + \ldots$$

und hieraus und aus (9):

$$\frac{\dot{x}}{\dot{x}_0} = 1 - \frac{w_0}{v_0} \frac{x}{\dot{x}_0} + \frac{1}{2} \left(\frac{w_0}{v_0}\right)' (w_0 + g \sin\omega_0) \left(\frac{x}{\dot{x}_0}\right)^2 + \ldots$$

Für die Schußweite x^0 erhält man aus (11) für $z = 0$ durch Reihenumkehrung:

$$x^0 = \frac{v_0^2 \sin 2\omega_0}{g} \cdot \left\{ 1 - \frac{4}{3} \frac{w_0}{g} \sin\omega_0 + \frac{8}{9} \frac{w_0}{g} \left(\frac{w_0}{g} + \frac{3}{4} \frac{v_0 w_0'}{g} \right) \sin^2\omega_0 + \ldots \right\}.$$

Bricht man (11) nach dem Gliede dritter Ordnung ab und ersetzt den letzten Koeffizienten durch einen empirisch zu ermittelnden Mittelwert, so erhält man die sogenannte Formel von Gâvres:

$$z = x \cdot \operatorname{tg}\omega_0 - \frac{1}{2} \frac{g x^2}{\dot{x}_0^2} (1 + \varkappa \cdot v_0^2 x),$$

die bei der Berechnung der Schußtafeln Anwendung findet.

Die Bildungsgesetze dieser Reihen werden klarer durch Einführung normierter Größen (s. § 17). Sie werden dann:

$$\begin{aligned} \xi \sec\omega_0 &= \tau - \tfrac{1}{2} \tau^2 + \tfrac{1}{6} (n + (n-1) \gamma \cdot \sin\omega_0) \tau^3 \\ &- \tfrac{1}{24} \{ n_1 + n^2 + [2 n_1 + (n-1)^2] \gamma \sin\omega_0 + [(n_1 - 3n + 3) \sin^2\omega_0 + (n-1)] \gamma^2 \} \tau^4 + \ldots \end{aligned} \quad (12)$$

$$\frac{1}{\gamma} (\xi \operatorname{tg}\omega_0 - \zeta) = \frac{1}{2} \tau^2 - \frac{1}{6} \tau^3 + \frac{1}{24} (2n - 1 + (2n-2) \gamma \sin\omega_0) \tau^4 + \ldots \quad (13)$$

$$\begin{aligned} \frac{1}{\gamma} (\xi \operatorname{tg}\omega_0 - \zeta) &= \frac{1}{2} (\xi \sec\omega_0)^2 + \frac{1}{3} (\xi \sec\omega_0)^3 \\ &+ \frac{1}{12} (4 - n + (1-n) \gamma \sin\omega_0) (\xi \sec\omega_0)^4 + \ldots \end{aligned} \quad (14$$

In den Koeffizienten kommen nur die Größen $\gamma \cos\omega_0$, $\gamma \sin\omega_0$, n, n_1, n_2, ... vor.

Da, wie wir sahen, zonenweise das Bernoullische Gesetz $w = a v^n$ gilt, so ist zonenweise $n = \text{konst.}$, $n_1 = n\,(n-1)$, $n_2 = n\,(n-1)\,(n-2)\ldots$ und man sieht, daß die Reihen jedenfalls bei großem γ nur langsam konvergieren werden, also zur Berechnung wenig brauchbar sind. Beschränken wir also ihre Anwendung auf Grenzbahnen mit kleinem γ.

§ 20. **Näherungsbahnen.**

Zur Vereinfachung der Berechnung sollen die Reihen (12) (13) mit den Entwicklungen

$$\mathsf{M}\,\frac{\left(1+\frac{\tau}{\mathsf{M}}\right)^{\nu}-1}{\nu} = \tau + \frac{1}{2}\,\frac{\nu-1}{\mathsf{M}}\,\tau^2 + \frac{1}{6}\,\frac{\nu-1}{\mathsf{M}}\cdot\frac{\nu-2}{\mathsf{M}}\,\tau^3 + \frac{1}{24}\,\frac{\nu-1}{\mathsf{M}}\cdot\frac{\nu-2}{\mathsf{M}}\cdot\frac{\nu-3}{\mathsf{M}}\,\tau^4 + \ldots$$

$$\frac{\mathsf{M}^2}{2-\nu}\cdot\left\{\frac{\left(1+\frac{\tau}{\mathsf{M}}\right)^{2}-1}{2} - \frac{\left(1+\frac{\tau}{\mathsf{M}}\right)^{\nu}-1}{\nu}\right\} = \frac{1}{2}\,\tau^2 + \frac{1}{6}\cdot\frac{-\nu+1}{\mathsf{M}}\,\tau^3 + \frac{1}{24}\,\frac{\nu-1}{\mathsf{M}}\cdot\frac{\nu-3}{\mathsf{M}}\cdot\tau^4 +$$

möglichst weit in Übereinstimmung gebracht werden. Die zweiten Glieder geben

$$\nu - 1 = -\mathsf{M} \tag{15}$$

und die dritten

$$\frac{\nu-2}{-\mathsf{M}} = n + (n-1)\,\gamma\sin\omega_0$$

oder

$$(n-1)\,(\nu-1)\cdot(1+\gamma\sin\omega_0) = -1\,. \tag{16}$$

Bestimmt man also ν und M aus diesen Gleichungen (15, 16), dann wird die Bahn mit großer Annäherung dargestellt durch

$$\xi\cdot\sec\omega_0 = \mathsf{M}\,\frac{\left(1+\frac{\tau}{\mathsf{M}}\right)^{\nu}-1}{\nu}$$

$$\frac{1}{\gamma}\left(\xi\,\mathrm{tg}\,\omega_0 - \zeta\right) = \frac{\mathsf{M}^2}{2-\nu}\left\{\frac{\left(1+\frac{\tau}{\mathsf{M}}\right)^{2}-1}{2} - \frac{\left(1+\frac{\tau}{\mathsf{M}}\right)^{\nu}-1}{\nu}\right\}. \tag{17}$$

Die Gleichung für ξ gibt differentiiert:

$$\dot\xi\,\sec\omega_0 = \left(1+\frac{\tau}{\mathsf{M}}\right)^{\nu-1} \qquad -\ddot\xi\,\sec\omega_0 = \left(1+\frac{\tau}{\mathsf{M}}\right)^{\nu-2}$$

also

$$\frac{\ddot\xi}{\ddot\xi_0} = \left(\frac{\dot\xi}{\dot\xi_0}\right)^{\frac{\nu-2}{\nu-1}} \tag{18}$$

d. h. zwischen den Horizontalkomponenten der Geschwindigkeit und der Verzögerung besteht ein Bernoullisches Gesetz.

Kehren wir zu nichtnormierten Größen zurück und setzen noch $\mathsf{M} = M \frac{w_0}{v_0}$, so werden die Gleichungen:

$$\left.\begin{aligned} x \sec\omega_0 &= M v_0 \frac{\left(1+\frac{t}{\mathsf{M}}\right)^{\nu} - 1}{\nu} \\ x \operatorname{tg}\omega_0 - z &= \frac{\mathsf{M}^2 g}{2-\nu} \cdot \left\{ \frac{\left(1+\frac{t}{\mathsf{M}}\right)^2 - 1}{2} - \frac{\left(1+\frac{t}{\mathsf{M}}\right)^{\nu} - 1}{\nu} \right\}. \end{aligned}\right\} \tag{19}$$

$$\frac{\ddot{x}}{\ddot{x}_0} = \left(\frac{\dot{x}}{\dot{x}_0}\right)^{\frac{\nu-2}{\nu-1}}. \tag{20}$$

Ähnliche Näherungsformeln sind als sogenannte Bernoullische bekannt, nämlich die Formeln*):

$$t = \frac{x}{\dot{x}_0} \cdot \frac{\left(1+\frac{y}{m}\right)^{\frac{m}{2}} - 1}{\frac{y}{2}} \tag{21}$$

$$x \operatorname{tg}\omega_0 - z = \tfrac{1}{2} g \frac{x^2}{\dot{x}_0^2} \frac{\left(1+\frac{y}{m}\right)^m - 1 - y}{\frac{m-1}{2m} y^2}, \tag{22}$$

wo zur Abkürzung gesetzt ist:

$$y = (2n-2) \frac{w_0}{v_0^2} x \quad \text{und} \quad m = \frac{2n-2}{n-2}.$$

Um diese Formeln in unsere überzuführen, setzen wir:

$$\frac{2}{m} = \nu, \text{ d. h. } \frac{n-2}{n-1} = \nu \quad \text{oder} \quad (n-1)(\nu-1) = -1 \tag{23}$$

und:

$$(\nu - 1) = -M \cdot \frac{w_0}{v_0} \cdot \cos\omega_0, \tag{24}$$

dann folgt aus (21):

$$\left(1+\frac{y}{m}\right)^{\frac{m}{2}} = 1 + \frac{t}{\mathsf{M}} \quad \text{oder} \quad \frac{y}{2} = \frac{\left(1+\frac{t}{\mathsf{M}}\right)^{\nu} - 1}{\nu};$$

also:

$$x \sec\omega_0 = M v_0 \cdot \frac{\left(1+\frac{t}{\mathsf{M}}\right)^{\nu} - 1}{\nu};$$

---

*) S. z. B. Cranz, Ballistik (1917) I, S. 160. Diese Formeln finden sich nicht bei Bernoulli. Dieser gab vielmehr die strenge Lösung für den Fall des Gesetzes $w = a v^n$ (s. § 22 [4]).

dies und der für $\left(1+\frac{y}{m}\right)^{\frac{m}{2}}$ gefundene Wert in (22) eingesetzt gibt:

$$x\,\mathrm{tg}\,\omega_0 - z = \frac{M^2 g}{2-\nu}\left\{\frac{\left(1+\frac{t}{M}\right)^2 - 1}{2} - \frac{\left(1+\frac{t}{M}\right)^\nu - 1}{\nu}\right\},\ \text{wie oben (19).}$$

Die Näherungskurve (21, 22) schmiegt sich der Flugbahn weniger gut an, wie unsere Näherungskurve (19), da wir vermittelst (15, 16) die Größen M und ν so bestimmt haben, daß die Entwicklungen (17) mit den Entwicklungen (12, 13) bis zu den Gliedern dritter Ordnung in τ übereinstimmen. Nur wenn $\cos\omega_0 = 1$ gesetzt werden kann, also für flache Bahnen, stimmen beide überein. Da die Größen ν und $\nu - 2$ im Nenner vorkommen, müssen die Fälle $\nu = 0$ und $\nu = 2$, außerdem $\nu = \infty$ besonders betrachtet werden.

Für $\nu = 0$ wird $\frac{\nu-2}{\nu-1} = 2$ (quadratisches Luftwiderstandsgesetz), und die Gleichungen der Näherungsbahnen werden:

$$\begin{aligned} x \sec\omega_0 &= M v_0 \lg\left(1+\frac{t}{M}\right) \\ x\,\mathrm{tg}\,\omega_0 - z &= \frac{M^2 g}{2}\left\{\frac{\left(1+\frac{t}{M}\right)^2 - 1}{2} - \lg\left(1+\frac{t}{M}\right)\right\}. \end{aligned} \tag{25}$$

Der Fall $\nu = 2$ gibt $\ddot{x} = \text{konst.}$ und

$$\begin{aligned} x \sec\omega_0 &= M v_0 \frac{\left(1+\frac{t}{M}\right)^2 - 1}{2} \\ x\,\mathrm{tg}\,\omega_0 - z &= \frac{M^2 g}{2}\left\{\left(1+\frac{t}{M}\right)^2 \lg\cdot\left(1+\frac{t}{M}\right) - \frac{\left(1+\frac{t}{M}\right)^2 - 1}{2}\right\} \end{aligned} \tag{26}$$

Der Fall $\nu = \infty$ gibt:

$$\frac{\ddot{x}}{\ddot{x}_0} = \frac{\dot{x}}{\dot{x}_0},\ \text{also auch}\ \frac{w}{w_0} = \frac{v}{v_0},$$

d. h. das lineare Luftwiderstandsgesetz, das infolge Überwiegens des Reibungswiderstandes bei sehr kleinen und sehr großen Geschwindigkeiten gilt (s. S. 15). Die Bahngleichungen werden, wenn man $-M(\nu-1)$ für M einsetzt:

$$\begin{aligned} x \sec\omega_0 &= M v_0\left(e^{-\frac{t}{M}} - 1\right) \\ x\,\mathrm{tg}\,\omega_0 - z &= M^2 \cdot g\left(e^{-\frac{t}{M}} - 1 + \frac{t}{M}\right). \end{aligned} \tag{27}$$

Ist insbesondere der Luftwiderstand Null, so wird $M = \infty$ und:

$$x \sec\omega_0 = v_0 t,\quad x\,\mathrm{tg}\,\omega_0 - z = \tfrac{1}{2} g t^2 \tag{28}$$

wie oben (12) S. 41.

§ 21. Andere Potenzreihen.

Aus den Differentialgleichungen (5, 6) § 13 ergeben sich Entwicklungen nach Potenzen von $\operatorname{tg}\omega - \operatorname{tg}\omega_0$ und von $\dot{x} - \dot{x}_0$, von denen wir im Hinblick auf spätere Anwendungen die ersten Glieder hinschreiben.

Zunächst ergibt die Hauptgleichung (2) § 12 S. 34:

$$\dot{x} - \dot{x}_0 = -\frac{\dot{x}_0 \ddot{x}_0}{g}(\operatorname{tg}\omega - \operatorname{tg}\omega_0) + \ldots, \tag{29}$$

also auch
$$\operatorname{tg}\omega - \operatorname{tg}\omega_0 = -\frac{g}{\dot{x}_0 \ddot{x}_0}(\dot{x} - \dot{x}_0) + \ldots. \tag{30}$$

Setzt man den aus (29) folgenden Wert für $\dot{x}$ in die Gleichungen (5) § 13 ein, so erhält man:

$$\left.\begin{aligned} gt &= \dot{x}_0 \cdot (\operatorname{tg}\omega_0 - \operatorname{tg}\omega) + \frac{\dot{x}_0 \ddot{x}_0}{2g}(\operatorname{tg}\omega_0 - \operatorname{tg}\omega)^2 + \ldots \\ gx &= \dot{x}_0^2 (\operatorname{tg}\omega_0 - \operatorname{tg}\omega) - \frac{\dot{x}_0^2 \ddot{x}_0}{g}(\operatorname{tg}\omega_0 - \operatorname{tg}\omega)^2 + \ldots \\ g(x \operatorname{tg}\omega_0 - z) &= \tfrac{1}{2} \dot{x}_0^2 (\operatorname{tg}\omega_0 - \operatorname{tg}\omega)^2 + \frac{2 \dot{x}_0^2 \ddot{x}_0}{3g}(\operatorname{tg}\omega_0 - \operatorname{tg}\omega)^3 + \ldots \end{aligned}\right\} \tag{31}$$

Aus (30) und (31) erhält man:

$$\left.\begin{aligned} t &= -\frac{1}{\ddot{x}_0}(\dot{x}_0 - \dot{x}) + \ldots \\ x &= -\frac{\dot{x}_0}{\ddot{x}_0}(\dot{x}_0 - \dot{x}) + \ldots \\ x \operatorname{tg}\omega_0 - z &= \frac{g}{2 \cdot \ddot{x}_0^2} \cdot (\dot{x}_0 - \dot{x})^2 + \ldots \end{aligned}\right\} \tag{32}$$

Sechstes Kapitel.

Die erste Klasse von Lösungen.

§ 22. Integrable Fälle der ersten Lösungsklasse, besonders der Bernoullische.

Da die Widerstandsfunktion $w = c\,f(v)$ nur empirisch bekannt ist, kann man sie so durch Funktionen approximieren, daß die Hauptgleichung integrabel wird. Dann ist v oder $\dot{x} = v \cdot \cos\omega$ als Funktion von ω bekannt, also die Lösung der ersten Klasse (5) § 13 auf Quadraturen zurückgeführt. Solche integrablen Fälle, deren eine Anzahl gefunden ist, sind praktisch wenig von Interesse. Man kann umgekehrt zur integrierten Hauptgleichung das Widerstandsgesetz finden. Wird nämlich die Hauptgleichung (1) § 11 S. 30 integriert durch:

$$\sin\omega = G(v),$$

so liefert die Hauptgleichung das Widerstandsgesetz:

$$\frac{w}{g} = -G(v) + \frac{1 - G^2(v)}{v \cdot G'(v)}.$$

Der einzige integrable Fall von praktischer Bedeutung ist der des Gesetzes:

$$\frac{w}{g} = a_0 + a v^n \text{*)}.$$

Der wird am einfachsten wie folgt behandelt:

Es sei:

$$\dot{x} = \frac{\varkappa}{\sqrt[n]{\Omega}} \tag{1}$$

wo $\varkappa$ und Ω zu bestimmende Funktionen von ω sind. Differentiiert man logarithmisch nach t, so erhält man:

$$\frac{\ddot{x}}{\dot{x}} = \left(\frac{\varkappa'}{\varkappa} - \frac{1}{n} \cdot \frac{\Omega'}{\Omega}\right)\dot{\omega}.$$

Setzt man aus der Hauptgleichung $\ddot{x} = \frac{vw}{g}\dot{\omega}$ ein, so folgt:

$$w = g\cos\omega \cdot \left(\frac{\varkappa'}{\varkappa} - \frac{1}{n}\frac{\Omega'}{\varkappa^n}\dot{x}^n\right).$$

Also muß man $\varkappa$ bestimmen aus:

$$\cos\omega\frac{\varkappa'}{\varkappa} = a_0, \quad \lg\varkappa = a_0\int\frac{d\omega}{\cos\omega} = a_0 \lg\operatorname{tg}\left(\frac{\pi}{4} + \frac{\omega}{2}\right) + \text{konst.}$$

und Ω aus:

$$\frac{1}{n}\cos^{n+1}\omega\frac{\Omega'}{\varkappa^n} = -a, \quad \Omega = -n\int_{\omega_{-\infty}}\varkappa^n\frac{a\,d\omega}{\cos^{n+1}\omega}, \tag{2}$$

wo $\omega_{-\infty}$ eine willkürliche untere Grenze ist.

Setzt man $\operatorname{tg}\left(\frac{\pi}{4} + \frac{\omega}{2}\right) = \sigma$, also

$$\cos\omega = \frac{2\sigma}{1+\sigma^2}, \quad d\omega = \frac{2\,d\sigma}{1+\sigma^2}, \quad \operatorname{tg}\left(\frac{\pi}{4} + \frac{\omega_{-\infty}}{2}\right) = \sigma_{-\infty}$$

so wird

$$\dot{x} = \frac{\sigma^{a_0}}{\left[n \cdot \int^{\sigma_{-\infty}} a \cdot (1+\sigma^2)^n\,\sigma^{n a_0 - n - 1} d\sigma\right]^{\frac{1}{n}}}.$$

---

*) Der andere, d'Alembertsche Fall $w = a_0 + a \cdot \lg v$ ergibt sich als Grenzfall, da $\lg v = \lim\limits_{n=0}\frac{v^n - 1}{n}$ ist.

Für das binomische Integral im Nenner hat man bekanntlich integrable Fälle für n positiv ganz, für $\frac{n(a_0 \pm 1)}{2}$ ganz. Die Flugbahnelemente erhält man nach 5 § 13 aus:

$$g t = \int_{\sigma}^{\sigma_0} \frac{(1+\sigma^2)\, \sigma^{a_0-2}\, d\sigma}{\left[n \int_{-\infty}^{\sigma} a\,(1+\sigma^2)^n \cdot \sigma^{n(a_0-1)-1} d\sigma\right]^{\frac{1}{n}}}$$

$$g s = \int_{\sigma}^{\sigma_0} \frac{(1+\sigma^2)^2\, \sigma^{2a_0-3}\, d\sigma}{\left[n \int_{-\infty}^{\sigma} a\,(1+\sigma^2)^n\, \sigma^{n(a_0-1)-1}\, d\sigma\right]^{\frac{2}{n}}}$$

$$g x = \int_{\sigma}^{\sigma_0} \frac{2\,(1+\sigma^2)\, \sigma^{2a_0-2}\, d\sigma}{\left[n \int_{-\infty}^{\sigma} a\,(1+\sigma^2)^n\, \sigma^{n a_0-n-1}\, d\sigma\right]^{\frac{2}{n}}}$$

$$g z = \int_{\sigma}^{\sigma_0} \frac{(1-\sigma^4)\, \sigma^{2a_0-3}\, d\sigma}{\left[n \int_{-\infty}^{\sigma} a\,(1+\sigma^2)^n\, \sigma^{n a_0-n-1}\, d\sigma\right]^{\frac{2}{n}}}.$$

Das Widerstandsgesetz $\frac{w}{g} = a_0 + a\, v^n$ ist von Bedeutung insofern, als Poncelet es für das Eindringen des Geschosses in feste Stoffe aufgestellt und Didion es durch Versuche gut bestätigt gefunden hat. In der Luft ist (s. § 6 S. 15) für sehr große Geschwindigkeiten $n = 1$. Für den besonders wichtigen Fall des Bernoullischen Gesetzes $\frac{w}{g} = a v^n$ hat man $a_0 = 0$, $\varkappa' = 0$, $\varkappa =$ konst., und kann man, da $\varkappa$ nur bis auf eine multiplikative Konstante bestimmt ist, $a\,\varkappa^n = 1$ setzen; dann ist $\varkappa$ die Grenzgeschwindigkeit (s. § 12 S. 37). Für diesen Fall gibt die Formel (1)

$$\dot{x} = \frac{\varkappa}{\sqrt[n]{\Omega}}, \quad \dot{z} = \frac{\varkappa \cdot \operatorname{tg}\omega}{\sqrt[n]{\Omega}}, \quad v = \frac{\varkappa \cdot \sec\omega}{\sqrt[n]{\Omega}}, \tag{3}$$

also (5) § 8:

$$g t = -\int_{\omega_0}^{\omega} \frac{\varkappa\, d\operatorname{tg}\omega}{\sqrt[n]{\Omega}}, \quad g x = -\int_{\omega_0}^{\omega} \frac{\varkappa^2 d\operatorname{tg}\omega}{\sqrt[n]{\Omega}^2}, \quad g z = -\int_{\omega_0}^{\omega} \frac{\varkappa^2 \operatorname{tg}\omega\, d\operatorname{tg}\omega}{\sqrt[n]{\Omega}^2},$$

$$g s = -\int_{\omega_0}^{\omega} \frac{\varkappa^2 \sec\omega\, d\operatorname{tg}\omega}{\sqrt[n]{\Omega}^2}. \tag{4}$$

Zu demselben $\omega_{-\infty}$ gehört also, allen Werten von $\varkappa$ entsprechend, eine Schar von ähnlichen Flugbahnen. Und zwar stehen bei zwei Bahnen einer Schar entsprechende Abszissen oder Ordinaten in quadratischem Verhältnis entsprechender Zeiten, und entsprechende Geschwindigkeiten oder Geschwindigkeitskomponenten in demselben Verhältnis wie die entsprechenden Zeiten. Entsprechende Punkte der Bahnen haben gleiches ω, also auch gleiches $w = a v^n = \frac{g \cdot \sec^n \omega}{\Omega}$ (aus 1). Diese Ähnlichkeitssätze sind für die tabellarische oder graphische Darstellung der Flugbahnen wesentlich, da man von jeder solchen Schar nur einen Repräsentanten darzustellen braucht. Man braucht also den Werten von $\omega_{-\infty}$ entsprechend, nur eine einfache Schar darzustellen.

Für den Fall $n = 2$, wo

$$\Omega = \left[\operatorname{tg}\omega \cdot \sec\omega + \lg\operatorname{tg}\left(\frac{\pi}{4} + \frac{\omega}{2}\right)\right]_{\omega}^{\omega_{-\infty}} \tag{5}$$

ist, hat das Euler hervorgehoben und Otto danach Tabellen berechnet. Dabei berechnet man die Werte der Integrale vom Gipfel aus für den aufsteigenden und den absteigenden Ast besonders.

Ebenso hat Bashfort für den Fall $n = 3$, wo

$$\Omega = \left[3\operatorname{tg}\omega + \operatorname{tg}^3\omega\right]_{\omega}^{\omega_{-\infty}} \tag{6}$$

ist, und Sabudski für den Fall $n = 4$, wo

$$\Omega = \left[\operatorname{tg}\omega \cdot \sec^3\omega + \frac{3}{2}\left(\operatorname{tg}\omega \cdot \sec\omega + \lg\operatorname{tg}\left(\frac{\pi}{4} + \frac{\omega}{2}\right)\right)\right]_{\omega}^{\omega_{-\infty}} \tag{7}$$

ist, Tabellen berechnet.

Die Bedeutung der Konstanten $\omega_{-\infty}$ ergibt sich so. Läßt man ω von ω_0 an wachsen, so werden x, z, t nach (4) negativ; man erhält die rückwärtige Verlängerung (den virtuellen Teil) der Flugbahn. Für $\omega = \omega_{-\infty}$ wird $\Omega = 0$, also $\dot{x} = \infty$, $\dot{z} = \infty$, $v = \infty$; es ist demnach der Neigungswinkel der Asymptote bzw. der Anfangstangente des aufsteigenden Astes. Ein solcher Wert $\omega_{-\infty}$ ist z. B. daraus zu bestimmen, daß

$$\Omega_* = -n\int_{\omega_{-\infty}}^{0} \frac{d\omega}{\cos^{n+1}\omega} \qquad \text{nach (2)}$$

den gegebenen Wert $\left(\frac{\dot{x}_*}{\varkappa}\right)^{-n}$ haben muß. Demnach ist für $n \geqq 1$ ein solcher Wert von $\omega_{-\infty}$ zwischen 0 und $\frac{\pi}{2}$ stets vorhanden; denn es nimmt, während ω von 0 bis $\frac{\pi}{2}$ wächst, das Integral

$$n\int_0^\omega \frac{d\omega}{\cos^{n+1}\omega} = n\int_0^\omega \frac{d\,\mathrm{tg}\,\omega}{\cos^{n-1}\omega} \geqq n\int_0^\omega \mathrm{tg}^{n-1}\omega\, d\,\mathrm{tg}\,\omega = \mathrm{tg}^n\omega$$

jeden Wert zwischen 0 und ∞ an.

Da $\omega_{-\infty}$ zwischen 0 und $\frac{\pi}{2}$ liegt, wird Ω für $\omega = \omega_{-\infty}$ zwar 0, aber nur von erster Ordnung, denn $\Omega' = -n \cdot \sec^{n+1}\omega$ bleibt von 0 verschieden. Ist nun

$$x \cdot \mathrm{tg}\,\omega_{-\infty} - z = p$$

die Gleichung der Anfangstangente oder -asymptote, so ergibt sich aus (4)

$$g \cdot p = -\int_{\omega_0}^{\omega_{-\infty}} \frac{x^2(\mathrm{tg}\,\omega_{-\infty} - \mathrm{tg}\,\omega)\, d\,\mathrm{tg}\,\omega}{\sqrt[n]{\Omega}^{\,2}}, \qquad g \cdot t_{-\infty} = -\int_{\omega_0}^{\omega_{-\infty}} \frac{x\, d\,\mathrm{tg}\,\omega}{\sqrt[n]{\Omega}}$$

beides endlich, wenn $n > 1$ ist, denn der Integrand wird dann an der oberen Grenze unendlich von einer Ordnung, die nach dem eben Gesagten gleich

$$\frac{2}{n} - 1 \text{ bzw. } \frac{1}{n},$$

also in beiden Integralen kleiner als 1 ist. Ebenso ergibt sich, daß $x_{-\infty} = -\infty$, $z_{-\infty} = -\infty$ sind, wenn $n \leqq 2$ ist, da die betr. Integranden an der oberen Grenze von der Ordnung $\frac{2}{n}$ unendlich werden. Dagegen bleiben $x_{-\infty}$ und $z_{-\infty}$ endlich, wenn $n > 2$ ist.

Also gibt es für $n \leqq 2$ eine Asymptote, für $n > 2$ eine Anfangstangente des aufsteigenden Astes. Zum Berührungspunkt gehört in beiden Fällen eine endliche Zeit bei $n > 1$; sonst eine unendliche. (Vgl. S. 49.)

Die Formeln (4) sind natürlich etwas einfacher direkt herzuleiten (siehe z. B. des Verfassers Beiträge zur Ballistik I). Die Formeln für x und z gab im wesentlichen schon Joh. Bernoulli (Opera II, S. 393 u. 513); er erwähnt, daß der Fall $n = 2$ ebenso von Hermann und Patavini gelöst ist. Von dieser Lösung Bernoullis muß man den Anfang der Ballistik (Lehre vom Schuß im widerstehenden Mittel) datieren.

§ 23. **Der allgemeine Fall.**

Nach dieser Behandlung des Bernoullischen Falles kehren wir zu dem allgemeinen Fall zurück, nehmen also an, daß die Hauptgleichung integriert ist, und setzen, wie oben, die Beziehung zwischen v und ω in die Form $v = G^{-1}(\sin\omega)$, wo mit G^{-1} die zu G inverse Funktion bezeichnet ist.

Nach Integration der Hauptgleichung vermittelst $\dot{x} \cdot \sec\omega = G^{-1}(\sin\omega)$ kommt es auf die Auswertung der Quadraturen (5) § 13 S. 38 an. Das kann mechanisch oder numerisch-graphisch erfolgen. Zu letzterem Zweck kann man die zweite Gleichung (2) § 10 S. 25 in der Form benutzen:

$$\frac{\Delta s}{-\Delta\omega} = \frac{\dot{x}^2 \sec^2\omega}{g\cos\omega} = \frac{[G^{-1}.(\sin\omega)]^2}{g\cos\omega}. \tag{8}$$

Zu jedem ω und $\omega + \Delta\omega$ in zwei Bahnpunkten findet man danach den dazwischenliegenden Bogenteil Δs. Diesem gibt man eine mittlere Neigung, d. h. man konstruiert:

$$\Delta x = \cos(\omega + \varepsilon \cdot \Delta\omega) \cdot \Delta s, \qquad \Delta z = \sin(\omega + \varepsilon \cdot \Delta\omega) \cdot \Delta s, \tag{9}$$

wo ε ein echter Bruch, z. B. gleich $\frac{1}{2}$ ist (Euler). Ebenso ermittelt man die zugehörige Zeitänderung aus:

$$\Delta t = \frac{\Delta s}{v} = \frac{\Delta s}{G^{-1}(\sin\omega)}. \tag{10}$$

Dabei sind die Bogen Δs so klein angenommen, daß man sie genau genug als geradlinig ansehen kann. Wählt man sie größer, so ist es besser, sie erst durch Multiplikation mit $\frac{\sin\frac{1}{2}\Delta\omega}{\frac{1}{2}\Delta\omega}$ auf ihre Sehne zurückzuführen (Legendre). Dies ist nämlich bei einem Kreisbogen derselben Gesamtkrümmung $\Delta\omega$ das Verhältnis von Sehne zu Bogen. Oder man gewinnt Δx und Δz aus Δs, indem man es multipliziert mit den Werten, die $\frac{\Delta x}{\Delta s}$ und $\frac{\Delta z}{\Delta s}$ für den Parabelbogen haben, der dieselbe Anfangsneigung und Endneigung hat, wie der gegebene Flugbahnbogen (Didion). Für einen solchen ergibt sich aus (5) § 13 S. 38 für $\dot{x} = \dot{x}_0$:

$$\frac{\Delta x}{\Delta s} = \frac{\int_{\omega}^{\omega+\Delta\omega} d\,\mathrm{tg}\,\omega}{\int_{\omega}^{\omega+\Delta\omega} \sec\omega\, d\,\mathrm{tg}\,\omega} = \frac{\Delta\,\mathrm{tg}\,\omega}{\frac{1}{2}\Delta\Omega}, \qquad \frac{\Delta z}{\Delta s} = \frac{\int_{\omega}^{\omega+\Delta\omega} \mathrm{tg}\,\omega\, d\,\mathrm{tg}\,\omega}{\int_{\omega}^{\omega+\Delta\omega} \sec\omega\, d\,\mathrm{tg}\,\omega} = \frac{\Delta\,\mathrm{tg}^2\omega}{\Delta\Omega}, \tag{11}$$

$$\tfrac{1}{2}\,\Omega' = \sec^3\omega$$

und diese Verhältnisse gelten für den Luftraum mit um so besserer Annäherung, je kleiner $\frac{w}{g}$ ist, je weniger sich $\dot{x}$ ändert. Die Teilung in Bogen Δs erfolgt bei Euler so, daß dieselben gleiche Gesamtkrümmung $\Delta\omega$ haben. Bei Anwendung der Didionschen Verhältnisse würde die Teilung am besten so erfolgen, daß die horizontale Geschwindigkeitsabnahme $\Delta\dot{x}$ auf allen gleich klein ist.

Zum Vergleich der Genauigkeit muß man die Entwicklung des Legendreschen Verhältnisses

$$\frac{\sin\frac{1}{2}\Delta\omega}{\frac{1}{2}\Delta\omega} = 1 - \tfrac{1}{6}\left(\tfrac{1}{2}\Delta\omega\right)^2 + \tfrac{1}{120}\left(\tfrac{1}{2}\Delta\omega\right)^4 - \dots$$

vergleichen mit den Entwicklungen der Didionschen Verhältnisse. Für diese ergibt die Rechnung:

$$\frac{\Delta \operatorname{tg}\omega}{\frac{1}{2}\Delta\Omega}\cdot\frac{1}{\cos(\omega+\frac{1}{2}\Delta\omega)}=1-\frac{1}{6}\left(\frac{\Delta\omega}{2}\right)^2\cdot\left\{6\sec^4\omega-5\sec^2\omega\right\}+\dots$$

$$\frac{\Delta \operatorname{tg}^2\omega}{\Delta\Omega}\cdot\frac{1}{\sin(\omega+\frac{1}{2}\Delta\omega)}=1-\frac{1}{6}\left(\frac{\Delta\omega}{2}\right)^2\cdot\left\{6\sec^4\omega-5\sec^2\omega-6\right\}+\dots$$

Es verhält sich also:

$$\left(\frac{\Delta x}{\Delta s}\right)_{\text{Euler}}:\left(\frac{\Delta x}{\Delta s}\right)_{\text{Legendre}}:\left(\frac{\Delta x}{\Delta s}\right)_{\text{Didion}}$$

$$=1:1-\frac{1}{6}\left(\frac{\Delta\omega}{2}\right)^2+\dots:1-\frac{1}{6}\left(\frac{\Delta\omega}{2}\right)^2\left\{6\sec^4\omega-5\sec^2\omega\right\}+\dots$$

$$\left(\frac{\Delta z}{\Delta s}\right)_{\text{Euler}}:\left(\frac{\Delta z}{\Delta s}\right)_{\text{Legendre}}:\left(\frac{\Delta z}{\Delta s}\right)_{\text{Didion}}$$

$$=1:1-\frac{1}{6}\left(\frac{\Delta\omega}{2}\right)^2+\dots:1-\frac{1}{6}\left(\frac{\Delta\omega}{2}\right)^2\left\{6\sec^4\omega-5\sec^2\omega-6\right\}+\dots$$

Für die Abszissen folgt daraus:

Das Legendresche Verhältnis kommt dem Didionschen stets näher als das Eulersche, und zwar um so besser, je kleiner ω.

Und für die Ordinaten folgt:

Das Eulersche Verhältnis kommt dem Didionschen stets näher als das Legendresche; die Abweichungen verhalten sich nahezu wie:

$$6\sec^4\omega-5\sec^2\omega-6:6\sec^4\omega-5\sec^2\omega-7,$$

also bei kleinem ω etwa wie $5:6$.

Diese Sätze hatte Didion an Zahlenbeispielen bemerkt (Balistique S. 161/162). Die Bemerkung bei Cranz (Ballistik 1917, S. 129) ist entsprechend zu berichtigen. Die Didionschen Verhältnisse kommen den wahren für kleine $\frac{w}{g}$ beliebig nahe, eine Eigenschaft, die den Eulerschen und Legendreschen fehlt.

§ 24. Die natürliche Gleichung für $n=2$.

Ist für ein Widerstandsgesetz die Hauptgleichung integrabel, so kann es noch außerdem eintreten, daß auch eine der Gleichungen (5) § 13 z. B.

$$g\,ds=-\dot{x}^2\sec\omega\,d\omega=-\frac{[G^{-1}(\sin\omega)]^2}{\cos\omega}d\omega$$

integrabel wird. Man erhält dann die Gleichung der Flugbahn in den „natürlichen“ Koordinaten s und ω. Das ist, wie Euler bemerkt, für das Newtonsche Gesetz $w=a v^2$ der Fall. In diesem Fall wird, wenn man oben (2, 3, 4) $n=2$ setzt:

$$\dot{x}^2 = \frac{\varkappa^2}{-2 \cdot \int \sec^3\omega \cdot d\omega}, \quad a\varkappa^2 = g$$

$$g\,ds = -\frac{\varkappa^2 \cdot \sec^3\omega \cdot d\omega}{2\int \sec^3\omega \cdot d\omega} = \varkappa^2 \frac{\Omega'}{\Omega}\,d\omega$$

$$\left.\begin{aligned} 2as &= \lg \frac{\Omega}{\Omega_0}, \quad \Omega = \Omega_0\, e^{2as} \\ \Omega &= \left[\operatorname{tg}\omega \cdot \sec\omega + \lg \operatorname{tg}\left(\frac{\pi}{4} + \frac{\omega}{2}\right)\right]_{\omega}^{\omega_{-\infty}}, \end{aligned}\right\} \tag{12}$$

wo $\omega_{-\infty}$ die Neigung der Anfangsasymptote ist. Die rechtwinkligen Koordinaten x, z drückt man durch die natürlichen s, ω vermittelst der Integrale aus:

$$x = \int \cos\omega \cdot ds, \quad z = \int \sin\omega \cdot ds,$$

die man, wie oben, durch die Summen auswertet:

$$x = \sum \cos(\omega + \tfrac{1}{2}\Delta\omega)\,\Delta s, \quad z = \sum \sin(\omega + \tfrac{1}{2}\Delta\omega)\,\Delta s,$$

oder, wie folgt, in Reihen entwickelt. Zunächst ergibt der Taylorsche Satz:

$$\cos\omega = \cos\omega_0 + \frac{1}{\Omega_0'} D\cos\omega_0 \cdot (\Omega - \Omega_0) + \frac{1}{2}\frac{1}{\Omega_0'} D\left(\frac{1}{\Omega_0'} D\cos\omega_0\right) \cdot (\Omega - \Omega_0)^2 + \dots$$

$$\sin\omega = \sin\omega_0 + \frac{1}{\Omega_0'} D\sin\omega_0 \cdot (\Omega - \Omega_0) + \frac{1}{2}\frac{1}{\Omega_0'} D\left(\frac{1}{\Omega_0'} D\sin\omega_0\right) \cdot (\Omega - \Omega_0)^2 + \dots$$

wo man für Ω die durch

$$\frac{\Omega'}{\Omega} = -\frac{a}{g}\frac{[G^{-1}(\sin\omega)]^2}{\cos\omega},$$

also durch

$$\Omega = e^{-\frac{a}{g}\int \frac{[G^{-1}(\sin\omega)]^2}{\cos\omega} d\omega}$$

definierte Funktion einsetzen kann. Kann man, wie im Falle $n = 2$, Ω durch s ausdrücken, so erhält man die Reihen:

$$x = s\cos\omega_0 + \frac{D\cos\omega_0}{\Omega_0'}\,\Omega_0 \int (e^{2as} - 1)\,ds + \dots$$

$$z = s\sin\omega_0 + \frac{D\sin\omega_0}{\Omega_0'}\,\Omega_0 \int (e^{2as} - 1)\,ds + \dots$$

Um auch t durch s auszudrücken, gehen wir von der Gleichung aus:

$$\frac{\dot{x}_0}{\dot{x}} = \sqrt{\frac{\Omega}{\Omega_0}} = e^{as}$$

(d. h. die Horizontalgeschwindigkeiten in äquidistanten Flugbahnpunkten bilden eine fallende geometrische Reihe), die ergibt $\dot{x}_0\,dt = e^{as}\cos\omega \cdot ds$, also:

$$\dot{x}_0 t = \frac{e^{as} - 1}{a}\cos\omega_0 + \frac{D\cos\omega_0}{\Omega_0'}\,\Omega_0 \int e^{as}(e^{as} - 1)\,ds + \dots$$

Alle Integrationen in diesen Reihen sind ausführbar. Diese Reihen teilt Didion (a. a. O. S. 174) aus einer unveröffentlichten Arbeit von Français ohne Beweis mit. Über ihre Konvergenz ist nichts bekannt.

Siebentes Kapitel.

Die zweite Klasse von Lösungen.

§ 25. Allgemeine Gesichtspunkte.

Die Formeln (6) § 13 werden durch Erweitern mit $\sec\omega_m$ auf die Form gebracht:

$$t = \int \frac{d\dot{x}\sec\omega_m}{\ddot{x}\sec\omega_m}, \qquad x\cdot\sec\omega_m = \int \frac{\dot{x}\sec\omega_m \cdot d\dot{x}\sec\omega_m}{\ddot{x}\sec\omega_m}, \tag{1}$$

$$\operatorname{tg}\omega_0 - \operatorname{tg}\omega = \sec\omega_m \cdot \int \frac{g\,d\dot{x}\cdot\sec\omega_m}{\dot{x}\sec\omega_m\cdot\ddot{x}\sec\omega_m},$$

$$x\operatorname{tg}\omega_0 - z = \iint \frac{g\,d\dot{x}\sec\omega_m}{\dot{x}\sec\omega_m\cdot\ddot{x}\sec\omega_m}\cdot\frac{\dot{x}\sec\omega_m\cdot d\dot{x}\sec\omega_m}{\ddot{x}\sec\omega_m}.$$

Darin bedeutet ω_m eine mittlere Erhöhung auf dem betrachteten Flugbahnbogen, oder die Erhöhung in einem mittleren Bahnpunkte P_m. Um diese Formeln anwenden zu können, müßte man die Beziehung zwischen $\ddot{x}$ und $\dot{x}$ kennen. Man begnügt sich mit folgender Näherung. An Stelle der genauen Beziehung:

$$-\ddot{x}\sec\omega = c\cdot f(\dot{x}\sec\omega)$$

setzt man näherungsweise:

$$-\ddot{x}\sec\omega_m = c\cdot f(\dot{x}\sec\omega_m),$$

was jedenfalls in hinreichender Nähe von P_m beliebig genau ist. Noch etwas allgemeiner setzt man:

$$-\ddot{x}\sec\omega_m = B\cdot c f(\dot{x}\sec\omega_m) \tag{2}$$

und sucht durch zweckmäßige Wahl von ω_m und B gute Annäherungen zu erzielen.

Wahl von ω_m. Für gestreckte aufsteigende Äste ist die Annahme $\omega_m = \omega_0$ (Siacchi), für flache Bogen, die den Gipfel enthalten, die Annahme $\omega_m = 0$ (Krupp) am genauesten. Manche nahmen für $\sec\omega_m$ ein Mittel aus den Werten von $\sec\omega$ am Anfangspunkt und am Gipfel. Didion bestimmt $\sec\omega_m$ als das Verhältnis eines Parabelbogens zu seiner Horizontalprojektion, der die gleiche Anfangs- und Enderhöhung hat wie der betrachtete Flugbahnbogen; oder, was dasselbe ist, aus dem Verschwinden der Fehlersumme:

$$\int_{\omega_0}^{\omega}(\sec\omega - \sec\omega_m)\,d\operatorname{tg}\omega = 0,$$

denn daraus folgt:

$$\sec\omega_m = \frac{\int\limits_{\omega_0}^{\omega} \sec\omega \, d\,\mathrm{tg}\,\omega}{\int\limits_{\omega_0}^{\omega} d\,\mathrm{tg}\,\omega} = \frac{\Delta s}{\Delta x} \text{ (nach (5) § 13)}.$$

Ein Parabelbogen mit senkrechter Achse, der den gegebenen Flugbahnbogen am Anfang und Ende berührt, — nicht bloß, wie bei Didion, dieselben Richtungen hat, — ist im allgemeinen nicht möglich, wohl aber einer mit schräger Achse (s. S. 50). Nimmt man den, so ändern sich die Grenzen des Integrals $\int\limits_{\omega_0}^{\omega} (\sec\omega - \sec\omega_0)\, d\,\mathrm{tg}\,\omega$ um die Neigung der Parabelachse gegen die Senkrechte.

Didion (Balistique, Paris 1848, S. 160) nimmt zwar im Text „un arc parabole osculatrice à l'une des extrémités et se terminant à l'autre sous la même inclinaison", aber seine Formeln setzen nur einen Parabelbogen voraus, der am Anfang und Ende dieselbe Erhöhung hat wie der betrachtete Bogen. Ebenso ist die Bemerkung von Siacchi (Balistique, Paris 1892, S. 56): „Cet arc parabolique diffère fort peu de l'arc véritable" falsch.

Bei allen diesen Verfahren wird der Mittelwert $\sec\omega_m$ nach äußerlichen und willkürlichen Gesichtspunkten gewählt, während er so gewählt werden müßte, daß die aus (1) entstehenden Näherungsformeln in einem bestimmten Sinne möglichst genau werden.

Wahl von B. Wählt man $\omega_m = \omega_0$ und $B = 1$, so ist die Beziehung zwischen $\ddot{x}$ und $\dot{x}$ in einem Bahnpunkt um so genauer richtig, je näher er dem Bahnanfang ist. Die aus den Formeln entstehenden Näherungsbahnen „oskulieren" die wahre Flugbahn. Wählt man $B \neq 1$, so hört die Näherung auf, eine oskulierende zu sein, sie wird „interpolierend", d. h. sie hat nicht mehr die Eigenschaft um so genauer zu sein, je kleiner der Bogen ist, aber sie kann bei zweckmäßiger Wahl von B auch noch bei größeren Bogen eine leidliche Annäherung geben*). Borda nahm $-\ddot{x} = \sec\omega_0 \cdot c \cdot \dot{x}^2$, oder, was dasselbe ist, $-\ddot{x}\sec\omega_0 = c \cdot (\dot{x}\sec\omega_0)^2$. Sein Verfahren ist also sowohl zu den oskulierenden mit $\omega_m = \omega_0$, $B = 1$, als zu den interpolierenden mit $\omega_m = 0$, $B = \sec\omega_0$ zu rechnen. Bei Siacchi steht $\beta \cdot \cos\omega_0$ statt B. Durch unsere Einführung von B an Stelle von $\beta \cdot \cos\omega_0$ werden aber alle hierauf bezüglichen Formeln (s. u.) anschaulicher und übersichtlicher. Von 1 verschiedene Werte von B kommen vor in Verbindung mit der Annahme $\omega_m = \omega_0$ (Siacchi), mit der Kruppschen Annahme $\omega_m = 0$ (Charbonnier), mit der Didionschen (Takeda).

*) Über oskulierende nnd interpolierende Näherungen vgl. des Verfassers Buch: Konstruktionen und Approximationen, Leipzig 1913, S. 192.

§ 26. Korrektur nach Siacchi.

Wir wählen jetzt $\omega_m = \omega_0$ und bezeichnen $\dot{x} \sec\omega_0$ mit u. Die Größe u hat Siacchi als unabhängige Veränderliche eingeführt und als „Pseudogeschwindigkeit" bezeichnet. Der Gleichung (2) $-\dot{u} = cB \cdot f(u)$ zufolge muß man B als Mittelwert von

$$-\frac{\dot{u}}{cf(u)} = \frac{f(v) \cdot \cos\omega}{f(u) \cdot \cos\omega_0}$$

zu bestimmen suchen. Das kann z. B. durch die Forderung geschehen, daß die Fehlersumme

$$\int \left(\frac{f(v) \cos\omega}{f(u) \cos\omega_0} - B \right) G(\mathrm{tg}\,\omega)\, d\,\mathrm{tg}\,\omega = 0$$

ist. Um diesen Ansatz zu verwerten, wählen wir das „Gewicht" $G = (\mathrm{tg}\,\omega_0 - \mathrm{tg}\,\omega)^2$, damit die Fehler entfernt vom Anfangspunkte um so mehr ins Gewicht fallen*). Ferner wählen wir die Grenzen des Integrals gleich ω_0 und ω^0, so daß es sich über die „ganze" Bahn erstreckt. Schließlich setzen wir für v einen konstanten Wert v_1, weil $\dfrac{f(v)\dfrac{\cos\omega}{\cos\omega_0}}{f\left(v\dfrac{\cos\omega}{\cos\omega_0}\right)}$ von v nahezu unabhängig wird, wenn man $f(v)$ durch ein Bernoullisches Gesetz approximiert. Für v_1 nehmen wir diejenige Anfangsgeschwindigkeit, die im leeren Raum mit der Erhöhung ω_0 die gleiche Schußweite x^0 ergibt [s. (14) § 15**)], also $\sqrt{\dfrac{g x^0}{\sin 2\omega_0}}$. Dadurch wird

$$B = \frac{\displaystyle\int_{\omega_0}^{\omega^0} \frac{(f v_1)\dfrac{\cos\omega}{\cos\omega_0}}{f\left(\dfrac{v_1 \cos\omega}{\cos\omega_0}\right)} G(\mathrm{tg}\,\omega) \cdot d\,\mathrm{tg}\,\omega}{\displaystyle\int_{\omega_0}^{\omega^0} G(\mathrm{tg}\,\omega) \cdot d\,\mathrm{tg}\,\omega}.$$

Nimmt man noch in erster Annäherung $\omega^0 = -\omega_0$, so wird B eine bloße Funktion von ω_0 und x^0, in einer Tabelle mit doppeltem Eingang darstellbar.

---

*) Siacchi wählt $G = (\mathrm{tg}\,\omega_0 + \mathrm{tg}\,\omega)^2$, wodurch die Fehler nahe dem Anfangspunkt mehr ins Gewicht fallen.

**) Ungefähr $\frac{2}{3} v_0$, s. S. 51.

Zur Beurteilung dieses Siacchischen Verfahrens beschränken wir uns auf kleine Bogen, für welche die Annahme berechtigt ist, daß

$$\frac{f(v)\dfrac{\cos\omega}{\cos\omega_0}}{f\left(v\dfrac{\cos\omega}{\cos\omega_0}\right)}$$

von v unabhängig ist. D. h. für v und für $v\dfrac{\cos\omega}{\cos\omega_0}$ ist der Exponent des Bernoullischen Gesetzes derselbe; er sei mit n_v bezeichnet. Ebenso sei er derselbe für v_1 und $v_1\dfrac{\cos\omega}{\cos\omega_0}$; dieser sei mit n_{v_1} bezeichnet. Dann ist der wahre Wert B ein Mittelwert von

$$(B)=\frac{f(v)\dfrac{\cos\omega}{\cos\omega_0}}{f\left(v\dfrac{\cos\omega}{\cos\omega_0}\right)}=\left(\frac{\cos\omega_0}{\cos\omega}\right)^{n_v-1},$$

während der Siacchische Wert B_1 ein Mittelwert ist von

$$(B_1)=\frac{f(v_1)\dfrac{\cos\omega}{\cos\omega_0}}{f\left(v_1\dfrac{\cos\omega}{\cos\omega_0}\right)}=\left(\frac{\cos\omega_0}{\cos\omega}\right)^{n_{v_1}-1}.$$

Nun kann (B_1) für (B) genommen werden, wenn $n_{v_1}=n_v$ ist, d. h. wenn für v_1 und v derselbe Exponent gilt. Daß dies nicht immer der Fall zu sein braucht, zeigt folgendes Beispiel. Es sei v_1 nahe der Schallgeschwindigkeit, so daß n_{v_1} den größten Wert, etwa 5 (s. §6 S. 14), hat. x^0 sei die zugehörige Schußweite im leeren Raum. Für v_0 werde eine Überschallgeschwindigkeit mit $n_{v_0}=2$ gewählt. Schließlich werde der Geschoßfaktor so groß gewählt, daß mit der Anfangsgeschwindigkeit v_0 die Schußweite x^0 erreicht wird. Dann ist auf der ganzen Flugbahn:

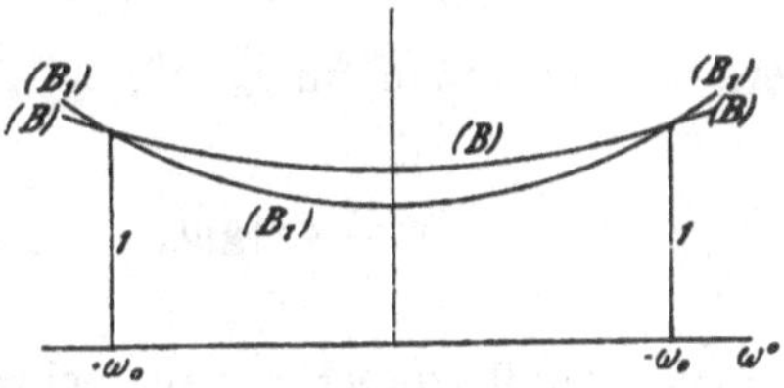

Abb. 15.

$$1<n_v\leqq n_{v_1}$$

und zwischen ω_0 und $-\omega_0$ ist $\dfrac{\cos\omega_0}{\cos\omega}\leqq 1$, also (Abb. 15):

$$1\gtreqless(B)\geqq(B_1),$$

während zwischen $-\omega_0$ und ω^0

$$1\leqq(B)\leqq(B_1)$$

ist. Demnach kann ein Mittelwert der Größen (B_1) kleiner sein als alle Größen (B), ist dann also kein Mittelwert dieser Größen.

Siacchi sucht zu berücksichtigen, daß das Luftgewicht von der Höhe z abhängig ist, und nimmt deshalb $\frac{\delta_z}{\delta_0} f(v)$ statt $f(v)$. Da aber dann für $\frac{\delta_z}{\delta_0} f(v)$ genommen wird $B \cdot f\left(\frac{v \cos\omega}{\cos\omega_0}\right) \frac{\cos\omega_0}{\cos\omega}$, so ändert sich B um einen Faktor, der ein Mittelwert von $\frac{\delta_z}{\delta_0}$ ist, oder, was dasselbe ist, man nimmt das in $f(v)$ vorkommende Luftgewicht δ in einer mittleren Höhe der Flugbahn.

In einem zweiten Verfahren bestimmt Siacchi B durch Vergleich der aus (1, 2) errechneten Schußweite mit der aus den Reihenentwicklungen des § 36 folgenden. Gute Übereinstimmung bestätigt die Brauchbarkeit dieser Reihen. Aber dann braucht man das Näherungsverfahren nicht mehr, bei dem selbst nach bester Bestimmung von B doch nur die Schußweite genau wird, während die Flugbahn ungenau bleibt.

§ 27. Korrektur nach Vallier.

Das Verfahren von Vallier zur Ermittlung eines Wertes für B ist im Kern das folgende. Die Taylorsche Entwicklung mit dem Restglied in Form eines bestimmten Integrals:

$$z = z_0' x + \tfrac{1}{2} z_0'' x^2 + \tfrac{1}{2}\int_0^x (x - \bar{x})^2 z'''(\bar{x})\, d\bar{x}$$

ergibt, wenn man für z_0', z_0'', z_0''' ihre Werte nach (14) § 10 S. 28 einsetzt:

$$z = x \cdot \operatorname{tg}\omega_0 - \tfrac{1}{2} g \frac{x^2}{\dot{x}_0^2} - g \int_0^x (x - \bar{x})^2 \frac{\ddot{x}}{\dot{x}^4}\, d\bar{x}.$$

Setzt man in dieser genau richtigen Formel für $\ddot{x}$ den Näherungswert $-Bcf(u)\cos\omega_0$ nach (2) für $m = 0$ ein, so entsteht ein Fehler. Man kann B aus der Forderung bestimmen, daß dieser Fehler möglichst klein wird. Dieser Fehler beträgt $g \cdot \cos\omega_0$ mal:

$$\int_0^x (x - \bar{x})^2 \frac{\dot{u} + Bcf(u)}{u^4}\, d\bar{x}.$$

Setzt man diesen Fehler gleich Null, so erhält man eine lineare Gleichung für B, vorausgesetzt, daß man die Integrale:

$$\int_0^x (x - \bar{x})^2 \frac{\dot{u}}{u^4}\, d\bar{x} \quad \text{und} \quad \int_0^x (x - \bar{x})^2 \frac{f(u)}{u^4}\, d\bar{x}$$

berechnen kann. Das kann man auf Grund einer ersten vorläufigen Bahnbestimmung. Das so gewonnene B ist einer verbesserten Bahnbestimmung zugrunde zu legen usw. Dieses B ist sicherlich ein Mittelwert der Werte auf dem Bogen OP^0, weil der Integrand $(x-\bar{x})^2 \frac{\dot{u}+B\,cf(u)}{u^4}$ auf ihm teils positiv, teils negativ sein muß; denn er ist 0 im Anfangspunkt nnd an der Stelle mit $\omega = -\omega_0$ vor dem Endpunkt. Hieraus geht das Vallier-sche Verfahren hervor, wenn man die wenig veränderliche Größe:

$$\varepsilon = \frac{\dot{u}+Bc\,f(u)}{u^4}$$

durch eine lineare Funktion von $\bar{x}$, nämlich

$$\varepsilon_1 \frac{x_2-\bar{x}}{x_2-x_1} + \varepsilon_2 \frac{\bar{x}-x_1}{x_2-x_1}$$

vermittelst ihrer Werte an zwei Stellen x_1, x_2, nämlich:

$$\varepsilon_1 = \frac{\dot{u}_1+Bcf(u_1)}{u_1^4} \quad \text{und} \quad \varepsilon_2 = \frac{\dot{u}_2+Bcf(u_2)}{u_2^4}$$

approximiert. Die Gleichung für B wird dann:

$$\frac{\dot{u}_1+Bcf(u_1)}{u_1^4}\int_0^x (x-\bar{x})^2(x_2-\bar{x})\,d\bar{x}$$

$$+\frac{\dot{u}_2+Bcf(u_2)}{u_2^4}\int_0^x (x-\bar{x})^2(\bar{x}-x_1)\,d\bar{x} = 0\,.$$

Dabei sind die zu x_1 und x_2 gehörigen Werte u_1, u_2, $\dot{u}_1$, $\dot{u}_2$ durch eine erste Bahnbestimmung angenähert zu ermitteln. Wenn das Verfahren konvergent ist, was nach Cranz (Ballistik 1917, S. 186) zweifelhaft ist, so würde die wiederholte Anwendung desselben die zur Abszisse x gehörige Ordinate z immer genauer ergeben. Vallier wählt insbesondere für x die Schußweite x^0, ferner für P_1 den Anfangspunkt, also $x_1 = 0$ und für P_2 den Gipfel, für den näherungsweise $x_2 = 0{,}55 \cdot x^0$ (s. S. 51) genommen wird. Nach Einführung der approximierenden Funktion ε ist es nicht mehr sicher, daß das berechnete B ein Mittelwert ist.

§ 28. Mittelwerte oder Fehlergrenzen.

Siacchi wie Vallier bestimmen also einen Mittelwert für B aus der Forderung, daß ein Mittelwert von $\dot{u}+Bcf(u)$ Null werden soll: bei Siacchi ein Mittelwert dieses Ausdrucks an allen Bahnpunkten von ω_0

bis $-\omega^0$, bei Vallier ein Mittelwert desselben an bloß zwei Punkten. Diese Bestimmungen von B sind ebenso wie diejenigen für $\sec\omega_m$ ganz willkürlich, können im einzelnen vielfach abgeändert werden, da dabei der für jede solche Bestimmung entscheidende Gesichtspunkt unbeachtet bleibt: $\sec\omega_m$ und B sind so zu bestimmen, daß die Formeln (1) nach Einsetzen von (2) „möglichst genau" richtig sind. Zwar erstrebt Vallier, nach willkürlicher Annahme von $\omega_m = \omega_0$ den Fehler der Endordinate z^0 zu verkleinern; da aber die Schußweite x^0 nur annähernd bekannt ist, wird durch sein Verfahren höchstens die Ordinate einer angenäherten Schußweite der Null genähert, was offenbar auch zu einer Verschlechterung der errechneten Schußweite führen kann. Und selbst wenn es gelänge ein einzelnes Element, wie die Schußweite x^0, die Flugzeit t^0, den Fallwinkel $-\omega^0$, die Endgeschwindigkeit v^0 zu berichtigen, so würden die hierfür geeigneten Werte von B und $\sec\omega_m$ noch nicht dasselbe für die anderen Elemente leisten, noch viel weniger würde dadurch die gesamte Flugbahn und der zeitliche Verlauf in ihr genauer dargestellt.

Die Formeln (1) ergeben nach Einsetzen von $-\ddot{x}\sec\omega_m = Bcf(\dot{x}\sec\omega_m)$ und $\dot{x}\sec\omega_m = u$ die folgenden:

$$t = -\frac{1}{Bc}\int\frac{du}{f(u)} \qquad x\sec\omega_m = -\frac{1}{Bc}\int\frac{u\,du}{f(u)}$$

$$\operatorname{tg}\omega_0 - \operatorname{tg}\omega = -\frac{1}{Bc}\sec\omega_m\cdot\int\frac{g\,du}{u\cdot f(u)} \tag{3}$$

$$x\operatorname{tg}\omega_0 - z = \frac{1}{B^2c^2}\int\int\frac{g\,du}{u f(u)}\cdot\frac{u\cdot du}{f(u)}.$$

Wir nennen den Faktor $\frac{1}{B}$ den korrigierenden Faktor. Gibt man demselben alle möglichen Werte, so geben die Formeln (3) eine Schar von Bahnen. Aber unter diesen Bahnen ist die wahre Flugbahn nicht enthalten. Jedoch hat eine von ihnen die richtige Schußweite, eine andere die richtige Flugzeit usw. Die Formeln sind eben ihrer Natur nach falsch und können durch keine Bestimmung von B und $\sec\omega_m$ berichtigt werden. Es kommt vielmehr darauf an, die Fehlergrenzen dieser Formeln zu ermitteln und durch zweckmäßige Wahl von B und $\sec\omega_m$ möglichst zu verengen. Dadurch erhält man ein Urteil über die Genauigkeit und kann, wenn man will, Mittelwerte bilden. Das ist der im folgenden eingeschlagene Weg, der sich auch noch darin von den früheren unterscheidet, daß er $\sec\omega_m$ und B zugleich berücksichtigt.

§ 29. Fehlergrenzen; einfaches Verfahren.

Die rechten Seiten der Formeln (3) § 28 geben obere bzw. untere Grenzen für die linken Seiten, wenn man in ihnen für den korrigierenden Faktor $\frac{1}{B}$ den größten bzw. den kleinsten Wert setzt, den

$$\frac{c f(\dot{x} \sec \omega_m)}{-\ddot{x} \sec \omega_m} = \frac{f\left(v \frac{\cos \omega}{\cos \omega_m}\right)}{f(v) \cdot \frac{\cos \omega}{\cos \omega_m}}$$

im Integrationsintervall hat. Eine erste Schätzung erhält man durch die Annahme, daß im ganzen Intervall

$$c f(v) = a v^n \quad \text{und} \quad c f\left(v \frac{\cos \omega}{\cos \omega_m}\right) = a\left(v \frac{\cos \omega}{\cos \omega_m}\right)^n$$

gesetzt werden kann; so klein, daß diese Annahme zulässig ist, wäre also der betrachtete Bogen zu nehmen. Dann kommt es also auf die Ermittelung des größten und kleinsten Wertes von $\left(\frac{\cos \omega}{\cos \omega_m}\right)^{n-1}$, also von $\cos \omega$ an, die bei einem nur auf- oder nur absteigenden Bogen am Anfang und am Ende liegen, während bei einem auf- und absteigenden Bogen der größte Wert im Gipfel, der kleinste im Anfang oder Ende liegt.

Bei „flachen" Bogen, d. h. bei durchweg kleinem ω wird

$$\left(\frac{\cos \omega}{\cos \omega_m}\right)^{n-1} = \left(\frac{1 - \frac{1}{2}\omega^2 + \ldots}{1 - \frac{1}{2}\omega_m^2 + \ldots}\right)^{n-1} \text{ nahe gleich } 1 + \frac{n-1}{2}(\omega_m^2 - \omega^2).$$

Wählt man für einen Gipfelbogen $\omega_m = 0$, so ist der größte Wert 1, der kleinste $1 - \frac{n-1}{2}\omega^{0^2}$, ein mittlerer $1 - \frac{n-1}{2}\omega_0^2$. Für $n = 2$ ist also $1 - \frac{1}{2}\omega_0^2$ oder $\cos \omega_0$ ein Mittelwert für $\frac{1}{B}$; wie schon Borda angenommen hatte (s. S. 71).

Wählt man für den aufsteigenden Ast $\omega_m = \omega_0$, dann ist das Mittel aus den Werten von $1 + \frac{n-1}{2}(\omega_0^2 - \omega^2)$ im Anfangspunkt und im Gipfel $1 + \frac{n-1}{4}\omega_0^2$. Insbesondere für $n = 3$ erhält man $1 + \frac{1}{2}\omega_0^2$ oder $\sec \omega_0$ als Mittelwert für $\frac{1}{B}$; also hat der Mittelwert $\cos \omega_0$ für B bei $n = 3$ eine gewisse Berechtigung.

Wählt man für den absteigenden Ast $\omega_m = \omega^0$, dann gibt das Mittel aus den Werten von $1 + \frac{n-1}{2}(\omega^{0^2} - \omega^2)$ im Gipfel und Endpunkt $1 + \frac{n-1}{4}\omega^{0^2}$.

Die Mittelwerte $1 + \frac{n-1}{4}\omega^2$ mit $\omega = \omega_0$ und $n = \frac{v_0 w_0'}{w_0}$ für den aufsteigenden, mit $\omega = \omega^0$ und $n = \frac{v^0 w^{0\prime}}{w^0}$ für den absteigenden Ast hat auf umständlichem Wege Charbonnier abgeleitet. Die obige einfache Herleitung läßt die engbegrenzte Anwendbarkeit derselben erkennen.

§ 30. Fehlergrenzen; schärferes Verfahren.

Wir wollen deshalb die Grenzen genauer bestimmen. Es sei $\frac{\cos\omega}{\cos\omega_m} = \lambda$, dann wird nach dem Mittelwertsatz:

$$f(v\lambda) = f(v) + (v\lambda - v) f'(\bar{v}), \tag{4}$$

wo $\bar{v}$ ein Mittelwert zwischen v und λv ist. Also wird $\frac{f(v\lambda)}{f(v)} = 1 + \bar{n}(\lambda - 1)$, worin $\bar{n} = \frac{v f'(\bar{v})}{f(v)}$ ist. Also ist der größte und kleinste Wert zu ermitteln von

$$\frac{1}{(B)} = \frac{f(v\lambda)}{f(v)\lambda} = 1 + (\bar{n} - 1)\left(1 - \frac{1}{\lambda}\right). \tag{5}$$

Zu dem Zwecke wird zunächst

$$\begin{aligned} \frac{1}{\lambda} &= \frac{\cos\omega_m}{\cos\omega} = \cos\omega_m \cdot \sqrt{1 + \mathrm{tg}^2\omega} \\ &= \cos\omega_m \cdot \sqrt{1 + \mathrm{tg}^2\omega_m + 2\cdot\mathrm{tg}\,\omega_m(\mathrm{tg}\,\omega - \mathrm{tg}\,\omega_m) + (\mathrm{tg}\,\omega - \mathrm{tg}\,\omega_m)^2} \\ &= \sqrt{1 - 2\cdot\sin\omega_m H + H^2}, \end{aligned} \tag{6}$$

wenn man $\mathrm{tg}\,\omega - \mathrm{tg}\,\omega_m = -\sec\omega_m \cdot H$ setzt. Durch Wahl von ω_m werden wir erreichen, daß

$$0 \leqq \sin\omega_m \cdot H \leqq 1 \tag{7}$$

ist. Dann wird

$$\sqrt{(1 - \sin\omega_m \cdot H)^2 + (\cos\omega_m \cdot H)^2} = (1 - \sin\omega_m \cdot H) + \theta \cdot \cos\omega_m |H| \quad \text{mit } 0 \leqq \theta \leqq 1. \tag{8}$$

Also wird erstens

$$1 - \frac{1}{\lambda} = (|\sin\omega_m| - \theta \cdot \cos\omega_m)|H|. \tag{9}$$

Zweitens ist zunächst identisch

$$1 - \frac{1}{\lambda} = \sin\omega_m \cdot H - \frac{\cos^2\omega_m \cdot H^2}{(1 - \sin\omega_m \cdot H) + \sqrt{1 - 2\sin\omega_m \cdot H + H^2}}, \tag{10}$$

also durch Einsetzen des Wertes für die Wurzel (8)

$$1 - \frac{1}{\lambda} = \sin\omega_m \cdot H - \frac{\cos^2\omega_m \cdot H^2}{2(1 - \sin\omega_m \cdot H) + \theta \cdot \cos\omega_m \cdot |H|}. \tag{11}$$

Folglich wird erstens

$$\frac{1}{(B)} = 1 + (\bar{n} - 1)\cdot(|\sin\omega_m| - \theta \cdot \cos\omega_m)|H| \tag{12}$$

und zweitens

$$\frac{1}{(B)} = 1 + (\bar{n} - 1)\sin\omega_m \cdot H - \frac{\bar{n} - 1}{2(1 - \sin\omega_m \cdot H) + \theta \cdot \cos\omega_m \cdot |H|} \cos^2\omega_m H^2. \tag{13}$$

Um jetzt die Voraussetzung (7) $0 \leqq \sin\omega_m \cdot H \leqq 1$ durch Wahl von ω_m zu erfüllen, wählen wir auf Gipfelbogen $\omega_m = 0$. Dann wird für solche nach (13), da $|H| = |\mathrm{tg}\,\omega|$ wird:

$$1 - \frac{1}{(B)} = \frac{\bar{n} - 1}{2 + \theta\,|\mathrm{tg}\,\omega|}\,\mathrm{tg}^2\omega,$$

also stets kleiner, höchstens gleich dem größeren der Werte von

$$\frac{\bar{n} - 1}{2}\,\mathrm{tg}^2\omega$$

am Anfang und am Ende des Bogens.

Auf aufsteigenden Bogen ist $\sin\omega_m > 0$, also muß auch $H \geqq 0$, d. h. $\mathrm{tg}\,\omega_m \geqq \mathrm{tg}\,\omega$ sein. Demnach muß man $\omega_m = \omega_0$ wählen.

Auf absteigenden Bogen ist $\sin\omega_m < 0$, also muß auch $H \leqq 0$, d. h. $\mathrm{tg}\,\omega_m \leqq \mathrm{tg}\,\omega$ sein. Also muß man $\omega_m = \omega^0$ wählen.

Außerdem müssen wir noch in diesen beiden Fällen die Bedingung $\sin\omega_m \cdot H \leqq 1$ prüfen. Führen wir statt ω dessen Komplement $\delta = \frac{\pi}{2} - \omega$ ein, so lautet diese Bedingung für auf- bzw. absteigende Bogen:

$$\cos\delta_0 \cdot \frac{\sin(\delta - \delta_0)}{\sin\delta} \leqq 1 \quad \text{bzw.} \quad |\cos\delta_0| \cdot \frac{\sin(\delta^0 - \delta)}{\sin\delta} \leqq 1$$

und diese Bedingungen sind erfüllt, da jeder der Faktoren für sich kleiner, höchstens gleich Eins ist.

Bei auf- bzw. absteigenden Bogen mit der Anfangserhöhung ω_0, der Enderhöhung ω^0 wird also der Faktor von $\bar{n} - 1$:

$$(\sin\omega_0 - \theta \cdot \cos\omega_0)\frac{\sin(\omega_0 - \omega)}{\cos\omega} \leqq (\mathrm{tg}\,\omega_0 - \theta) \cdot \sin(\omega_0 - \omega^0)$$

bzw. $\qquad (0 \leqq \theta \leqq 1).$

$$(\sin|\omega^0| - \theta \cdot \cos\omega^0)\frac{\sin(\omega - \omega^0)}{\cos\omega} \leqq (\mathrm{tg}\,|\omega^0| - \theta) \cdot \sin(\omega_0 - \omega^0)$$

Je steiler also die Bogen sind, d. h. je größer $\mathrm{tg}\,|\omega_0|$ bzw. $\mathrm{tg}\,|\omega^0|$ ist, je kleiner muß die Gesamtkrümmung $\omega_0 - \omega^0$ des zu berechnenden Bogens genommen werden, um eine vorgeschriebene Genauigkeit zu erreichen.

Insbesondere wird, wenn:

$$\frac{\pi}{4} \geqq \omega_0 \geqq \omega^0 \geqq -\frac{\pi}{4},$$

also wenn $\qquad \mathrm{tg}\,\omega_0 \leqq 1 \quad$ und $\quad |\mathrm{tg}\,\omega^0| \leqq 1$

ist, der Faktor von $\bar{n} - 1$ positiv oder negativ, und absolut genommen kleiner als $\sin(\omega_0 - \omega^0)$.

Bei steileren Bogen, wenn also $\omega_0 \geqq \omega^0 \geqq \frac{\pi}{4}$

oder wenn $-\frac{\pi}{4} \geqq \omega_0 \geqq \omega^0$

ist, wird wegen $\operatorname{tg}\omega_0 > 1$ bzw. $|\operatorname{tg}\omega^0| > 1$
der Faktor von $\bar{n} - 1$ stets positiv und kleiner als $\operatorname{tg}\omega_0 \cdot \sin(\omega_0 - \omega^0)$ bzw. $\operatorname{tg}|\omega^0| \sin(\omega_0 - \omega^0)$.

Bei Gipfelbogen fanden wir denselben Faktor stets negativ und absolut genommen kleiner als $\frac{1}{2}\operatorname{tg}^2\omega_0$ bzw. $\frac{1}{2}\operatorname{tg}^2\omega^0$.

Noch ist abzuschätzen der Wert

$$\bar{n} = \frac{v \cdot f'(\bar{v})}{f(v)},$$

oder statt dessen das Verhältnis

$$\frac{\bar{n}}{n} = \frac{f'(\bar{v})}{f'(v)},$$

wo $\bar{v}$ ein Mittelwert zwischen v und λv ist. Auf Gipfelbogen, wo $\cos\omega_m = 1$ iat, hat $\lambda = \frac{\cos\omega}{\cos\omega_m}$ den größten Wert 1, den kleinsten $\cos\omega_0$ oder $\cos\omega^0$. Auf steigenden bzw. fallenden Bogen, wo $\cos\omega_m = \cos\omega_0$ bzw. $= \cos\omega^0$ ist, hat λ den kleinsten Wert 1, den größten Wert $\sec\omega_0$ bzw. $\sec\omega^0$.

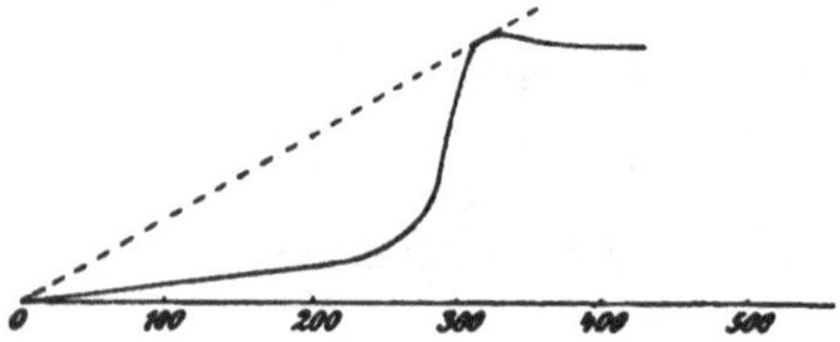

Abb. 16.

Den Verlauf der Funktion $f'(v)$ gibt Abb. 16 wieder. Danach wächst $f'(v)$ bei Unterschallgeschwindigkeiten, fällt dann sehr wenig bis etwa $v = 400$, der Luftausströmungsgeschwindigkeit in den leeren Raum, und bleibt dann ziemlich konstant.

Danach kann man für jeden Bogen leicht Grenzen angeben, zwischen denen $\frac{\bar{n}}{n}$ liegt. Insbesondere gelten folgende Regeln. Sind v und λv beides Überschallgeschwindigkeiten, so ist $\frac{\bar{n}}{n}$ nahezu gleich Eins und weicht hiervon höchstens um etwa 5% ab.

Sind v und λv beides Unterschallgeschwindigkeiten, so berücksichtige man, daß die vom Anfangspunkt an die Kurve gelegte Tangente nahezu durch den der Schallgeschwindigkeit entsprechenden Punkt geht. Demnach ist für Gipfelbogen wegen $v \geqq \bar{v}$ immer $\frac{f'(\bar{v})}{f'(v)} \leqq \frac{\bar{v}}{v}$, und für auf- oder absteigende ist wegen $v \leqq \bar{v}$ immer $\frac{f'(\bar{v})}{f'(v)} \geqq \frac{\bar{v}}{v}$.

Soll also z. B. bei einem auf- oder absteigenden Bogen mit Rücksicht auf die gewünschte Genauigkeit $\frac{\bar{n}}{n} \leqq 2$ sein, so muß auch $\frac{\bar{v}}{v} \leqq 2$ sein für jedes $\bar{v}$ zwischen v und λv, also muß auch $\lambda \leqq 2$ sein, demnach auch dessen größter Wert $\sec\omega_0$ bzw. $\sec\omega^0$; also muß ω_0 bzw. $|\omega^0| \leqq 60$ Grad sein. Bei noch steileren Bögen würde $\frac{\bar{n}}{n}$ den Wert 2 überschreiten. Steilere Bögen müßte man in Teilbögen geringerer Gesamtkrümmung $\omega_0 - \omega^0$ zerlegen, um die vorgeschriebene Genauigkeit erreichen zu können. Das ist stets möglich, denn man kann den oben abgeleiteten Ausdruck $(\bar{n} - 1)\,\mathrm{tg}\,\omega_0 \sin(\omega_0 - \omega^0)$ bzw. $(\bar{n} - 1)\,\mathrm{tg}\,|\omega^0| \sin(\omega_0 - \omega^0)$ bei gegebenem $\bar{n}$ und ω_0 durch Wahl von ω^0 beliebig klein machen.

Bei Bögen mit Erhöhungen unter $\frac{\pi}{4}$ hängt die Genauigkeit von dem einfacheren Ausdruck $(\bar{n} - 1)\sin(\omega_0 - \omega^0)$ ab, so daß die Teilung in Bögen gegebener Genauigkeit leicht ausführbar ist. Es handle sich z. B. um einen aufsteigenden Ast mit großen Geschwindigkeiten, für die n konstant ist. Man teile ihn in $k + h$ Bögen gleicher Gesamtkrümmung o, so daß also $(k + h)\,o = \omega_0$ ist. Von diesen Bögen seien h als Scheitelbogen zusammengefaßt und sollen als ein Bogen berechnet werden. Es sei o so klein gewählt, daß genau genug nicht nur $\sin o = \mathrm{tg}\, o = \mathrm{arc}\, o$, sondern auch noch $\mathrm{tg}\, h\, o = \mathrm{arc}\, h\, o$ gesetzt werden kann. Das Maß des Fehlers ist bei jedem Teilbogen $\sin o = \mathrm{arc}\, o$, beim Scheitelbogen $\frac{1}{2}\,\mathrm{tg}^2 h\, o = \frac{1}{2} h^2 o^2$. Größte Genauigkeit erreicht man, wenn alle Bögen die gleiche haben. Das ergibt $o = \frac{1}{2} h^2 o^2$, also $o = \frac{2}{h^2}$. Die Genauigkeit des ganzen Bogens ist gleich der jedes einzelnen multipliziert mit der Quadratwurzel aus ihrer Anzahl, die in diesem Falle $k + 1$ beträgt. Sie ist also gleich $\sqrt{k+1} \cdot o$. Demnach ergibt sich die Aufgabe: die Zahlen k und h so zu bestimmen, daß erstens $(k + h)\frac{2}{h^2} = \omega_0$ und daß zweitens $\sqrt{k+1}\,\frac{2}{h^2}$ ein Minimum wird. Setzt man aus der ersten Bedingung $k = \frac{1}{2}\omega_0 h^2 - h$ in die zweite ein, so ist $\frac{\frac{1}{2}\omega_0 h^2 - h + 1}{h^4}$ zu einem Minimum zu machen. Das gibt differentiiert $-2\frac{\omega_0}{2} h^{-3} + 3h^{-4} - 4h^{-5} = 0$, also $h = 2k + 4$. So ist also die Bogenteilung zu wählen. Dasselbe gilt für einen absteigenden Ast mit $\omega^0 \geqq -\frac{1}{4}\pi$.

Es sei z. B. $\omega_0 = 5^0$, $k = 8$, $h = 20$, $o = \frac{5^0}{28}$. Das Maß des Fehlers wird $(\bar{n} - 1) \cdot 3 \cdot \mathrm{arc}\,\frac{5^0}{28} < (\bar{n} - 1)\,\mathrm{arc}\, 32' < (\bar{n} - 1)\frac{1}{100}$, also, da bei großen Geschwindigkeiten $\bar{n} = n$ zwischen 2 und 1 liegt, beträgt der Fehler weniger als 1%. D. h. die drei ersten Formeln (3) sind bis auf einen Fehler von höchstens 1%, die vierte bis auf einen Fehler von höchstens 2% genau. Aber um diese Genauigkeit zu erreichen, ist selbst bei diesem rasanten Bogen ein ziemlicher Aufwand an Rechnung nötig.

Andererseits ergeben sich rechnerische Vereinfachungen daraus, daß man die Teilbögen als von kleiner Gesamtkrümmung ansehen kann. Dann vereinfacht sich nämlich die dritte Siacchi-Gleichung (3) zu:

$$\omega - \omega_0 = \frac{1}{c\,B} \cos\omega_m \int \frac{g\,d\,u}{u\,f(u)}\,.$$

§ 31. **Ansatz zu weiterer Verschärfung.**

Die obigen Formeln zur Abschätzung des korrigierenden Faktors $\frac{1}{B}$ sind anzusehen als die Anfänge der Entwicklung desselben nach Potenzen von H. Auf diesem Wege kann man weitergehen, um genauere Abschätzungen zu bekommen. Zunächst liefert der Taylorsche Satz:

$$\frac{f(v\lambda)}{f(v)} = 1 + n(\lambda - 1) + \underset{1}{n}(\lambda - 1)^2 + \underset{2}{n}(\lambda - 1)^3 + \ldots$$

$$\text{mit } n = \frac{v\,w'}{w}, \quad \underset{1}{n} = \frac{v^2\,w''}{2\,w}, \quad \underset{2}{n} = \frac{v^3\,w'''}{6\,w}, \ldots$$

also wegen

$$\frac{1}{\lambda} = \frac{1}{1 + (\lambda - 1)} = 1 - (\lambda - 1) + (\lambda - 1)^2 - \ldots$$

$$\frac{f(v\lambda)}{f(v)\,\lambda} = 1 + (n - 1)(\lambda - 1) + (\underset{1}{n} - n + 1)(\lambda - 1)^2$$
$$+ (\underset{2}{n} - \underset{1}{n} + n - 1)(\lambda - 1)^3 + \ldots$$

Ferner wird

$$\lambda = (1 - 2\sin\omega_m \cdot H + H^2)^{-\frac{1}{2}} = 1 + P_1 H + P_2 H^2 + \ldots$$

wo $P_1 = \sin\omega_m$, $P_2 = \frac{3}{2}\sin^2\omega_m - \frac{1}{2}$, $P_3 = \frac{5}{2}\sin^3\omega_m - \frac{3}{2}\sin\omega_m, \ldots$ die bekannten Legendreschen Polynome (s. z. B. Jahresber. d. d. Math. Ver. X (1909) S. 367) sind.

$$\text{Also wird } \frac{1}{B} = 1 + (n - 1)P_1 H + ((n - 1)P_2 + (\underset{1}{n} - n + 1)P_1^2)H^2$$
$$+ ((n - 1)P_3 + (\underset{1}{n} - n + 1)\,2\,P_2 P_1 + (\underset{2}{n} - \underset{1}{n} + n - 1)P_1^3)H^3 + \ldots$$

Das Bildungsgesetz ist deutlich, das Restglied läßt sich leicht bilden, über die Konvergenz gilt das früher Gesagte. Statt aus dieser Entwicklung obere und untere Grenzen für den korrigierenden Faktor zu ermitteln, kann man sie für $\frac{1}{B}$ unter den Integralen (1) nach Einsetzen von (2) einführen. Man erhält dann genaue Formeln für die Flugbahnelemente, wenn man H als Funktion von $\dot{x}$ darstellen kann.

Die Methoden, die sich auf die Ermittelung von Werten bzw. Grenzen für B und $\sec\omega_m$ beziehen, sind ganz unabhängig davon, wie die Werte der Integrale selbst ermittelt werden. Deshalb konnten sie vorweg behandelt werden.

§ 32. Integrable Fälle.

Von Fällen, in denen durch Wahl der Funktion f die Quadraturen in den Formeln (3) ausführbar werden, haben wir schon den Bernoullischen behandelt. Einen zweiten solchen Fall hat Didion gefunden. Es ist der des Gesetzes

$$w = a v^2 \left(1 + \frac{v}{R}\right), \tag{14}$$

das Didion zur Verbesserung des Newtonschen aufgestellt hatte, da die Versuche ergaben, daß der Widerstand schneller wächst als das Geschwindigkeitsquadrat. Es gibt allgemeinere integrable Gesetze, die das Bernoullische und das Didionsche als Sonderfälle enthalten. Mit solchen Gesetzen kann man wegen der größeren Zahl darin vorkommender Koeffizienten eine bessere Annäherung an die Widerstandstabelle erreichen. Es ist im folgenden zweckmäßig, x statt $\dot{x}$ als unabhängige Veränderliche einzuführen, wie es auch Didion getan hat. Dann hat man zunächst

$$dt = \frac{dx}{\dot{x}} \quad \text{also} \quad t = \int_0 \frac{dx}{\dot{x}},$$

ferner aus (14) (§ 10):

$$z'' = -\frac{g}{\dot{x}^2} \quad \text{also integriert} \quad \mathrm{tg}\,\omega_0 - \mathrm{tg}\,\omega = \int_0 \frac{g\,dx}{\dot{x}^2}$$

und durch eine zweite Integration $\quad x\,\mathrm{tg}\,\omega_0 - z = \int_0 \int_0 \frac{g\,dx}{\dot{x}^2}\,dx.$

Nehmen wir als Beziehung zwischen $\dot{x}$ und x an:

$$\left(\frac{\dot{x}}{\dot{x}_0}\right)^r + \varepsilon = (1+\varepsilon)\left(1 + \frac{\nu x}{M \dot{x}_0}\right)^\mu \tag{15}$$

mit beliebigen Konstanten $r, \mu, \nu, \varepsilon, M$, so erhält man daraus durch Differentiation und Elimination von x die Beziehung zwischen $\ddot{x}$ und $\dot{x}$, nämlich

$$\ddot{x} = \frac{\nu \mu \dot{x}_0}{r M} \left(\frac{\dot{x}}{\dot{x}_0}\right)^{2-r} \left(\left(\frac{\dot{x}}{\dot{x}_0}\right)^r + \varepsilon\right)^{1-\frac{1}{\mu}}. \tag{16}$$

Dieses Gesetz geht aus einem Gesetz zwischen w und v von der Form (vgl. 14)

$$w = a v^n \left(1 + \frac{v^m}{R}\right)^p \tag{17}$$

hervor. Integrable Fälle erhält man z. B. wenn $\frac{1}{r}$ eine negative ganze Zahl ist. Beschränken wir uns auf den Fall $r = -1$ und setzen, wodurch die Allgemeinheit nicht weiter eingeschränkt wird, $\nu = \frac{1}{\mu + 1}$, so erhalten wir durch Ausführung der Quadraturen:

$$t = \frac{x}{\dot{x}_0}\left\{(1+\varepsilon)\frac{\left(1 + \frac{\nu}{M}\frac{x}{\dot{x}_0}\right)^{\frac{1}{\nu}} - 1}{\frac{1}{M}\frac{x}{\dot{x}_0}} - \varepsilon\right\}$$

$$\operatorname{tg}\omega_0 - \operatorname{tg}\omega = \frac{g x}{\dot{x}_0^2}\left\{(1+\varepsilon)^2 \frac{\left(1 + \frac{\nu}{M}\frac{x}{\dot{x}_0}\right)^{\frac{2-\nu}{\nu}} - 1}{\frac{2-\nu}{M}\frac{x}{\dot{x}_0}} - 2\varepsilon(1+\varepsilon)\frac{\left(1 + \frac{\nu}{M}\frac{x}{\dot{x}_0}\right)^{\frac{1}{\nu}} - 1}{\frac{1}{M}\frac{x}{\dot{x}_0}} + \varepsilon^2\right\} \tag{18}$$

$$x \operatorname{tg}\omega_0 - z = \frac{g x^2}{2\dot{x}_0^2}\left\{(1+\varepsilon)^2 \frac{\left(1 + \frac{\nu}{M}\frac{x}{\dot{x}_0}\right)^{\frac{2}{\nu}} - \frac{2x}{M\dot{x}_0} - 1}{\frac{(2-\nu)\,x^2}{M^2 \dot{x}_0^2}} - 2\varepsilon(1+\varepsilon)\frac{\left(1 + \frac{\nu}{M}\frac{x}{\dot{x}_0}\right)^{\frac{1}{\nu}+1} - \frac{1+\nu}{M}\frac{x}{\dot{x}_0} - 1}{\frac{1}{2}\frac{(\nu+1)\,x^2}{M^2 \dot{x}_0^2}} + \varepsilon^2\right\}$$

Diese Formeln liefern einerseits für den Bernoullischen Fall $\varepsilon = 0$ die Formeln

$$\dot{x}^{-1} = \dot{x}_0^{-1}\left(1 + \frac{\nu x}{M \dot{x}_0}\right)^{\frac{1}{\nu} - 1}$$

$$\ddot{x} = \frac{\nu - 1}{M}\, \dot{x}_0^{\frac{1}{\nu - 1}}\, \dot{x}^{\frac{\nu - 2}{\nu - 1}}$$

$$t = M\left(\left(1 + \frac{\nu x}{M \dot{x}_0}\right)^{\frac{1}{\nu}} - 1\right) \tag{19}$$

$$\operatorname{tg}\omega_0 - \operatorname{tg}\omega = \frac{g M}{(2-\nu)\cdot \dot{x}_0}\left(\left(1 + \frac{\nu x}{M \dot{x}_0}\right)^{\frac{2-\nu}{\nu}} - 1\right)$$

$$x \operatorname{tg}\omega_0 - z = \frac{g M^2}{2(2-\nu)}\left(\left(1 + \frac{\nu x}{M \dot{x}_0}\right)^{\frac{2}{\nu}} - \frac{2x}{M \dot{x}_0} - 1\right).$$

Andererseits erhält man, wenn man $\varepsilon \neq 0$ beibehält, aber zur Grenze $\lim \nu = 0$ übergeht, die Formeln von Didion:

$$
\begin{aligned}
\dot{x}^{-1} &= \dot{x}_0^{-1}\left((1+\varepsilon)\, e^{\frac{x}{M\dot{x}_0}} - \varepsilon\right)\\
-\ddot{x} &= \frac{1}{M\dot{x}_0}\dot{x}^2 + \frac{\varepsilon}{M\dot{x}_0^2}\dot{x}^3\\
t &= \frac{x}{\dot{x}_0}\left((1+\varepsilon)\frac{e^{\frac{x}{M\dot{x}_0}}-1}{\frac{x}{M\dot{x}_0}} - \varepsilon\right)\\
\operatorname{tg}\omega_0 - \operatorname{tg}\omega &= \frac{gx}{\dot{x}_0^2}\left((1+\varepsilon)^2\frac{e^{\frac{2x}{M\dot{x}_0}}-1}{\frac{2x}{M\dot{x}_0}} - 2\varepsilon(1+\varepsilon)\frac{e^{\frac{x}{M\dot{x}_0}}-1}{\frac{x}{M\dot{x}_0}} + \varepsilon^2\right)\\
\operatorname{tg}\omega_0 - z &= \frac{gx^2}{2\dot{x}_0^2}\left((1+\varepsilon)^2\frac{e^{\frac{2x}{M\dot{x}_0}} - \frac{2x}{M\dot{x}_0} - 1}{\frac{1}{2}\left(\frac{2x}{M\dot{x}_0}\right)^2} - 2\varepsilon(1+\varepsilon)\frac{e^{\frac{x}{M\dot{x}_0}} - \frac{x}{M\dot{x}_0} - 1}{\frac{1}{2}\left(\frac{x}{M\dot{x}_0}\right)^2} + \varepsilon^2\right).
\end{aligned}
\tag{20}
$$

Bei Didion ist $w = av^2 + \frac{a}{R}v^3$, also $-(\sec\omega_m \cdot \ddot{x}) = a(\sec\omega_m \cdot \dot{x})^2 + \frac{a}{R}(\sec\omega_m \cdot \dot{x})^3$, also $a = \frac{1}{M\dot{x}_0 \sec\omega_m}$, $\varepsilon = \frac{\dot{x}_0 \sec\omega_m}{R}$.

Die Einführung von x statt $\dot{x}$ als unabhängige Veränderliche ist, wenigstens bei Gesetzen der Form (16) nicht nötig, da man vermittelst (15) x explizit durch $\dot{x}$ ausdrücken kann. Dagegen ist die Einführung von t als unabhängiger Veränderlicher nur im Bernoullischen Fall $\varepsilon = 0$ möglich, da man aus der dritten Formel (19) x explizit durch t ausdrücken kann. Tut man das, so kommt man auf die Formeln (19) in § 20.

Derartige Lösungen des ballistischen Problems durch endliche Ausdrücke hätten große Vorzüge, wenn es möglich wäre, ihnen die nötige Genauigkeit zu geben. Dazu müßte man ein integrables Widerstandsgesetz finden, das sich der Tabelle genau genug anschmiegt. Da aber die Formeln (3) nur Näherungsformeln sind, mit denen man zur Erreichung einer bestimmten Genauigkeit die Flugbahn nicht als Ganzes, sondern bogenweise berechnen muß, so genügt ein integrables Widerstandsgesetz, das sich zonenweise der Tabelle gut anschmiegt, wie es das Bernoullische tut, das sich durch Einfachheit empfiehlt. Es ist aber erwünscht, die in jedem Falle erforderlichen Rechnungen auf ein Mindestmaß zu beschränken, also den Hauptteil der Rechnungen nur ein für allemal auszuführen und tabellarisch darzustellen. Dabei ist es dann nicht mehr angebracht, ein Näherungsgesetz zugrunde zu legen, sondern man wird zweckmäßiger die Widerstandstabelle selbst den Berechnungen unterlegen. Das ist der heute übliche Weg, den wir im folgenden Paragraphen schildern.

§ 33. **Der allgemeine Fall.**

Die Formeln (3) erfordern die Berechnung von Integralen, die wir wie folgt bezeichnen wollen.

$$\begin{aligned} -\int \frac{du}{f(u)} &= T(u) \\ -\int \frac{u\,du}{f(u)} &= D(u) \\ -\int \frac{g\,du}{u f(u)} &= J(u) \\ -\int J(u)\,\frac{u\,du}{f(u)} &= A(u)\,. \end{aligned} \qquad (21)$$

Die Berechnung dieser Integrale erfolgt numerisch auf Grund der Widerstandstabelle für die Funktion $f(u)$, indem man sie als Summen $\sum \frac{\Delta u}{f(u)}$ usw. berechnet. Die Differenz Δu wird gleich dem Intervall der Tabelle, also gleich 1 m/sec genommen. Als untere Grenze der Integrale nimmt Krupp 1000 m/sec, Siacchi 1200 m/sec, bzw. in einer späteren Tabelle 1500 m/sec. Die Kruppsche Tabelle enthält übrigens die Funktionen durch g bzw. durch g^2 dividiert, nämlich die Funktionen

$$\frac{1}{g}\,T(u) = T'(u)\,, \quad \frac{1}{g}\,D(u) = D'(u)\,, \quad \frac{1}{g}\,J(u) = J'(u)\,, \quad \frac{1}{g^2}\,A(u) = A'(u)\,;$$

das hat den Vorteil, daß in den Formeln (22) statt $c = i : \frac{m}{f}$ zu nehmen ist $i : \frac{G}{f}$, Spitzenfaktor durch Querschnittsbelastung. Bei Siacchi wird das Doppelte des Integrales $-\int \frac{g\,du}{u\,f(u)}$ mit $J(u)$ bezeichnet. Dadurch wird ein überflüssiger Faktor 2 eingeführt.

Sind die Tabellen bis zu einer solchen unteren Grenze V geführt, daß für $v \geqq V$ das Chapelsche Gesetz gilt: $w = k\,(v - 263)$ (s. S. 15), so kann man, falls größere Geschwindigkeiten als V vorkommen, die fehlenden Teile der Siacchischen Funktionen T, D, J, A nach folgenden Formeln berechnen:

$$\int_V^u \frac{du}{u-263} = \lg \frac{u-263}{V-263}$$

$$\int_V^u \frac{u\,du}{u-263} = (u-V) + 263 \cdot \lg \frac{u-263}{V-263}$$

$$\int_V^u \frac{du}{u(u-263)} = \frac{1}{263} \cdot \left\{\lg \frac{u-263}{V-263} - \lg \frac{u}{V}\right\}.$$

Bei der Berechnung der Funktion A treten noch Integrale der Art $\int \lg u \cdot du = u \cdot (\lg u - 1)$ auf.

Der Koeffizient k ist aus der Forderung zu ermitteln, daß $k(V-263)$ den Wert von w für die Geschwindigkeit V des Normalgeschosses gibt.

Mit Einführung der Funktionen T, D, J, A werden die Formeln (3)

$$\begin{aligned} t &= \frac{1}{c \cdot B}\left(T(u) - T(u_0)\right) \\ x \cdot \sec\omega_m &= \frac{1}{c \cdot B}\left((D(u) - D(u_0)\right) \\ \operatorname{tg}\omega_0 - \operatorname{tg}\omega &= \frac{1}{c \cdot B} \sec\omega_m \cdot \left((J(u) - J(u_0)\right) \\ x \cdot \operatorname{tg}\omega_0 - z &= \frac{1}{c^2 \cdot B^2}\left(A(u) - A(u_0) - J(u_0) \cdot (D(u) - D(u_0))\right). \end{aligned} \tag{22}$$

Diese Formeln werden als die Siacchischen bezeichnet, wenn man in ihnen $\sec\omega_m = \sec\omega_0$ und $B = \beta \cdot \sec\omega_0$ setzt. In der Lösung von Krupp-Groß wird dagegen $\sec\omega_m = 0$ genommen. Nach dem, was früher über die Bestimmung von $\sec\omega_m$ gesagt wurde, empfiehlt sich die erste Annahme bei steigenden, die letztere bei Gipfelbögen, während für fallende Bögen am besten $\omega_m = \omega^0$ genommen würde; wofür man zunächst näherungsweise $-\omega_0$ nehmen kann. Die übliche Berechnung lediglich nach der Siacchischen Annahme $\sec\omega_m = \sec\omega_0$ gibt also nicht stets die beste durch diese Formeln erreichbare Annäherung. Ebenso darf man die Flugbahn nicht als einen Bogen berechnen, sondern muß sie erst in Bögen kleiner Gesamtkrümmung zerlegen, falls sie nicht selbst ein solcher „kleiner" Bogen ist (s. S. 81). In jedem Falle handelt es sich aber nur um ein Näherungsverfahren, dessen Wert nicht überschätzt werden darf. Die Siacchischen Bahnen fallen unter unsere „Grenzbahnen" (s. S. 55).

Die dritte Siacchische Gleichung (22) kann man schreiben:

$$\operatorname{tg}\omega + \frac{1}{c \cdot B \sec\omega_m} \cdot J(u) = \text{const.} \tag{23}$$

Das ist die integrierte Hauptgleichung, die Gleichung des Geschwindigkeitsrisses. Bezeichnet man den Wert der rechtsstehenden Integrationskonstanten mit C, so kann man die vierte Siacchische Gleichung schreiben:

$$x \cdot C - z - \frac{1}{c^2 B^2} A(u) = \text{const.} \tag{24}$$

§ 34. Die 33 Flugbahnaufgaben erster Art. „Sekundäre" Funktionen.

Wir bezeichnen die sieben Elemente x, z, t, u_0, ω_0, u, ω als die Elemente eines Flugbahnbogens OP. Da zwischen diesen sieben Elementen die vier Siacchischen Gleichungen bestehen, kann man zu drei gegebenen Elementen die Werte der vier übrigen finden. So entstehen $\frac{7 \cdot 6 \cdot 5}{1 \cdot 2 \cdot 3} = 35$ Aufgaben, von denen aber zwei (u, u_0, x), (u, u_0, t) wegfallen, da mit u und u_0 zugleich x und t bereits bestimmt sind (22). Von praktischem Interesse sind von diesen Aufgaben z. B. die folgenden:

Gegeben u_0, ω_0, ω. Die dritte Siacchi-Gleichung liefert $J(u)$, daraus u vermittelst der Tabelle. Dann erhält man t, x, z aus der ersten, zweiten und vierten Gleichung. So findet man z. B. zu $\omega = 0$ die Elemente des Gipfels: u_*, t_*, x_*, z_*.

Gegeben u_0, ω_0, $\frac{z}{x}$ (d. h. der Geländewinkel $\operatorname{arc\,tg} \frac{z}{x}$). Man hat u zu ermitteln aus der Gleichung, die durch Division der vierten durch die zweite Siacchi-Gleichung entsteht:

$$\operatorname{tg}\omega_0 - \frac{z}{x} = \frac{\sec\omega_m}{cB} \left\{\frac{A(u) - A(u_0)}{D(u) - D(u_0)} - J(u_0)\right\}.$$

Diese Aufgabe muß man lösen, um die Elemente des Auffallpunktes auf geneigtem Boden, oder bei $z = 0$ auf wagerechtem Boden zu finden.

Die Auflösung solcher Aufgaben wird erleichtert durch Tabellen für die Funktionen

$$D(u) - D(u_0), \quad T(u) - T(u_0), \quad J(u) - J(u_0),$$
$$\frac{A(u) - A(u_0)}{D(u) - D(u_0)} - J(u_0) = Y(u, u_0) \tag{25}$$

von zwei Argumenten u, u_0. Für diese „sekundären" Funktionen sind Tabellen vorhanden, aber so angeordnet, daß als Argumente u_0 und $D(u) - D(u_0)$ genommen werden.

Die erwähnten 33 Aufgaben teilen wir in drei Gruppen.

Die erste Gruppe umfaßt die 19 Aufgaben: Gegeben u_0 und u, oder eins von beiden und t oder x oder ω_0 und ω. Das fehlende u_0 oder u ergibt sich dann aus dem Werte einer der drei Funktionen T, D, J und dieser Wert aus einer der drei ersten Gleichungen. Hat man aber u_0 **und** u, so erhält man zunächst t und x aus den beiden ersten Gleichungen; und dann ergeben die beiden anderen die Werte von $\operatorname{tg}\omega_0 - \operatorname{tg}\omega$ und $\operatorname{tg}\omega_0 - \frac{z}{x}$ zur Berechnung von $\operatorname{tg}\omega_0$, $\operatorname{tg}\omega$, z.

Die zweite Gruppe umfaßt die sieben Aufgaben: Gegeben (ω, ω_0, x), (ω, ω_0, t), (ω, x, z), (ω_0, x, z), (ω, x, t), (ω_0, x, t), (x, z, t). In jeder dieser Aufgaben haben zwei der vier Differenzen $T(u) - T(u_0)$, $D(u) - D(u_0)$, $J(u) - J(u_0)$, $A(u) - A(u_0)$ gegebene Werte. Die Ermittlung der zwei Unbekannten u und u_0 aus zwei solchen Gleichungen erfolgt auf Grund von Tabellen für diese sekundären Funktionen am besten, wenn diese graphisch als Kurvenscharen dargestellt sind.

Die dritte Gruppe umfaßt die sieben Aufgaben: Gegeben (ω, ω_0, z), (ω, z, t), (ω_0, z, t), (u, ω, z), (u, ω_0, z), (u_0, ω, z), (u_0, ω_0, z).

Ein einheitliches Lösungsmittel für diese und alle 33 Aufgaben kann man sich auf Grund der Tabellen der sekundären Funktionen, wie folgt, herstellen. Im Koordinatensystem mit der Abszisse $\frac{1}{D(u) - D(u_0)} = X$ und der Ordinate $\frac{A(u) - A(u_0)}{D(u) - D(u_0)} - J(u_0) = Y$ zeichne man die vier Kurvenscharen mit den Gleichungen

$$\begin{aligned} u_0 &= \text{const.} \\ u &= \text{const.} \\ T(u) - T(u_0) &= \text{const.} \\ J(u) - J(u_0) &= \text{const.} \end{aligned}$$

Dann werden sämtliche Aufgaben gelöst, indem man eine bestimmte Kurve einer Schar mit einer bestimmten Kurve einer andern Schar oder mit einer bestimmten Geraden zum Schnitt bringt.

Zwei Aufgaben, die durch Vertauschung von u mit u_0 und ω mit ω_0 auseinander hervorgehen, sind nicht wesentlich verschieden; aus der Lösung der einen erhält man die der andern, indem man die u-Kurven als u_0-Kurven und umgekehrt auffaßt. Demnach ist in folgender Zusammenstellung (siehe nächste Seite) von zwei solchen „dualen" Aufgaben immer nur eine berücksichtigt.

Wenn auch bisher nur ein Teil dieser Aufgaben praktisch in Betracht kommt, so ist es doch von Wert für jede dieser Aufgaben, falls sie auftritt, den Weg zur Lösung zu haben. Die Abszissenachse der dazu erforderlichen Rechentafel kann mit einem reziproken Maßstab versehen werden, so daß bei dem Punkt mit der Abszisse $\frac{1}{D(u) - D(u_0)}$ die Zahl $D(u) - D(u_0)$ steht. Zur Herstellung der Rechentafel sind also Tabellen für die sekundären Funktionen (25) erforderlich; von der letzten für alle Wertepaare $u \lesseqgtr u_0$. Man wird zweckmäßig die zwei Kurvenscharen

Anzahl	Aufgabe	gelöst durch Schnitt von	mit
3	$(u, u_0, \ldots)$	einer u-Kurve	einer u_0-Kurve
2	(u_0, ω_0, ω)	„ $(J(u) - J(u_0))$-Kurve	„ „
6	$(u_0, t, \ldots)$	„ $(T(u) - T(u_0))$ „	„ „
6	$(u_0, x, \ldots)$	„ Parallelen zur Y-Achse	„ „
1	(ω, ω_0, x)	„ „ „ „	„ $(J(u) - J(u_0))$-Kurve
5	$(x, t, \ldots)$	„ „ „ „	„ $(T(u) - T(u_0))$ „
2	(x, z, ω_0)	„ „ „ „	„ Parallelen zur X-Achse
2	(z, ω_0, u_0)	Der Graden $Y + zc^2B^2 \cdot X = \frac{cB\,\mathrm{tg}\,\omega_0}{\sec\omega_m}$	„ u_0-Kurve
2	(z, ω_0, u)	„ „ „ „	„ u- „
2	(z, ω_0, t)	„ „ „ „	„ $(T(u) - T(u_0))$-Kurve
2	(z, ω_0, ω)	„ „ „ „	„ $(J(u) - J(u_0))$ „
33			

$u_0 = \text{const.}$, $u = \text{const.}$ auf einer, die zwei Kurvenscharen $T(u) - T(u_0) = \text{const.}$, $J(u) - J(u_0) = \text{const.}$ auf einer zweiten durchsichtigen Tafel vereinigen. Nur acht Aufgaben erfordern ein Aufeinanderlegen beider Tafeln.

§ 35. Flugbahnaufgaben zweiter Art. Schußfaktoren.

Bei den eben behandelten Aufgaben wurde angenommen, daß der Geschoßfaktor c bekannt ist. Eine zweite Art von Aufgaben entsteht, wenn auch c zu den gesuchten Größen gehört. Da aber in den Gleichungen:

$$\begin{aligned} cBt &= T(u) - T(u_0) \\ cB\sec\omega_m \cdot x &= D(u) - D(u_0) \\ cB\cos\omega_m(\mathrm{tg}\,\omega_0 - \mathrm{tg}\,\omega) &= J(u) - J(u_0) \\ cB\left(\mathrm{tg}\,\omega_0 - \frac{z}{x}\right) &= \frac{A(u) - A(u_0)}{D(u) - D(u_0)} - J(u_0) \end{aligned} \tag{26}$$

die Größe c nur in der Verbindung cB vorkommt, so kann man aus ihnen nur diese Größe ermitteln, und erst daraus c nach Abschätzung von B nach § 30. Der Geschoßfaktor c bleibt also immer mit derselben Unsicherheit wie der korrigierende Faktor B behaftet. Deshalb muß die Ermittlung des Geschoßfaktors möglichst auf solche Bögen gegründet werden, auf denen sich v und ω wenig ändert, also B in engen Grenzen liegt, d. h. auf flache Bögen geringer Gesamtkrümmung (s. S. 28).

Befindet sich unter den vier bekannten Größen u_0 und u, so sind die Werte der rechten Seiten der vier Gleichungen (26) bekannt. Also ergibt sich der Wert von cB durch Vergleich mit der linken Seite einer der vier Gleichungen, je nachdem, ob noch t oder x oder (ω_0, ω) oder $\left(\omega_0, \frac{z}{x}\right)$ gegeben sind.

Ist u_0 (oder u) gegeben, so muß man zunächst u (oder u_0) ermitteln. Da aber c jedenfalls zu den Unbekannten gehört, so kommen nicht die linken Seiten der Gleichungen (26), sondern deren Quotienten in Betracht, oder allgemeiner die aus den linken Seiten gebildeten Monome der Dimension Null. Solche Ausdrücke sollen „Schußfaktoren" heißen. Deren gibt es also unendlich viele abgeleitete, aber nur drei ursprüngliche, z. B. irgend drei unabhängige der sechs Verhältnisse der vier Größen:

$$t : x \cdot \sec\omega_m : \cos\omega_m\,(\mathrm{tg}\,\omega_0 - \mathrm{tg}\,\omega) : \left(\mathrm{tg}\,\omega_0 - \frac{z}{x}\right). \tag{27}$$

Mit Rücksicht auf den Dualismus der Aufgaben ergeben sich demnach die folgenden sechs Aufgaben:

$$\begin{aligned}
&\text{Gegeben: } (x, t, .), \text{ also der Wert von } \frac{T(u) - T(u_0)}{D(u) - D(u_0)}\\
&(x, \omega_0, \omega), \text{ also der Wert von } \frac{J(u) - J(u_0)}{D(u) - D(u_0)}\\
&(t, \omega_0, \omega), \text{ also der Wert von } \frac{J(u) - J(u_0)}{T(u) - T(u_0)}\\
&\left(\frac{z}{x}, \omega_0, x\right), \text{ also der Wert von } \frac{Y(u, u_0)}{D(u) - D(u_0)}\\
&\left(\frac{z}{x}, \omega_0, t\right), \text{ also der Wert von } \frac{Y(u, u_0)}{T(u) - T(u_0)}\\
&\left(\frac{z}{x}, \omega_0, \omega\right), \text{ also der Wert von } \frac{Y(u, u_0)}{J(u) - J(u_0)}.
\end{aligned} \tag{28}$$

Demnach löst man diese Aufgaben, indem man auf einer gegebenen u_0-Kurve denjenigen Punkt aufsucht, in dem der betr. Schußfaktor (28) den gegebenen Wert hat. Das ließe sich durch Kurvenscharen der sechs Schußfaktoren (28) erleichtern. Ist so u gefunden, so kommt man auf eine der ersten Aufgaben zurück.

Sind u_0 und u unbekannt, so hat man deren Werte aus den Werten zweier der sechs Schußfaktoren (28) zu ermitteln; das hätte zu erfolgen durch graphische Interpolation auf der Tafel der Schußfaktoren.

Die obige Theorie der Schußfaktoren ist vollständiger und allgemeiner als diejenigen von Siacchi oder von Chapel, welche das quadratische bzw. kubische Luftwiderstandsgesetz annehmen, sich nur auf den Gipfel ($\omega = 0$) und den Endpunkt ($z = 0$) beziehen und nur einen kleinen Teil der überhaupt möglichen Aufgaben behandeln. Auch wird oben der Begriff „Schußfaktor" zum ersten Male klar definiert.

Achtes Kapitel.

Reihen nach Potenzen von $\frac{c}{g}$.

§ 36. Für die erste Klasse nach steigenden Potenzen von $\frac{c}{g}$.

Die Entwicklung von $\dot{x}$ nach Potenzen von $\frac{c}{g}$ heiße:

$$\dot{x} = {}_0\dot{x} + \frac{c}{g}\,{}_1\dot{x} + \frac{1}{2}\frac{c^2}{g^2}\,{}_2\dot{x} + \frac{1}{6}\frac{c^3}{g^3}\,{}_3\dot{x} + \ldots$$

Entsprechend bezeichnen wir die Koeffizienten aller Entwicklungen nach Potenzen von $\frac{c}{g}$ mit vorderen Indices.

Dann ergibt die Hauptgleichung:

$$d\left({}_0\dot{x} + \frac{c}{g}\,{}_1\dot{x} + \frac{1}{2}\frac{c^2}{g^2}\,{}_2\dot{x} + \ldots\right) = \frac{1}{g}\,{}_0(vw)\,d\omega + \frac{c}{g^2}\,{}_1(vw)\,d\omega + \ldots$$

Daraus folgt durch Koeffizientenvergleich erstens
$d\,{}_0\dot{x} = 0$, also ${}_0\dot{x} = \text{const.}$, dadurch ist auch ${}_0v = {}_0\dot{x}\cdot\sec\omega$, ${}_0w = cf({}_0v)$, ${}_0(v\,w) = {}_0v\,{}_0w = c\,{}_0v\,f({}_0v)$ als Funktion von ω bestimmt;
zweitens folgt:
$c\,d\,{}_1\dot{x} = {}_0(vw)\,d\omega$, also $c\cdot{}_1\dot{x} = \int {}_0\dot{x}\sec\omega\, f({}_0\dot{x}\sec\omega)\,d\omega$, damit wird auch ${}_1v = {}_1\dot{x}\sec\omega$ eine gegebene Funktion von ω und für w ergibt sich aus $w = cf\left({}_0v + \frac{c\,{}_1v}{g} + \ldots\right)$ durch Entwicklung ${}_1w = cf'({}_0v)\,{}_1v = {}_0w'\,{}_1v$, also ${}_1(vw) = {}_1v\,{}_0w + {}_0v\,{}_1w = {}_1v\,({}_0w + {}_0w')$;
drittens folgt:

$$\tfrac{1}{2}c\,d\,{}_2\dot{x} = {}_1(vw)\,d\omega, \text{ also } \tfrac{1}{2}c\cdot{}_2\dot{x} = \int {}_1(vw)\,d\omega,$$

und daraus ${}_2v = {}_2\dot{x}\sec\omega$, ${}_2w = {}_0w'\,{}_2v + {}_0w''\,{}_1v^2$, usw.

Setzt man die gefundenen Werte für ${}_0\dot{x}$, ${}_1\dot{x}$, ${}_2\dot{x}$, ... in die obige Reihe für $\dot{x}$ ein, so erhält man die Entwicklung:

$$\frac{\dot{x}}{{}_0\dot{x}} = 1 + \frac{c}{g}\int_{\omega_0} \sec\omega\cdot f({}_0\dot{x}\sec\omega)\,d\omega$$

$$+ \frac{c^2}{2g^2}\int_{\omega_0} \sec\omega\big(f({}_0\dot{x}\sec\omega) + f'({}_0\dot{x}\sec\omega)\big)\int \sec\omega\, f({}_0\dot{x}\sec\omega)\,d\omega\,d\omega + \ldots$$

Für ω_0 als obere Grenze der Integrale ergibt sich ${}_0\dot{x} = \dot{x}_0$, kann also durch diese Größe ersetzt werden. Setzt man die Entwicklung von $\dot{x}$ in die Integrale der Formeln (5) § 13 ein, so erhält man entsprechende Entwicklungen für die Flugbahnelemente t, x, z, s. Die Entwicklung für t wird z. B.:

$$gt = -\int\limits_{\omega_0} \dot{x}_0 \, d\,\mathrm{tg}\,\omega - \frac{c}{g} \int\limits_{\omega_0}\int\limits_{\omega_0} \dot{x}_0 \sec\omega \, f(\dot{x}_0 \sec\omega) \, d\omega \, d\,\mathrm{tg}\,\omega - \ldots \text{ usw.}$$

Die in diesen Entwicklungen vorkommenden Integrale, wie z. B.:

$$\iint \dot{x}_0 \sec\omega \, f(\dot{x}_0 \sec\omega) \, d\omega \, d\,\mathrm{tg}\,\omega$$

hängen von den zwei Argumenten ω und $\dot{x}_0$ ab. Dadurch wird ihre Vorausberechnung und tafelmäßige Darstellung für die Praxis so gut wie unmöglich. Für ein Bernoullisches Gesetz $w = a \cdot v^n$ jedoch läßt sich aus jedem solchen Integral eine Potenz von $\dot{x}_0$ herausziehen, so daß unter den Integralzeichen nur noch die Variable ω vorkommt. Danach ist die Berechnung und Tabulierung möglich. Dasselbe wäre bei einem mehrgliedrigen Gesetz

$$w = a_1 v^{n_1} + a_2 v^{n_2} + \ldots a_x v^{n_x}$$

möglich, aber jedes einzelne Integral erfordert dann eine größere Anzahl von Spalten einer Tabelle.

Über die Konvergenz dieser Reihen, die von der nur tabellarisch gegebenen Funktion f abhängen, gilt das oben S. 58 über solche Reihen Gesagte.

§ 37. Für die zweite Klasse nach steigenden Potenzen von $\frac{g}{c}$.

Wir legen die in § 17 eingeführten normierten Größen $\mathfrak{x}$, $\mathfrak{z}$ zugrunde, für die die Differentialgleichungen lauten:

$$\ddot{\mathfrak{x}} = -\frac{\tilde{\omega}}{v}\dot{\mathfrak{x}} - \gamma \sin\omega_0, \qquad \ddot{\mathfrak{z}} = -\frac{\tilde{\omega}}{v}\dot{\mathfrak{z}} + \gamma\cos\omega_0, \qquad v^2 = \dot{\mathfrak{x}}^2 + \dot{\mathfrak{z}}^2$$

und die Anfangsbedingungen (s. u.):

$$\mathfrak{x}_0 = \mathfrak{z}_0 = 0, \qquad \dot{\mathfrak{x}}_0 = 1, \qquad \dot{\mathfrak{z}}_0 = 0 .$$

Es werden die Koeffizienten der Entwicklungen gesucht:

$$\mathfrak{x} = {}_0\mathfrak{x} + {}_1\mathfrak{x}\cdot\gamma + \tfrac{1}{2}\,{}_2\mathfrak{x}\cdot\gamma^2 + \cdots$$
$$\mathfrak{z} = {}_0\mathfrak{z} + {}_1\mathfrak{z}\cdot\gamma + \tfrac{1}{2}\,{}_2\mathfrak{z}\cdot\gamma^2 + \cdots .$$

Die Potenzreihen in § 19 lassen erkennen, daß

$${}_0\mathfrak{z} = 0 , \qquad {}_0\dot{\mathfrak{z}} = 0 \text{ ist;}$$

also ist

$${}_0v = \dot{\mathfrak{x}} , \qquad {}_0\dot{v} = {}_0\ddot{\mathfrak{x}} = -\,{}_0\tilde{\omega} , \text{ woraus } d\tau = -\frac{d\,{}_0v}{{}_0\tilde{\omega}}$$

folgt. Durch diese Gleichung soll an Stelle der unabhängigen Zeitvariablen τ die Größe ${}_0v$ als unabhängige Variable eingeführt werden. Dabei ist ${}_0\tilde{\omega}$ dieselbe Funktion von ${}_0v$ wie $\tilde{\omega}$ von v, also eine als bekannt anzusehende Funktion. Wir bezeichnen jetzt die Differentiationen nach der neuen unabhängigen Variablen ${}_0v$ durch Striche, setzen also $\frac{d\mathfrak{x}}{d_0 v} = \mathfrak{x}'$ usw., dann ist

$$\dot{\mathfrak{x}}' = \frac{d\dot{\mathfrak{x}}}{d\tau} : {}_0\dot{v}, \quad \text{also} \quad \ddot{\mathfrak{x}} = -\, {}_0\bar{\omega} \cdot \dot{\mathfrak{x}}', \quad \text{ebenso} \quad \ddot{\mathfrak{z}} = -\, {}_0\bar{\omega} \cdot \dot{\mathfrak{z}}'.$$

Infolgedessen kann man die Differentialgleichungen für $\dot{\mathfrak{x}}$ und $\dot{\mathfrak{z}}$ in die folgenden Formen bringen:

$${}_0\bar{\omega}^2 \left(\frac{\dot{\mathfrak{x}}}{{}_0v}\right)' = \left({}_0v \frac{\bar{\omega}}{v} - {}_0\bar{\omega}'\, {}_0v\right) \frac{\dot{\mathfrak{x}}}{{}_0v} + \gamma \cdot \sin\omega_0$$

$${}_0\bar{\omega}\, {}_0v \left(\frac{\dot{\mathfrak{y}}}{{}_0v}\right)' = \left({}_0v \frac{\bar{\omega}}{v} - {}_0\bar{\omega}\right) \frac{\dot{\mathfrak{y}}}{{}_0v} - \gamma \cdot \cos\omega_0.$$

Diese Gleichungen, beiderseits nach Potenzen von γ entwickelt, werden durch Vergleich der Koeffizienten entsprechender Glieder die Gleichungen für

$${}_1\dot{\mathfrak{x}},\ {}_1\dot{\mathfrak{z}},\ {}_2\dot{\mathfrak{x}},\ {}_2\dot{\mathfrak{z}},\ \ldots$$

ergeben.

Solche Entwicklungen nach Potenzen eines in den Differentialgleichungen vorkommenden Parameters bildete die besonders von Cauchy entwickelte Methode der Variation der Konstanten. (S. z. B. Enz. d. math. Wiss. II, 1, 1, S. 204.)

Zunächst ergibt sich aus

$$v^2 = \dot{\mathfrak{x}}^2 + \dot{\mathfrak{z}}^2$$

der Reihe nach

$${}_0v^2 = {}_0\dot{\mathfrak{x}}^2 + {}_0\dot{\mathfrak{z}}^2 \qquad (\text{wo } {}_0\dot{\mathfrak{z}} = 0)$$

$${}_0v\,{}_1v = {}_0\dot{\mathfrak{x}}\,{}_1\dot{\mathfrak{x}} + {}_0\dot{\mathfrak{z}}\,{}_1\dot{\mathfrak{z}}$$

$${}_0v\,{}_2v + {}_1v^2 = {}_0\dot{\mathfrak{x}}\,{}_2\dot{\mathfrak{x}} + {}_1\dot{\mathfrak{x}}^2 + {}_0\dot{\mathfrak{z}}\,{}_2\dot{\mathfrak{z}} + {}_1\dot{\mathfrak{z}}^2$$

$${}_0v\,{}_\varkappa v + \varkappa \cdot {}_1v\,{}_{\varkappa-1}v + \ldots = {}_0\dot{\mathfrak{x}}\,{}_\varkappa\dot{\mathfrak{x}} + \varkappa\,{}_1\dot{\mathfrak{x}} \cdot {}_{\varkappa-1}\dot{\mathfrak{x}} + \ldots + {}_0\dot{\mathfrak{z}}\,{}_\varkappa\dot{\mathfrak{z}} + \varkappa\,{}_1\dot{\mathfrak{z}}\,{}_{\varkappa-1}\dot{\mathfrak{z}} + \ldots$$

und daraus durch Schluß von $\varkappa - 1$ auf $\varkappa$:

$$\frac{{}_\varkappa v}{{}_0v} \text{ ist eine ganze Funktion von } \frac{{}_1\dot{\mathfrak{x}}}{{}_0v},\ \frac{{}_1\dot{\mathfrak{z}}}{{}_0v},\ \frac{{}_2\dot{\mathfrak{x}}}{{}_0\dot{\mathfrak{x}}},\ \frac{{}_2\dot{\mathfrak{z}}}{{}_0v},\ \ldots,\ \frac{{}_\varkappa\dot{\mathfrak{x}}}{{}_0v}, \tag{1}$$

vom Grade und Gewicht $\varkappa$, und $\frac{{}_\varkappa\dot{\mathfrak{x}}}{{}_0v}$ hat darin den Koeffizienten Eins.

Ferner folgt:

$${}_0\!\left(\frac{1}{v}\right) = {}_0v^{-1}$$

$${}_1\!\left(\frac{1}{v}\right) = -\, {}_1v\, {}_0v^{-2}$$

$${}_2\!\left(\frac{1}{v}\right) = -\, {}_2v\, {}_0v^{-2} + 2\, {}_1v^2\, {}_0v^{-3}$$

$${}_3\!\left(\frac{1}{v}\right) = -\, {}_3v\, {}_0v^{-2} + 6\, {}_1v\, {}_2v\, {}_0v^{-3} - 6\, {}_1v^3\, {}_0v^{-4}$$

$${}_\varkappa\!\left(\frac{1}{v}\right) = -\, {}_\varkappa v\, {}_0v^{-2} + \ldots \qquad \ldots\ {}_1v^\varkappa\, {}_0v^{-\varkappa-1}.$$

Demnach ist ${}_\varkappa\!\left(\frac{1}{v}\right)\cdot {}_0v$ eine ganze Funktion vom Grade und Gewicht $\varkappa$ in $\frac{{}_1v}{{}_0v}, \frac{{}_2v}{{}_0v}, \ldots, \frac{{}_\varkappa v}{{}_0v}$, also wegen (1) auch von $\frac{{}_1\dot{\mathfrak{x}}}{{}_0v}, \frac{{}_1\dot{\mathfrak{z}}}{{}_0v}, \ldots, \frac{{}_\varkappa\dot{\mathfrak{x}}}{{}_0v}$. Darin bekommt $\frac{{}_\varkappa v}{{}_0v}$, also wegen (1) auch $\frac{{}_\varkappa\dot{\mathfrak{x}}}{{}_0v}$ den Koeffizienten -1.

Ebenso ergibt sich

$$\begin{aligned}
{}_1\tilde\omega &= {}_0\tilde\omega'\,{}_1v \\
{}_2\tilde\omega &= {}_0\tilde\omega'\,{}_2v + {}_0\tilde\omega''\,{}_1v^2 \\
{}_3\tilde\omega &= {}_0\tilde\omega'\,{}_3v + 3\,{}_0\tilde\omega''\,{}_1v\,{}_2v + {}_0\tilde\omega'''\,{}_1v^3 \\
{}_4\tilde\omega &= {}_0\tilde\omega'\,{}_4v + 3\,{}_0\tilde\omega''\,{}_2v^2 + 4\,{}_0\tilde\omega''\,{}_1v\,{}_3v + 6\,{}_0\tilde\omega'''\,{}_1v^2\,{}_2v + {}_0\tilde\omega''''\,{}_1v^4 \qquad (2) \\
{}_\varkappa\tilde\omega &= {}_0\tilde\omega'\,{}_\varkappa v + \sum \frac{(a\alpha + b\beta + \ldots)!}{a!^\alpha\,\alpha!\,b!^\beta\,\beta!\,\ldots}\,{}_0\tilde\omega^{(\alpha+\beta+\ldots)}\,{}_av^\alpha\,{}_bv^\beta \cdots + {}_0\tilde\omega^{(\varkappa)}\,{}_1v^\varkappa
\end{aligned}$$

unter Hervorhebung des ersten und letzten Gliedes. Zu summieren ist über alle ganzen Zahlen $a, \alpha, b, \beta, \ldots$, für die $a\alpha + b\beta + \ldots = x$ ist. Also ist ${}_\varkappa\tilde\omega$ eine Linearform von ${}_0\tilde\omega'\,{}_0v, {}_0\tilde\omega''\,{}_0v^2, {}_0\tilde\omega'''\,{}_0v^3, \ldots, {}_0\tilde\omega^{(\varkappa)}\,{}_0v^\varkappa$, in der der Koeffizient von ${}_0\tilde\omega^{(\lambda)}\,{}_0v^\lambda$ vom Gewicht $\varkappa$, aber vom Grade λ und homogen in $\frac{{}_1v}{{}_0v}, \ldots, \frac{{}_\varkappa v}{{}_0v}$, also auch vom Gewicht $\varkappa$ und vom Grade $\varkappa$ nicht homogen in $\frac{{}_1\dot{\mathfrak{x}}}{{}_0v}, \frac{{}_1\dot{\mathfrak{z}}}{{}_0v}, \ldots, \frac{{}_\varkappa\dot{\mathfrak{x}}}{{}_0v}$ ist; so daß $\frac{{}_\varkappa v}{{}_0v}$, also auch $\frac{{}_\varkappa\dot{\mathfrak{x}}}{{}_0v}$ nur beim Gliede ${}_0\tilde\omega'\,{}_0v$ vorkommt.

Jetzt wird

$$\begin{aligned}
{}_0v\cdot{}_0\!\left(\frac{\tilde\omega}{v}\right) &= {}_0\tilde\omega \\
{}_0v\cdot{}_1\!\left(\frac{\tilde\omega}{v}\right) &= {}_1\tilde\omega - {}_0\tilde\omega\cdot\frac{{}_1v}{{}_0v} = ({}_0\tilde\omega'\,{}_0v - {}_0\tilde\omega)\cdot\frac{{}_1v}{{}_0v} \\
{}_0v\cdot{}_2\!\left(\frac{\tilde\omega}{v}\right) &= {}_2\tilde\omega - 2\,{}_1\tilde\omega\,{}_1\!\left(\frac{1}{v}\right){}_0v + {}_0\tilde\omega\,{}_2\!\left(\frac{1}{v}\right){}_2v \qquad (3) \\
&= ({}_0\tilde\omega''\,{}_0v^2 + 2\,{}_0\tilde\omega'\,{}_0v + 2\,{}_0\tilde\omega)\left(\frac{{}_1v}{{}_0v}\right)^2 + ({}_0\tilde\omega'\,{}_0v - {}_0\tilde\omega)\frac{{}_2v}{{}_0v} \\
{}_0v\cdot{}_\varkappa\!\left(\frac{\tilde\omega}{v}\right) &= {}_0\tilde\omega + \ldots + {}_0\tilde\omega\,{}_\varkappa\!\left(\frac{1}{v}\right)\cdot{}_0v \\
&= {}_0\tilde\omega'\,{}_0v\cdot\frac{{}_\varkappa v}{{}_0v} + \ldots + {}_0\tilde\omega\cdot\frac{-{}_\varkappa v}{{}_0v}
\end{aligned}$$

eine Linearform von ${}_0\tilde\omega, {}_0\tilde\omega'\,{}_0v, \ldots\, {}_0\tilde\omega^{(\varkappa)}\,{}_0v^\varkappa$, deren Koeffizienten vom Grad $\leqq \varkappa$ und Gewicht $\varkappa$ in $\frac{{}_1v}{{}_0v}, \ldots, \frac{{}_\varkappa v}{{}_0v}$, also auch vom Gewicht $\varkappa$ und Grad $\varkappa$ in $\frac{{}_1\dot{\mathfrak{x}}}{{}_0v}, \frac{{}_1\dot{\mathfrak{z}}}{{}_0v}, \ldots, \frac{{}_\varkappa\dot{\mathfrak{x}}}{{}_0v}$ sind. Die beiden hingeschriebenen Glieder von ${}_0v\,{}_{\varkappa}\!\left(\frac{\tilde\omega}{v}\right)$ sind wegen (2) die einzigen, welche $\frac{{}_{\varkappa}v}{{}_0v}$ enthalten. Die Entwicklung von ${}_0v\,{}_{\varkappa}\!\left(\frac{\tilde\omega}{v}\right)$ nach $\frac{{}_1\dot{\mathfrak{x}}}{{}_0v}, \frac{{}_1\dot{\mathfrak{z}}}{{}_0v}, \ldots, \frac{{}_{\varkappa}\dot{\mathfrak{x}}}{{}_0v}$ enthält also $\frac{{}_{\varkappa}\dot{\mathfrak{x}}}{{}_0v}$ nur mit dem Koeffizienten ${}_0\tilde\omega'\,{}_0v - {}_0\tilde\omega$.

Jetzt ergibt die Gleichung für $\dot{\mathfrak{x}}$ der Reihe nach:

$$\begin{aligned}
{}_0\tilde\omega^2\left(\frac{{}_1\dot{\mathfrak{x}}}{{}_0\tilde\omega}\right)' &= -\sin\omega_0 \\
{}_0\tilde\omega^2\left(\frac{{}_2\dot{\mathfrak{x}}}{{}_0\tilde\omega}\right)' &= ({}_0\tilde\omega''\,{}_0v^2 + 4\,{}_0\tilde\omega'\,{}_0v)\left(\frac{{}_1\dot{\mathfrak{x}}}{{}_0v}\right)^2 + ({}_0\tilde\omega'\,{}_0v - {}_0\tilde\omega)\left(\frac{{}_1\dot{\mathfrak{z}}}{{}_0v}\right) \\
&\;\;\vdots \\
{}_0\tilde\omega^2\left(\frac{{}_{\varkappa}\dot{\mathfrak{x}}}{{}_0\tilde\omega}\right)' &= \left[({}_0\tilde\omega'\,{}_0v - {}_0\tilde\omega)\frac{{}_{\varkappa}\dot{\mathfrak{x}}}{{}_0v} + \ldots\right] + \binom{\varkappa}{1}\left[\ldots\right]\frac{{}_1\dot{\mathfrak{x}}}{{}_0v} + \ldots \\
&\quad + [{}_0\tilde\omega - {}_0\tilde\omega'\,{}_0v]\cdot\frac{{}_{\varkappa}\dot{\mathfrak{x}}}{{}_0v},
\end{aligned} \tag{4}$$

also eine Linearform von ${}_0\tilde\omega, {}_0\tilde\omega'\,{}_0v, \ldots, {}_0\tilde\omega^{(\varkappa)}\,{}_0v^{\varkappa}$, vom Grad und Gewicht $\varkappa$ in $\frac{{}_1\dot{\mathfrak{x}}}{{}_0v}, \frac{{}_1\dot{\mathfrak{z}}}{{}_0v}, \ldots, \frac{{}_{\varkappa-1}\dot{\mathfrak{x}}}{{}_0v}, \frac{{}_{\varkappa-1}\dot{\mathfrak{z}}}{{}_0v}$; während $\frac{{}_{\varkappa}\dot{\mathfrak{x}}}{{}_0v}$ nicht mehr darin vorkommt.

Ebenso ergibt die Gleichung für $\dot{\mathfrak{z}}$ der Reihe nach:

$$\begin{aligned}
{}_0\tilde\omega\,{}_0v\left(\frac{{}_1\dot{\mathfrak{z}}}{{}_0v}\right)' &= -\cos\omega_0 \\
{}_0\tilde\omega\,{}_0v\left(\frac{{}_2\dot{\mathfrak{z}}}{{}_0v}\right)' &= 2({}_0\tilde\omega'\,{}_0v - {}_0\tilde\omega)\frac{{}_1\dot{\mathfrak{x}}}{{}_0v}\cdot\frac{{}_1\dot{\mathfrak{z}}}{{}_0v} \\
&\;\;\vdots \\
{}_0\tilde\omega\,{}_0v\left(\frac{{}_{\varkappa}\dot{\mathfrak{z}}}{{}_0v}\right)' &= {}_0v\,{}_{\varkappa}\!\left(\frac{\tilde\omega}{v}\right)\cdot\frac{{}_0\dot{\mathfrak{z}}}{{}_0v} + \ldots + \left({}_0v\,{}_0\!\left(\frac{\tilde\omega}{v}\right) - {}_0\tilde\omega\right)\frac{{}_{\varkappa}\dot{\mathfrak{z}}}{v}.
\end{aligned} \tag{5}$$

Die beiden einzigen Glieder, welche ${}_{\varkappa}\dot x$ und ${}_{\varkappa}\dot{\mathfrak{z}}$ enthalten, das erste und letzte, fallen wegen ${}_0\dot{\mathfrak{z}} = 0$ und ${}_0v\,{}_0\!\left(\frac{\tilde\omega}{v}\right) - {}_0\tilde\omega = 0$ fort.

Die Gleichungen (4) sind der Reihe nach durch Quadraturen integrierbar und ergeben:

$$\begin{aligned}
{}_1\dot{\mathfrak{x}} &= \sin\omega_0\cdot{}_0\tilde\omega\cdot\int_1^{{}_0v}\frac{d\,{}_0v}{{}_0\tilde\omega^2}, \qquad {}_1\dot{\mathfrak{z}} = -\cos\omega_0\cdot{}_0v\cdot\int_1^{{}_0v}\frac{d\,{}_0v}{{}_0\tilde\omega\,{}_0v} \\
{}_2\dot{\mathfrak{x}} &= {}_0\tilde\omega\cdot\int_1^{{}_0v}\left(\frac{{}_0\tilde\omega''\,{}_0v^2 + 4\,{}_0\tilde\omega'\,{}_0v}{{}_0\tilde\omega^2}\left(\frac{{}_1\dot{\mathfrak{x}}}{{}_0v}\right)^2 + \frac{{}_0\tilde\omega'\,{}_0v - {}_0\tilde\omega}{{}_0\omega^2}\left(\frac{{}_1\dot{\mathfrak{z}}}{{}_0v}\right)^2\right)d\,{}_0v \\
{}_2\dot{\mathfrak{z}} &= {}_0v\int_1^{{}_0v} 2\,\frac{{}_0\tilde\omega'\,{}_0v - {}_0\tilde\omega}{{}_0\tilde\omega\,{}_0v}\cdot\frac{{}_1\dot{\mathfrak{x}}}{{}_0v}\cdot\frac{{}_1\dot{\mathfrak{z}}}{{}_0v}\,d\,{}_0v,
\end{aligned} \tag{6}$$

also ${}_2\dot{\mathfrak{x}}$ als Linearform von $\sin^2\omega_0$ und $\cos^2\omega_0$, ${}_2\dot{\mathfrak{z}}$ als solche von $\sin\omega_0\cos\omega_0$, usw. Multipliziert man diese Formeln mit $d\tau = -\frac{d\,{}_0v}{{}_0\tilde{\omega}}$, so ergibt eine weitere Integration die Ausdrücke für ${}_1\mathfrak{x}$, ${}_1\mathfrak{z}$, ${}_2\mathfrak{x}$, ${}_2\mathfrak{z}$, ...

Gilt insbesondere das Bernoullische Luftwiderstandsgesetz

$$w = a \cdot v^n \quad \text{oder normiert} \quad \tilde{\omega} = v^n,$$

so wird (s. o.)

$${}_0\dot{v} = {}_0\ddot{\mathfrak{x}} = -\,{}_0\tilde{\omega} = -\,{}_0v^n,$$

woraus

$${}_0\dot{\mathfrak{x}} = {}_0v = \left(1 + \frac{\tau}{M}\right)^{\nu-1}, \quad \text{also} \quad {}_0\mathfrak{x} = M\,\frac{\left(1 + \frac{\tau}{M}\right)^{\nu} - 1}{\nu.} \tag{7}$$

folgt, wenn M und ν durch

$$\frac{\nu - 1}{M} = -1, \quad (\nu - 1)(n - 1) = -1 \tag{8}$$

bestimmt werden.

Die Integrationen in (6) werden ausführbar und ergeben:

$${}_1\dot{x} = \frac{{}_0v^{-n+1} - {}_0v^n}{-2n+1}\sin\omega_0, \qquad {}_1\dot{\mathfrak{z}} = \frac{{}_0v^{-n+1} - {}_0v}{n}\cos\omega_0,$$

$${}_2\dot{\mathfrak{x}} = \frac{n(n+3)}{(2n-1)^2}\left[\frac{{}_0v^{2n-1} - {}_0v^n}{n-1} + 2\,\frac{1 - {}_0v^n}{n} + \frac{{}_0v^{-2n+1} - {}_0v^n}{-3n+1}\right]\sin^2\omega_0$$
$$+ \frac{n-1}{n^2}\left[-\frac{{}_0v - {}_0v^n}{n-1} + 2\,\frac{{}_0v^{-n+1} - {}_0v^n}{2n-1} + \frac{{}_0v^{-2n+1} - {}_0v^n}{-3n+1}\right]\cos^2\omega_0,$$

$${}_2\dot{\mathfrak{z}} = \frac{2(n-1)}{n(2n-1)}\left[\frac{{}_0v^n - {}_0v}{n-1} + \frac{{}_0v^{-n+1} - {}_0v}{n} + 1 - {}_0v - \frac{{}_0v^{-2n+1} - {}_0v}{2n}\right]\sin\omega_0\cos\omega_0$$

usw. oder, wenn man ${}_0v = \left(1 + \frac{\tau}{M}\right)^{\nu-1}$ einsetzt:

$${}_1\dot{\mathfrak{x}} = \frac{\left(1+\frac{\tau}{M}\right)^{\nu-2} - \left(1+\frac{\tau}{M}\right)}{2n-1}\sin\omega_0, \quad {}_1\dot{\mathfrak{z}} = \frac{-\left(1+\frac{\tau}{M}\right)^{\nu-1} + \left(1+\frac{\tau}{M}\right)}{n}\cos\omega_0, \tag{9}$$

also durch nochmalige Integration:

$${}_1\mathfrak{x} = \frac{M}{2n-1}\left[\frac{\left(1+\frac{\tau}{M}\right)^{\nu-1} - 1}{\nu - 1} - \frac{\left(1+\frac{\tau}{M}\right)^{2} - 1}{2}\right]\sin\omega_0$$
$${}_1\mathfrak{z} = \frac{-M}{n}\left[\frac{\left(1+\frac{\tau}{M}\right)^{\nu} - 1}{\nu} - \frac{\left(1+\frac{\tau}{M}\right)^{2} - 1}{2}\right]\cos\omega_0 \text{ usw.} \tag{10}$$

Behält man von den Entwicklungen

$$\mathfrak{x} = {}_0\mathfrak{x} + {}_1\mathfrak{x}\cdot\gamma + \cdots \qquad \mathfrak{z} = {}_1\mathfrak{z}\cdot\gamma + \cdots \tag{11}$$

nur die ersten Glieder bei $\quad \mathfrak{x} = {}_0\mathfrak{x}, \quad \mathfrak{z} = {}_1\mathfrak{z}\cdot\gamma,$

so erhält man im Bernoullischen Fall

$$\mathfrak{x} = \mathsf{M}\frac{\left(1+\frac{\tau}{\mathsf{M}}\right)^{\nu}-1}{\nu}$$

$$\mathfrak{z} = -\gamma\cdot\frac{\mathsf{M}}{n}\left[\frac{\left(1+\frac{\tau}{\mathsf{M}}\right)^{\nu}-1}{\nu}-\frac{\left(1+\frac{\tau}{\mathsf{M}}\right)^{2}-1}{2}\right]\cos\omega_0,$$

also für

$$\xi = \mathfrak{x}\cos\omega_0 + \mathfrak{z}\sin\omega_0$$
$$\zeta = \mathfrak{x}\sin\omega_0 - \mathfrak{z}\cos\omega_0$$

die Ausdrücke:

$$\xi\sec\omega_0 = \mathsf{M}\frac{\left(1+\frac{\tau}{\mathsf{M}}\right)^{\nu}-1}{\nu} \tag{12}$$

unter Weglassung eines Gliedes mit γ, und

$$\frac{1}{\gamma}(\xi\,\mathrm{tg}\,\omega_0-\zeta) = \frac{\mathsf{M}^2}{2-\nu}\left\{\frac{\left(1+\frac{\tau}{\mathsf{M}}\right)^{2}-1}{2}-\frac{\left(1+\frac{\tau}{\mathsf{M}}\right)^{\nu}-1}{\nu}\right\}, \tag{13}$$

in Übereinstimmung mit (17) § 20; dabei gehen die Gleichungen (8) für ν und M aus (15, 16) § 20 unter Vernachlässigung von γ hervor. Die Formeln (12, 13) nebst (8) stellen also den von γ unabhängigen Teil der Entwicklungen (17) § 20 dar.

Geht man vermittelst

$$\mathfrak{x} = \frac{w_0}{v_0^2}(x\cos\omega_0 + z\sin\omega_0)$$

$$\mathfrak{z} = \frac{w_0}{v_0^2}(x\sin\omega_0 - z\cos\omega_0)$$

zu den nichtnormierten Größen x, z zurück, so werden für diese die Entwicklungen aus (6):

$$\begin{aligned}
\dot{x}\cos\omega_0 + \dot{z}\sin\omega_0 &= {}_0v + g\sin\omega_0\cdot{}_0w\int\frac{d\,{}_0v}{{}_0w^2} + g^2\sin^2\omega_0[\cdot] + g^2\cos^2\omega_0[\cdot] + \cdot\\
\dot{x}\sin\omega_0 - \dot{z}\cos\omega_0 &= -g\cos\omega_0\cdot{}_0v\int\frac{d\,{}_0v}{{}_0v\,{}_0w} + g^2\sin\omega_0\cos\omega_0[\ldots] + \ldots\\
x\cos\omega_0 + z\sin\omega_0 &= -\int\frac{{}_0v\,d\,{}_0v}{{}_0w} - g\sin\omega_0\int\!\!\int\frac{d\,{}_0v}{{}_0w^2}\cdot d\,{}_0v + \ldots\\
x\sin\omega_0 - z\cos\omega_0 &= \qquad g\cos\omega_0\int\!\!\int\frac{d\,{}_0v}{{}_0v\,{}_0\omega}\cdot\frac{{}_0v\,d\,{}_0v}{{}_0w} + \ldots\\
t &= -\int\frac{d\,{}_0v}{{}_0w}\,.
\end{aligned} \tag{14}$$

Über die Konvergenz dieser Entwicklungen siehe weiter unten.

Für die schwerefreie Bewegung im Luftraum ergibt sich hieraus für $g=0$:

$$\left.\begin{aligned}\dot{x}\cos\omega_0+\dot{z}\sin\omega_0&={}_0v\\ \dot{x}\sin\omega_0-\dot{z}\cos\omega_0&=0\end{aligned}\right\}\text{ also }\dot{x}\sec\omega_0={}_0v$$

$$\left.\begin{aligned}x\cos\omega_0+z\sin\omega_0&=-\int\frac{{}_0v\,d\,{}_0v}{{}_0w}\\ x\sin\omega_0-z\cos\omega_0&=0\end{aligned}\right\}\text{ also }\begin{aligned}x\sec\omega_0&=-\int\frac{{}_0v\,d\,{}_0v}{{}_0w}\\ x\,\mathrm{tg}\,\omega_0-z&=0\end{aligned}\qquad(15)$$

$$t=-\int\frac{d\,{}_0v}{{}_0w}.$$

Durch diese Formeln ist die schwerefreie Bewegung im Luftraum beschrieben, und die Variable ${}_0v$ als „schwerefreie" Geschwindigkeit gekennzeichnet. Durch deren Vermittlung wird die wahre Bewegung im Luftraum auf die schwerefreie, gradlinige bezogen oder abgebildet. Die Konvergenz der Entwicklungen (14) folgt aus einem von Poincaré in der astronomischen Mechanik gebrauchten Satze; demzufolge sind diese Entwicklungen für ein hinreichend kleines $\frac{g}{c}$ konvergent, da die der schwerefreien Bewegung $\left(\frac{g}{c}=0\right)$ entsprechenden Lösungen (15) holomorph sind*).

§ 38. Beschränkung auf die Anfangsglieder.

Durch Zusammensetzung der Gleichungspaare (14) erstens mit 1 und $\mathrm{tg}\,\omega_0$, zweitens mit 0 und $\sec\omega_0$ erhält man Entwicklungen für

$$u=\dot{x}\sec\omega_0,\quad \dot{x}\,\mathrm{tg}\,\omega_0-\dot{z}\ \text{ und }\ x\sec\omega_0,\quad x\,\mathrm{tg}\,\omega_0-z.$$

Beschränkt man sich in diesen auf die Anfangsglieder, so bekommt man die Näherungsgleichungen:

$$\left.\begin{aligned}u&={}_0v\\ \mathrm{tg}\,\omega_0-\mathrm{tg}\,\omega&=-\sec\omega_0\int\frac{g\,du}{u\,c\,f(u)}\\ x\sec\omega_0&=-\int\frac{u\,du}{c\,f(u)}\\ x\,\mathrm{tg}\,\omega_0-z&=-\int\int\frac{g\,du}{u\,c\,f(u)}\cdot\frac{u\,du}{c\,f(u)}\\ t&=-\int\frac{du}{c\,f(u)},\end{aligned}\right\}\qquad(16)$$

*) Vgl. z. B. Enz. d. math. Wiss. II, 1, 1, S. 205.

in denen zufolge der ersten Gleichung u für ${}_0v$ und deshalb $cf(u)$ für ${}_0w = cf({}_0v)$ eingesetzt ist. Das sind die Siacchischen Formeln (3) § 28 für $\omega_m = \omega_0$ und den korrigierenden Faktor $= 1$. Die von Siacchi eingeführte „Pseudo"geschwindigkeit $u = \dot{x}\sec\omega_0$ ist daher als Näherungswert der hier eingeführten „schwerefeien" Geschwindigkeit ${}_0v$ anzusehen. Näherungsweise ist

$$t = -\int \frac{du}{cf(u)}, \text{ genau ist } t = -\int \frac{d\,{}_0v}{cf({}_0v)}.$$

Die obige Herleitung der Siacchischen Formeln als Anfangsglieder von Entwicklungen läßt ihr eigentliches Wesen deutlicher erkennen. Und man sieht auch, wie man von ihnen zu genaueren fortschreiten könnte, indem man weitere Glieder der Entwicklungen berücksichtigte, statt daß man sie durch Einführung von ω_m und eines korrigierenden Faktors zu verbessern sucht. Dabei ist wesentlich, daß auch die folgenden Koeffizienten sich als Tabellenintegrale vorweg berechnen lassen, da sie nur von einer Variablen ${}_0v$ und von der tabellarisch gegebenen Funktion f abhängen.

§ 39. **Integrable Formen für das Widerstandsgesetz.**

Bei den Entwicklungen für die erste Klasse nach steigenden Potenzen von $\frac{c}{g}$ tritt unter den Integralzeichen die Funktion f (und ihre Ableitungen) nur in den Zählern auf; bei den Entwicklungen für die zweite Klasse nach steigenden Potenzen von $\frac{g}{c}$ tritt f nur in den Nennern auf. Dadurch wird es nahegelegt im ersten Fall w zu approximieren durch Gesetze von der Form $w = c_1 v^{n_1} + c_2 v^{n_2} + \ldots c_\varkappa v^{n_\varkappa}$, im zweiten Fall durch solche der Form $\frac{1}{w} = \frac{i_1}{v^{n_1}} + \frac{i_2}{v^{n_2}} + \ldots + \frac{i_\varkappa}{v^{n_\varkappa}}$. Denn für solche Formen des Widerstandsgesetzes werden alle auftretenden Integrale zerfallen in voraus berechenbare Tabellenintegrale. So entsteht die Aufgabe, aus der Widerstandstabelle solche Formen abzuleiten. Es genügt hierzu, den Weg für $\varkappa = 2$ zu zeigen. Andererseits wollen wir die Frage noch nach anderer Richtung verallgemeinern. Es sei für ein Geschoß eine Widerstandstabelle $w = w_1(v)$ erschossen. Für ein zweites Geschoß ebenso $w = w_2(v)$. Findet sich jetzt $w_2 = c \cdot w_1$, so wollen wir das zweite Geschoß dem ersten „ballistisch ähnlich" nennen. Die ältere Annahme war, daß alle Geschosse ballistisch ähnlich sind, wenigstens mit einer für die Praxis ausreichenden Annäherung. Heute reicht diese Annahme nicht immer aus. Sind die beiden zu $w_1(v)$ und $w_2(v)$ gehörenden Geschosse nicht ähnlich, so kann man sie als zwei Normalgeschosse einführen und die Widerstände anderer

Geschosse in die Form $c_1 w_1(v) + c_2 w_2(v)$, bzw. die reziproken in die Form $\frac{1}{c_1 w_1(v)} + \frac{1}{c_2 w_2(v)}$ zu setzen suchen. Ist $w_3(v)$ die Widerstandstabelle eines dritten Geschosses, so liefert die Gleichung:

$$\begin{vmatrix} w_1^\varepsilon(v) & w_1^\varepsilon(v_1) & w_1^\varepsilon(v_2) \\ w_2^\varepsilon(v) & w_2^\varepsilon(v_1) & w_2^\varepsilon(v_2) \\ w_3^\varepsilon(v) & w_3^\varepsilon(v_1) & w_3^\varepsilon(v_2) \end{vmatrix} = 0 \qquad (\varepsilon = +1 \text{ bzw. } -1)$$

$w_3^\varepsilon(v)$ als lineares Aggregat von $w_1^\varepsilon(v)$ und $w_2^\varepsilon(v)$. Ist dies nicht für alle Geschwindigkeiten v_1, v_2*) des in Betracht kommenden Intervalles möglich, so ist das dritte Geschoß als drittes Normalgeschoß einzuführen usw.

Die Berechnung der für solche Widerstandsgesetze auftretenden Tabellenintegrale wird vereinfacht, wenn man die Tabellen der Normalgeschosse durch Bernoullische Gesetze $w = a \cdot v^n$ approximiert. Aus jeder Stelle w_0, v_0 einer Tabelle leitet man vermittels $n = \frac{v_0 w_0'}{w_0}$, $a = \frac{w_0}{v_0^n}$ das „oskulierende" Gesetz her; aus je zwei Stellen w_0, v_0, w_1, v_1 durch Auflösung der Gleichungen

$$\lg w(v_0) = \lg a + n \lg v_0$$
$$\lg w(v_1) = \lg a + n \lg v_1$$

das „interpolierende" mit $n = \frac{\lg w(v_0) - \lg w(v_1)}{\lg v_0 - \lg v_1}$, aus dem für $v_1 = v_0$ das oskulierende hervorgeht. Beste Annäherung an mehr als zwei Stellen wäre nach der Methode der kleinsten Fehlerquadrat—Summen zu bewirken.

Statt mehrere Normalgeschosse zugrunde zu legen, kann man auch aus der Tabelle eines solchen durch Annäherung an verschiedenen Stellen derselben Bernoullische Gesetze $c_1 v^{n_1}$, $c_2^{n_2}$, ... ableiten und diese als Gesetze von „fiktiven" Geschossen einführen.

Ähnlich ist das Verfahren von v. Eberhard, das darauf hinauskommt, die reziproke Verzögerung durch ein dreigliedriges Gesetz $\frac{i}{w} + \frac{i_1}{w : v} + \frac{i_2}{w \cdot v}$ zu approximieren, wobei w die Verzögerung des Normalgeschosses ist, also $w : v$ und $w \cdot v$ als Verzögerungen von zwei „fiktiven" Geschossen gedacht werden können. Bei dieser Wahl von fiktiven Geschossen kommen offenbar zu den Tabellenintegralen

$$T = -\int \frac{dv}{w}, \quad D = -\int \frac{dv}{w : v}, \quad J = -\int \frac{g\,dv}{w \cdot v}, \quad A = -\int\!\!\int \frac{g\,dv}{w \cdot v} \cdot \frac{dv}{w : v}$$

möglichst wenig (nur 7) neue hinzu. Bei v. Eberhard wird $i + i_1 v + i_2 : v$ als Korrektur des reziproken Geschoßfaktors aufgefaßt.

*) Man kann auch $v_2 = v_1$ nehmen, dann ist die dritte Spalte obiger Determinante durch die Ableitung der zweiten zu ersetzen.

Neuntes Kapitel.

Störungen der Flugbahn, insbesondere durch Tageseinflüsse.

§ 40. Die Hauptformeln.

Die Schußtafeln, auf denen das Schießen beruht, geben zu den Anfangselementen v_0, ω_0 und dem Geschoßfaktor die Endelemente x^0, t^0, ω^0, v^0 an, wie sie teils durch Rechnung, teils durch Schießversuche gefunden worden sind. Die Anfangselemente eines Schusses werden aber mit gegebenen Anfangselementen der Schußtafel nicht immer genau übereinstimmen, sondern können infolge störender Einflüsse, insbesondere infolge Wind und Wetter, davon abweichen. Man wird dann nicht die ganze Flugbahn neu berechnen, sondern sie aus der nächsten in der Schußtafel enthaltenen durch Anbringung von Korrekturen ableiten.

Es handelt sich also in erster Linie um die Aufgabe: Um welche Beträge Δx^0, Δt^0, ... ändern sich die Endelemente x^0, t^0, ..., wenn die Anfangselemente v_0, w_0, ω_0 kleine Änderungen Δv_0, Δw_0, $\Delta \omega_0$ erfahren?

Dabei werden, was meist genügt, diese Änderungen wie kleine Größen erster Ordnung, also wie Differentiale behandelt.

Bei sonstigen hierauf gerichteten Untersuchungen wird ein bestimmtes Luftwiderstandsgesetz angenommen und die sogenannten Bernoullischen Näherungslösungen der Differentialgleichungen für x und z zugrunde gelegt. Demgegenüber werden im folgenden nur einige sehr allgemeine Voraussetzungen gemacht. Dadurch wird der Geltungsbereich einiger bekannter Formeln erst erkennbar, einige werden verbessert, einige neu hinzugefügt, z. B. die auf den Einfluß des Regens auf die Flugbahn bezüglichen. Der theoretischen Erörterung folgen Vorschläge für die praktische Verwertung.

Wir nehmen jetzt an, daß entweder $\frac{g}{w_0}$ oder $\frac{w_0}{g}$ so klein ist, daß wir die Gleichungen (2) § 17 für Grenzbahnen zugrunde legen können. Die erstere Annahme wird auch sonst unausgesprochen gemacht, denn auf ihr und auf der Annahme des Bernoullischen Gesetzes beruhen die sogenannten Bernoullischen Näherungslösungen (s. S. 60).

Diese allgemeinen Formeln (2) § 17

$$\frac{w_0}{v_0^2}\, x \sec\omega_0 = \varphi\left(\frac{w_0}{v_0}\, t\right)$$
$$\frac{w_0}{v_0^2}\,(x \operatorname{tg}\omega_0 - z) = \frac{g}{w_0}\, \psi\left(\frac{w_0}{v_0}\, t\right) \qquad (1)$$

genügen, um die gesuchten Ausdrücke für Δx^0, Δt^0, ... abzuleiten.

Ändert sich zunächst ω_0 nicht, so erhält man durch logarithmische Differentiation aus (1)

$$\frac{\Delta \frac{w_0}{v_0^2} x}{\frac{w_0}{v_0^2} x} = \frac{\Delta \varphi}{\varphi} = \frac{\varphi'}{\varphi} \cdot \Delta \frac{w_0}{v_0} t = \frac{\dot{\varphi}}{\varphi} \cdot \frac{\Delta \frac{w_0}{v_0} t}{\frac{w_0}{v_0}} = \frac{\dot{x}}{x} \cdot \frac{\Delta \frac{w_0}{v_0} t}{\frac{w_0}{v_0}} \quad \text{und ebenso}$$

$$\frac{\Delta \frac{w_0}{v_0^2} (x \operatorname{tg}\omega_0 - z)}{\frac{w_0}{v_0^2} (x \operatorname{tg}\omega_0 - z)} = \frac{\Delta \frac{g}{w_0}}{\frac{g}{w_0}} + \frac{\Delta \psi}{\psi} = -\frac{\Delta w_0}{w_0} + \frac{\dot{x} \operatorname{tg}\omega_0 - \dot{z}}{x \operatorname{tg}\omega_0 - z} \cdot \frac{\Delta \frac{w_0}{v_0} t}{\frac{w_0}{v_0}}.$$

Setzt man $t = t^0$, $x = x^0$, $z = z^0 = 0$, $\Delta z^0 = 0$, $\dot{z}^0 = -\operatorname{tg}|\omega^0| \cdot \dot{x}^0$, so ergibt die Differenz beider Gleichungen:

$$\frac{\dot{x}^0}{x^0} \cdot \frac{\operatorname{tg}|\omega^0|}{\operatorname{tg}\omega_0} \cdot \frac{\Delta \frac{w_0}{v_0} t^0}{\frac{w_0}{v_0}} = \frac{\Delta w_0}{w_0} \tag{2}$$

und dann ergibt die erste Gleichung:

$$\left.\begin{aligned} \frac{\Delta \frac{w_0}{v_0^2} x^0}{\frac{w_0}{v_0^2} x^0} &= \frac{\operatorname{tg}\omega_0}{\operatorname{tg}|\omega^0|} \cdot \frac{\Delta w_0}{w_0} \\ \text{oder} \qquad \frac{\Delta x^0}{x^0} &= 2 \frac{\Delta v_0}{v_0} - \left(1 - \frac{\operatorname{tg}\omega_0}{\operatorname{tg}|\omega^0|}\right) \cdot \frac{\Delta w_0}{w_0}. \end{aligned}\right\} \tag{3}$$

Aus (2) kann durch Einsetzen von $\dot{x}^0 = v^0 \cos\omega^0$ die Änderung von t^0, aus (3) diejenige von x^0 berechnet werden. Die Größen x^0, t^0, v^0, $|\omega^0|$ liefert die Schußtafel.

Bei diesen Formeln wird von periodischen Änderungen der Schußweite x^0 und der Flugzeit t^0 abgesehen, wie sie bedingt werden durch Geschwindigkeitsänderung der konischen Pendelung (s. Kap. XI § 55) und dadurch bewirkte Phasenänderung der Pendelung am Endpunkt. Betrachtet man z. B. nur kleine Änderungen von v_0, wie sie mit wachsender Schußzahl infolge Erwärmung des Rohres hervorgerufen werden. Ist δv_0 der kleine Geschwindigkeitszuwachs, durch den die Zahl der konischen Pendelungen bis zum Aufschlag um Eins vermehrt wird, dann erreicht in jedem der Intervalle:

$$\ldots v_0 + 2\,\delta v_0 \ldots v_0 + \delta v_0 \ldots v_0 \ldots v_0 - \delta v_0 \ldots v_0 - 2\,\delta v_0 \ldots$$

die Schußweite x^0 einmal ein Maximum, einmal ein Minimum, und die zugehörigen Zeitdifferenzen ergeben die Zeitdauer einer konischen Pendelung am Ende der Flugzeit. Hiermit finden die kleinen periodischen Änderungen infolge wachsender Schußzahl ihre bisher nicht gegebene

Erklärung. Also diese kleinen periodischen Änderungen sind in den Formeln (2) und (3) nicht berücksichtigt, wie sie auch sonst nicht berücksichtigt, vielmehr in die Streuungen eingerechnet werden.

Es ändere sich nicht v_0, sondern nur w_0, so folgt aus (3) für $\Delta v_0 = 0$:

$$\frac{\Delta x^0}{x^0} = -\left(1 - \frac{\operatorname{tg}\omega_0}{\operatorname{tg}|\omega^0|}\right)\frac{\Delta w_0}{w_0}. \tag{4}$$

Rührt die Änderung von w_0 von der Änderung des Luftwiderstandes δ her, so ist (s. § 9):

$$\frac{\Delta w_0}{w_0} = \frac{\Delta\delta}{\delta}$$

in (4) einzusetzen. So wird die Formel (4) meist geschrieben. Es ist aber zu bemerken, daß eine Änderung von w_0 auch davon herrühren kann, daß man zu einem etwas anderen Geschoß übergeht. Dann ist $\frac{\Delta w_0}{w_0}$ gleich der relativen Änderung des Geschoßfaktors c, also

$$\frac{\Delta w_0}{w_0} = \frac{\Delta c}{c}.$$

Umgekehrt kann aus Schießversuchen vermittelst (4) die relative Änderung des Geschoßfaktors c ermittelt werden. Dann läßt sich die Schußtafel vermittelst (4) und der entsprechenden Formeln für Δt^0 usw. für das neue Geschoß umrechnen.

Ändert sich v_0 und infolgedessen w_0, so entnehme man aus der Widerstandstafel zu den Werten v_0, w_0 die Differenzen Diff v_0, Diff w_0 und berechne n aus der Gleichung:

$$\frac{\text{Diff}\, w_0}{w_0} = n \cdot \frac{\text{Diff}\, v_0}{v_0},$$

durch die n als definiert anzusehen ist; dann wird aus (3) gefunden:

$$\frac{\Delta x^0}{x^0} = \left(2 - n + n \cdot \frac{\operatorname{tg}\omega_0}{\operatorname{tg}|\omega^0|}\right)\frac{\Delta v_0}{v_0}. \tag{5}$$

Es ändere sich das Gewicht $G = mg$ des Geschosses infolge Änderung der Masse m. Es bleibe unverändert die Pulverladung oder, allgemeiner ausgedrückt, die Energieentwicklung. Dann ändert sich die Geschwindigkeit v_0 so, daß $m v_0^2$ unverändert bleibt. Die Energie der Rotation kann neben der Energie der Translation vernachlässigt werden (s. Kap. XIII). Also ist $\Delta m v_0^2 = 0$, d. h.

$$\frac{\Delta v_0}{v_0} = -\frac{1}{2}\frac{\Delta m}{m}.$$

Infolgedessen ergibt (3)

$$\frac{\Delta x^0}{x^0} = \left[\frac{n}{2} - \left(\frac{n}{2} + 1\right)\frac{\operatorname{tg}\omega_0}{\operatorname{tg}|\omega^0|}\right]\frac{\Delta m}{m}. \tag{6}$$

Da bei Flachbahnen der Quotient $\frac{\operatorname{tg}\omega_0}{\operatorname{tg}|\omega^0|}$ mit von 0 an wachsendem ω_0 von Eins an abnimmt, folgert man aus (6) in Übereinstimmung mit der Erfahrung: Kleine Schußweiten wachsen, größere nehmen ab durch Verkleinern des Geschoßgewichtes.

Das Umgekehrte gilt bei Steilbahnen, da bei diesen der Quotient $\frac{\operatorname{tg}\omega_0}{\operatorname{tg}|\omega^0|}$ mit von 90^0 an abnehmendem ω_0 von Eins an abnimmt; dabei ist aber die Änderung des Luftwiderstandes mit der Höhe nicht berücksichtigt, wovon man nur bei Flachbahnen, aber nicht bei Steilbahnen absehen darf.

Ändert sich nur ω_0, so erhält man aus (2)

$$x = X\cos\omega_0, \quad z = X\sin\omega_0 - Z = 0,$$

da X und Z unabhängig von ω sind, die Gleichungen:

$$\frac{\Delta x^0}{x^0} = -\operatorname{tg}\omega_0\cdot\Delta\omega_0 + \frac{\dot{X}^0}{X^0}\cdot\Delta t^0$$

$$\frac{\Delta z^0}{Z^0} = \operatorname{ctg}\omega_0\cdot\Delta\omega_0 + \left(\frac{\dot{X}^0}{X^0} - \frac{\dot{Z}^0}{Z^0}\right)\Delta t^0 = 0,$$

also wegen

$$\frac{\dot{Z}^0}{Z^0} = \frac{\dot{x}^0\operatorname{tg}\omega_0 - \dot{z}^0}{x^0\operatorname{tg}\omega_0 - z^0} = \frac{\dot{x}^0}{x^0}\left(1 + \frac{\operatorname{tg}|\omega^0|}{\operatorname{tg}\omega_0}\right)$$

zur Bestimmung von Δx^0 und Δt^0:

$$\frac{\dot{x}^0}{x^0}\cdot\Delta t^0 = \operatorname{ctg}|\omega_0|\cdot\Delta\omega_0. \tag{7}$$

$$\frac{\Delta x^0}{x^0} = (\operatorname{ctg}|\omega^0| - \operatorname{tg}\omega_0)\,\Delta\omega_0. \tag{8}$$

Die sonst übliche Formel ist:

$$\frac{\Delta x^0}{x^0} = \left(\operatorname{ctg}|\omega^0| - \frac{\operatorname{tg}^2\omega_0}{\operatorname{tg}|\omega^0|}\right)\Delta\omega_0, \tag{8'}$$

die gewöhnlich geschrieben wird: $\frac{\Delta x^0}{x^0} = \frac{2\cdot\operatorname{tg}\omega_0}{\operatorname{tg}2\omega_0\cdot\operatorname{tg}|\omega^0|}\cdot\Delta\omega_0$ (s. z. B. Cranz, Ballistik 1917, I, S. 287). In der Form (8′) kann man sie besser mit (8) vergleichen. Weil $\frac{\operatorname{tg}\omega_0}{\operatorname{tg}|\omega^0|}$ ein echter Bruch ist, liefert (8′) kleinere Korrekturen als (8).

In § 16 (14) nannten wir eine Bahn flach oder steil, je nachdem $\frac{\Delta x^0}{\Delta\omega_0}$ größer oder kleiner als Null ist; nach (8) heißt das jetzt: je nachdem $\omega_0 + |\omega^0|$ kleiner oder größer als 90^0 ist. Und für die Höchstschußweite ($\Delta x^0 = 0$), $\omega^0 + |\omega^0| = 90^0$ folgt wegen $|\omega^0| > \omega_0$, daß $\omega_0 < 45^0$ sein muß; während (8′) ergäbe $\omega_0 = 45^0$. Demnach entspricht (8) besser der Erfahrung als (8′).

Die Formeln (4), (5), (6), (8′) finden sich schon bei Majevski*), aber hergeleitet aus den Ausdrücken, die sich unter Annahme des Bernoullischen Gesetzes $w = a v^n$ für die Flugbahnelemente ergeben; schreibt man diese**)

$$X = M v_0 \frac{\left(1 + \frac{t}{M}\right)^\nu - 1}{\nu}$$

$$Z = \frac{M^2 g}{2 - \nu}\left[\frac{\left(1 + \frac{t}{M}\right)^2 - 1}{2} - \frac{\left(1 + \frac{t}{M}\right)^\nu - 1}{\nu}\right],$$

so sind ν und M zu bestimmen aus (§ 20, (23), (24)):

$$(n - 1) \cdot (\nu - 1) = -1, \quad (n - 1)\frac{w_0}{v_0}\cos\omega_0 = \frac{1}{M}.$$

Demnach wird M, also auch X und Z von ω_0 abhängig, während unserer Ableitung die Annahme zugrunde liegt, daß X und Z von ω_0 unabhängig sind. Dadurch erklärt sich der Unterschied der Formeln (8) und (8′). Zur Rechtfertigung unserer Annahme ist auch auf die Reihenentwicklungen des § 19 zu verweisen.

Aber diese Ergebnisse lassen auch erkennen, daß es sich nur um Näherungsformeln handelt, wie sie ja auch aus den Näherungsformeln (1)

$$x = \frac{v_0^2}{w_0}\varphi\left(\frac{w_0}{v_0}t\right)\cos\omega_0,$$

$$z = \frac{v_0^2}{w_0}\varphi\left(\frac{w_0}{v_0}t\right)\sin\omega_0 - \frac{v_0^2 g}{w_0^2}\psi\left(\frac{w_0}{v_0}t\right)$$

gewonnen sind. Für die Formel (8′) braucht man übrigens nicht zu den speziellen sogenannten Bernoullischen Formeln zurückzugehen; es

*) „Probleme des Schießens", deutsch von Klußmann, Berlin 1886, S. 25 und 26; (4), (5), (6), (8′) = (7), (9), (10), (11).

**) Man vergleiche hierzu die Formeln (1), (2), (3) bei Majevski a. a. O. S. 22, 23; Cranz, „Ballistik" (1896) S. 89 und oben (19) bis (24) in § 12.

Majevskis Formel (11) unterscheidet sich von (8′) noch durch den zu $\Delta\omega_0$ hinzugefügten Faktor sin 1′. Da dies sowohl dem Übersetzer (s. S. 25 u. 26 Anm.) als dem Rezensenten im „Arch. f. Art.- u. Ing.-Off.", Bd. 93 (1886) S. 490 unverständlich ist, sei bemerkt, daß dadurch Übergang von Bogenmaß zu Minuten bezweckt wird. — Noch nach Majevski kommen vielfach falsche Formeln vor, z. B. $\frac{\Delta x^0}{x^0} = -\frac{\Delta\delta}{\delta}$. Vgl. „Arch. f. Art.- u. Ing.-Off.", Bd. 93 (1896) S. 73, Bd. 94 (1887) S. 231, Bd. 97 (1890) S. 225. Die Bemerkung Bd. 94 (1887) S. 244: „eine durch Schall gemessene Entfernung bleibt als Schußweite richtig, da Temperaturänderungen Schallgeschwindigkeit und Schußweite gleich beeinflussen", beruht auf der ähnlichen falschen Annahme:

$$\frac{\Delta x^0}{x^0} = -k\frac{\Delta\delta}{\delta},$$

wenn $k\frac{\Delta\delta}{\delta} \cdot c$ die Änderung der Schallgeschwindigkeit c ist.

genügt anzunehmen, daß x und z in folgender allgemeiner Weise darstellbar sind:

$$x = \frac{v_0^2}{w_0}\,\varphi\left(\frac{w_0}{v_0}\,t\cos\omega_0\right),$$

$$z = \frac{v_0^2}{w_0}\,\varphi\left(\frac{w_0}{v_0}\,t\cos\omega_0\right)\operatorname{tg}\omega_0 - \frac{v_0^2 g}{w_0^2\cos^2\omega_0}\,\psi\left(\frac{w_0}{v_0}\,t\cos\omega_0\right).$$

Denn daraus folgt:

$$\Delta x = \frac{v_0^2}{w^0}\,\Delta\varphi,$$

$$\Delta z = \frac{v_0^2}{w_0}\,\varphi\,\frac{\Delta\omega_0}{\cos^2\omega_0} + \frac{v_0^2}{w_0}\operatorname{tg}\omega_0\cdot\Delta\varphi - 2\,\frac{v_0^2 g\sin\omega_0}{w_0^2\cos^3\omega_0}\,\psi\,\Delta\omega_0$$
$$+ (\Delta z - \operatorname{tg}\omega_0\cdot\Delta x);$$

setzt man in die zweite Gleichung rechts ein

$$\Delta\varphi = \frac{w_0}{v_0^2}\,\Delta x,\quad \varphi = \frac{w_0}{v_0^2}\,x,\quad \psi = \frac{w_0^2\cos^2\omega_0}{v_0^2 g}\,[x\operatorname{tg}\omega_0 - z],$$
$$\Delta z = -\operatorname{tg}|\omega^0|\cdot\Delta x,\quad z = 0,\quad x = x^0,\quad \text{links } \Delta z = 0,$$

so folgt:

$$0 = (1 + \operatorname{tg}^2\omega_0)\,\Delta\omega_0 + \operatorname{tg}\omega_0\cdot\frac{\Delta x^0}{x^0} - 2\operatorname{tg}^2\omega_0\cdot\Delta\omega_0 - \frac{\Delta x^0}{x^0}\operatorname{tg}|\omega^0|$$
$$- \frac{\Delta x^0}{x^0}\operatorname{tg}\omega_0,$$

also:

$$\frac{\Delta x^0}{x^0}\operatorname{tg}|\omega^0| = (1 - \operatorname{tg}^2\omega_0)\,\Delta\omega_0,$$

in Übereinstimmung mit (8').

§ 41. Geneigtes Gelände.

Die Schußweite x^0 bezieht sich auf die wagerechte Ebene $z = 0$. Wie ändert sich die Schußweite, wenn das Gelände vom Geschütz zum Ziel hin um einen kleinen Geländewinkel $\Delta\varepsilon$ abfällt ($\Delta\varepsilon > 0$) oder ansteigt ($\Delta\varepsilon < 0$)? Die berichtigte Schußweite $x^0 + \Delta x^0$ ergibt sich nach dem Sinussatz gleich

$$\frac{x^0}{\sin(|\omega^0| - \Delta\varepsilon)}\cdot\sin|\omega^0| = x^0\cdot\frac{\sin|\omega^0|}{\sin|\omega^0| - \Delta\varepsilon\cos\omega^0} = x^0(1 + \Delta\varepsilon\operatorname{ctg}|\omega^0|),$$

also ist für die Berichtigung Δx^0:

$$\frac{\Delta x^0}{x^0} = \operatorname{ctg}|\omega^0|\cdot\Delta\varepsilon. \tag{8''}$$

Dabei hat man die absolute Erhöhung ω_0 der Seelenachse gegen die Horizontale beibehalten. Ändert man ω_0 mit Rücksicht auf den Geländewinkel so, daß die relative Erhöhung der Seelenachse gegen die

Visierlinie unverändert bleibt, so ist $\Delta\omega_0 = -\Delta\varepsilon$, also nach (8) die Änderung der Schußweite in der Horizontalen:

$$\frac{\Delta x^0}{x^0} = (-\operatorname{ctg}|\omega^0| + \operatorname{tg}\omega^0)\,\Delta\varepsilon\,.$$

Dazu kommt die nach (8'') zu berechnende Änderung für Neigung der Visierlinie; demnach ist für die Änderung der Schußweite in der Visierlinie:

$$\frac{\Delta x^0}{x^0} = -\operatorname{tg}\omega_0 \cdot \Delta\omega_0\,. \tag{8'''}$$

Also gegen einen steigenden Fesselballon schießt man mit beibehaltener relativer Erhöhung zu kurz, wenn man gegen seinen Ankerplatz richtig eingeschossen war.

§ 42. Geneigter Geschützstand.

Ein Geschützrohr kann Drehungen um drei Achsen ausführen. Eine Drehung um eine senkrechte Achse, wodurch dem Rohr die Seitenrichtung gegeben wird, nennen wir Schwenken. Eine Drehung um die wagerechte Achse (Schildzapfenachse), wodurch dem Rohr die Höhenrichtung gegeben wird, nennen wir Kippen. Eine Drehung um eine Achse, die zu den beiden anderen senkrecht ist, nennen wir Neigen. Im allgemeinen soll keine Neigung vorhanden sein. Eine vorhandene Neigung wird durch Libelle ermittelt und durch Ausgleichen des Geschützstandes beseitigt. Wo das nicht oder nicht schnell genug möglich ist, muß man Erhöhung und Seitenrichtung mit Rücksicht auf die Neigung berichtigen. Welche Fehler entstehen nun, wenn eine kleine Neigung um den Winkel σ vorhanden ist?

Die Ebene des Winkels ω_0 zwischen Seelenachse und horizontaler Visierlinie (x-Achse) bilde den kleinen Winkel σ mit der Ebene xz. Auf der Einheitskugel um O bilden also die Ebene des Winkels ω_0, die horizontale xy-Ebene, die vertikale Ebene durch die Seelenachse ein rechtwinkliges sphärisches Dreieck mit einem Winkel $\frac{\pi}{2} - \sigma$ zwischen der Hypotenuse ω_0 und der horizontalen Kathete, die mit ι bezeichnet sei. Die andere Kathete ist die wahre Erhöhung der Seelenachse über der Horizontalen. Bezeichnet man sie mit $\omega_0 - \Delta\omega_0$, so ergibt das rechtwinklige Dreieck:

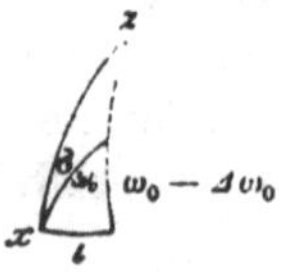

Abb. 17.

$$\sin(\omega_0 - \Delta\omega_0) = \sin\omega_0 \cdot \cos\sigma$$

also

$$\Delta\omega_0 = \operatorname{tg}\omega_0 \cdot \frac{\sigma^2}{2}\,.$$

Diese kleine Größe zweiter Ordnung ist zu vernachlässigen. Außerdem aber ist die Vertikalebene der Seelenachse gegen die Vertikalebene durchs Ziel (die xz-Ebene) gedreht um den Winkel ι nach der Seite der Neigung. Um den Winkel ι weicht also die Linie Geschütz—Schuß von der Linie Geschütz—Ziel ab. Diese Seitenabweichung ist zu berechnen aus:

$$\operatorname{tg} \iota = \operatorname{tg} \omega_0 \cdot \sin \sigma ;$$

oder, da ι und σ klein sind, aus

$$\iota = \operatorname{tg} \omega_0 \cdot \sigma .$$

Ist auch ω_0 klein, so hat man einfach:

$$\iota = \omega_0 \cdot \sigma ,$$

in Bogenmaß. Nimmt man ω_0 und σ in Geraden, ι in Teilstrichen*), d. h. setzt man bzw. $\frac{\pi}{180}\omega_0$, $\frac{\pi}{180}\sigma$, $\frac{\pi}{3200}\iota$ für ω_0, σ, ι, so erhält man $\iota = \frac{8\pi}{81}\omega_0 \cdot \sigma$, also die bekannte Näherungsformel:

$$\iota = \tfrac{1}{3}\,\omega_0 \cdot \sigma .$$

Das ist die Korrektur in Teilstrichen, die man wegen des schiefen Geschützstandes am Seitenvisier vornehmen muß; und zwar nach der Seite des höher stehenden Rades.

§ 43. Bewegter Geschützstand.

Beim Schießen von einem (Luft-, Feld-, Wasser-) Fahrzeug kommt zu der Abschußgeschwindigkeit die Fahrgeschwindigkeit nach Größe und Richtung hinzu. Die vektorielle Zusammenfügung beider Geschwindigkeiten erfolgt am besten in einem Koordinatenssystem, das von Flug- und Schußrichtung unabhängig ist. Es seien v_x, v_y, v_z die Komponenten der Schuß-, $\mathfrak{v}_x$, $\mathfrak{v}_y$, $\mathfrak{v}_z$ die Komponenten der Fahrgeschwindigkeit in einem solchen System (z. B. x-Achse wagerecht nach Osten, y-Achse wagerecht nach Süden, z-Achse senkrecht nach oben), dann sind $v_x + \mathfrak{v}_x$, $v_y + \mathfrak{v}_y$, $v_z + \mathfrak{v}_z$ die Komponenten der Geschwindigkeit, mit der der Schuß als abgefeuert anzusehen ist, die also der Berechnung der Flugbahn zugrunde zu legen sind.

§ 44. Änderungen von g. Regen.

Zu den Flugbahnelementen gehört auch g und man kann daher auch den Einfluß von Änderungen von g auf x^0, t^0, ... aufsuchen. Dies ist bisher nicht geschehen, obwohl Änderungen von g eintreten, wenn eine andere geographische Breite oder eine andere Höhe über dem Meeresspiegel zu berücksichtigen sind als diejenigen, die der Schußtafel zugrunde liegen. Das kann Fehler von $\frac{1}{4}$% ausmachen. Vor allem aber wirken auch Regen (Schnee, Hagel) außer als Erhöhung des Luftwiderstandes

*) Sechzehntel Zentesimalgraden.

noch als senkrechter Druck auf das Geschoß, als scheinbare Vergrößerung von g. Ist G das Geschoßgewicht, $G + \Delta G$ das Geschoßgewicht, wenn man das Geschoß dem Regen aussetzt, z. B. auf einer Federwage, so ergibt sich Δg aus:

$$\frac{\Delta g}{g} = \frac{\Delta G}{G}$$

Zur Ermittlung von Δx^0 und Δt^0 differentiieren wir

$$x \operatorname{tg}\omega_0 - z = Z = g \cdot \frac{Z}{g},$$

wo $\frac{Z}{g}$ nach der oben (S. 102) gemachten Annahme von g unabhängig ist, und erhalten:

$$\Delta x \cdot \operatorname{tg}\omega_0 - \Delta z = \dot{Z}\,\Delta t + \Delta g \cdot \frac{Z}{g}.$$

Setzen wir hierin

$$\Delta t = \frac{\Delta x}{\dot{x}}, \quad \dot{Z} = \dot{x} \operatorname{tg}\omega_0 - \dot{z}, \quad Z = x \operatorname{tg}\omega_0 - z, \quad \dot{z} = -\dot{x} \operatorname{tg}|\omega^0|$$

$$z = 0, \quad \Delta z = 0, \quad x = x^0,$$

so kommt:

$$\frac{\dot{x}^0}{x^0}\,\Delta t^0 = \frac{\Delta x^0}{x^0} = \frac{\operatorname{tg}\omega^0}{\operatorname{tg}|\omega^0|} \cdot \frac{\Delta g}{g} \tag{9, 10}$$

zur Berechnung von Δx^0 und Δt^0.

Von schräg fallendem Regen ist auf diese Weise nur die Vertikalkomponente berücksichtigt. Fällt der Regen schräg von vorn unter einem Winkel $\mathfrak{r}'$ gegen die Vertikale, so gibt er mit g zusammen eine Resultante $g + \Delta g$, die schräg nach hinten unter einem Winkel $\Delta\varepsilon$ gegen die Vertikale geneigt sei.

Abb. 18.

Für $\Delta\varepsilon$ ergibt sich $\operatorname{tg}\Delta\varepsilon = \frac{\Delta g \cdot \operatorname{tg}\mathfrak{r}'}{g + \Delta g}$, also annähernd

$$\Delta\varepsilon = \frac{\Delta g}{g}\,\mathfrak{r}'.$$

Der Schuß erfolgt jetzt, wie unter einer schräg nach hinten gerichteten Beschleunigung $g + \Delta g$, also wie unter der absoluten Erhöhung $\omega_0 + \Delta\varepsilon$ auf einem um $\Delta\varepsilon$ ansteigenden Gelände. Also ergibt sich nach (8''') für die Verkürzung der Schußweite:

$$\frac{\Delta x^0}{x^0} = -\operatorname{tg}\omega_0 \cdot \frac{\Delta g}{g}\,\mathfrak{r}'.$$

Fällt Regen schräg von hinten, so ist $-\mathfrak{r}'$ für $\mathfrak{r}'$ zu setzen.

Fällt Regen schräg von rechts unter einem Winkel $\mathfrak{r}''$ gegen die Vertikale, so gibt er mit g zusammen eine Resultante $g + \Delta g$, die schräg nach links unter einem Winkel σ gegen die Vertikale geneigt sei. Für σ ergibt sich

$$\operatorname{tg}\sigma = \frac{\Delta g \cdot \operatorname{tg}\mathfrak{r}''}{g + \Delta g}, \text{ also annähernd}$$

$$\sigma = \frac{\Delta g}{g} \cdot \mathfrak{r}''.$$

Der Schuß erfolgt also wie unter einer schräg nach links gerichteten Beschleunigung $g + \Delta g$; die Ebene der Flugbahn wird um den Winkel σ gegen die Vertikale geneigt. Die Änderung der horizontalen Schußweite erfolgt also wie bei senkrecht fallendem Regen.

§ 45. Superposition. Endliche Störungen. Andere Elemente.

Ändern sich mehrere Elemente zugleich, so addieren sich die dadurch verursachten Änderungen nach dem Prinzip der Superposition kleiner Größen. So folgen aus (4), (5), (8′) die Formeln:

$$\frac{\Delta x^0}{x^0} = \frac{1 - \operatorname{tg}^2\omega_0}{\operatorname{tg}|\omega^0|}\Delta\omega_0 - \left(1 - \frac{\operatorname{tg}\omega_0}{\operatorname{tg}|\omega^0|}\right)\frac{\Delta w_0}{w_0},$$

$$\frac{\Delta x^0}{x^0} = \frac{1 - \operatorname{tg}^2\omega_0}{\operatorname{tg}|\omega^0|}\Delta\omega_0 - \left[(\mathrm{n}-2)\left(1 - \frac{\operatorname{tg}\omega_0}{\operatorname{tg}|\omega^0|}\right) - 2\frac{\operatorname{tg}\omega_0}{\operatorname{tg}|\omega^0|}\right]\frac{\Delta v_0}{v_0}.$$

Daraus erhält man die bei unveränderter Schußweite x^0 erforderliche Änderung der Erhöhung ω_0 für Änderung von w_0 bzw. v_0, indem man $\Delta x_0 = 0$ setzt, das ergibt:

$$\Delta\omega_0 = \frac{\sin(|\omega^0| - \omega_0)\cos\omega_0}{\cos 2\,\omega_0 \cdot \cos\omega^0} \cdot \frac{\Delta w_0}{w_0},$$

$$\Delta\omega_0 = \left[(\mathrm{n}-2)\,\frac{\sin(|\omega^0| - \omega_0)\cos\omega_0}{\cos 2\,\omega_0 \cdot \cos\omega^0} - \operatorname{tg} 2\,\omega_0\right] \cdot \frac{\Delta v_0}{v_0}.$$

Das sind Majevskis Formeln (6) und (8), der aber $(|\omega^0| - \omega_0)\sin 1'$ für $\sin(|\omega^0| - \omega_0)$ und $\omega_0 \sin 1'$ für ω_0 setzt. Diese und ähnliche Formeln ergeben sich also aus den bereits abgeleiteten, ohne daß man auf die ursprünglichen Formeln (1) für x und z zurückgeht.

Das angewendete Prinzip der Superposition kleiner Größen setzt voraus, daß die Änderungen Δx^0, $\Delta\omega_0$ usw. wie kleine Größen behandelt werden können, neben denen Produkte und Potenzen von ihnen zu vernachlässigen sind. In der Tat sind diese Größen bei der Herleitung der Formeln (2), (3), ... wie Differentiale behandelt worden. Sind sie größer, so muß man die Taylorschen Entwicklungen anwenden, z. B.:

$$\Delta x = \dot{x}\Delta t + \frac{\partial x}{\partial w_0} \cdot \Delta w_0 + \ldots$$

$$+ \frac{1}{2}\left[\ddot{x}(\Delta t)^2 + 2\frac{\partial \dot{x}}{\partial w_0}\Delta t\,\Delta w_0 + \frac{\partial^2 x}{\partial w_0^2}(\Delta w_0)^2 \ldots\right] + \ldots \text{ usw.}$$

Wir haben bisher nur die Änderungen des Aufschlagortes in Betracht gezogen. Für die Änderungen der übrigen Endelemente v^0, ω^0, t^0 sind entsprechende Formeln, z. B. für Δt^0 aus (2) abzuleiten; aber diese sind von geringerer Bedeutung. Änderungen der Flugzeit t^0 infolge von Tageseinflüssen wären zwar für das Schießen mit Zeitzünder wichtig, man müßte dann aber auch die Änderungen im Abbrennen des Zündsatzes infolge von Tageseinflüssen kennen und berücksichtigen. Von der Berücksichtigung dieser zwei Arten von Einflüssen: Änderung der Flugzeit und Änderung der Brenndauer, ist die wirksame Zünderstellung abhängig. Da man die Änderungen der Flugzeit errechnen kann, kann man die Änderungen im Zünderbrennen erschießen. Das ist notwendig, da Laboratoriumsversuche von den Verhältnissen beim Schusse zu stark abweichen. Die erforderliche Schußzahl wird, infolge der notwendigen Mittelbildungen, um so größer sein, je unregelmäßiger der Zündsatz abbrennt. Ein langsam brennender Zündsatz ist in dieser Hinsicht ungünstiger als ein schnell brennender, da bei ihm schon kleine Fehler in der Dichte oder Länge (z. B. beim Zündereinstellen) große Fehler in der Brenndauer nach sich ziehen. Eine größere Präzision im Bz-Feuer und Berücksichtigung der Tageseinflüsse hierbei erfordert also schnell brennende Zündsätze oder mechanische Zeitzünder.

Die abgeleiteten Formeln beziehen sich auf das Schießen gegen Ziele im Geschützniveau $z = 0$. Für einen beliebigen Punkt x, z folgen an Stelle von (2), (3), (7), (8), (9), (10) aus (1) die folgenden Formeln:

$$\frac{\Delta x}{x} = \frac{\dot{x}}{x}\left(\Delta t + \frac{\Delta \dfrac{w_0}{v_0}}{\dfrac{w_0}{v_0}}\, t\right) - \operatorname{tg}\omega_0 \cdot \Delta\omega_0 + \frac{\Delta \dfrac{v_0^2}{w_0}}{\dfrac{v_0^2}{w_0}} \tag{11}$$

$$\frac{\Delta z}{x} = \operatorname{tg}\omega \cdot \frac{\dot{x}}{x}\left(\Delta t + \frac{\Delta \dfrac{w_0}{v_0}}{\dfrac{w_0}{v_0}}\, t\right) + \Delta\omega_0 + \frac{\Delta \dfrac{v_0^2}{w_0}}{\dfrac{v_0^2}{w_0}} \operatorname{tg}\omega_0 - \left(\operatorname{tg}\omega_0 - \frac{z}{x}\right) \frac{\Delta \dfrac{v_0^2 g}{w_0^2}}{\dfrac{v_0^2 g}{w_0^2}}. \tag{12}$$

In diesen Formeln sind als aus Schußtafeln bekannt anzusehen die Elemente der durch das Ziel x, z gehenden Flugbahn, von Tageseinflüssen abgesehen, also die Größen v_0, w_0, ω_0, x, z, t, $\dot{x}$, $\operatorname{tg}\omega$, g. Ferner sind bekannt die Änderungen infolge der Tageseinflüsse Δv_0, Δw_0, Δg. Da nun die korrigierte Flugbahn durch das Ziel gehen soll, so muß $\Delta x = 0$, $\Delta z = 0$ sein und man erhält aus (11) und (12) durch Elimination von

$$\frac{\dot{x}}{x}\left(\Delta t + \frac{\Delta \dfrac{w_0}{v_0}}{\dfrac{w_0}{v_0}}\, t\right)$$

die Formel

$$(1+\operatorname{tg}\omega\cdot\operatorname{tg}\omega_0)\,\Delta\omega_0 = \frac{\Delta\frac{v_0^2}{w_0}}{\frac{v_0^2}{w_0}}(\operatorname{tg}\omega-\operatorname{tg}\omega_0) + \left(\operatorname{tg}\omega_0-\frac{z}{x}\right)\frac{\Delta\frac{v_0^2 g}{w_0^2}}{\frac{v_0^2 g}{w_0^2}}$$

für die erforderliche Änderung der Erhöhung ω_0, und durch Elimination von $\Delta\omega_0$:

$$(1+\operatorname{tg}\omega\cdot\operatorname{tg}\omega_0)\frac{\dot{x}}{x}\left(\Delta t + \frac{\Delta\frac{w_0}{v_0}}{\frac{w_0}{v_0}}t\right) = -(1+\operatorname{tg}^2\omega_0)\frac{\Delta\frac{v_0^2}{w_0}}{\frac{v_0^2}{w_0}} + \operatorname{tg}\omega_0\cdot\left(\operatorname{tg}\omega_0-\frac{z}{x}\right)\frac{\Delta\frac{v_0^2 g}{w_0^2}}{\frac{v_0^2 g}{w_0^2}}$$

für die Änderung der Zünderstellung Δt, soweit dieselbe von der Flugzeit abhängt. Diese Formeln wären anzuwenden beim Schießen gegen Gebirgsziele und Luftziele, sobald man diesem Schießen auch im übrigen den entsprechenden Grad von Genauigkeit geben kann.

Eine andere Anwendung der Formeln (11), (12) ist die folgende. Setzt man für x, z, t, $\operatorname{tg}\omega$ die der Flugbahn entsprechenden Funktionen von $\dot{x}$, z. B. vermittels der Siacchischen Formeln, so liefern (11), (12) eine benachbarte Flugbahn, entsprechend den Änderungen $\Delta\omega_0$, Δv_0, Δw_0, Δg. Das kann erstens für $\Delta\omega_0 = 0$ benutzt werden, um eine Schußtafel auf andere Werte von v_0, w_0, g, z. B. für ein anderes Geschoß, umzurechnen. Nimmt man z. B. nur w_0 als verändert an, so folgt aus (11) und (12):

$$\frac{\Delta x}{x} + \frac{\Delta w_0}{w_0} = \frac{\dot{x}}{x}\left(\Delta t + \frac{\Delta w_0}{w_0}t\right),$$

$$\frac{\Delta(x\operatorname{tg}\omega_0 - z)}{x} + \frac{(x\operatorname{tg}\omega_0 - z)}{x}\cdot 2\frac{\Delta w_0}{w_0} = \frac{\dot{x}}{x}\left(\Delta t + \frac{\Delta w_0}{w_0}t\right)\cdot(\operatorname{tg}\omega_0 - \operatorname{tg}\omega).$$

Da man für die drei Größen Δx, Δz, Δt nur zwei Gleichungen hat, kann man noch eine dritte lineare Gleichung willkürlich hinzunehmen; nimmt man z. B.

$$\frac{\Delta t}{t} = -\frac{\Delta w_0}{w_0},$$

so folgt

$$\frac{\Delta x}{x} = -\frac{\Delta w_0}{w_0}$$

und

$$\frac{\Delta(x\operatorname{tg}\omega_0 - z)}{x\operatorname{tg}\omega_0 - z} = -2\frac{\Delta w_0}{w_0};$$

und aus der zweiten folgt $\frac{\Delta(x+dx)}{x+dx} = -\frac{\Delta w_0}{w_0}$, also auch

$\frac{\Delta dx}{dx} = -\frac{\Delta w_0}{w_0}$, aus der dritten ebenso $\frac{\Delta(dx \cdot \operatorname{tg}\omega_0 - dz)}{dx \cdot \operatorname{tg}\omega_0 - dz} = -2\frac{\Delta w_0}{w_0}$,

also durch Subtraktion und Beachtung von $\frac{\Delta u}{u} = \Delta l u$ folgt:

$$\frac{\Delta(\operatorname{tg}\omega_0 - \operatorname{tg}\omega)}{\operatorname{tg}\omega_0 - \operatorname{tg}\omega} = -\frac{\Delta w_0}{w_0}.$$

Diese vier Gleichungen besagen nichts anderes, als daß man die Siacchische Tabelle der Funktionen D, T, J, A, gültig für ein Normalgeschoß und normales Luftgewicht, durch Multiplikation mit dem reziproken Geschoßfaktor c bzw. Luftgewichtsverhältnis (bzw. bei A dessen Quadrat) auf ein beliebiges Geschoß und beliebiges Luftgewicht anwendbar macht. Denn z. B. die erste besagt bei Änderung des Geschoßfaktors c, daß $\Delta c t = 0$, $c t =$ konst. bleibt.

Zweitens, indem man nur $\Delta\omega_0 \neq 0$ nimmt, liefern (11) und (12) eine Flugbahnschwenkung. Ordnet man die gleichzeitig erreichten Punkte zweier Flugbahnen einander zu, d. h. nimmt man $\Delta t = 0$, so erhält man

$$\frac{\Delta x}{x} = -\operatorname{tg}\omega_0 \cdot \Delta\omega_0,$$

$$\frac{\Delta z}{x} = \Delta\omega_0.$$

Über diese Flugbahnschwenkung, die auch schon in den Formeln $x = X\cos\omega_0$, $z = X\sin\omega_0 - Z$ mit von ω_0 unabhängigen X, Z ausgedrückt ist, s. Kap. X, § 50.

Für die Berücksichtigung der Tageseinflüsse beim Schießen ist es notwendig, daß die anzubringenden Verbesserungen vorweg ermittelt und tabellarisch oder graphisch dargestellt werden. Die Ermittlung nach den aufgestellten Formeln durch Rechnung genügt dabei nicht, sondern bietet hierfür nur die Grundlage. Ergänzung durch Schießversuche ist notwendig. Aus folgenden Gründen: Betrachten wir z. B. die Formel

$$\frac{\Delta x^0}{x^0} = -\left(1 - \frac{\operatorname{tg}\omega_0}{\operatorname{tg}|\omega^0|}\right)\frac{\Delta\delta}{\delta}.$$

Die zusammengehörigen Werte von x^0, ω_0, ω^0 liefert die Schußtafel, aber nur zum kleinsten Teil erschossen, größtenteils auf Grund von Näherungsmethoden errechnet, also mit den Unsicherheiten dieser Methoden behaftet. Andererseits ist aber die obige Formel selbst nur aus den Näherungsannahmen (1) entsprungen. Zusammengenommen darf man also die Formel selbst nur als Annäherung ansehen und kann sie durch eine empirische Formel der Art:

$$\frac{\Delta x^0}{x^0} = -\lambda \cdot \frac{\Delta\delta}{\delta}$$

ersetzen, in der λ ein durch Schießversuche zu ermittelnder von x^0 abhängiger Faktor ist, der näherungsweise den Wert

$$1 - \frac{\operatorname{tg}\omega_0}{\operatorname{tg}|\omega^0|}$$

hat. Eine andere Fehlerquelle ist die unregelmäßige Veränderung des Luftgewichts δ mit der Höhe (s. Kap. XII). Die entsprechenden Mängel haften der Berücksichtigung der übrigen Einflüsse an.

Um die Änderung von v_0 zu berücksichtigen, muß man diese aus den Änderungen der Elemente berechnen, von denen sie abhängt. Das ist eine Aufgabe der inneren Ballistik (s. Kap. XV). Oder man ermittelt Δv_0 auf Grund von einigen gut beobachteten Probeschüssen nach (5).

§ 46. **Wind.**

Es wehe Wind von der Geschwindigkeit $\mathfrak{w}$ horizontal, den Komponenten $\mathfrak{w}' = \mathfrak{w} \cos \widehat{\mathfrak{w}\, x}$ in der Schußrichtung und $\mathfrak{w}'' = \mathfrak{w} \sin \widehat{\mathfrak{w}\, x}$ quer zur Schußrichtung. In bezug auf den bewegten Luftraum seien die Anfangselemente $v_0 + \Delta v_0$, $\omega_0 + \Delta\omega_0$, während sie in bezug auf den festen sind v_0, ω_0. Ist $\mathfrak{w}$, also Δv_0, $\Delta\omega_0$, klein, dann ist die Änderung der Schußweite im bewegten Luftraum Δx^0 zu berechnen aus (5) u. (8):

$$\frac{\Delta x^0}{x^0} = \left[2 - n\left(1 - \frac{\operatorname{tg}\omega_0}{\operatorname{tg}|\omega^0|}\right)\right] \cdot \frac{\Delta v_0}{v_0} + [\operatorname{ctg}|\omega^0| - \operatorname{tg}\omega_0]\, \Delta\omega_0 .$$

Ferner wird der bewegte Luftraum gegen den festen verschoben um

$$\mathfrak{w} \cdot t^0$$

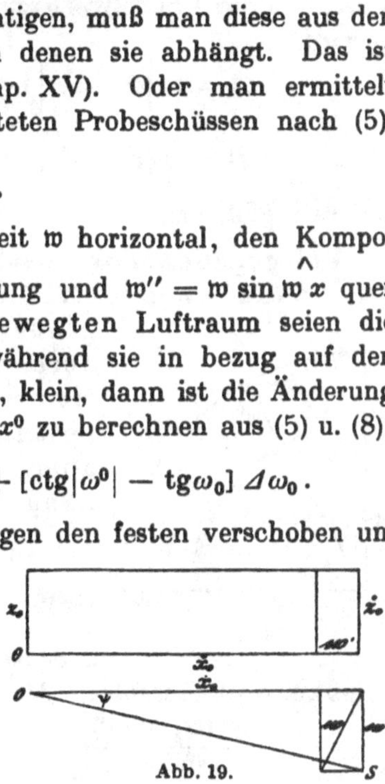

Abb. 19.

in der Windrichtung, also um $\mathfrak{w}' \cdot t^0$ in der Schußrichtung und um $\mathfrak{w}'' \cdot t^0$ quer zur Schußrichtung; und die Schußebene ist gegen die xz-Ebene gedreht um den Winkel

$$\psi = \operatorname{arc\,tg} \frac{\mathfrak{w}''}{\dot{x}_0 + \mathfrak{w}'}, \qquad \text{(a)}$$

Δv_0, $\Delta\omega_0$ sind zu berechnen aus dem rechtwinkligen Dreieck mit den Katheten $OS = \sqrt{(\dot{x}_0 + \mathfrak{w}')^2 + \mathfrak{w}''^2}$ und $\dot{z}_0$, also aus

$$(v_0 + \Delta v_0)^2 = (\dot{x}_0 + \mathfrak{w}')^2 + \mathfrak{w}''^2 + \dot{z}_0^2, \qquad \text{(b)}$$

und aus
$$\operatorname{tg}(\omega_0 + \Delta\omega_0) = \frac{\dot{z}_0}{\sqrt{(\dot{x}_0 + \mathfrak{w}')^2 + \mathfrak{w}''^2}} . \qquad \text{(c)}$$

Da nach Annahme $\mathfrak{w}$, also auch $\mathfrak{w}'$ und $\mathfrak{w}''$ klein gegen v_0 sind, folgt aus (a) $\psi = \frac{\mathfrak{w}''}{\dot{x}^0}$, aus (b) $v_0 \Delta v_0 = \dot{x}_0 \mathfrak{w}'$, also $\Delta v_0 = \mathfrak{w}' \cdot \cos\omega_0$, und aus (c) folgt $\frac{\Delta\omega_0}{\cos^2\omega_0} = \frac{\dot{z}_0}{\dot{x}_0 \sqrt{1 + 2\frac{\mathfrak{w}'}{\dot{x}_0}}} - \operatorname{tg}\omega_0 = - \operatorname{tg}\omega_0 \cdot \frac{\mathfrak{w}'}{\dot{x}_0}$. Demnach wird die Schußversetzung in der Schußrichtung nach (5) und (8)

$$\mathfrak{w}'\left\{t^0 - \frac{x^0}{v_0}\left[2 - n\left(1 - \frac{\operatorname{tg}\omega_0}{\operatorname{tg}|\omega^0|}\right)\right]\cos\omega_0 + \frac{x^0}{v_0}(\operatorname{ctg}|\omega^0| - \operatorname{tg}\omega_0)\sin\omega_0\right\}$$

und quer zur Schußrichtung

$$\mathfrak{w}''\left\{t^0 - \frac{x^0}{\dot{x}_0}\right\}.$$

Setzt man diese Schußversetzungen bzw. gleich $\cos\widehat{\mathfrak{w}x}\cdot A$ und $\sin\widehat{\mathfrak{w}x}\cdot B$, so wird

$$A = \mathfrak{w}\left\{t^0 - \frac{x^0}{\dot{x}_0}\left[1 - (n-1)\frac{\sin(\omega_0 + \omega^0)}{\sin\omega^0}\cos\omega_0\right]\right\}$$

$$B = \mathfrak{w}\left\{t^0 - \frac{x^0}{\dot{x}_0}\right\}$$

und es ergibt sich:

Bei gegebener Windstärke und allen Windrichtungen wird der Schuß nach dem Umfang einer Ellipse versetzt, deren große Halbachse A in der Schußrichtung, deren kleine Halbachse B quer zur Schußrichtung liegt, wo A und B der Windgeschwindigkeit $\mathfrak{w}$ proportional sind, aber von der Windrichtung nicht abhängen.

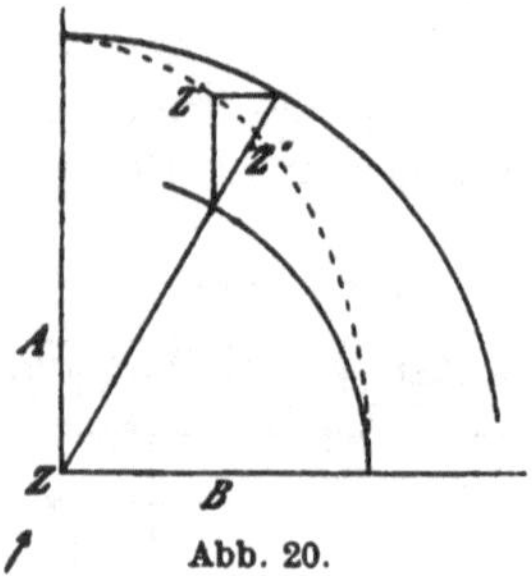

Abb. 20.

Die wichtigste in A und B vorkommende Größe $t^0 - \frac{x^0}{\dot{x}_0}$ ist Null auf der Parabel (s. 15 S. 42), bedeutet also den „Zeitverlust“, der auf der Schußweite x^0 infolge des Luftwiderstandes eintritt. Die Größe $\frac{x^0}{v_0}(n-1)\frac{\sin(\omega_0+\omega^0)}{\sin\omega^0}$ hat für Flachbahnen näherungsweise den Wert $\frac{x^0}{v_0}(n-1)\left(1 - \frac{\omega_0}{|\omega^0|}\right)$, ist dann also klein und nur bei größeren Windstärken und Entfernungen zu berücksichtigen. Kann man sie vernachlässigen, so gilt der einfachere Satz: Die Windversetzung ist gleich Windgeschwindigkeit mal Zeitverlust.

Ist $\mathfrak{w}$ nicht klein gegen v_0, so muß man Δx^0 nach dem Taylorschen Satze nach Potenzen von Δv_0 und $\Delta\omega_0$ entwickeln und für Δv_0 und $\Delta\omega_0$ ihre genauen Werte nach (b, c) einsetzen. Die Glieder $\mathfrak{w}' t^0$ und $\mathfrak{w}'' t^0$ bleiben unverändert, das Glied $\mathfrak{w}''\frac{x^0}{\dot{x}_0}$ in der Querversetzung wird (a) $x^0\operatorname{tg}\psi = \frac{x^0\cdot\mathfrak{w}''}{\dot{x}_0 + \mathfrak{w}'}$. Der obige Satz gilt dann nur noch annähernd.

§ 47. Höhenwind.

Wir haben bisher angenommen, daß der Wind in den vom Geschoß durcheilten Höhen gleichmäßig weht, daß also $\mathfrak{w}$ nach Größe und Richtung unabhängig von z ist. Das ist im allgemeinen nicht der Fall. Es sei daher jetzt $\mathfrak{w}(z)$ der Vektor der Windgeschwindigkeit in der Höhe z. Bezeichnen wir mit P_z, P^z zwei Punkte der Flugbahn von gleicher Höhe z, der erste auf dem aufsteigenden, der zweite auf dem absteigenden Aste gelegen. Die Schußversetzung auf der Flugbahn $P_z P^z$ ist nach obigem bei gleichmäßiger Windgeschwindigkeit $\mathfrak{w}$ gleich dem Vektor mit den Komponenten $\mathfrak{w}' \cdot \left(t^z - t_z - \frac{x^z - x_z}{\dot{x}_z}\left[1 - (n-1)\frac{\sin(\omega_z + \omega^z)}{\sin\omega^z \cdot \sec\omega_z}\right]\right)$, $\mathfrak{w}''\left(t^z - t_z - \frac{x^z - x_z}{\dot{x}_z}\right)$, also gleich $\mathfrak{w}' \cdot G(z)$, $\mathfrak{w}'' \cdot F(z)$, wo $F(z)$ und $G(z)$ Funktionen von z bezeichnen. Der vektorielle Unterschied der Schußversetzungen auf den Flugbahnen $P_z P^z$ und $P_{z+dz} P^{z+dz}$ hat also die Komponenten $\mathfrak{w}' \cdot G(z + dz) - \mathfrak{w}' \cdot G(z) = \mathfrak{w}' \cdot dG(z)$ und $\mathfrak{w}'' \cdot F(z + dz) - \mathfrak{w}'' \cdot F(z) = \mathfrak{w}'' \cdot dF(z)$.

Das gilt zunächst für den Fall, daß $\mathfrak{w}$ unabhängig von z ist. Ändert sich nunmehr $\mathfrak{w}$ oberhalb der Höhe $z + dz$, so werden die Flugbahn $P_{z+dz} P^{z+dz}$ und der oberhalb der Höhe $z + dz$ verlaufende Teil der Flugbahn $P_z P^z$ in derselben Weise beeinflußt, wie aus der Superposition kleiner Größen folgt. Demnach bleibt der vektorielle Unterschied der Schußversetzungen beider Bahnen unverändert, hat nämlich die Komponenten $\mathfrak{w}'(z)\, dG(z)$ und $\mathfrak{w}''(z) dF(z)$. Aus solchen Unterschieden von Schußversetzungen setzt sich aber die gesamte Schußversetzung der Bahn $P_0 P^0$ zusammen, d. h. sie hat die Komponenten

$$\int_{z_*}^{0} \mathfrak{w}'(z) \cdot dG(z)\,, \qquad \int_{z_*}^{0} \mathfrak{w}''(z)\, dF(z)$$

und für die Bahn $P_z P^z$ hat die Schußversetzung die Komponenten

$$\int_{z_*}^{z} \mathfrak{w}'(z) \cdot dG(z)\,, \qquad \int_{z_*}^{z} \mathfrak{w}''(z)\, dF(z)\,.$$

Wir wollen den Wert dieser Integrale in der Weise abschätzen, daß wir eine mittlere Höhe z_m zwischen 0 und z_* aufsuchen, vermittels deren sich dieselben als $\int_{z_*}^{0} \mathfrak{w}'(z_m)\, dG(z)$ und $\int_{z_*}^{0} \mathfrak{w}''(z_m) \cdot dF(z)$ darstellen lassen. Dann ist also die Windversetzung so zu berechnen, wie für konstanten Wind, wenn man den Wind nimmt, der in der mittleren Höhe z_m weht. Dazu müssen zunächst die Funktionen $F(z)$ und $G(z)$ durch z ausgedrückt werden, zuvörderst

$$F(z) = (t^z - t_z) - \frac{x^z - x_z}{\dot{x}_z}\,.$$

Wir beschränken uns auf Bogen, für die die Größe $\frac{g}{w_*}$ klein ist und längs denen die Größe $\frac{v\,w'}{w}$ den Anfangswert $\frac{v_0 w_0'}{w_0} = n$ (nahezu) beibehält. Ferner verlegen wir den Koordinatenanfangspunkt in den Bahngipfel und führen die normierten Größen ξ, ζ, τ, $\gamma = \frac{g}{w_*}$ des § 17 ein. Dann gelten nach § 19 die Entwicklungen (12, 13, 14):

$$\xi = \tau - \tfrac{1}{2}\tau^2 + \frac{n}{6}\tau^3 + \dots$$

$$-\frac{1}{\gamma}\zeta = \tfrac{1}{2}\tau^2 - \tfrac{1}{6}\tau^3 + \frac{2n-1}{24}\tau^4 + \dots$$

$$-\frac{1}{\gamma}\zeta = \tfrac{1}{2}\xi^2 + \tfrac{1}{3}\xi^3 + \frac{4-n}{12}\xi^4 + \dots,$$

die konvergent, nämlich durch die Ausdrücke (17) summierbar sind. Die zu berechnende Funktion F wird jetzt

$$(\tau^{\zeta} - \tau_{\zeta}) - \frac{\xi^{\zeta} - \xi_{\zeta}}{\dot{\xi}_{\zeta}}.$$

Nun lassen sich bekanntlich durch Reihenumkehrung τ und ξ in konvergente Potenzreihen nach $\sqrt{\frac{-2\zeta}{\gamma}}$ entwickeln, deren erste Glieder lauten:

$$\tau = \sqrt{\frac{-2\zeta}{\gamma}} + \frac{1}{6}\left(\sqrt{\frac{-2\zeta}{\gamma}}\right)^2 + \frac{4-3n}{36}\left(\sqrt{\frac{-2\zeta}{\gamma}}\right)^3 + \dots$$

$$\xi = \sqrt{\frac{-2\zeta}{\gamma}} - \frac{1}{3}\left(\sqrt{\frac{-2\zeta}{\gamma}}\right)^2 + \frac{3n-2}{36}\left(\sqrt{\frac{-2\zeta}{\gamma}}\right)^3 + \dots$$

Ferner wird

$$\dot{\xi} = 1 - \tau + \frac{n}{2}\tau^2 + \dots,$$

also

$$\frac{1}{\dot{\xi}} = 1 + \tau + \frac{2-n}{2}\tau^2 + \dots = 1 + \sqrt{\frac{-2\zeta}{\gamma}} + \frac{7-3n}{6}\left(\sqrt{\frac{-2\zeta}{\gamma}}\right)^2 + \dots$$

Setzt man für die Wurzel ihren positiven Wert, so erhält man durch diese Formeln die Werte: τ^{ζ}, ξ^{ζ}, $\frac{1}{\dot{\xi}^{\zeta}}$; setzt man den negativen Wert ein, so erhält man $\tau_{\zeta}, \xi_{\zeta}, \frac{1}{\dot{\xi}_{\zeta}}\cdot$ Demnach wird jetzt, $\sqrt{\frac{-2\zeta}{\gamma}} = \mathrm{y}$ gesetzt:

$$\tau^{\zeta} - \tau_{\zeta} = 2\,\mathrm{y} + \frac{4-3n}{18}\,\mathrm{y}^3 + \ldots$$

$$\xi^{\zeta} - \xi_{\zeta} = 2\,\mathrm{y} + \frac{3n-2}{18}\,\mathrm{y}^3 + \ldots$$

$$\frac{\xi^{\zeta} - \xi_{\zeta}}{\dot{\xi}_{\zeta}} = 2\,\mathrm{y} + 2\,\mathrm{y}^2 + \frac{40-15n}{18}\cdot\mathrm{y}^3$$

$$F(\zeta) = (\tau^{\zeta} - \tau_{\zeta}) - \frac{\xi^{\zeta} - \xi_{\zeta}}{\dot{\xi}_{\zeta}} = \frac{4\zeta}{\gamma} + \frac{12n-36}{18}\,\mathrm{y}^3 + \ldots$$

Die Windgeschwindigkeits-Komponente $\mathfrak{w}''$ würde man durch Messung in verschiedenen Höhen und Interpolation als ganze Funktion von ζ ausdrücken können. Sei also $\mathfrak{w}'' = a + b\,\zeta + \ldots$

Wenn man noch zur Abkürzung

$$\frac{dF(\zeta)}{d\zeta} = \frac{4}{\gamma} + \frac{\varepsilon}{\gamma\sqrt{\gamma}}\sqrt{-\zeta} + \ldots, \qquad \varepsilon = \frac{4n-12}{\sqrt{2}}$$

setzt, wird nun die Schußversetzung für die Bahn $P_{\zeta_*}P^{\zeta_*}$, soweit sie von $\mathfrak{w}''$ herrührt:

$$-\int_0^{\zeta_*}(a + b\zeta + \ldots)\left(\frac{4}{\gamma} + \frac{\varepsilon}{\gamma\sqrt{\gamma}}\sqrt{-\zeta} + \ldots\right)d\zeta = \frac{4}{\gamma}a\zeta_* + \frac{\varepsilon}{\gamma\sqrt{\gamma}}a\cdot\tfrac{2}{3}\cdot(-\zeta_*)^{\frac{3}{2}}$$
$$+\frac{4}{\gamma}b\frac{\zeta_*^2}{2} + \frac{\varepsilon}{\gamma\sqrt{\gamma}}b\cdot\tfrac{2}{5}(-\zeta_*)^{\frac{5}{2}} + \ldots$$

Nähme man statt dessen $\mathfrak{w}''$ in der mittleren Höhe ζ_m, so bekäme man:

$$-\int_0^{\zeta_*}(a + b\zeta_m + \ldots)\left(\frac{4}{\gamma} + \frac{\varepsilon}{\gamma\sqrt{\gamma}}\sqrt{-\zeta} + \ldots\right)d\zeta = \frac{4}{\gamma}a\cdot\zeta_* + \frac{\varepsilon}{\gamma\sqrt{\gamma}}a\cdot\tfrac{2}{3}(-\zeta_*)^{\frac{3}{2}}$$
$$+\frac{4}{\gamma}b\zeta_m\zeta_* + \frac{\varepsilon}{\gamma\sqrt{\gamma}}b\cdot\tfrac{2}{3}(-\zeta_*)^{\frac{3}{2}}\zeta_m + \ldots$$

Die Forderung der Übereinstimmung der niedrigsten Glieder ergibt also

$$\zeta_m = \tfrac{1}{2}\zeta_*\cdot\frac{1 - \frac{\varepsilon}{5}\sqrt{-\frac{\zeta_*}{\gamma}} + \ldots}{1 - \frac{\varepsilon}{6}\sqrt{-\frac{\zeta_*}{\gamma}} + \ldots} = \tfrac{1}{2}\zeta_*\left(1 - \frac{\varepsilon}{30}\cdot\sqrt{-\frac{\zeta_*}{\gamma}} + \ldots\right).$$

Will man also eine von der speziellen Flugbahn unabhängige Bestimmung von ζ_m haben, so muß man $\zeta_m = \frac{1}{2}\zeta_*$, d. h. den Wind in halber Flugbahnhöhe nehmen. Der begangene Fehler ist dann um so kleiner, je kleiner $\frac{\varepsilon}{30}\cdot\sqrt{-\frac{\zeta_*}{\gamma}}$ ist.

Wir müssen jetzt die Untersuchung auf den Teil der Windkorrektur $\int \mathfrak{w}' dG$ ausdehnen. Statt dessen betrachten wir den Ausdruck $\mathfrak{w}' \frac{d(G-F)}{d\zeta}$. Für kleine ω wird dieser gleich $(n-1)$ mal

$$\mathfrak{w}' \frac{\xi^\zeta - \xi_\zeta}{\dot{\xi}_\zeta} \cdot \left(1 + \frac{\omega_\zeta}{\omega^\zeta}\right).$$

Nun wird $\omega = \mathrm{tg}\,\omega = \frac{d\zeta}{d\xi}$ und

$$-\frac{1}{\gamma}\frac{d\zeta}{d\xi} = \xi + \xi^2 + \ldots = \gamma + \tfrac{2}{3}\gamma^2 + \ldots,$$

also

$$\frac{\omega_\zeta}{\omega^\zeta} = \frac{-\gamma + \frac{2}{3}\gamma^2 + \ldots}{+\gamma + \frac{2}{3}\gamma^2 + \ldots} = \left(-1 + \tfrac{4}{3}\gamma + \ldots\right)$$

$$1 + \frac{\omega_\zeta}{\omega^\zeta} = \tfrac{4}{3}\gamma + \ldots$$

$$\frac{\xi^\zeta - \xi_\zeta}{\dot{\xi}_\zeta}\left(1 + \frac{\omega_\zeta}{\omega^\zeta}\right) = \tfrac{8}{3}\gamma^2 + \ldots.$$

Also gilt auch hier, wie oben, der Schluß, daß $\zeta_m = \frac{1}{2}\zeta_*$ zu nehmen ist und der Fehler von der Ordnung $\sqrt{\frac{-\zeta_*}{\gamma}}$ wird.

Zusammenfassend bekommen wir also den Satz: B e i d e r B e r e c h n u n g d e r W i n d k o r r e k t u r t r ä g t m a n d e r V e r ä n d e r u n g d e s W i n d e s m i t d e r H ö h e a m b e s t e n R e c h n u n g, i n d e m m a n s i e w i e f ü r e i n e n m i t d e r H ö h e u n v e r ä n d e r l i c h e n W i n d b e r e c h n e t u n d d a b e i d e n i n h a l b e r F l u g h ö h e w e h e n d e n W i n d n i m m t.

Da der Satz seiner Natur nach nur eine Annäherung ergeben kann, kann man die ursprünglichen einschränkenden Annahmen, daß $\frac{vw'}{w}$ wenig veränderlich ist und γ und ω klein sind, fallen lassen; der Satz gibt dann immer noch die beste Annäherung, die in so einfacher Weise erreichbar ist.

§ 48. Graphische Hilfsmittel.

Wir nehmen jetzt an, daß für ein bestimmtes Geschütz, ein bestimmtes Geschoß und eine bestimmmte Ladung die Schußversetzungen infolge Wind, Änderungen von Luftgewicht und Anfangsgeschwindigkeit ermittelt und etwa tabellarisch dargestellt sind. Für die praktische Berücksichtigung dieser Tageseinflüsse soll nun im folgenden ein graphisches Verfahren abgeleitet werden.

Die Windkorrektur, infolge ihrer Größe die wichtigste, ist etwas umständlicher als die anderen, weil sie nicht nur die Entfernung, sondern auch die Seite betrifft. Wird nach dem Punkte Z geschossen, so wird der Schuß z. B. nach Z' versetzt (Abb. 21). Man müßte nach Z_1 schießen, um Z zu treffen. Für jede Windrichtung und -stärke werden die zwei Komponenten a und b der Versetzung nach der Schußrichtung und quer zur Schußrichtung in Tabellen angegeben. Diese Zerlegung ist unpraktisch. Man kann vielmehr die Versetzung ZZ' in zwei solche Komponenten zerlegen, daß diese bei derselben Windstärke ihre Größe, unabhängig von der Windrichtung, beibehalten. Bei gegebener Windstärke besteht nämlich die Schußversetzung ZZ' aus zwei Versetzungen, erstens ZZ'' in der Windrichtung, zweitens $Z''Z'$ in der zur Windrichtung symmetrischen Richtung. Z. B. zur Windrichtung: „halb rechts von hinten“ ist symmetrisch: „halb links von hinten“ usw. Beide Versetzungen hängen in ihrer Größe nur von der Windstärke ab, sie haben nämlich die Werte:

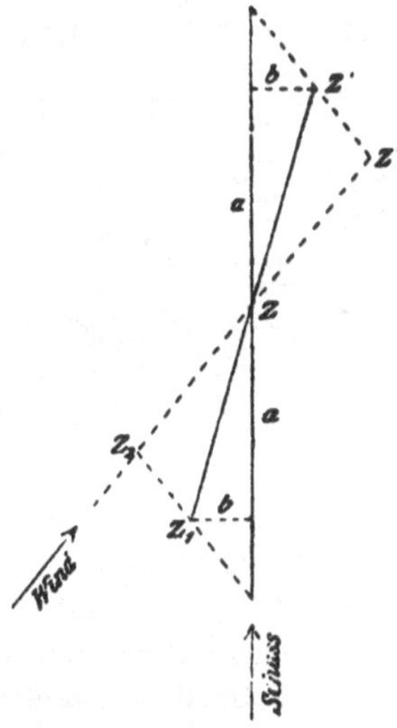

Abb. 21.

$$ZZ'' = \frac{A+B}{2}, \quad Z''Z' = \frac{A-B}{2},$$

nach einem bekannten Satze über die Ellipse mit den Halbachsen A und B (s. Abb. 20). Kennt man zu jeder Windstärke und Zielentfernung die große Versetzung ZZ'' und die kleine Versetzung $Z''Z'$, so verfährt man so (Abb. 21): Man trägt die große Versetzung entgegen der Windrichtung von Z nach Z_2 an; darauf die kleine Z_2Z_1 in der symmetrischen Richtung (nach Augenmaß). Dabei ist selbst bei der geringsten Aufmerksamkeit kein Irrtum möglich. Nach Z_1 ist Richtung und Entfernung zu nehmen.

Man braucht also ein Instrument, das zu jeder Zielentfernung und Windstärke die beiden Windkorrekturen liefert. Das kann z. B. durch ein durchsichtiges Zelluloidlineal erfolgen, von dem Abb. 22 ein Stück darstellt (Maßstab 1:25000). Man legt es mit der Mittellinie 0 — 0 durch das Ziel und entnimmt ihm mittels Zirkels (am besten einem dreispitzigen) die große Korrektur einerseits, die kleine anderseits der Mittellinie an der durch das Ziel gehenden Stelle. Nur die zu den Windgeschwindigkeiten $\mathfrak{w} = 4$, 8, 12, 16, 20 m/sek gehörigen Korrekturen

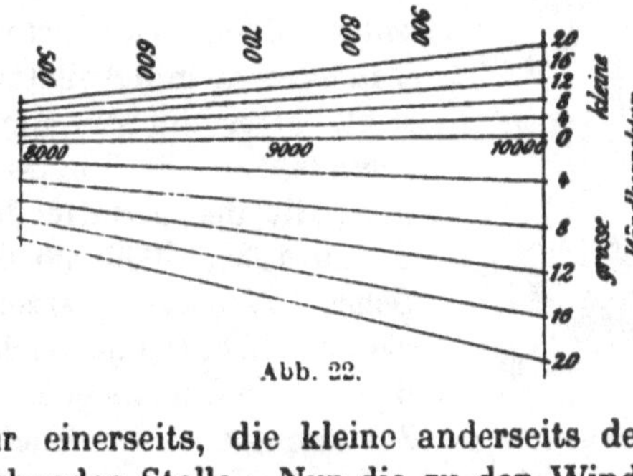

Abb. 22.

sind direkt zu entnehmen, die andern durch Halbieren und Vierteln genau genug nach Schätzung.

Nach dem so gefundenen Punkte Z_1 wird mit dem Lineal gleich die Seitenrichtung genommen, während die Entfernung noch korrigiert werden muß. Deshalb braucht das Windlineal keine oder nur eine rohe Entfernungsskala zu enthalten; dagegen ist Angabe der Geschoßflughöhe nötig, da nach § 47 der in der halben Geschoßflughöhe herrschende Wind genommen werden muß. Man trägt sie an den Stellen ein, wo sie eine ganze Zahl Hektometer beträgt. Um die Entfernung gleich für Luftgewicht korrigiert abzulesen, schlage ich einen Maßstab vor, auf dem die Teilstriche entsprechend dem Luftgewicht auseinander- oder zusammengerückt sind. Die zu den Luftgewichten 1,00 bis 1,40 gehörigen Maßstäbe können auf einem Zelluloidlineal vereinigt werden (s. Abb. 23). Man liest auf der durch das betreffende Luftgewicht gehenden Geraden ab. Diese Gerade kann auch durch einen Faden markiert werden, der vom Nullpunkt der Skala ausgeht und am Ende derselben bei dem betreffenden Tagesluftgewicht in einer Kerbe festgeklemmt wird. In der Zeichnung sind nur die Luftgewichte 1,00, 1,04, 1,08, ..., 1,40 und die zugehörigen Ablesegeraden verzeichnet, und auf den Ablesegeraden nur die um 200 m differierenden Entfernungen, was bei der wirklichen Ausführung auf 50 m (= 2 mm) zu verengen ist.

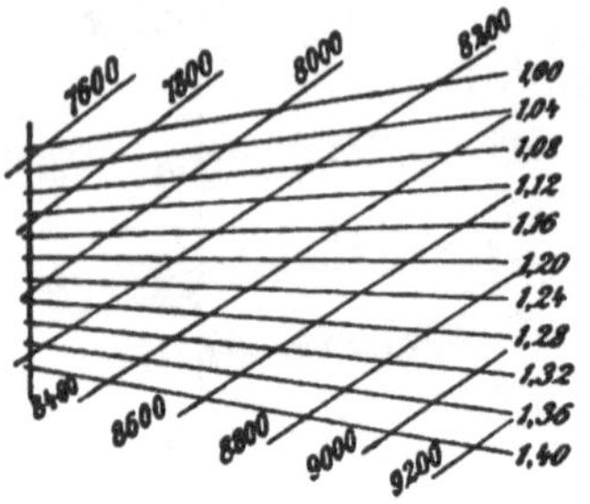

Abb. 23.

Die Veränderung der Anfangsgeschwindigkeit v_0 kann man z. B. in der Weise berücksichtigen, daß man den Nullpunkt des Luftgewichtslineals verschiebbar einrichtet (s. Abb. 24). Die Zahlen $+12$, $+8$, $+4$, ± 0, -4, -8, -12 bedeuten die Geschwindigkeitsstufe, so daß die Stufe ± 0 die Geschwindigkeit v_0 ist und die Stufen ± 12 den größten in Betracht kommenden Werten von Δv_0 entsprechen. Der Schieber wird so eingestellt, daß die Tagesgeschwindigkeitsstufe in der Mittellinie des Lineals liegt. Der auf die Feuerstellung im Batterieplan aufzulegende Linealnullpunkt liegt dann auf derjenigen Schräglinie, die der betreffenden Zielentfernung entspricht. Nur die zu 1000, 2000, 3000, 4000, 5000, 6000, ... gehörigen Schräglinien sind verzeichnet. Für andere Entfernungen genügt Schätzung nach Augenmaß, da die Linien sehr dicht zusammenliegen. Größen, die kleiner sind, als daß sie noch in der Zeichnung zum Ausdruck gebracht werden können, braucht man nicht zu berücksichtigen. Hat man eine Zielentfernung x^0 unter Berücksichtigung aller Korrekturen außer der von v_0 erschossen, so ergibt An-

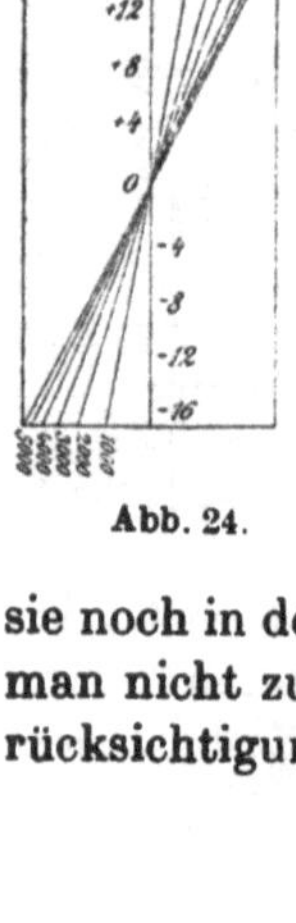

Abb. 24.

legen des Lineals und Verschieben des Nullpunktes vermittels des Schiebers, so daß die Entfernung x^0 abgelesen wird, die Geschwindigkeitsstufe. Dabei können die Stufenzahlen 0, ± 4, ± 8, ± 12 verschiedenartiger Geschütze so in Übereinstimmung bezeichnet werden, daß die von einem erschossene Stufe auch für die andern maßgebend ist; sofern nicht verschiedenartige lokale Einflüsse mitwirken.

Kommen mehrere Ladungen in Betracht, so wird man am besten für jede ein Windlineal und ein Luftgewichtslineal anfertigen.

Was die Genauigkeit angeht, so ist folgendes zu sagen. Auf dem Batterieplan im Maßstab 1:25000 kann man die Entfernung Batterie—Ziel im allgemeinen nicht genauer als bis auf 25 m genau abgreifen. Man braucht daher bei den an der Entfernung anzubringenden Korrekturen über dieses Genauigkeitsmaß nicht hinauszugehen. Das hat erst dann Zweck, wenn man den Maßstab des Batterieplanes so vergrößert, daß die Entfernung genauer abgegriffen werden kann. Das kommt wohl nur für ortsfeste Batterien in Frage. Das beschriebene Linealverfahren hält dann in bezug auf Genauigkeit der Korrekturen genau Schritt mit der Genauigkeit der Entfernungsablesung.

Zehntes Kapitel.

Flugbahnschwenkungen.

§ 49. Eingliedrige (starre) Schwenkung.

Betrachtet man die Flugbahn zur Erhöhung ω_0 wie eine starre Kurve und schwenkt sie in ihrer Ebene um den Winkel $\Delta\omega_0$, so ist die erhaltene Kurve nur eine rohe Annäherung an die Flugbahn mit der Erhöhung $\omega_0 + \Delta\omega_0$. Bei dieser Schwenkung geht jeder Punkt P in einen andern $\bar{P}$ über, derart, daß OP in der Länge unverändert bleibt, in der Richtung sich um $\Delta\omega_0$ ändert. Ist $\Delta\omega_0$ klein, so kann der Bogen $P^0\bar{P}^0$ als geradlinig und gleich $x^0\,\Delta\omega_0$ angesehen werden. Ist S^0 der Endpunkt der geschwenkten Bahn, so kann man auch $\bar{P}^0 S^0$ als geradlinig und $\angle P^0 S^0 \bar{P}^0 = |\omega^0|$ annehmen. Setzt man $P^0 S_0 = \Delta x^0$, so wird demnach (Abb. 25) $\Delta x^0 : x^0\,\Delta\omega_0 = \mathrm{ctg}|\omega^0|$ oder

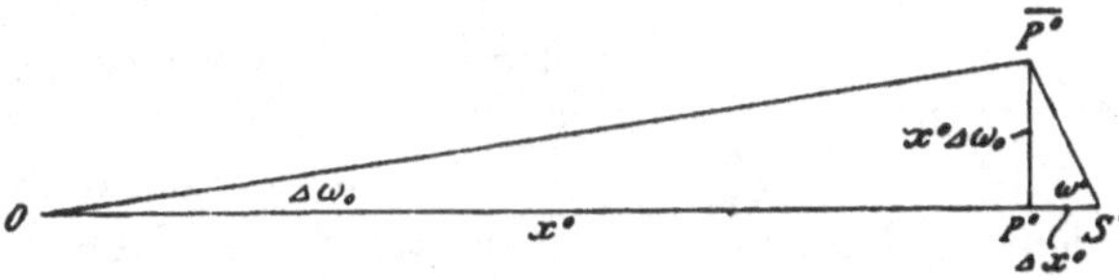

Abb. 25.

$$\frac{\Delta x^0}{x^0} = \mathrm{ctg}|\omega^0| \cdot \Delta\omega^0 \quad \text{(vgl. [8''] § 41)}. \tag{1}$$

Dieses Ergebnis der oft angewandten starren Schwenkung steht in Widerspruch mit der ebenfalls gebräuchlichen Formel (8') § 40 und mit der besseren Formel (8) § 40.

Bei Annahme starrer Flugbahnschwenkung liefert eine Schußtafel der Werte ω_0, x^0 punktweise die ganze Flugbahn, indem man ω_0, x^0 als Polarkoordinaten, die Anfangstangente als Koordinatenachse nimmt. Insbesondere erhält man den Gipfel P_* zur Erhöhung ω_0 daraus, daß für die Schußweite OP_* die Anfangs- und Enderhöhung zusammen gleich ω_0 sind; eine bekannte, aber nach obigem nur sehr rohe Näherungskonstruktion.

§ 50. Zweigliedrige Flugbahnschwenkungen.

Die Siacchischen Formeln (3) (§ 28)

$$t = \frac{1}{cB}\left(T(u) - T(u_0)\right)$$

$$x \sec\omega_m = \frac{1}{cB}\left(D(u) - D(u_0)\right)$$

$$\operatorname{tg}\omega_0 - \operatorname{tg}\omega = \frac{1}{cB}\sec\omega_m\left(J(u) - J(u_0)\right)$$

$$x\operatorname{tg}\omega_0 - z = \frac{1}{c^2B^2}\left(A(u) - A(u_0) - J(u_0)\left(D(u) - D(u_0)\right)\right)$$

ergeben für $\omega_m = \omega_0$, wenn man sich u aus der ersten ausgerechnet in die folgenden eingesetzt denkt, daß $x\sec\omega_0$ und $x\operatorname{tg}\omega_0 - z$ bloß von t, nicht von ω_0 abhängen. Eine Änderung von ω_0 bei unverändertem v_0, also auch unverändertem $u_0 = \dot{x}_0\sec\omega_m = v_0$ ändert also die Flugbahn in der Weise, daß für jeden Punkt P die Strecken $OQ = x \cdot \sec\omega_0$, $QP = x \cdot \operatorname{tg}\omega_0 - z$ (s. Abb. 26) unverändert bleiben. Auf die so erhaltene Schar von Flugbahnen beziehen sich die in § 18 abgeleiteten Sätze. Diese Art Flugbahnschwenkung gilt, wie die Wahl $\omega_m = \omega_0$ (s. S. 70) am besten für aufsteigende Bögen.

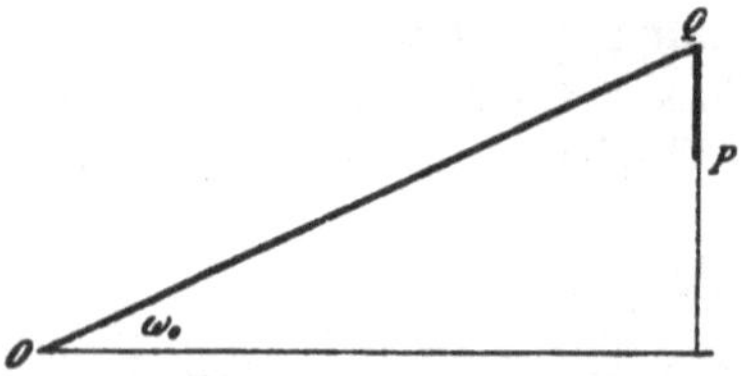

Abb. 26.

Wählt man für Gipfelbögen $\omega_m = 0$, so findet man ebenso, daß x und $x \cdot \operatorname{tg}\omega_0 - z$ nur von t, nicht von ω_0 abhängen. Eine Änderung von ω_0 bei unverändertem u_0, also $\dot{x}_0$, ändert also die Flugbahn in der Weise, daß jeder Punkt P sich nur auf seiner Ordinate verschiebt, und zwar so, daß das Stück PQ konstant bleibt (Abb. 27).

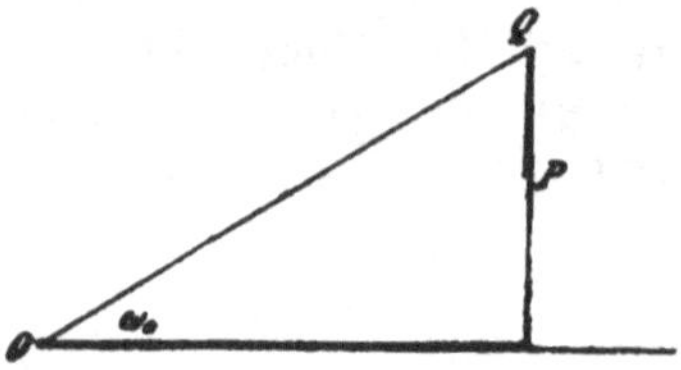

Abb. 27.

Die Formeln, S. 107, aus denen wir (8') folgerten, ergeben eine Schwenkung, indem man Punkte der alten und der geschwenkten Flugbahn mit demselben $t \cdot \cos\omega_0$ einander zuordnet. Bei der Schwenkung bleibt x und $(x \operatorname{tg}\omega_0 - z) \cos^2\omega_0$ unverändert, d. h. jeder Punkt verschiebt sich so auf seiner Ordinate, daß das Stück PS konstant bleibt (Abb. 28).

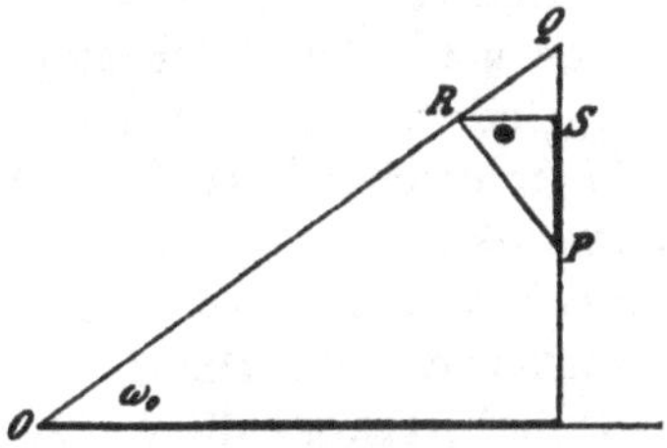

Abb. 28.

Die Gleichungen, (14) S. 98, aus denen die Siacchischen durch Vernachlässigungen hervorgehen, liefern genauere Flugbahnschwenkungen. Schreibt man sie erstens unter Beschränkung auf die ersten Glieder und nach Elimination von ${}_0v$:

$$x \cos\omega_0 + z \sin\omega_0 = D[t]$$
$$x \operatorname{tg}\omega_0 - z \qquad = A[t],$$

wo mit $D[t]$ und $A[t]$ Funktionen von t bezeichnet seien, so bedeutet dies, daß die Schwenkung mit konstantem $OR = D$ und $QP = A$ erfolgt (s. Abb. 29). Da sich zu jedem Punkt P bei gegebenem ω_0 die Punkte Q und R ergeben, ist durch eine Flugbahn die ganze Schar bestimmt.

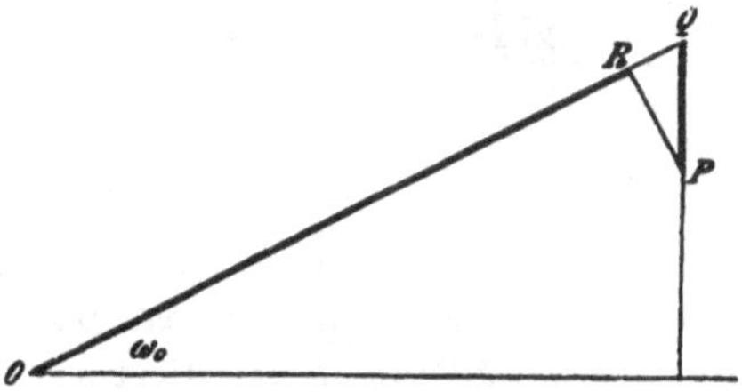

Abb 29.

§ 51. Mehrgliedrige Schwenkungen.

Schreibt man dieselben Gleichungen unter Hinzunahme der zweiten Glieder:

$$x \cos\omega_0 + z \sin\omega_0 = D[t] + D_1[t] \sin\omega_0$$
$$x \operatorname{tg}\omega_0 - z \qquad = A[t] + A_1[t] \sin\omega_0,$$

so ergibt sich eine Schwenkung mit konstanten $OR = D$, $R'R'' = D_1$, $QP = A$, $Q'Q'' = A_1$ (Abb. 30).

Diese Flugbahnschwenkungen sind die Zusammenfassung der Flugbahnen bezüglich der Veränderlichen ω_0 in Scharen.

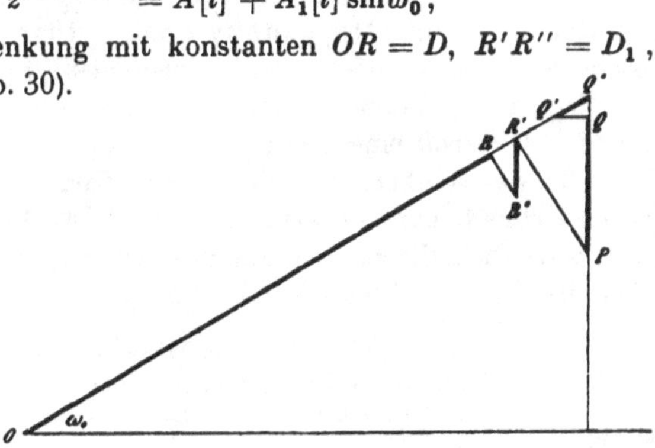

Abb. 30.

In bezug auf die Veränderliche w_0, oder, was auf dasselbe hinauskommt, cB, entsteht im ersten Fall (Abb. 29) eine Schar, wenn man OR in linearem, QP in quadratischem Verhältnis des Faktors cB ändert. Zu so einander entsprechenden Punkten gehören aber nicht gleiche Zeiten t, sondern gleiche cBt. Die Berücksichtigung von D_1 und A_1 bleibe dem Leser überlassen.

In bezug auf die Veränderliche v_0 repräsentiert eine Flugbahn eine Schar von solchen, da man auf ihr den Anfangspunkt verlegen kann.

Demnach ist aus einer einzigen Flugbahn, zugehörig zu v_0, w_0, ω_0, mit hinreichend großer Anfangsgeschwindigkeit jede beliebige durch Schwenkungen, Verlegungen des Anfangspunktes und Transformationen (angenähert) zu gewinnen. Hierin besteht die Bedeutung der Siacchischen Tabellen der Funktionen D, T, J, A, in denen deshalb alle Flugbahnen (angenähert) enthalten sind.

Elftes Kapitel.

Die Flugbahn als nichtebene Kurve.

§ 52. Einleitung.

Wir haben bisher die Flugbahn als ebene Kurve betrachtet und behandelt. Diese Annahme ist nur so lange berechtigt, als Geschoßachse und Bahntangente in einer senkrechten Ebene liegen und der Luftwiderstand eine in dieser Ebene liegende Resultante hat. Bei einem rotierenden Geschoß wird diese Symmetrie dadurch aufgehoben, daß der Luftwiderstand hebend auf den Geschoßkopf wirkt, dieses Drehmoment sich mit dem der Rotation um die Längsachse zusammensetzt und diese Achse aus der Schußebene seitwärts aufwärts herausgedreht wird. Damit ist die sogenannte konische Pendelung eingeleitet, der Luftwiderstand bekommt eine seitliche Komponente, die Flugbahn wird uneben, das Geschoß weicht seitlich ab. Die Ursache dieser Seitenabweichung wurde in dieser Weise zuerst von Magnus*) qualitativ richtig erkannt. Analytisch ist die konische Pendelung rotierender Langgeschosse mehrfach behandelt worden. Die Ergebnisse stimmen nicht überein, eine neue Behandlung ist erforderlich**). Hier soll eine Darstellung der Pendelung gegeben werden für den Fall, daß der Winkel α zwischen Geschoßachse und Bahntangente wie eine kleine Größe behandelt werden kann. Diese Beschränkung ist erstens für die Praxis vorläufig zulässig und ausreichend, denn nur soweit dieser Winkel klein ist, hat die Flugbahn die für ein Zielschießen erforderliche Regel-

*) Abh. der Königl. pr. Akad. d. Wissenschaften, Berlin 1852.

**) Vgl. Encyclopédie des sciences mathématiques, tome IV, vol. 6, p. 68ff.
Eine Übersicht über die verschiedenen Ergebnisse s. z. B. in Cranz' Ballistik, 1896, S. 258.

Die obige Behandlung fand ich im Sommer 1916 in Kurland, trug sie erstmalig Sommer 1918 in einer Vorlesung über Ballistik vor und veröffentlichte sie im Sommer 1919 in den Artilleristischen Monatsheften.

mäßigkeit und Genauigkeit. Sie ist zweitens theoretisch naturgemäß, da die Lösung unter dieser Annahme jedenfalls den ersten Schritt für eine Lösung bei nicht kleinem α darstellt. Andrerseits werden einige in früheren Arbeiten übliche vereinfachende Annahmen hier nicht gemacht, weil sie für die mathematische Natur des Problems nicht wesentlich sind. So wird die Beschränkung auf Flachbahnen und große Geschwindigkeiten oder Steilbahnen und kleine Geschwindigkeiten fallen gelassen, und es wird kein spezielles Luftwiderstandsgesetz angenommen. Das Problem wird auf ein mathematisch sehr einfaches zurückgeführt, nämlich auf die Differentialgleichung für gedämpfte Schwingungen. Die Koeffizienten der betreffenden Gleichung hängen in einfacher Weise von dem Geschoß, seiner Bewegung und dem Luftwiderstand ab und sind sogar bis auf einen, der langsam veränderlich ist, konstant.

Die Beschränkung auf kleine α hat weiter den Vorteil, daß das Problem der Rotation und das der Translation des Geschosses, sonst untrennbar verbunden, sich getrennt lösen lassen, wenigstens im ersten Grade der Annäherung, praktisch ziemlich weitreichend. Von den drei Koordinaten eines Flugbahnpunktes erweist sich infolge der Pendelung schon im Anfangsgliede der Entwicklung nach der Zeit nur die seitliche beeinflußt. In bezug auf diese Seitenabweichung sagt die Encyclopédie (a. a. O. S. 70): „La théorie de la dérivation des projectiles présente encore des lacunes fondamentales“, und Siacchi (Balistique, 1892, S. 123) sagt: „Les difficultés analytiques que l'on rencontre dans le calcul de la dérivation, comparées à sa petitesse et à ses anomalies, ont fait renoncer à la déterminer pour les applications pratiques.“ Der einzig beachtliche Ansatz in dieser Richtung besteht in den Majevskischen Funktionen M und B*) für den Grundriß der Flugbahn, die den Siacchischen Funktionen J und A für den Aufriß der Flugbahn analog sind. Aber die Herleitung dieser Funktionen ist von Vernachlässigungen begleitet, deren Tragweite man nicht übersieht. Wir leiten daher diese Funktionen auf einem neuen, und zwar sehr einfachen Wege her. Dabei wird sich eine Berichtigung derselben ergeben. Der Vergleich mit der Erfahrung liefert uns dann eine Bestätigung.

§ 53. Die Differentialgleichung für die konische Pendelung.

Es werden folgende Bezeichnungen eingeführt:

x, y, z rechtwinklige Koordinaten, Anfangspunkt in einem beliebigen Bahnpunkt, der als Anfangspunkt der Bahn genommen wird; x positiv vorwärts, y positiv rechts, z positiv aufwärts;

*) Majevski, Lösung der Probleme des direkten und indirekten Schießens. Deutsch von Klußmann. Berlin 1886. S. 13 u. 14.

ξ, η, ζ rechtwinklige Koordinaten fest im Geschoß, Anfangspunkt im Schwerpunkt; in der Anfangslage — Geschoß aufrecht — fallen ξ, η, ζ in der Richtung bzw. mit x, y, z zusammen;

δ Winkel der Bahntangente gegen die z-Achse;

$\delta - \vartheta$ Winkel der ζ-Achse des Geschosses gegen die z-Achse, ϑ klein;

ψ Winkel der senkrechten Geschoßmittelebene gegen ihre Anfangslage, die xz-Ebene, positiv nach rechts, klein;

φ Winkel, um den sich das Geschoß um seine Achse von $t = 0$ an gedreht hat, also Winkel der ξ-Achse mit der senkrechten Geschoß-Mittelebene oder der η-Achse mit dem horizontalen Radius des Geschoßquerschnittes, positiv bei Rechtsdrall;

m die Masse des Geschosses;

ω Winkel der x-Achse mit der Tangente des Aufrisses der Flugbahn auf die xz-Ebene;

$\tilde{\omega}$ Winkel der x-Achse mit der Tangente des Grundrisses der Flugbahn in der xy-Ebene;

p, q, r Drehgeschwindigkeiten bzw. um die ξ, η, ζ-Achse, positiv bei Drehung bzw. im Sinne $\zeta\eta$, $\xi\zeta$, $\eta\xi$;

Am, Bm, Cm die drei Hauptträgheitsmomente des Geschosses in bezug auf die Achsen ξ, η, ζ;

w_ξ, w_η, w_ζ die Komponenten von w in Richtung der ξ-, η-, ζ-Achse;

h die Querkomponente von w, senkrecht zur ζ-Achse;

h_x, h_y, h_z die Komponenten von h in Richtung der x-, y-, z-Achse.

Die Geschwindigkeiten p, q, r drücken sich durch die Geschwindigkeiten $\dot{\varphi}$, $\dot{\psi}$, $\dot{\vartheta}$ der Eulerschen Winkel φ, ψ, $\delta - \vartheta$ bekanntlich so aus*):

$$\begin{aligned} p &= -\dot{\vartheta} \sin\varphi + \dot{\psi} \sin\delta \cos\varphi, \\ q &= \dot{\vartheta} \cos\varphi + \dot{\psi} \sin\delta \sin\varphi, \\ r &= \dot{\varphi} + \dot{\psi} \cos\delta. \end{aligned} \tag{1}$$

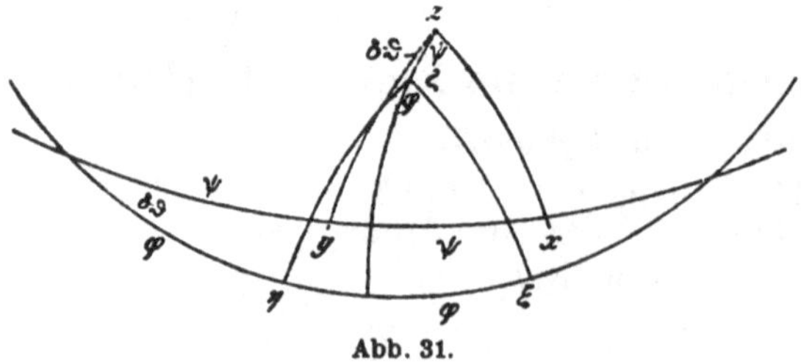

Abb. 31.

Daraus folgt umgekehrt:

$$\begin{aligned} \dot{\vartheta} &= -p \sin\varphi + q \cos\varphi \\ \dot{\psi} \sin\delta &= p \cos\varphi + q \sin\varphi. \end{aligned} \tag{2}$$

Auf der Einheitskugel um den Anfangspunkt, in dem sich in dem betrachteten Zeitmoment auch

*) S. z. B. Enzyklopädie der mathematischen Wissenschaften, Bd. IV, 1, S. 565.

der Geschoßschwerpunkt befindet, ist $\psi \sin\delta$ der Bogen eines Parallelkreises, ϑ der Bogen eines Meridians, wenn man die xy-Ebene als Äquatorebene nimmt (s. Abb. 31). Durch diese beiden Größen wird die momentane Lage der Geschoßachse gegen die Bahntangente bestimmt. Daher fassen wir $\psi \sin\delta$ und ϑ zu dem komplexen Winkel (Abb. 32)

Abb. 32.

$$\psi \sin\delta + i\vartheta = \alpha \tag{3}$$

zusammen. Dann ergibt sich

$\dot{\alpha} = \dot{\psi} \sin\delta + i\dot{\vartheta} = (p + iq)(\cos\varphi - i\sin\varphi)$, und daraus

$\ddot{\alpha} = (\dot{p} + i\dot{q})(\cos\varphi - i\sin\varphi) - i(p + iq)(\cos\varphi - i\sin\varphi)(r - \dot{\psi}\cos\delta)$.

Der absolute Betrag $|\alpha|$ des Winkels α ist der Winkel Geschoßachse — Bahntangente.

Die Bewegungsgleichungen für das rotierende Geschoß bestehen jetzt erstens aus den drei Translationsgleichungen:

$$\begin{aligned} \ddot{x} &= -\frac{w}{v}\dot{x} \qquad - h_x, \\ \ddot{y} &= -\frac{w}{v}\dot{y} \qquad - h_y, \\ \ddot{z} &= -\frac{w}{v}\dot{z} - g - h_z. \end{aligned} \tag{4}$$

Zweitens aus den drei Rotationsgleichungen

$$\begin{aligned} A\dot{p} + (B - C)qr + L &= o, \\ B\dot{q} + (C - A)rp + M &= o, \\ C\dot{r} + (A - B)pq + N &= o. \end{aligned} \tag{5}$$

Die Momente L, M, N drücken sich durch die Komponenten w_ξ, w_η, w_ζ und durch die Koordinaten des Widerstandszentrums, die mit ξ, η, ζ bezeichnet seien, wie folgt aus:

$$\begin{aligned} L &= \zeta w_\eta - \eta w_\zeta, \\ M &= \xi w_\zeta - \zeta w_\xi, \\ N &= \eta w_\xi - \xi w_\eta. \end{aligned} \tag{6}$$

Nun ist wegen der Symmetrie des Geschosses $B = A$; ferner liegt das Widerstandszentrum auf der Geschoßachse, also ist $\xi = o$, $\eta = o$, also $L = \zeta w_\eta$, $M = -\zeta w_\xi$, $N = o$. Folglich $C\dot{r} = o$, also $r =$ konst., d. h. die Drehgeschwindigkeit eines Geschosses um seine Achse ist konstant*).

Die Gleichungen (5) für p und q werden jetzt:

$$\begin{aligned} A\dot{p} + (A - C)qr + \zeta w_\eta &= o, \\ A\dot{q} + (C - A)pr - \zeta w_\xi &= o. \end{aligned} \tag{7}$$

*) Müßte man bei großen Drehgeschwindigkeiten r die Reibung mit der Luft berücksichtigen, so würde r nicht konstant sein, sondern langsam abnehmen.

Mit 1 und i zusammengesetzt ergeben sie:

$$A(\dot{p} + i\dot{q}) - (A - C)\, i r\, (p + iq) + \zeta\,(w_\eta - i w_\xi) = o$$

oder mit $\cos\varphi - i \sin\varphi$ multipliziert und α eingeführt:

$$A\ddot{\alpha} + i\,(Cr - A\dot{\psi}\cos\delta)\,\dot{\alpha} + \zeta\,(w_\eta - i w_\xi)\cdot(\cos\varphi - i\sin\varphi) = o.$$

Diese Gleichung läßt noch eine Vereinfachung zu. Die Querkomponente der Verzögerung w ist $w|\alpha|$ (s. S. 21), deren Komponenten sind $w\psi\sin\delta$ und $w\vartheta$, also die Querkomponente komplex $w\alpha$. Die Komponenten von ϑ nach ξ und η sind $-\vartheta\cos\varphi$, $-\vartheta\sin\varphi$, die von $\psi\sin\delta$ sind $-\psi\sin\delta\sin\varphi$, $+\psi\sin\delta\cos\varphi$ (s. Abb. 33); also ist

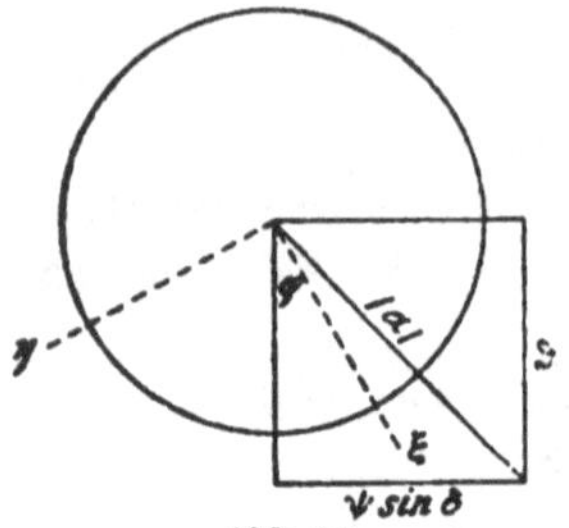

Abb. 33.

$$-w_\xi = w\,(-\vartheta\cos\varphi - \psi\sin\delta\sin\varphi),$$
$$-w_\eta = w\,(-\vartheta\sin\varphi + \psi\sin\delta\cos\varphi).$$

Demnach wird

$$-w_\eta + i w_\xi = w\vartheta\,(-\sin\varphi + i\cos\varphi) + w\psi\sin\delta\,(\cos\varphi + i\sin\varphi),$$

also

$$-(w_\eta - i w_\xi)(\cos\varphi - i\sin\varphi) = w\,(\psi\sin\delta + i\vartheta) = w\alpha.$$

Dadurch vereinfacht sich die Differentialgleichung für α zu:

$$A\ddot{\alpha} + i\,(Cr + A\dot{\psi}\cos\delta)\,\dot{\alpha} - \zeta w\alpha = o.$$

Da nach Voraussetzung α, also ψ und $\dot{\psi}$ klein sind, kann $\dot{\psi}\cos\delta$ fortgelassen werden. Ferner können in ζw, die von $|\alpha|$ abhängigen Teile, die mindestens zweiter Ordnung in $|\alpha|$ sind (s. S. 19), fortgelassen werden. Setzt man noch zur Abkürzung $\zeta w = f$, so wird die Gleichung für α:

$$A\ddot{\alpha} + i\,Cr\dot{\alpha} - f\alpha = o. \tag{8}$$

Die störende Kraft, der Koeffizient von α, ist also gleich dem durch das Quer-Trägheits-Moment Am geteilten Moment des Luftwiderstandes ζW; die Dämpfung, der Koeffizient von $\dot{\alpha}$, ist proportional der Drehgeschwindigkeit r und dem Quotienten aus Längs- und Quer-Trägheits-Moment. Nach Integration der Gleichung für α kann man die zunächst fortgelassenen Glieder in $\zeta w = f$ und im Koeffizienten von $\dot{\alpha}$ als Funktionen der Zeit hinzufügen und daraus eine zweite verbesserte Lösung für α gewinnen usw.

§ 54. Die Integration.

Zum Zwecke der Integration transformieren wir die Gleichung für α vermittels der Substitution:

$$\alpha = e^{-i\frac{Cr}{2A}t + \gamma}, \quad \dot{\alpha} = \alpha\left(-i\frac{Cr}{2A} + \dot{\gamma}\right), \quad \ddot{\alpha} = \alpha\ddot{\gamma} + \alpha\left(-i\frac{Cr}{2A} + \dot{\gamma}\right)^2$$

in

$$\ddot{\gamma} + \dot{\gamma}^2 = \delta^2, \tag{9}$$

eine Riccatische Gleichung für $\dot{\gamma}$, worin

$$\dot{\delta} = \frac{i\sqrt{\Delta}}{2A}, \quad \Delta = C^2 r^2 - 4Af \tag{10}$$

ist. Setzen wir $\dot{\gamma} = \dot{\delta} + \dot{\varepsilon}$, so erhalten wir für $\dot{\varepsilon}$ die Iterationsformel

$$-\dot{\varepsilon} = \frac{\ddot{\delta} + \ddot{\varepsilon} + \dot{\varepsilon}^2}{2\dot{\delta}}$$

und daraus für $\dot{\gamma}$ den Ausdruck

$$\dot{\gamma} = \dot{\delta} - \frac{\ddot{\delta}}{2\dot{\delta}} + \frac{\dddot{\delta}}{(2\dot{\delta})^2} - \frac{\overset{4}{\delta}}{(2\dot{\delta})^3} - 3\frac{\ddot{\delta}^2}{(2\dot{\delta})^3} + \frac{\overset{5}{\delta}}{(2\dot{\delta})^4} + 12\frac{\ddot{\delta}\dddot{\delta}}{(2\dot{\delta})^4} - \ldots,$$

wo die Koeffizienten aus einer Rekursionsformel bestimmbar, alle ganz, beim Nenner $(2\dot{\delta})^n$ vom Vorzeichen $(-1)^n$, beim Zähler $\overset{n+1}{\delta}$ vom Werte $(-1)^n$ sind. Die Konvergenz dieses Ausdrucks kommt nicht in Betracht, da die Funktion w, infolgedessen auch f und Δ nur numerisch gegeben sind. Wir können sogar Δ oder $\dot{\delta}$ zonenweise durch eine solche Funktion von t mit jedem gewünschten Genauigkeitsgrade approximieren, daß der Ausdruck für $\dot{\gamma}$ abbricht. Zu dem Zweck approximieren wir $\frac{1}{\sqrt[4]{\Delta}}$ durch eine lineare Funktion der Zeit*). Dadurch wird

$$\frac{d^2 \dot{\delta}^{-\frac{1}{2}}}{dt^2} = o,$$

d. h. $2\dot{\delta}\dddot{\delta} - 3\ddot{\delta}^2 = o$ und infolgedessen die Riccati-Gleichung integriert durch

$$\dot{\gamma} = \dot{\delta} - \frac{\ddot{\delta}}{2\dot{\delta}} = \frac{\pm i\sqrt{\Delta}}{2A} - \frac{\dot{\Delta}}{4\Delta}. \tag{11}$$

Denn es wird

$$\ddot{\gamma} + \dot{\gamma}^2 = \dot{\delta}^2 - \frac{2\dot{\delta}\dddot{\delta} - 3\ddot{\delta}^2}{4\dot{\delta}^2}.$$

Demnach wird

$$\alpha = e^{-i\frac{Cr}{2A}t \pm i\int\frac{\sqrt{\Delta}}{2A}dt - \int\frac{\dot{\Delta}}{4\Delta}dt};$$

also sind

$$\frac{e^{-i\int\sigma dt}}{\sqrt[4]{\Delta}} \quad \text{und} \quad \frac{e^{-i\int\tau dt}}{\sqrt[4]{\Delta}} \tag{12}$$

---

*) Es entspricht dies dem einfachsten integrablen Fall der Riccatischen Gleichung.

partikuläre Lösungen für α, wenn σ und τ die Wurzeln $\frac{Cr \pm \sqrt{\Delta}}{2A}$ der Gleichung sind:

$$A\sigma^2 - Cr\sigma + f = o, \tag{13}$$

und es ist

$$\alpha = \frac{\varkappa e^{-i\int \sigma dt} + \lambda e^{-i\int \tau dt}}{\sqrt[4]{\Delta}} \tag{14}$$

die allgemeine Lösung für die betreffende Zone. Aus ihr ergibt sich die spezielle Lösung dieser Zone, indem man $\varkappa$ und λ so bestimmt, daß α und $\dot{\alpha}$ gegebene Anfangswerte haben.

Die Drehgeschwindigkeit r ist groß und infolge günstiger Geschoßform und Gewichtsverteilung ist jedenfalls anfänglich $\zeta w = f$ nicht sehr groß. Daher ist anfangs $\frac{\Delta}{4A^2} = \frac{C^2r^2}{4A^2} - \frac{f}{A}$ von $\frac{C^2r^2}{4A^2}$ nicht sehr verschieden, also

$$\left.\begin{aligned} \tau &= \frac{Cr}{2A} + \frac{\sqrt{\Delta}}{2A} \text{ groß und etwas kleiner als } \frac{Cr}{A}, \\ \sigma &= \frac{Cr}{2A} - \frac{\sqrt{\Delta}}{2A} \text{ klein und etwas größer als } \frac{f}{Cr}. \end{aligned}\right\} \tag{15}$$

Mit wachsendem f nimmt τ ab, σ wächst. Hat σ den Wert $\frac{2f}{Cr}$ und τ den Wert $\frac{Cr}{2A}$ erreicht, so ist $\sigma = \tau$, $C^2r^2 = 4Af$, $\Delta = o$. Diesen Zeitpunkt nennen wir die Stabilitätsgrenze und Δ die Stabilitätsdiskriminante. Nur im Gebiete der Stabilität $\Delta > o$ läßt sich $\frac{1}{\sqrt[4]{\Delta}}$ durch lineare Funktionen der Zeit zonenweise approximieren, gilt also die Formel (14) für α.

Es kann ζ, also $f = \zeta w$ Null und negativ werden*), wenn der Schwerpunkt weit vorn liegt, oder wenn der Sog am Boden stark wirkt. Dann bleibt Δ positiv und die Bewegung bleibt stabil, α klein, die Geschoßachse nahe der Bahntangente: der Sog wirkt stabilisierend. Andererseits ist es aber unerwünscht, die Widerstandsverzögerung durch starken Sog infolge ungünstiger Bodenform zu vergrößern. Mit günstiger Bodenform muß man also Kopflastigkeit zu verbinden suchen, um möglichste Stabilität zu erreichen. Aluminiumzünder sind deshalb für die Stabilität des Fluges ungünstiger als Messingzünder.

---

*) Bei kleinen Geschwindigkeiten scheint dies nach den Kummerschen Versuchen (s. S. 21) nicht der Fall zu sein; für große Geschwindigkeiten ist es nicht festgestellt.

§ 55. Geometrischer Verlauf der Pendelung.

Um uns von der Bewegung in einem bestimmten Moment z. B. zur Zeit $t = o$ ein Bild zu machen, wählen wir jetzt ein Zeitintervall so klein, daß innerhalb desselben f also Δ sich nicht merklich ändert. Dann können für σ, τ, Δ ihre Anfangswerte σ_0, τ_0, Δ_0 gesetzt werden. Bestimmt man nun $\varkappa$ und λ so, daß α und $\dot{\alpha}$ die gegebenen Anfangswerte α_0 und $\dot{\alpha}_0$ annehmen, so erhält man:

$$\alpha = A \frac{\alpha_0 \tau_0 - i\dot{\alpha}_0}{\sqrt{\Delta_0}} e^{-i\sigma_0 t} - A \frac{\alpha_0 \sigma_0 - i\dot{\alpha}_0}{\sqrt{\Delta_0}} e^{-i\tau_0 t}. \tag{16}$$

Die hierdurch dargestellte Bewegung ist eine oskulierende Annäherung an die wirkliche Bewegung im Zeitpunkt $t = o$.

Insbesondere ist im Bahnanfang, falls das Geschoß ungestört ist,

$$\psi_0 \sin\delta_0 = o, \quad \vartheta_0 = o, \quad \text{also} \quad \alpha_0 = o. \tag{17}$$

Ferner ist $\dot{\delta}_0 = \dot{\vartheta}_0$ und $\dot{\psi}_0 = 0$. Nun ist im Anfang

$$d\delta = d\vartheta = \frac{ds}{\varrho},$$

wenn das Geschoß zunächst mit Erhaltung der Achsenrichtung fliegt, also ist wegen (3) S. 25

$$\dot{\vartheta}_0 = \frac{v_0}{\varrho_0} = \frac{g \sin\delta_0}{v_0}. \tag{18}$$

Demnach wird

$$\dot{\alpha}_0 = \dot{\psi}_0 \sin\delta_0 + i\,\dot{\vartheta}_0 = \frac{i\,g\sin\delta_0}{v_0} \tag{19}$$

und der Ausdruck für α wird

$$\alpha = A_0 \{e^{-i\sigma_0 t} - e^{-i\tau_0 t}\}, \tag{20}$$

wenn zur Abkürzung $\dfrac{A g \sin\delta_0}{\sqrt{\Delta_0} \cdot v_0} = A_0$ gesetzt wird. Hieraus läßt sich die momentane Pendelung im Anfang erkennen.

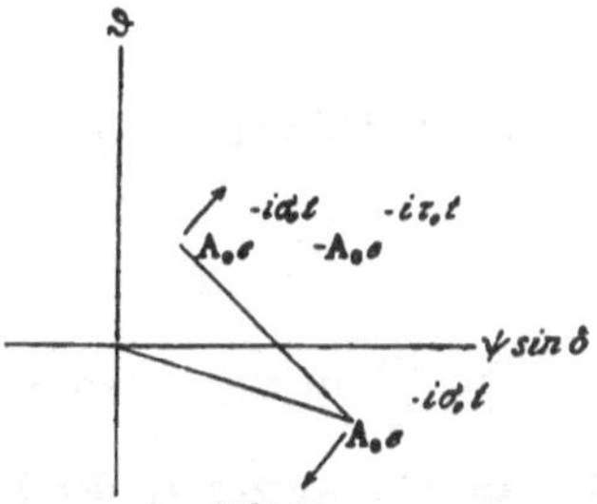

Abb. 34.

Der Punkt $A_0 e^{-i\sigma_0 t}$ beschreibt im System mit der ϑ- und $\psi \sin\delta$-Achse einen Kreis mit dem Radius A_0 um den Nullpunkt (s. Abb. 34) im Sinne des Uhrzeigers, beginnend im Punkte A_0, einen Umlauf vollendend in der Zeit $\dfrac{2\pi}{\sigma_0}$. Der Punkt $A_0 e^{-i\tau_0 t}$ beschreibt einen ebensolchen Kreis in der Zeit $\dfrac{2\pi}{\tau_0}$. Die Umlaufszeit $\dfrac{2\pi}{\sigma_0}$ ist groß, die andere

$\frac{2\pi}{\tau_0}$ klein*). Die zur ersten gehörige Geschoßpendelung heiße Präzession, die zur zweiten gehörige Nutation. Aus beiden ist die Gesamtpendelung zusammengesetzt. Die Nutation ist vom Luftwiderstande anfänglich fast unabhängig, da die Drehgeschwindigkeit τ_0 nahezu $\frac{Cr}{A}$ ist**). Bei der Gesamtpendelung beschreibt α einen Kreis vom Radius A_0 im Nullpunkt längs der positiven ϑ-Achse beginnend, dessen Mittelpunkt langsam auf einem Kreise vom Radius A_0 um den Nullpunkt wandert. Die Radien beider Kreise wachsen, weil A_0 wächst. Die Umlaufszeit der Nutation wächst, die der Präzession nimmt ab. Nach einer Nutationspendelung kommt die Geschoßachse immer wieder, aber mit der Zeit in abnehmendem Maße in die Nähe der Bahntangente. Da der Mittelpunkt der Nutationskreise nur langsam weiterrückt, bleiben die Nutationskreise lange Zeit größtenteils rechts der Bahntangente. Die praktisch wichtigen Flugbahnen reichen über dies Gebiet kaum hinaus.

In jedem Bahnpunkt wird, solange α klein und die Bewegung stabil ist, dieselbe durch die Formel (16) beschrieben, indem man den Punkt zum Anfangspunkt der Koordinaten und Zeit nimmt. Die Bewegung kann vom Bahnanfang an diesen allgemeineren Charakter haben, wenn nämlich durch das Bucken des Rohres ein Drehstoß auf die Achse des Geschosses ausgeübt wird. Dann ist nämlich $\dot{\alpha}_0 \neq \frac{i g \sin\delta_0}{v_0}$, $\dot{\psi}_0 \neq 0$, und folglich im Bahnanfang auch $\alpha_0 \neq 0$ (s. Kap. XIV). Die Werte von α_0, $\dot{\alpha}_0$ treten zu den übrigen Anfangselementen als neue Anfangselemente hinzu. Daß in der Tat $\alpha_0 \neq 0$ ist, wird sich weiter unten ergeben.

§ 56. Die Siacchi-Majevskischen Translationsgleichungen mit Berücksichtigung der Seitenabweichung.

Aus

$$\dot{\vartheta}_0 = \frac{g \sin\delta_0}{v_0}$$

folgt der Anfang der Entwicklung von ϑ nach t

$$\vartheta = \frac{g \sin\delta_0}{v_0} t + \dots$$

*) $\frac{2\pi}{\tau_0}$ ist (15) **anfänglich** etwas größer als $\frac{A}{C} \cdot \frac{2\pi}{r} = \frac{A}{C} \cdot \frac{\text{Drallänge}}{v_0}$, die Winkelgeschwindigkeit σ_0 der Präzession **anfänglich** etwas größer als $\frac{\zeta w}{Cr}$, damit wird ein bekanntes Ergebnis präzisiert; s. z. B. Cranz, Ballistik 1896, S. 511.

) Demnach ist die übliche Ansicht irrig, daß die Nutation durch anfängliche **Störungen bedingt ist. S. hierzu Encyclopédie l. c. S. 69.

Aus $\dot{\psi}_0 = 0$ und der Gleichung (8) für α, die am Anfang wegen (17, 18) übergeht in:

$$\ddot{\psi}_0 \sin\delta_0 = \frac{Cr}{A}\dot{\vartheta}_0, \quad \ddot{\vartheta}_0 = 0$$

folgt ebenso:

$$\psi = \frac{Cr}{A}\frac{g}{v_0}\frac{t^2}{2} + \dots$$

Die Querkomponente $h = w\,|\alpha|$ der Verzögerung w durch den Luftwiderstand zerfällt in die zwei Komponenten $w\vartheta$ und $w\psi\sin\delta$ senkrecht zur Geschoßachse, also nach den Koordinatenrichtungen in die drei Komponenten:

$$\begin{aligned} h_x &= w\vartheta \sin\delta \\ h_y &= w\psi \sin\delta \\ h_z &= w\vartheta \cos\delta\,. \end{aligned} \tag{21}$$

Von den drei Translationsgleichungen:

$$\begin{aligned} \ddot{x} &= -\frac{w}{v}\dot{x} - h_x \\ \ddot{y} &= -\frac{w}{v}\dot{y} - h_y \\ \ddot{z} &= -\frac{w}{v}\dot{z} - h_z - g \end{aligned} \tag{22}$$

ergibt die erste unter Einführung von $\dot{x}$ als unabhängiger Veränderlicher und Benutzung von

$$dt = \frac{d\dot{x}}{\ddot{x}}, \quad t = \int \frac{d\dot{x}}{\ddot{x}} \tag{T}$$

$$d\dot{x} = \frac{\ddot{x}}{\dot{x}}dx - h_x dt = \frac{\ddot{x}}{\dot{x}}dx - h_x\frac{d\dot{x}}{\ddot{x}} = \frac{\ddot{x}}{\dot{x}}dx - \frac{w\sin\delta}{\ddot{x}}\vartheta d\dot{x}, \quad \text{also}$$

$$x = \int \frac{\dot{x}}{\ddot{x}}\left(1 + \frac{w\sin\delta}{\ddot{x}}\vartheta\right)d\dot{x}. \tag{D}$$

Das erste Glied der Entwicklung von x nach $\dot{x}$ oder nach t bleibt also von ϑ unbeeinflußt; ϑ beeinflußt erst das zweite Glied.

Die erste und dritte Translationsgleichung (22) ergeben:

$$\ddot{z}\dot{x} - \dot{z}\ddot{x} = h_x\dot{z} - (h_z + g)\,\dot{x}, \text{ d. h.}$$

$$d\frac{\dot{z}}{\dot{x}} = h_x\frac{\dot{z}dt}{\dot{x}^2} - (h_z + g)\frac{dt}{\dot{x}}, \text{ integriert}$$

$$\frac{\dot{z}}{\dot{x}} - \operatorname{tg}\omega_0 = \int\left\{h_x\frac{\dot{z}}{\dot{x}} - (h_z + g)\right\}\frac{d\dot{x}}{\dot{x}\ddot{x}} = \int\left\{-g + w\vartheta\left(\frac{\dot{z}}{\dot{x}}\sin\delta - \cos\delta\right)\right\}\frac{d\dot{x}}{\dot{x}\ddot{x}} \tag{J}$$

$$z - x\operatorname{tg}\omega_0 = \int\!\!\int\left\{-g + w\vartheta\left(\frac{\dot{z}}{\dot{x}}\sin\delta - \cos\delta\right)\right\}\frac{d\dot{x}}{\dot{x}\ddot{x}}\cdot\frac{\dot{x}d\dot{x}}{\ddot{x}}; \tag{A}$$

die unter dem Integral stehenden Glieder mit ϑ beeinflussen also das Anfangsglied nicht.

Die erste und zweite Translationsgleichung (22) ergeben ebenso

$$\ddot{y}\dot{x} - \dot{y}\ddot{x} = h_x \dot{y} - h_y \dot{x}$$

$$d\,\frac{\dot{y}}{\dot{x}} = h_x\,\frac{\dot{y}\,dt}{\dot{x}^2} - h_y\,\frac{dt}{\dot{x}}$$

$$\frac{\dot{y}}{\dot{x}} - \operatorname{tg}\tilde{\omega}_0 = \int\left\{h_x\,\frac{\dot{y}}{\dot{x}} - h_y\right\}\frac{d\dot{x}}{\dot{x}\ddot{x}} = \int\left\{\vartheta\,\frac{\dot{y}}{\dot{x}} - \psi\right\}\frac{w\sin\delta}{\ddot{x}}\cdot\frac{d\dot{x}}{\dot{x}}, \qquad \text{(M)}$$

wenn mit $\tilde{\omega}_0$ der Anfangswert von $\tilde{\omega}$ bezeichnet wird.

Nimmt man also $\tilde{\omega}_0 = o$, so folgt

$$y = \int\int\left\{\frac{\vartheta\dot{y}}{\dot{x}} - \psi\right\}\frac{w\sin\delta}{\ddot{x}}\,\frac{d\dot{x}}{\dot{x}}\,\frac{\dot{x}\,d\dot{x}}{\ddot{x}} \qquad \text{(B)}$$

Die Formeln (T), (D), (J), (A) sind als Verbesserung der Siacchischen, die Formeln (M), (B) als Verbesserung der Majevskischen anzusehen. Aus einer ersten Lösung für $\alpha = o$ erhält man eine zweite, genauere durch Einführung von ϑ und ψ als Funktionen der Zeit usw.

Benutzt man die Taylorsche Entwicklung

$$\frac{\dot{y}}{\dot{x}} = \operatorname{tg}\tilde{\omega}_0 + t\left(\frac{d\operatorname{tg}\tilde{\omega}}{dt}\right)_0 + \ldots = \dot{\tilde{\omega}}_0 t + \ldots,$$

so folgt aus (M), wenn man im Integranden die Elemente der ebenen Flugbahn einsetzt:

$$\frac{\dot{y}}{\dot{x}} = \int(\dot{\tilde{\omega}}_0 t\vartheta - \psi)\frac{d\dot{x}}{\dot{x}} + \ldots = \int\left(\dot{\tilde{\omega}}_0\cdot\frac{g\sin\delta_0}{v_0}t^2 - \frac{Cr}{A}\cdot\frac{g}{v_0}\cdot\frac{t^2}{2}\right)\frac{\ddot{x}}{\dot{x}}\,dt + \ldots$$

$$= -\left(\dot{\tilde{\omega}}_0\sin\delta_0 - \frac{Cr}{2A}\right)\cdot\frac{g}{v_0}\cdot\frac{\ddot{x}_0}{\dot{x}_0}\,\frac{t^2}{3} + \ldots, \text{ also } \left(\frac{\dot{y}}{\dot{x}}\right)_0 = o, \text{ d. h. } \dot{\tilde{\omega}}_0 = o,$$

also

$$\dot{y} = \frac{Cr}{2A}\cdot\frac{g\sin\delta_0}{v_0}\,w_0\cdot\frac{t^2}{3} + \ldots$$

$$y = \frac{Cr}{A}\cdot\frac{g w_0\sin\delta_0}{v_0}\cdot\frac{t^4}{24} + \ldots \qquad (23)$$

also: wenn das Geschoß ungestört die Bahn beginnt, ist die Seitenabweichung in erster Annäherung der vierten Potenz der Flugzeit proportional.

Dieses Ergebnis beruht auf den Annahmen, daß $\vartheta_0 = o$, $\psi_0 = o$ ist. Wir wollen jetzt auch die Annahme verfolgen, daß $\psi_0 \neq o$ ist; d. h. am Bahnanfang macht die senkrechte Geschoßmittelebene einen Winkel ψ_0 mit der senkrechten Berührungsebene der Flugbahn, d. i. mit der xz-Ebene.

In diesem Falle folgt aus (M) durch Einsetzen von $\frac{\dot{y}}{\dot{x}} = \dot{\tilde{\omega}}_0 t + \ldots$

$\frac{\dot{y}}{\dot{x}} = -\psi_0\cdot\frac{\ddot{x}_0}{\dot{x}_0}\,t + \ldots$, d. h. wenn man mit $\frac{\dot{y}}{\dot{x}} = \dot{\tilde{\omega}}_0 t + \ldots$ vergleicht, es ist jetzt $\dot{\tilde{\omega}}_0 \neq o$, der Grundriß der Flugbahn berührt zwar die x-Achse, aber die Anfangskrümmung ist nicht Null. Durch Einsetzen von $\ddot{x} = \dot{\ddot{x}}_0 t + \dots$ und Integration erhält man:

$$y = -\psi_0 \ddot{x}_0 \frac{t^2}{2} + \dots = \psi_0 w_0 \cos\omega_0 \cdot \frac{t^2}{2} + \dots; \tag{24}$$

also: die Seitenabweichung ist angenähert proportional der zweiten Potenz der Flugzeit, wenn das Geschoß schräg gestellt die Bahn beginnt.

Der Vergleich mit der Erfahrung wird weiter unten ergeben, daß in der Tat $\psi_0 \neq o$ ist, daß also die Entwicklung (24) gilt.

§ 57. Dieselben Gleichungen vereinfacht.

Wenn $\psi_0 \neq o$ ist, wird auch das Anfangsglied von y nach (24) durch ϑ nicht beeinflußt. Setzt man deshalb angenähert $\vartheta = o$, also nach (21)

$$h_x = o\,, \quad h_z = o\,, \quad h_y = h\,,$$

so werden die Translationsgleichungen einfacher:

$$\begin{aligned} \ddot{x} &= -\frac{w}{v}\dot{x} \\ \ddot{y} &= -\frac{w}{v}\dot{y} - h \\ \ddot{z} &= -\frac{w}{v}\dot{z} - g. \end{aligned} \tag{25}$$

Diese Gleichungen ergeben einerseits für den Aufriß der Flugbahn in der xz-Ebene*):

$$t = \int \frac{d\dot{x}}{\ddot{x}} = T(\dot{x}) - T(\dot{x}_0) \qquad \mathrm{T}$$

$$x = \int \frac{\dot{x}\,d\dot{x}}{\ddot{x}} = D(\dot{x}) - D(\dot{x}_0) \qquad \mathrm{D}$$

$$\operatorname{tg}\omega - \operatorname{tg}\omega_0 = \int \frac{g\,d\dot{x}}{\dot{x}\ddot{x}} = J(\dot{x}) - J(\dot{x}_0) \qquad \mathrm{J}$$

$$z - x\operatorname{tg}\omega_0 = \int \frac{g\,d\dot{x}}{\dot{x}\ddot{x}}\,\frac{\dot{x}\,d\dot{x}}{\ddot{x}} = A(\dot{x}) - A(\dot{x}_0) - J(\dot{x}_0)\{D(\dot{x}) - D(\dot{x}_0)\}, \qquad \mathrm{A}$$

wo T, D, J, A die Siacchischen Funktionen sind; andererseits genau so für den Grundriß der Flugbahn in der xy-Ebene:

$$\operatorname{tg}\tilde{\omega} - \operatorname{tg}\tilde{\omega}_0 = \int \frac{h\,d\dot{x}}{\dot{x}\ddot{x}} = M(\dot{x}) - M(\dot{x}_0) \qquad \mathrm{M}$$

$$y - x\operatorname{tg}\tilde{\omega}_0 = \int \frac{h\,d\dot{x}}{\dot{x}\ddot{x}}\,\frac{\dot{x}\,d\dot{x}}{\ddot{x}} = B(\dot{x}) - B(\dot{x}_0) - M(\dot{x}_0)\big(D(\dot{x}) - D(\dot{x}_0)\big). \qquad \mathrm{B}$$

*) Der Aufriß der Flugbahn ist also angenähert die ebene Flugbahn, die man erhält, wenn man die Querkomponente des Luftwiderstandes vernachlässigt.

Näherungsweise ist $M = \frac{(h)}{g} J$, $B = \frac{(h^2)}{g^2} A$, wenn (h), (h^2) geeignete Mittelwerte von h und h^2 sind. Dadurch ergibt sich eine näherungsweise Ableitung des Grundrisses aus dem Aufriß der Flugbahn.

M und B entsprechen den von Majevski so bezeichneten Funktionen, wenn man $\ddot{x}$ wie in den Siacchischen Formeln durch $\dot{x}$ ausdrückt und h in noch zu erörternder Weise bestimmt. Um die Formel B in die von Majevski*) überzuführen, muß man zunächst setzen:

$$-\ddot{x} = c\mathsf{B}\cos\omega_0 \cdot f(\dot{x}\sec\omega_0) \text{ (s. (2) S. 70)}, \quad \dot{x}\sec\omega_0 = u \text{ (s. S. 72)}, \quad f(u) = u^2 K(u).$$

Dann wird $MD = \int \frac{h \cdot du}{c\mathsf{B}u^3 K(u)} \int \frac{u\,du}{c\mathsf{B}f(u)}$ und dieser Ausdruck wird dem entsprechenden bei Majevski gleich, wenn man h proportional $\frac{\mathsf{B}^2 \sec^2\omega_0}{u}$ setzt; dabei darf aber der Proportionalitätsfaktor nicht mehr von ω_0 abhängen, sondern nur vom Geschoß und seinem anfänglichen Bewegungszustand.

Eine oskulierende Approximation erforderte aber $\mathsf{B} = 1$ (s. S. 71). Will man also den Anfangswert von h richtig finden, so müßte man $\mathsf{B} = 1$ setzen. Das ergäbe h proportional $\frac{\sec^2\omega_0}{u}$. Wir werden statt dessen weiter unten finden h prop. $\frac{\cos\omega_0}{u}$.

§ 58. Vergleich mit der Erfahrung.

Die Richtungs-Kosinusse der Schmiegungsebene der Flugbahn im Punkte x, y, z sind proportional

$$\dot{y}\ddot{z} - \ddot{y}\dot{z} : \dot{z}\ddot{x} - \ddot{z}\dot{x} : \dot{x}\ddot{y} - \ddot{x}\dot{y};$$

die Krümmung an der Stelle (x, y, z) ist

$$\frac{\sqrt{(\dot{y}\ddot{z} - \ddot{y}\dot{z})^2 + (\dot{z}\ddot{x} - \ddot{z}\dot{x})^2 + (\dot{x}\ddot{y} - \ddot{x}\dot{y})^2}}{v^3}$$

und die Windung

$$\frac{\begin{Vmatrix} \dot{x} & \dot{y} & \dot{z} \\ \ddot{x} & \ddot{y} & \ddot{z} \\ \dddot{x} & \dddot{y} & \dddot{z} \end{Vmatrix}}{(\dot{x}^2 + \dot{y}^2 + \dot{z}^2)^2} = \frac{\begin{Vmatrix} \dot{x} & \dot{y} & \dot{z} \\ o & h & g \\ o & \dot{h} & \dot{g} \end{Vmatrix}}{v^4} = \frac{\dot{x} g \dot{h}}{v^4}.$$

---

*) S. z. B. Enc. d. sc. math. IV. 6. S. 72 (1). Bei Majevski a. a. O. fehlt der Faktor $\sec^2\omega_0$.

Insbesondere ist im Anfangspunkt:

$$\begin{array}{lll} x_0 = 0 & \dot{x}_0 = v_0 \cos\omega_0 & \ddot{x}_0 = -w_0 \cos\omega_0 \\ y_0 = 0 & \dot{y}_0 = 0 & \ddot{y}_0 = -h_0 \\ z_0 = 0 & \dot{z}_0 = v_0 \sin\omega_0 & \ddot{z}_0 = -w_0 \sin\omega_0 - g, \end{array}$$

also die Richtungskosinusse proportional

$$\dot{z}_0 h_0 : \dot{x}_0 g : -\dot{x}_0 h_0,$$

die Krümmung

$$\frac{\sqrt{\dot{z}_0^2 h_0^2 + \dot{x}_0^2 g^2 + \dot{x}_0^2 h_0^2}}{v_0^3};$$

die Windung

$$\frac{\dot{x}_0 g \dot{h}_0}{v_0^4}.$$

Nun läßt sich erfahrungsgemäß die Seitenabweichung für kleine und mittlere Entfernungen dadurch ausgleichen, daß man der Aufsatzstange eine seitliche Neigung gibt, aber ihre rechtwinklige Stellung zur Seelenachse beibehält*). Bezeichnet man mit σ den Winkel der Ebene Seelenachse — Aufsatzstange mit der senkrechten Ebene $y = 0$, so bestimmen die drei Richtungen Seelenachse, Visierlinie, x-Achse ein rechtwinkliges sphärisches Dreieck, dessen Katheten die Erhöhung ω_0 und der Winkel ι sind, um den die Visierlinie gegen die x-Achse gedreht ist. Genau dasselbe Dreieck erhält man unter der Annahme, daß die Flugbahn eine ebene Kurve ist, deren Ebene den Winkel σ mit der vertikalen xz-Ebene bildet (s. Abb. 35). Dann ist ι die „scheinbare" Seitenabweichung infolge der Verdrehung der Schußbahn. Die Tatsache, daß man die Seitenabweichung durch Schrägstellen des Aufsatzes nahezu ausgleichen kann, ist also gleichbedeutend mit den Tatsachen, daß erstens die Flugbahn nahezu eben, die Windung, also $\dot{h}$ nahezu Null, h nahezu konstant ist, und daß zweitens die Anfangsschmiegungsebene der Flugbahn um einen von der Erhöhung nahezu unabhängigen Winkel gegen die Vertikalebene geneigt ist. Der Kosinus dieses Winkels ist nach obigem:

Abb. 35.

$$\frac{g\dot{x}_0}{\sqrt{\dot{x}_0^2 g^2 + \dot{x}_0^2 h_0^2 + \dot{z}_0^2 h_0^2}} = \frac{1}{\sqrt{1 + \frac{h_0^2}{g^2}\left(1 + \frac{\dot{z}_0^2}{\dot{x}_0^2}\right)^2}} = \frac{1}{\sqrt{1 + \frac{h_0^2 : \cos^2\omega_0}{g^2}}};$$

also sein Tangens gleich $\frac{h_0 : \cos\omega_0}{g}$. Da dieser von der Erhöhung ω_0

---

*) Diese Tatsache hatte ich 1894 aus den Schußtafeln der Feldartillerie, die damals noch den nicht seitlich geneigten Aufsatz hatte, abgeleitet und nebst dem daraus für die Anfangsschmiegungsebene weiter unten abgeleiteten Satz der K. pr. Versuchsanstalt in Spandau mitgeteilt.

unabhängig sein soll, muß h_0 proportional $\cos\omega_0$ sein. Nun folgt aus

für den Anfangswert
$$h = h_y = w\psi \sin\delta\,,$$
$$h_0 = w_0\psi_0 \sin\delta_0 = w_0\psi_0 \cos\omega_0\,,$$
also ergibt sich noch, daß ψ_0 von δ_0 unabhängig sein muß.

Für die Entscheidung zwischen den zwei Fällen des § 56 genügt es schon zu wissen, daß $\operatorname{tg}\sigma = \frac{h_0 : \cos\omega_0}{g}$, einen von Null verschiedenen Wert hat, denn daraus folgt auch $\psi_0 \neq 0$, d. h. das Geschoß verläßt schräg gestellt das Rohr und diese Schrägstellung bedingt hauptsächlich die Seitenabweichung, denn infolge derselben wird die Seitenabweichung annähernd der zweiten statt der vierten Potenz der Zeit proportional. Wäre es technisch möglich $\psi_0 = o$ zu machen, so würde die Seitenabweichung außerordentlich verringert.

Soweit h als konstant angesehen werden kann, läßt sich die Flugbahn noch genauer beschreiben. Setzt man nämlich:
$$g^2 + h^2 = G^2\,,\quad G > o$$
$$\frac{yg - zh}{G} = Y$$
$$\frac{yh + zg}{G} = Z\,,$$
so werden durch diese rechtwinklige Koordinatentransformation, die eine Drehung um die x-Achse um den Winkel $\operatorname{arc\,tg}\frac{h}{g}$ bedeutet, die Flugbahngleichungen
$$\ddot{x} = -\frac{w}{v}\dot{x}$$
$$\ddot{Y} = -\frac{w}{v}\dot{Y}$$
$$\ddot{Z} = -\frac{w}{v}\dot{Z} - G\,,$$
d. h. die Flugbahn verläuft in der schrägen xZ-Ebene wie die eines nicht rotierenden Geschosses unter dem Einfluß einer schrägen Erdbeschleunigung G. Genauer erhält man aber die Lage der Flugbahn, wenn man die ebene Flugbahn $x\sec\omega_0 = v_0 t + \ldots$, $x\operatorname{tg}\omega_0 - z = \frac{1}{2}gt^2 + \ldots$ um die Anfangstangente $x\operatorname{tg}\omega_0 - z = o$ um den Winkel σ dreht. Zu dem Zweck machen wir erstens die Transformation
$$x\sin\omega_0 - z\cos\omega_0 = Z$$
$$x\cos\omega_0 + z\sin\omega_0 = X\,,$$
zweitens die Transformation
$$y\cos\sigma - Z\sin\sigma = Y$$
$$y\sin\sigma + Z\cos\sigma = \mathfrak{Z}\,.$$

Da die Flugbahn in der Y-Ebene verläuft, so ist für sie $Y = o$, $y = Z \operatorname{tg}\sigma = \operatorname{tg}\sigma \cos\omega_0 \frac{1}{2} g t^2 + \ldots$ Das bestätigt die zweite Entwicklung aus § 56 und ergibt zugleich $\psi_0 w_0 = g \operatorname{tg}\sigma$. Da man σ aus den Schußtafeln ableiten kann, ist hierdurch ψ_0 bestimmt.

Wir wollen den Satz, daß die Flugbahn annähernd eine ebene Kurve ist, deren Ebene mit der vertikalen einen von der Erhöhung unabhängigen Winkel σ bildet, für die französische 75 mm-Feldkanone, Modell 1897, nachprüfen. Unter Zugrundelegung eines Winkels $\sigma = 1^0\, 20'\, 34''$ sind die Abweichungen berechnet und in der vierten Spalte der folgenden Tafel zusammengestellt; die fünfte Spalte enthält die Fehler.

Schußweite	Erhöhung ω_0		Abweichung Schußtafel	Abweichung berechnet		Fehler	
km	Grad	Min.	m	m		m	Teilstriche
1	1	6	0,4	0,449	rund 0,4	0	0
2	2	43	2,2	2,220	„ 2,2	0	0
3	4	46	6,5	5,836	„ 6,0	0,5	0,16
4	7	16	14,9	11,950	„ 12,0	2,9	0,70
5	10	19	29,5	20,96	„ 21,0	8,5	1,70

Der Fehler ist also bis etwa 3000 m Schußweite unmerklich und überschreitet erst zwischen 4000 und 5000 m einen Teilstrich. Der Satz ist also in der Tat bei kleinen und mittleren Entfernungen mit einer praktisch völlig ausreichenden Genauigkeit richtig.

Die anfängliche Schrägstellung des Geschosses wird nicht durch den Luftwiderstand, sondern dadurch veranlaßt, daß das Geschoß durch das Bucken des Rohres eine aufwärts kippende Bewegung erhält, die sich im Moment, in dem das Geschoß das Rohr verläßt, nach dem Kreiselgesetz in einer seitlichen Drehung äußert, nach rechts bei Rechtsdrall, um so stärker, je größer r ist; in Übereinstimmung mit den Beobachtungen von Heydenreich*). Der Drehwinkel $\psi_0 \sin\delta_0$ muß proportional der das Bucken verursachenden wagerechten Rückstoßkomponente, also proportional $\sin\delta_0$ sein; in Übereinstimmung mit dem obigen empirischen Ergebnis, daß ψ_0 von δ_0 nicht abhängt.

Die Tatsache der anfänglichen Schrägstellung des Geschosses haben wir oben aus der Verdrehung der Anfangsschmiegungsebene erschlossen. Zu demselben Ergebnis kommen wir durch Vergleich der beiden Reihenentwicklungen, die wir im § 56 für die Seitenabweichung y gaben, mit

*) S. z. B. Encyclopédie a. a. O. S. 65.

den empirischen Formeln für die Seitenabweichung. Deren gibt es mehrere. Zunächst gilt nach Haupt eine empirische Formel der Art:

$y = \mu_0 (\omega_0 - \omega)\, t$, wo μ_0 eine mit ω_0 etwas veränderliche Größe ist. Die Seitenabweichung wird hier also von zwei Elementen, ω und t, des Flugbahnpunktes abhängig gemacht.

Um diese Formel mit der unserigen vergleichen zu können, müssen wir also ω nach Potenzen von t entwickeln. Aus $\operatorname{tg}\omega = \frac{\dot z}{\dot x}$ folgt $\frac{\dot\omega}{\cos^2\omega} = \frac{\ddot z \dot x - \ddot x \dot z}{\dot x^2} = -\frac{g \dot x}{\dot x^2}$, also $\dot\omega = -\frac{g\dot x}{v^2}$. Demnach wird

$\omega = \omega_0 - \frac{g \dot x_0}{v_0^2}\, t + \ldots$, also die Hauptsche Formel $y = \mu_0 \cos\omega_0 \frac{g}{v_0} t^2 + \ldots$ Das stimmt mit unserer Formel (24) überein und ergibt für μ_0 den Anfangswert: $\mu_0 = \frac{1}{2}\psi_0 \frac{w_0}{g} v_0$.

Die Charbonniersche Formel $y = kt^2$, mit von ω_0 unabhängigem k gibt zwar die anfängliche Abhängigkeit des y von t richtig wieder. Aber nach Formel (24) ist k nicht unabhängig von ω_0, sondern proportional $\cos\omega_0$, was freilich bei Flachschüssen kaum zu merken ist.

Für die Endabweichung y^0 besteht erstens die Charbonniersche Formel:

$y^0 = \mu (\omega_0 - \omega^0)\, t^0$, mit konstantem μ, die sich, wie oben transformiert, in

$y^0 = \mu \cos\omega_0 \frac{g}{v_0} \cdot t^{0\,2} + \ldots$, also mit unserer Formel (24) auch bezüglich der Abhängigkeit von ω_0 übereinstimmt. Zweitens besteht für y^0 die Formel von Hélie:

$$y^0 = \mathfrak{A}\, \dot z_0^2,$$

wo $\mathfrak{A}$, der sog. Ablenkungswert, eine von ω_0 unabhängige Größe ist. Um diese Formel mit unserer vergleichen zu können, müssen wir $\dot z_0$ durch t_0 ausdrücken. Zu dem Zweck bilden wir den Quotienten der Gleichungen $x \sin\omega_0 = v_0 t + \ldots$, $x \operatorname{tg}\omega_0 - z = \frac{1}{2} g t^2 + \ldots$, nachdem wir darin $z = z^0 = 0, x = x^0, t = t^0$ eingesetzt haben. Das gibt: $\sec\omega_0 = \frac{g t^0}{2 v_0} + \ldots$ oder $\dot z_0 = \frac{1}{2} g t^0 \cos^2\omega_0 + \ldots$ Also wird die Héliesche Formel $y^0 = \mathfrak{A} \frac{g^2}{4} t^{0\,2} \cos^4\omega_0 + \ldots$; in bezug auf t^0 in Übereinstimmung mit der unserigen, in bezug auf $\mathfrak{A}$ ergibt der Vergleich: $\mathfrak{A} = \frac{2 w_0}{g^2} \sec^3\omega_0\, \psi_0$, so daß nur für Flachschüsse $\mathfrak{A}$ als unabhängig von ω_0 anzusehen ist. $\mathfrak{A}$ ist empirisch ermittelt, also ergibt sich auch hieraus wieder ψ_0.

Durch die vorstehenden Vergleiche ist die Richtigkeit der Formel

$$y = \tfrac{1}{2}\,\psi_0 w_0 \sin\delta_0 t^2 + \ldots$$

erhärtet worden. Damit ergibt sich auch $h_0 = \ddot{y}_0 + \frac{w_0}{v_0}\,\dot{y}_0 = \psi_0 w_0 \sin\delta_0$, $+\ldots$ oder Anfangswert von h, wie oben. Um auch über die anfänglichen Veränderung von $h = \psi w \sin\delta$ etwas aussagen zu können, berücktigen wir, daß $\dot{h} = \psi\,(w \sin\delta)^{\cdot} + \dot{\psi}\,(w^0 \sin\delta)$ anfänglich sehr klein bleibt. Da nun $(w \sin\delta)^{\cdot}$ anfänglich den endlichen Wert (aus (12) S. 58)

$$\ddot{x}_0 = \frac{w_0^2}{v_0}\,(n + (n-1)\,\gamma \sin\omega_0)\cos\omega_0$$

hat, während ψ_0 nach Voraussetzung klein erster Ordnung ist, so folgt, daß auch $\dot{\psi}_0$ klein erster Ordnung ist. Da auch $h\ddot{x} = \psi\, w \sin\delta\, \ddot{x}$ anfangs klein erster Ordnung ist, so gilt dasselbe für

$$\dot{h}\dot{x} + h\ddot{x}\,.$$

Demnach ist die Größe $h\dot{x}$ nur langsam veränderlich. Man kann also angenähert setzen

$$h\dot{x} = h_0\dot{x}_0\,, \quad \text{d. h.}$$

$$h = \psi_0\, w_0 \sin\delta_0 \frac{\dot{x}_0}{\dot{x}}\,,$$

oder, wenn man $\dot{x} = u\cos\omega_0$, $\dot{x}_0 = u_0 \cos\omega_0$ einführt:

$$h = \psi_0\, w_0 \cos\omega_0 \frac{u_0}{u}\,.$$

Und es leuchtet ein, daß, wenn man überhaupt mit einer gewissen Annäherung h umgekehrt proportional u setzen kann, daß dann der Proportionalitätsfaktor den oben angegebenen Wert haben muß. In den Formeln M und B ist also für h in zweiter Annäherung der obige Wert $\psi_0\, w_0 \cos^2\omega_0 \frac{v_0}{\dot{x}}$ zu setzen. Nunmehr kann man auch das zweite Glied der Entwicklung von y nach t angeben. Aus $\ddot{y} = -\frac{w}{v}\,\dot{y} - h$ folgt nämlich

$$\dddot{y}_0 = -\frac{w_0}{v_0}\,\ddot{y}_0 - \dot{h}_0 = -\frac{w_0}{v_0}\,h_0 + \frac{\ddot{x}_0}{\dot{x}_0}\,h_0 = -2\,\frac{w_0}{v_0}\,h_0\,, \qquad \text{also}$$

$$y = h_0\left\{\frac{t^2}{2} - \frac{w_0}{v_0}\cdot\frac{t^3}{3} + \ldots\right\}.$$

Zur empirischen Nachprüfung dieser Formel ist das bisherige Material nicht ausreichend; sonst könnte man auf diesem Wege auch den Anfangswert von $\dot{h}$, also auch p_0 ableiten.

§ 59. Hauptgleichungen und Quadraturen.

Für den Grundriß der Flugbahn fanden wir das Formelsystem M, B, § 57 als Seitenstück zu dem Formelsystem für den Aufriß. Ebenso gibt es nun auch das Seitenstück zu den Formeln (5) § 13 und zur Hauptgleichung, wovon wir im folgenden Kapitel Gebrauch zu machen haben. Aus den drei Gleichungen

$$\ddot{x} = -\frac{w}{v}\dot{x}$$

$$\ddot{y} = -\frac{w}{v}\dot{y} - h$$

$$\ddot{z} = -\frac{w}{v}\dot{z} - g$$

erhält man zunächst durch Komposition mit $\dot{x}$, $\dot{y}$, $\dot{z}$ und Berücksichtigung von $\dot{x}^2 + \dot{y}^2 + \dot{z}^2 = v^2$, $\dot{x}\ddot{x} + \dot{y}\ddot{y} + \dot{z}\ddot{z} = v\dot{v}$, $\mathrm{tg}\omega = \frac{\dot{z}}{\dot{x}}$, $\mathrm{tg}\tilde{\omega} = \frac{\dot{y}}{\dot{x}}$:

$$\dot{v} = -w - \frac{g\,\mathrm{tg}\omega + h\,\mathrm{tg}\tilde{\omega}}{\sqrt{1 + \mathrm{tg}^2\omega + \mathrm{tg}^2\tilde{\omega}}},$$

alsdann durch Komposition mit $-\dot{z}$, o, $\dot{x}$ und mit $-\dot{y}$, $\dot{x}$, o:

$$\dot{x}\,\dot{\omega} = -g\cos^2\omega$$

$$\dot{x}\,\dot{\tilde{\omega}} = -h\cos^2\tilde{\omega}.$$

Und aus diesen Gleichungen ergibt sich $-dt = \frac{v}{w}\frac{d\dot{x}}{\dot{x}}$ gleich

$$\frac{\sqrt{1 + \mathrm{tg}^2\tilde{\omega} + \mathrm{tg}^2\tilde{\omega}}}{w}\,d\dot{x} = \frac{\dot{x}}{g}\,d\,\mathrm{tg}\omega = \frac{\dot{x}}{h}\,d\,\mathrm{tg}\tilde{\omega}.$$

Diese zwei Gleichungen bilden das Hauptgleichungs**paar** für den räumlichen Geschwindigkeitsriß. Aus den letzten Formeln

$-dt = \frac{\dot{x}}{g}\,d\,\mathrm{tg}\omega = \frac{\dot{x}}{h}\,d\,\mathrm{tg}\tilde{\omega}$ folgt durch Multiplikation mit $\dot{x}$

$-dx = \frac{\dot{x}^2}{g}\,d\,\mathrm{tg}\omega = \frac{\dot{x}^2}{h}\,d\,\mathrm{tg}\tilde{\omega}$ und durch Multiplikation mit $\dot{z}$, bzw. $\dot{y}$

$-dz = \frac{\dot{x}^2}{g}\,\mathrm{tg}\omega\,d\,\mathrm{tg}\omega, \quad -dy = \frac{\dot{x}^2}{h}\,\mathrm{tg}\tilde{\omega}\,d\,\mathrm{tg}\tilde{\omega}.$

Wenn also der Geschwindigkeitsriß bekannt ist, d. h. die zwei Gleichungen zwischen $\dot{x}$, ω, $\tilde{\omega}$, dann ist die Auffindung der Flugbahn auf Quadraturen zurückgeführt.

§ 60. Geschützneigung und Seitenabweichung.

Für eine seitliche Neigung des Geschützes um den Winkel σ fanden wir nach Abb. 16, S. 108:

$$\mathrm{tg}\iota = \mathrm{tg}\omega_0 \sin\sigma,$$

während das obige Dreieck Abb. 35, S. 139 für die Neigung der Flugbahnebene ergibt:

$$\mathrm{tg}\iota = \sin\omega_0\,\mathrm{tg}\sigma.$$

Bei kleinem σ und nicht zu großem ω_0 ist daher in beiden Fällen

$$\iota = \omega_0\sigma,$$

d. h. durch Geschützneigung oder schiefe Schildzapfenachse kann die Seitenabweichung auf kleinen und mittleren Entfernungen gerade ausgeglichen werden. Auf großen Entfernungen schießt man mit indirekter Beobachtung, braucht also keinen Ausgleich. Eine Neigung der Schildzapfenachse ist zweckmäßig bei unabhängiger Visierlinie und namentlich dann leicht herzustellen, wenn diese Achse, wie z. B. beim russischen Feldgeschütz von der Radachse verschieden ist. Übrigens handelt es sich nur um sehr kleine Neigungswinkel. Auch beim Schießen gegen Luftziele ist dieser Ausgleich, wenn auch weniger genau, noch zu empfehlen, da dadurch wenigstens der Hauptteil der Seitenabweichung beseitigt wird.

Zwölftes Kapitel.

Kosmische Ballistik.

§ 61. Ältere Ansätze.

Das Luftgewicht hängt von der Höhe, also bei einer gegebenen Flugbahn von irgendeinem Element derselben, z. B. von $\operatorname{tg}\omega$ ab. Demnach kann man der Veränderung desselben Rechnung tragen, indem man in den Differentialgleichungen für den Geschoßfaktor c eine passende Funktion von $\operatorname{tg}\omega$ einsetzt. Zu dem angegebenen Zwecke macht zuerst Sparre eine solche Substitution. Aber die Einführung von $\operatorname{tg}\omega$ in c findet sich schon bei Borda, Legendre und Français, wenn auch nur, um die Gleichungen integrabel zu machen (vgl. § 22). Da von diesen Verfahren die späteren als natürliche Weiterbildung erscheinen, mögen sie hier kurz berührt werden.

Setzt man zur Abkürzung $\operatorname{tg}\omega = p$, so ergibt die Differentialgleichung $g\,dt = -\dot{x}\,dp$ oder $\dot{p}\dot{x} + g = 0$ ((5) S. 38):

$$d^2p\,dx + d^2x\,dp = 0, \text{ also}$$

$$\frac{d^2p}{dx\,dp} = -\frac{d^2x}{dx^2} = -\frac{\ddot{x}}{\dot{x}^2} = \frac{w\cos\omega}{v^2\cos^2\omega} = \frac{c}{\cos\omega},$$

wenn man das Newtonsche Gesetz $w = cv^2$ zugrunde legt. Demnach erhält man eine integrable Gleichung z. B. für die Substitution $c = c_0\dfrac{\cos\omega}{\cos\omega_0}$ (Borda). Denn das gibt:

$$\frac{d}{dp}\frac{dp}{dx} = \frac{c_0}{\cos\omega_0}$$

$$\frac{dp}{dx} = \frac{c_0}{\cos\omega_0}(p - p_0) + p_0',$$

wenn $\frac{dp}{dx} = p'$ gesetzt wird. Daraus folgt durch eine zweite Integration:

$$p - p_0 = \frac{p_0'}{c_0 \cdot \sec\omega_0}\left(e^{\frac{c_0 x}{\cos\omega_0}} - 1\right) \tag{1}$$

und, wegen $p = \frac{dz}{dx}$, durch eine dritte

$$z = p_0 x + \frac{p_0'}{c_0 \cdot \sec\omega_0}\left(\frac{e^{\frac{c_0 x}{\cos\omega_0}}}{c_0 \cdot \sec\omega_0} - x\right). \tag{2}$$

Das ist in Übereinstimmung mit den Formeln (19, 20) § 20 (S. 60) für den Fall $n = 2$. In der Tat ist das Bordasche Gesetz

$$w = c_0 \cdot \frac{\cos\omega}{\cos\omega_0} \cdot v^2$$

zu schreiben

$$-\ddot{x} = c_0 \cdot \sec\omega_0 \cdot \dot{x}^2 \tag{3}$$

oder

$$\frac{\ddot{x}}{\ddot{x}_0} = \left(\frac{\dot{x}}{\dot{x}_0}\right)^2,$$

wie oben (20) § 20 für

$$\frac{\nu - 2}{\nu - 1} = 2.$$

Legendre und Français verbessern die Bordasche Substitution bzw. durch die folgenden:

$$c = c_0 \cdot \frac{1 + \alpha p^2}{\sqrt{1 + p^2}} \quad \text{und} \quad c = c_0 \cdot \frac{1 + \alpha p^2}{\sqrt{\left(1 + \frac{\alpha}{2} p^2\right)(1 + p^2)}},$$

in denen α aus der Forderung bestimmt wird, daß für $p = p_0$ $c = c_0$ sein muß. Diese Substitutionen liefern zwar integrable Fälle, aber der Änderung des Luftgewichtes mit der Höhe tragen sie keine Rechnung.

In welcher Weise das durch eine derartige Substitution erreicht werden kann, zeigt z. B. St. Robert so: Da die Abhängigkeit des Luftgewichtes δ von der Höhe z durch die Formel $\delta = \delta_0(1 - \varepsilon z)$ gegeben ist (s. S. 23), hat man noch für eine gegebene Flugbahn die Höhe z durch p oder durch ω auszudrücken. Da z mit dem sehr kleinen Koeffizienten ε multipliziert wird, genügt es, wenn z näherungsweise durch ω ausgedrückt wird. Ein solcher Ausdruck ist z. B.

$$z = z_s\left(1 - \frac{\sin^2\omega}{\sin^2\omega_0}\right)\left(\text{besser } z = z_s\left(1 - \frac{\sin\omega}{\sin\omega_0}\right)\left(1 - \frac{\sin\omega}{\sin\omega^0}\right)\right),$$

der an den Stellen $\omega = \omega_0$, $\omega = 0$ genau, an der Stelle $\omega = \omega^0$ angenähert (bzw. ebenfalls genau) richtig ist, also eine interpolatorische Approximation darstellt. Majevski führt die Rechnung für das kubische Gesetz $w = cv^3$ durch und kommt zu sehr unhandlichen Formeln.

§ 62. Der Bernoullische Fall.

Man kann aber das Hauptresultat sogar für das allgemeine Bernoullische Gesetz, das jetzt wird
$$w = c_0 (1 - \varepsilon z) v^n,$$
und eine geeignete Darstellung von z durch ω fast ohne Rechnung ableiten. Die Hauptgleichung (2) S. 34 wird nämlich jetzt:
$$\frac{g}{c_0} \cdot \frac{d\dot{x}}{\dot{x}^{n+1}} = (1 - \varepsilon z) \frac{d\omega}{\cos^{n+1}\omega},$$
ergibt also, wenn (vgl. § 22) $\frac{g}{c_0} = \varkappa^n$, $\int\limits_0^\omega \frac{n\, d\omega}{\cos^{n+1}\omega} = \Omega$ gesetzt wird:
$$\left(\frac{\dot{x}}{\varkappa}\right)^{-n} - \left(\frac{\dot{x}_0}{\varkappa}\right)^{-n} = \int\limits_\omega^{\omega_0} (1 - \varepsilon z)\, d\Omega.$$
Durch diese Formel, in der das Integral über den gegebenen Flugbahnbogen von O bis P zu erstrecken ist, erhält man den Wert von $\dot{x}$ in der für veränderliches Luftgewicht berichtigten Flugbahn an der Stelle mit der Neigung ω. Und zu $\dot{x}$ findet man die Werte der übrigen Flugbahnelemente x, z, s, t durch die Formeln (5) § 13.

Die Änderung, die $\left(\frac{\dot{x}}{\varkappa}\right)^{-n}$ infolge der Berücksichtigung der Luftgewichtsabnahme erleidet, beträgt also
$$\int\limits_\omega^{\omega_0} - \varepsilon z\, d\Omega.$$
Wir wollen diese Änderung insbesondere für die Endgeschwindigkeit $\dot{x}^0$, also das Integral $-\varepsilon \int\limits_{\omega^0}^{\omega_0} z\, d\Omega$ berechnen. Zu dem Zwecke stellen wir z als Funktion von Ω durch Vermittlung einer Variablen σ durch die Gleichungen angenähert dar:
$$z = z_* (1 - \sigma^2)$$
$$\Omega = a\sigma + b\sigma^2.$$
Für $z = z_*$ ist $\sigma = 0$, also auch $\Omega = 0$, also auch $\omega = 0$. Für $z = 0$ wird $\sigma = \pm 1$, und soll werden $\Omega = \Omega_0$ bzw. $\Omega = \Omega^0$. Das ergibt $a = \frac{\Omega_0 - \Omega^0}{2}$, $b = \frac{\Omega_0 + \Omega^0}{2}$. Nun wird
$$-\varepsilon \int\limits_{\Omega^0}^{\Omega_0} z\, d\Omega = -\varepsilon \int\limits_{-1}^{+1} z_* (1 - \sigma^2)(a + 2b\sigma)\, d\sigma = -\varepsilon\, \tfrac{2}{3} z_* \cdot 2a = -\varepsilon \int\limits_{\Omega^0}^{\Omega_0} \tfrac{2}{3} z_*\, d\Omega.$$
Hätte man statt des variablen Luftgewichtes $\delta_0(1 - \varepsilon z)$ das kon-

stante Luftgewicht $\delta_0 (1 - \varepsilon \frac{2}{3} z_*)$, das in $\frac{2}{3}$ der Flughöhe z_* gilt, angenommen*), so würde die Änderung von $\left(\frac{\dot{x}^0}{\varkappa}\right)^{-n}$ denselben Wert haben.

Hierzu sind einige Bemerkungen zu machen. Bezeichnen wir die Flugbahn für das Luftgewicht δ_0 mit $\Phi(0)$, für das Luftgewicht $\delta_0 (1 - \varepsilon z)$ mit $\Phi(\varepsilon z)$, für das Luftgewicht $\delta_0 (1 - \varepsilon \frac{2}{3} z_*)$ mit $\Phi(\varepsilon \frac{2}{3} z_*)$, dann heißt der bewiesene Satz: $\dot{x}$ hat denselben Wert in den zu ω^0 gehörenden Punkten auf $\Phi(\varepsilon z)$ und auf $\Phi(\varepsilon \frac{2}{3} z_*)$. Dieser Satz gilt aber nur angenähert, da die zwischen z und ω angenommene Beziehung nur angenähert richtig ist. Die zu ω^0 gehörenden Punkte beider Flugbahnen sind nur angenähert die Endpunkte. Also gilt auch angenähert: $\dot{x}^0$ also auch v^0 hat denselben Wert auf beiden Flugbahnen.

Wir wollen die Beschränkung aufheben, die in der Annahme $z = z_* (1 - \sigma^2)$ lag, aber daran festhalten, daß z eine Funktion von ω ist, die im Intervall $\omega_0 \geqq \omega \geqq 0$ von 0 bis z_* steigt und im Intervall $0 \geqq \omega \geqq \omega^0$ von z_* bis 0 fällt, deren Verlauf als Funktion von Ω, wegen $\frac{d\Omega}{d\omega} > 0$, also durch Abb. 36 dargestellt sei.

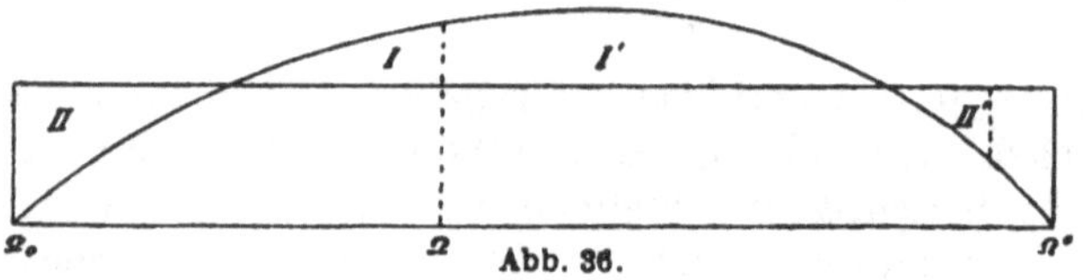

Abb. 36.

Nun gilt für den Inhalt $\int_{\Omega^0}^{\Omega_0} z\, d\Omega$ des von der Kurve und der Ω-Achse gebildeten Segments bekanntlich der Satz, daß er annähernd gleich $\frac{2}{3}$ des Produktes aus Basis $\Omega_0 - \Omega^0$ und Höhe z_* ist**). Demnach ist der obige Satz für $\dot{x}^0$ von der besonderen Darstellung des z durch ω ganz unabhängig. Für die oben gewählte Beziehung zwischen z und Ω wird die Kurve in Abb. 36 eine Parabel und der Inhaltssatz gilt genau.

Auf den beiden Flugbahnen $\Phi(\varepsilon z)$ und $\Phi(\varepsilon \frac{2}{3} z_*)$ hat $\dot{x}_0$ denselben Wert und $\dot{x}^0$ annähernd denselben Wert. Wie steht es mit den Zwischenwerten $\dot{x}$? Der Unterschied von $\left(\frac{\dot{x}}{\varkappa}\right)^{-n}$ auf beiden Flugbahnen wird $-\varepsilon \cdot \int_{\Omega}^{\Omega_0} (z - \frac{2}{3} z_*)\, d\Omega$. Das Integral bedeutet den Unterschied der Segmente I — II (bzw. I + I' — II — II') in Abb. 36, ist also anfangs bis in die Nähe des Scheitels negativ, dann positiv. Also gilt der Satz annähernd:

*) Majevski findet statt dessen $\frac{2}{3 + \mathrm{tg}^2 \omega_0} \cdot z_*$, was an der unzweckmäßigen Darstellung von z durch ω und der ungenauen Annahme $\omega^0 = -\omega_0$ liegt.

**) Vgl. z. B. Vahlen, Konstruktionen und Approximationen (Leipzig 1911) S. 211.

In Punkten mit gleichem ω ist auf dem aufsteigenden (absteigenden) Aste $\dot{x}$ auf der Flugbahn $\Phi(\varepsilon z)$ kleiner (größer) als auf der Flugbahn $\Phi(\varepsilon \frac{2}{3} z_*)$. Berechnet man also die Endelemente x^0, s^0, t^0 für beide Flugbahnen nach den Formeln (5) § 13, so sind die Integranden für die Flugbahn $\Phi(\varepsilon z)$ kleiner auf dem aufsteigenden, größer auf dem absteigenden Aste als für die Flugbahn $\Phi(\varepsilon \frac{2}{3} z_*)$. Daraus kann man annähernd schließen, daß die Endelemente für beide Flugbahnen gleich werden. Die Endelemente für die Flugbahn $\Phi(\varepsilon z)$ erhält man also aus den Endelementen für die Flugbahn $\Phi(0)$, indem man an ihnen Korrekturen nach (2, 3) Kapitel IX anbringt, wo $\frac{\Delta w_0}{w_0} = -\varepsilon \frac{2}{3} z_*$ zu setzen ist. Dabei kann man z_* z. B. nach der Näherungsformel (s. S. 49)

$$z_* = \frac{x^0}{8} (\operatorname{tg}\omega_0 + \operatorname{tg}|\omega^0|) \text{ berechnen.}$$

§ 63. Der allgemeine Fall.

Dieses Verfahren ist seit langem in praktischem Gebrauch*); eine theoretische Begründung fehlte bisher. Die vorstehenden Entwicklungen ließen sich durch Abschätzung der Fehler noch verschärfen. Wichtiger ist es jedoch die Beschränkung auf das Bernoullische Gesetz aufzuheben. Gleichzeitig wollen wir auch noch den Einfluß der Änderung von g nach Größe und Richtung infolge der Flughöhe und der geographischen Breite mitberücksichtigen, während wir den Einfluß der Coriolisbeschleunigung lieber durch das Verfahren des § 5 ermitteln.

Mit g bezeichnen wir die scheinbare Schwerebeschleunigung am Anfang der Flugbahn. Im Punkte $P(x, y, z)$ hat sie sich dann geändert erstens infolge der Ortsveränderung um eine Beschleunigung mit den Komponenten (§ 4 (6)) $-\frac{x}{R}g$, $-\frac{y}{R}g$, $+\frac{2z}{R}g$; zweitens infolge der veränderten Zentrifugalbeschleunigung um eine Beschleunigung, deren Komponenten § 4 (8) angegeben sind. Im ganzen kommt also hinzu eine Beschleunigung mit den Komponenten:

$$\lambda = -\frac{x}{R}g + \nu^2\{x(1-\cos^2\Lambda\cos^2\Gamma) - \tfrac{1}{2}y\sin 2\Lambda\cos^2\Gamma + \tfrac{1}{2}z\cos\Lambda\sin 2\Gamma\}$$

$$\mu = -\frac{y}{R}g + \nu^2\{-\tfrac{1}{2}x\sin 2\Lambda\cos^2\Gamma + y(1-\sin^2\Lambda\cos^2\Gamma) + \tfrac{1}{2}z\sin\Lambda\sin 2\Gamma\}$$

$$\nu = \frac{2z}{R}g + \nu^2\{\tfrac{1}{2}x\cos\Lambda\sin 2\Gamma + \tfrac{1}{2}y\sin\Lambda\sin 2\Gamma + z\cos^2\Gamma\}.$$

---

*) S. Enc. des sciences math. IV. 6. S. 55.

Die Komponente λ ersetzen wir durch eine $\lambda \frac{ds}{dx}$ in der Richtung ds, und zwei in den Richtungen der y- und z-Achse, die gleich sind $-\lambda \frac{dy}{dx}$, $-\lambda \frac{dz}{dx}$; denn die drei Komponenten von $\lambda \frac{ds}{dx}$ nach den drei Achsen erhält man durch Multiplikation mit bzw. $\frac{dx}{ds}, \frac{dy}{ds}, \frac{dz}{ds}$.

Fassen wir nun die gesamten Beschleunigungen, soweit sie in die s-, y-, z-Richtung fallen, in den Bezeichnungen δw, δh, δg zusammen, so wird:

$$\begin{aligned}\delta w &= w_s - w_0 \\ &+ \sqrt{1 + \mathrm{tg}^2\omega + \mathrm{tg}^2\tilde{\omega}}\left[-\frac{x}{R}g + \nu^2\{x(1-\cos^2\Lambda\cos^2\Gamma) - \tfrac{1}{2}y\sin 2\Lambda\cos^2\Gamma \right. \\ &\left. \qquad + \tfrac{1}{2}z\cos\Lambda\sin 2\Gamma\}\right]\end{aligned}$$

$$\begin{aligned}\delta h &= -\frac{y}{R}g + \nu^2\{-\tfrac{1}{2}x\sin 2\Lambda\cos^2\Gamma + y(1-\sin^2\Lambda\cos^2\Gamma) + \tfrac{1}{2}z\sin\Lambda\sin 2\Gamma\} \\ &\qquad - \mathrm{tg}\tilde{\omega}\left[-\frac{x}{R}g + \nu^2\{\text{usw.}\}\right]\end{aligned}$$

$$\begin{aligned}\delta g &= -\frac{z}{R}g + \nu^2\{\tfrac{1}{2}x\cos\Lambda\sin 2\Gamma + \tfrac{1}{2}y\sin\Lambda\sin 2\Gamma + z\cos^2\Gamma\} \\ &\qquad - \mathrm{tg}\omega\left[-\frac{x}{R}g + \nu^2\{\text{usw.}\}\right].\end{aligned}$$

Damit sind die Änderungen von w, h, g für jeden Flugbahnpunkt gegeben, und es sind nunmehr die Änderungen der Flugbahnelemente x, y, z, t, ω, $\tilde{\omega}$, die hierdurch verursacht werden, zu ermitteln. Wir bezeichnen diese Änderungen oder Variationen mit δx, δy usw. und nennen die neue Flugbahn die variierte. δx z. B. bedeutet also den Unterschied der x-Koordinaten eines Punktes der ursprünglichen und des entsprechenden Punktes der variierten Flugbahn. Es muß daher festgesetzt werden, was unter „entsprechenden" Punkten beider Flugbahnen verstanden werden soll. Wir setzen fest, entsprechende Punkte sind solche, in denen die Tangenten gleiche Winkel mit der x-Achse bilden. Da der Kosinus dieses Winkels gleich ist $\frac{dx}{\sqrt{dx^2 + dy^2 + dz^2}} = \frac{1}{\sqrt{1 + \mathrm{tg}^2\omega + \mathrm{tg}^2\tilde{\omega}}}$ so bleibt diese Größe beim Übergang von der Flugbahn zu der variierten unverändert, d. h. es ist $\delta(\mathrm{tg}^2\omega + \mathrm{tg}^2\tilde{\omega}) = 0$.

Zur Abkürzung werde die Größe

$$h\,\mathrm{tg}\tilde{\omega} + g\,\mathrm{tg}\omega = k$$

gesetzt. Dann ergibt das Hauptgleichungspaar (§ 59):

$$\frac{d\dot{x}}{\dot{x}} = \frac{w}{g} \cdot \frac{d\,\mathrm{tg}\,\omega}{\sqrt{1+\mathrm{tg}^2\omega+\mathrm{tg}^2\bar{\omega}}} = \frac{w}{h} \cdot \frac{d\,\mathrm{tg}\,\bar{\omega}}{\sqrt{1+\mathrm{tg}^2\omega+\mathrm{tg}^2\bar{\omega}}}$$

durch Zusammensetzung zunächst:

$$k \cdot dl\dot{x} = w \cdot dl\sqrt{1+\mathrm{tg}^2\omega+\mathrm{tg}^2\bar{\omega}}\,.$$

Also durch Variierung:

$$dl\,(\dot{x}+\delta\dot{x}) - dl\,\dot{x} = \delta\frac{w}{k} \cdot dl\sqrt{1+\mathrm{tg}^2\omega+\mathrm{tg}^2\bar{\omega}}\,, \text{ oder}$$

$$dl\left(1+\frac{\delta\dot{x}}{\dot{x}}\right) = \frac{\delta\frac{w}{k}}{\frac{w}{k}} \cdot dl\dot{x}, \text{ oder integriert:}$$

$$\frac{\delta\dot{x}}{\dot{x}} = e^{\int\limits_{\dot{x}_0} \frac{\delta\frac{w}{k}}{\frac{w}{k}} \cdot \frac{d\dot{x}}{\dot{x}}} - 1.$$

Ferner ergeben die Gleichungen:

$$-dt = \frac{\dot{x}}{g}\,d\,\mathrm{tg}\,\omega = \frac{\dot{x}}{h}\,d\,\mathrm{tg}\,\bar{\omega}$$

durch Zusammensetzung:

$$-\tfrac{1}{2}\,d\,(\mathrm{tg}^2\omega+\mathrm{tg}^2\bar{\omega}) = \frac{k}{\dot{x}}\,dt = \frac{k}{\dot{x}^2}\,dx = \frac{k}{\dot{x}^2\,\mathrm{tg}\,\bar{\omega}}\,dy = \frac{k}{\dot{x}^2\,\mathrm{tg}\,\omega}\,dz$$

$$= \frac{k}{\dot{x}^2\sqrt{1+\mathrm{tg}^2\omega+\mathrm{tg}^2\bar{\omega}}}\,ds.$$

Also durch Variierung:

$$\left(\frac{k}{\dot{x}}+\delta\frac{k}{\dot{x}}\right)d\,(t+\delta t) - \frac{k}{\dot{x}} \cdot dt = 0, \quad \text{d. h.}$$

$$\delta\frac{k}{\dot{x}} \cdot dt + \frac{k}{\dot{x}} \cdot d\delta t + \delta\frac{k}{\dot{x}} \cdot d\delta t = 0$$

$$\delta t = -\int\limits_0 \frac{\delta\frac{k}{\dot{x}}}{\frac{k}{\dot{x}}+\delta\frac{k}{\dot{x}}}\,dt\,.$$

Ebenso:

$$\delta s = -\int_0 \frac{\delta \dfrac{k}{\dot{x}^2}}{\dfrac{k}{\dot{x}^2} + \delta \dfrac{k}{\dot{x}^2}} ds$$

$$\delta x = -\int_0 \frac{\delta \dfrac{k}{\dot{x}^2}}{\dfrac{k}{\dot{x}^2} + \delta \dfrac{k}{\dot{x}^2}} dx$$

$$\delta y = -\int_0 \frac{\delta \dfrac{k}{\dot{x}^2 \operatorname{tg}\tilde{\omega}}}{\dfrac{k}{\dot{x}^2 \operatorname{tg}\tilde{\omega}} + \delta \dfrac{k}{\dot{x}^2 \operatorname{tg}\tilde{\omega}}} dy$$

$$\delta z = -\int_0 \frac{\delta \dfrac{k}{\dot{x}^2 \operatorname{tg}\omega}}{\dfrac{k}{\dot{x}^2 \operatorname{tg}\omega} + \delta \dfrac{k}{\dot{x}^2 \operatorname{tg}\omega}} dz.$$

In den Integranden kommen die Variationen von $\operatorname{tg}\omega$ und $\operatorname{tg}\tilde{\omega}$ vor. Das Problem ist also auf Quadraturen zurückgeführt, sobald diese Variationen bekannt sind. Für diese hat man

$$\delta(\operatorname{tg}^2\omega + \operatorname{tg}^2\tilde{\omega}) = 0$$

und

$$\frac{d \operatorname{tg}\omega}{g} = \frac{d \operatorname{tg}\tilde{\omega}}{h}.$$

Setzt man $\operatorname{tg}\omega = \mathsf{P} \cdot \cos\Phi$, $\operatorname{tg}\tilde{\omega} = \mathsf{P} \cdot \sin\Phi$, so kommt:

$$\frac{\cos\Phi \cdot d\mathsf{P} - \sin\Phi \cdot \mathsf{P} \cdot d\Phi}{g} = \frac{\sin\Phi \cdot d\mathsf{P} + \cos\Phi \cdot \mathsf{P} \cdot d\Phi}{h}$$

also

$$dl\mathsf{P} = \operatorname{tg}(\Phi + \Psi)\, d\Phi,$$

wenn

$$\frac{g}{h} = \operatorname{tg}\Psi \text{ gesetzt wird.}$$

Wegen $\delta\mathsf{P} = 0$ folgt nun:

$$\delta \operatorname{tg}(\Phi + \Psi)\, d\Phi = 0$$

also

$$\operatorname{tg}(\Phi + \delta\Phi + \Psi + \delta\Psi)\, d(\Phi + \delta\Phi) = \operatorname{tg}(\Phi + \Psi)\, d\Phi;$$

eine Differentialgleichung erster Ordnung mit der unabhängigen Variablen Φ auf der gegebenen Flugbahn, der abhängigen Variablen $\Phi + \delta\Phi$ auf der variierten Flugbahn, während Ψ und $\delta\Psi$ längs der gegebenen Flugbahn bekannt sind. Ist diese Differentialgleichung nach irgendeiner der bekannten Methoden (s. § 11) integriert, so ist $\delta\Phi$ bekannt und damit auch

$$\delta \operatorname{tg}\omega = \mathsf{P} \cdot \big(\cos(\Phi + \delta\Phi) - \cos\Phi\big)$$

$$\delta \operatorname{tg}\tilde{\omega} = \mathsf{P} \cdot \big(\sin(\Phi + \delta\Phi) - \sin\Phi\big).$$

§ 64. Kleine Änderungen.

Die bisherigen Formeln sind so abgeleitet, daß sie auch für endliche Variationen gelten. Nehmen wir jetzt an, was meistens zutrifft, daß die Variationen wie kleine Größen behandelt werden dürfen, so ergeben sich wesentliche Vereinfachungen. Man erhält nämlich

$$\delta l\dot{x} = \int\limits_{\dot{x}_0} \delta l \, \frac{w}{k} \cdot d l \dot{x}$$

$$\delta t = -\int\limits_0 \delta l \, \frac{k}{\dot{x}} \, dt$$

$$\delta s = -\int\limits_0 \delta l \, \frac{k}{\dot{x}^2} \, ds$$

$$\delta x = -\int\limits_0 \delta l \, \frac{k}{\dot{x}^2} \, dx$$

$$\delta y = -\int\limits_0 \delta l \, \frac{k}{\dot{x}^2 \operatorname{tg} \tilde{\omega}} \, dy$$

$$\delta z = -\int\limits_0 \delta l \, \frac{k}{\dot{x}^2 \operatorname{tg} \omega} \, dz.$$

Und die Gleichung $\delta \operatorname{tg}(\Phi + \Psi) \, d\Phi = 0$ ergibt:

$$\operatorname{tg}(\Phi + \Psi) \, d\delta\Phi + \frac{\delta\Phi + \delta\Psi}{\cos^2(\Phi + \Psi)} \, d\Phi = 0,$$

eine lineare Differentialgleichung für $\delta\Phi$.

Also:

$$\delta\Phi = e^{\int\limits_0 \frac{2\,d\Phi}{\sin(2\Phi + 2\Psi)}} \int\limits_0 e^{-\int\limits_0 \frac{2\,d\Phi}{\sin(2\Phi + 2\Psi)}} \, \frac{2\,\delta\Psi}{\sin(2\Phi + 2\Psi)} \, d\Phi .$$

Schließlich wird

$$\delta \operatorname{tg}\omega = -\mathrm{P}\sin\Phi \cdot \delta\Phi = -\operatorname{tg}\tilde{\omega} \cdot \delta\Phi$$
$$\delta \operatorname{tg}\tilde{\omega} = \mathrm{P}\cos\Phi \cdot \delta\Phi = \operatorname{tg}\omega \cdot \delta\Phi.$$

Die Variationen von lk berechnet man am einfachsten aus

$$k = \mathrm{P} \cdot \sin(\Phi + \psi) \cdot \sqrt{g^2 + h^2}\,.$$

Im Hinblick auf die Kompliziertheit des Problems sind diese Formeln als überraschend einfach zu bezeichnen. Die unter den Integranden vorkommenden Bestandteile der Variationen von δw, δg, δh sind von verschiedenen Größenordnungen. Es sind erstens der von der Luftgewichtsabnahme herrührende Teil von δw, zweitens die von der Schwereabnahme herrührenden Teile von der Ordnung $\frac{1}{R}$, drittens (evtl.) die von der Corilisbeschleunigung herrührenden Teile von der Ordnung ν, viertens die von der Zentrifugalbeschleunigung herrührenden Teile von der Ordnung ν^2. Die Änderung des Luftgewichtes übt den bei weitem stärksten Einfluß aus, und ist in vielen Fällen zu berücksichtigen, wo die übrigen Einflüsse noch vernachlässigt werden können. Wir wollen deshalb diesen Fall noch besonders betrachten.

§ 65. Bloße Luftgewichtsänderung.

Nehmen wir also $\delta k = 0$ und entsprechend dem St. Robertschen Gesetz der Luftgewichtsabnahme

$$\frac{\delta w}{w} = -\varepsilon z$$

an, so ist $\delta \dot{x}$ aus der Formel

$$\frac{\delta \dot{x}}{\dot{x}} = -\varepsilon \int\limits_{\dot{x}_0} z \frac{d\dot{x}}{\dot{x}}$$

zu berechnen. Wenden wir hierauf zur Berechnung von $\dot{x}^0$ den oben benutzten Näherungssatz für Segmentinhalte an, so erhalten wir

$$\frac{\delta \dot{x}^0}{\dot{x}^0} = -\varepsilon \tfrac{2}{3} z_* \lg \frac{\dot{x}^0}{\dot{x}_0}\ .$$

Denselben Wert bekommen wir aber, wenn wir $\frac{\delta w}{w} = -\varepsilon \frac{2}{3} z_*$ annehmen, d. h. die Geschwindigkeiten $\dot{x}^0$ in den zu ω^0 gehörenden Punkten haben auf den Flugbahnen $\Phi(\varepsilon z)$ und $\Phi(\varepsilon \frac{2}{3} z_*)$ annähernd dieselben Werte.

Für die Zwischenwerte der $\dot{x}$ auf beiden Flugbahnen schließen wir jetzt wie oben (S. 149), indem wir dort $\lg \dot{x}$ für Ω setzen: in entsprechenden Punkten der aufsteigenden (absteigenden) Äste ist der Wert von $\dot{x}$ auf der Flugbahn $\Phi(\varepsilon z)$ kleiner (größer) als auf der Flugbahn $\Phi(\varepsilon \frac{2}{3} z_*)$.

Infolgedessen können wir wie früher für die Elemente t^0, x^0, y^0, z^0, s^0 schließen, daß dieselben auf diesen beiden Flugbahnen annähernd gleiche Werte haben. Damit ist das erwähnte praktische Verfahren von neuem, und zwar ohne Zugrundelegung eines speziellen Luftwiderstandsgesetzes begründet.

Kann man für größere Flughöhen nicht mehr $\frac{\delta w}{w} = -\varepsilon z$ annehmen, sondern muß man $\frac{\delta w}{w}$ als empirisch gegebene Funktion von z nehmen, so kann die Berechnung des Integrals

$$\frac{\delta \dot{x}}{\dot{x}} = \int\limits_{\dot{x}_0} \frac{\delta w}{w} \frac{d\dot{x}}{\dot{x}}$$

z. B. so erfolgen:

Es sei $\dot{x}_0, \dot{x}_1, \dot{x}_2, \ldots, \dot{x}_n$ eine fallende geometrische Reihe vom Quotienten q, dann ist

$$\frac{d\dot{x}}{\dot{x}} = \frac{\dot{x}_{i+1} - \dot{x}_i}{\dot{x}_i} = q - 1, \quad \text{also}$$

$$\int \frac{\delta w}{w} \cdot \frac{d\dot{x}}{\dot{x}} = (q-1) \sum_{i=0}^{n} \frac{\delta w_i}{w_i}.$$

Als entsprechende Punkte der gegebenen und der variierten Flugbahn nahmen wir bisher solche mit gleichem $\mathrm{tg}^2\omega + \mathrm{tg}^2\tilde{\omega}$. Man kann statt dessen auch $\dot{x}$ oder auch v wählen. Letzteres muß man beim senkrechten oder fast senkrechten Schuß, für den $\sin\omega = \pm 1$, $\cos\omega = \frac{\pi}{2} \mp \omega$ ist. Da kann man die Formeln (4) S. 36 direkt variieren und erhält z. B.

$$\delta s = \int \frac{\delta w \cdot v dv}{(w \pm g)^2} \quad \text{usw.}$$

Dreizehntes Kapitel.

Der Drall.

§ 66. Zweck. Konstanter und progressiver Drall.

Die Geschoßwirkung am Ziel wächst, wenn man die Geschoßmasse vergrößert. Wollte man dies ohne Vergrößerung des Kalibers erreichen, so mußte man von Kugel- zu Langgeschossen übergehen. Das bringt einen weiteren Vorteil mit sich, da nach (12) § 7 die Verzögerung durch den Luftwiderstand der Querschnittsbelastung umgekehrt proportional ist, also bei gleichem Kaliber durch Vergrößerung des Gewichtes verkleinert wird. Um Langgeschossen die erforderliche Stabilität beim Fluge durch die Luft zu geben, mußte man ihnen eine Drehwucht um die Längsachse erteilen. Dies geschieht durch die schraubenförmig in die Rohrwandung (Seele) eingeschnittenen „Züge", und die Führungsringe des Geschosses, in die sich die Züge einschneiden. Man mußte also von glatten zu „gezogenen" Rohren übergehen. Die schraubenförmige Windung der Züge heißt der Drall. Als Maß des Dralles nimmt man entweder die „Dralllänge" oder den „Drallwinkel". Die Drallänge ist die Länge, die einem vollen Umlauf der Züge oder einer vollen Umdrehung des Geschosses entspricht. Der Drallwinkel ist der Winkel unter dem die Züge die Geraden der zylindrischen Seele schneiden. Ist D der Drallwinkel, $2R$ das Kaliber in Metern, so ist also $\operatorname{tg} D$ gleich $2\pi R$ dividiert durch die Drallänge in Metern, oder gleich π dividiert durch die Drallänge in Kalibern. Das ergibt sich durch Aufbiegen der Seele zu einem Rechteck von der Länge des Rohres und der Breite $2\pi R$, in dem die Züge in gerade Linien übergehen, die gegen die Längsseite um D geneigt sind.

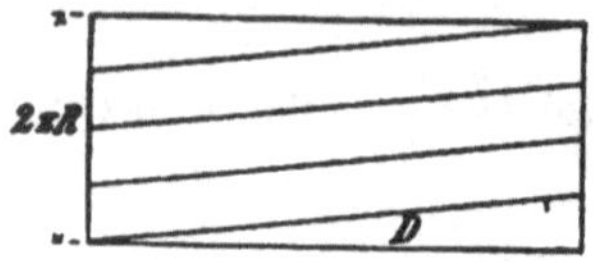

Abb. 37.

Diese Überlegungen gelten für den gleichbleibenden Drall. Beim wachsenden Drall wächst der Winkel D, in der aufgebogenen Seele werden die Züge krumme Linien, deren Neigung gegen die Längsseite vom Anfang bis zur Mündung wächst. Für die Stabilität des Geschosses kommt es auf die Drehwucht an, mit der es das Rohr verläßt, also auf den Enddrall. Der danach gewählte Enddrall bestimmt beim gleichbleibenden Drall diesen von Anfang an. Infolgedessen wurde das Geschoß am Anfang durch den Druck der Pulvergase auf Druck und zugleich durch den Drall auf Torsion so stark beansprucht, daß Rohrplatzer vorkamen. Das war der Grund zu wachsendem Drall überzugehen. Man setzte den Anfangsdrall so weit herab, daß Rohrplatzer nicht mehr vorkamen, und ließ den Drall vom Anfang zum Ende gesetzmäßig wachsen.

Beim Übergang zum wachsenden Drall mußte man zur Vermeidung von Torsionsbeanspruchungen den vorderen Führungsring durch einen „Zentrierwulst" ersetzen, in den sich die Züge nicht einschneiden, der aber mit dem hinteren Führungsring die axiale Führung des Geschosses sichert.

§ 67. Geometrische Drallgesetze. Kreisdrall. Parabolischer Drall.

Solange keine weitere Bedingung gestellt wird, kann man das Gesetz, nach welchem der Drall wächst, ziemlich willkürlich wählen. Die einfachste Annahme war, daß die Züge nach der Ausbreitung der Seele in eine Ebene Kreisbögen werden, die die schmalen Kanten des Rechtecks unter gegebenen Winkeln schneiden: „Kreisdrall". In der Tat kann man einen Kreisbogen bestimmen, der zwei Parallele unter gegebenen Winkeln schneidet. Man schneide nämlich umgekehrt einen Kreis mit zwei Parallelen unter den gegebenen Winkeln und setze nachträglich den Maßstab der Figur so fest, daß der Parallelenabstand die Seelenlänge gibt.

Beim „parabolischen“ Drall wächst $\operatorname{tg} D = \frac{dy}{dx}$ linear mit der Entfernung x vom Rohranfang, d. h. es ist $\frac{d \operatorname{tg} D}{dx}$ konstant, also y eine quadratische Funktion von x, die Züge sind Parabeln. Die Aufgabe: zwei Parallelen durch eine Parabel derselben Achsenrichtung unter gegebenen Winkeln zu schneiden, wird wie beim Kreise gelöst.

Ein drittes Drallgesetz ist $\frac{dD}{dx} =$ konstant, während beim Kreisdrall $\frac{dD}{ds} =$ konstant ist, wenn s die Bogenlänge der Züge bedeutet. Da D klein und wenig veränderlich ist, stimmen alle drei Gesetze nahe überein. Die Gleichung der Züge wird von der Form $y = ax + bx^2 + \ldots$ Die beiden ersten Glieder genügen, um den beiden Forderungen des Anfangs- und Endddralles zu entsprechen.

§ 68. Drall kleinster Zugbeanspruchung.

Eine Beobachtung, die wir im Kriege machten, ist die folgende:

Der Anfang des gezogenen Teiles der Rohre ließ vielfach eine Abnutzung in der Art erkennen, daß die Felder von der Führungskante her beiseitegedrückt waren; sie waren an der Führungskante abgeschrägt, und zwar meistens treppenförmig. Auf die Nachteile solcher Beschädigungen sei hier nur kurz hingewiesen: ungenauer Geschoßansatz, Beschädigung der Führungsringe, Vergrößerung des Laderaumes, alles das ergibt eine Beeinträchtigung der ballistischen Leistung. Dazu kommt eine schnellere Abnutzung des Rohres. Für die Ballistik des Geschosses kommt es nun bloß auf den Enddrall an, der hauptsächlich durch Stabilitätsforderungen bestimmt ist. Die Art der Progression des Dralles ist also so zu bestimmen, daß erstens der Enddrall ein gegebener ist, und daß zweitens die Beanspruchung der Züge sich über deren Länge möglichst gleichmäßig verteilt. Die Aufgabe der Züge ist: dem Geschoß eine bestimmte Drehwucht zu erteilen. Wenn ein Stück der Züge dem Geschoß einen bestimmten Zuwachs an Drehwucht erteilt, ein anderes gleich langes Stück einen geringeren Zuwachs, so wird das erstere zugunsten des letzteren unnötig stark beansprucht, also schneller abgenutzt. Demnach läßt die oben angeführte Beobachtung darauf schließen, daß der Anfangsdrall zu groß genommen wird. Aus diesem Ansatz soll das Drallgesetz geringster Zugbeanspruchung entwickelt werden.

Es sei m die Masse, x der Weg, v die Geschwindigkeit, $T = \frac{1}{2} mv^2$ die Flugwucht des Geschosses; ferner $q \cdot R$ der Trägheitsradius. Für ein rein zylindrisches und homogenes Geschoß wäre $q^2 = 0{,}5$, also infolge der Bogenspitze q^2 etwas kleiner als 0,5, bei homogenen Vollgeschossen. Infolge der größeren Dichte des Mantels gegenüber der Dichte der Füllung ist bei Geschossen mit Sprengladung erfahrungsgemäß q^2 nahezu gleich 0,56*).

Nun ist die Umfangsgeschwindigkeit, d. h. die Winkelgeschwindigkeit mal R gleich $v \operatorname{tg} D$. Also ist die Drehwucht, d. h. $\frac{1}{2} m$ (Winkelgeschwindigkeit mal Trägheitsradius)^2 gleich $\frac{1}{2} m v^2 \operatorname{tg}^2 D \cdot q^2$. Die Drehwucht ist nur ein kleiner Teil der Gesamtwucht des Geschosses. Z. B. ergäbe $D = 5^0 42{,}5'$, $\operatorname{tg} D = 0{,}1$ eine Drehwucht nahezu 0,56% der Flugwucht $T = \frac{1}{2} m v^2$. Bei der Lösung des Hauptproblems der inneren Ballistik kann man deshalb in erster Annäherung von der Drehwucht absehen. Soll jetzt die Drehwucht vom Anfang der Bewegung an bis zum Verlassen des Rohres proportional der Weglänge x anwachsen, so muß

$$T \cdot \operatorname{tg}^2 D = \frac{c}{q^2} x \tag{1}$$

sein, wo c eine Konstante ist, deren Wert sich aus dem Enddrall, der Rohrlänge und der Geschwindigkeit beim Verlassen des Rohres ergibt. Ist das Problem der inneren Ballistik gelöst, d. h. ist v, also auch T als Funktion von x bekannt, so ergibt sich aus (1) auch D als Funktion von x, d. h. das gesuchte Drallgesetz. Wir führen noch die Triebkraft $P = \frac{dT}{dx}$ ein, die dem Druck der Pulvergase proportional ist. Die Abhängigkeit des P von x wird durch die „Druckkurve" dargestellt, in der die Ordinate $AB = P$, die Abszisse $OA = x$ und der Kurvenbogen OB die Fläche $T = \int P\,dx$ einschließen. Der mittleren Höhe $\frac{T}{x}$ dieser Fläche über der Basis x ist nach (1) $\operatorname{ctg}^2 D$ proportional; danach kann durch graphische oder mechanische Verfahren der Wert von $\operatorname{tg} D$ zu jedem x leicht gefunden werden. Bezeichnet man mit $P' = \frac{T}{x}$ die zum Weg x gehörige **mittlere** Triebkraft, so kann man die Gleichung (1) auch schreiben:

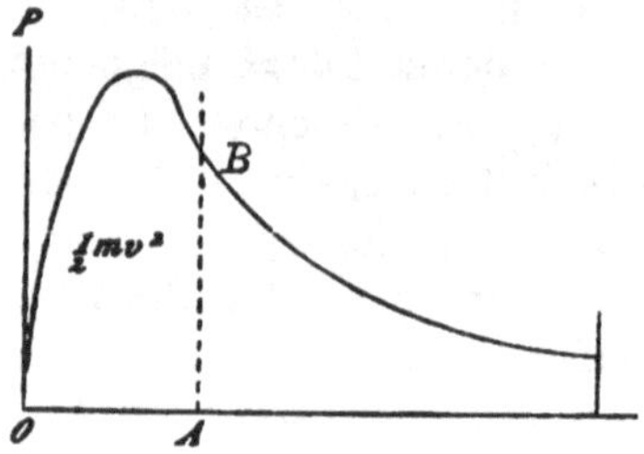

Abb. 38.

$$\operatorname{tg}^2 D = \frac{c}{q^2} : P'; \tag{2}$$

demnach ist die **mittlere** Drehwucht $P' \cdot \operatorname{tg}^2 D \cdot q^2$ konstant und ihrem Werte nach gleich c. Die Gleichung (2) dient zur Ermittelung des Anfangsdralles, da der Anfangswert der mittleren Triebkraft P' bekannt ist. Denn

*) Kaiser, Konstruktion der gezogenen Geschützrohre. Wien 1892. S. 443.

im Anfang ist die mittlere Triebkraft $P' = \frac{T}{x}$ gleich der Triebkraft $P = \frac{dT}{dx}$, und diese ist statisch zu definieren als Druck der Pulvergase dividiert durch den Querschnitt. Da die Bewegung erst beginnt, wenn die Triebkraft einen beträchtlichen Wert erreicht hat, muß der Drall mit einem sehr kleinen Winkel beginnen.

Nach (1) ist die Zunahme der Drehwucht proportional der Zunahme der Weglänge x. Dem Teil dx der Weglänge entspricht aber ein Teil $ds = \sec D \cdot dx$ der Länge der Züge. Soll also, genauer, die Drehwucht nicht proportional der Weglänge, sondern proportional der Zuglänge anwachsen, so ist die Gleichung (1) durch die Differentialgleichung zu ersetzen:

$$d\,T\,\mathrm{tg}^2 D = \frac{c}{q^2} \sec D \cdot dx. \tag{3}$$

Die ergibt integriert:

$$T \cdot \mathrm{tg}^2 D = \frac{c}{q^2}\, s. \tag{4}$$

Da nur die Beziehung zwischen T und x, nicht die zwischen T und s als bekannt gelten kann, ersetzen wir s durch: $\sum \sec D \cdot \Delta x$, nehmen die Differenzen Δx alle gleich $\frac{1}{n} X$, wo X die Länge des gezogenen Teils ist, und bilden, indem wir noch $\frac{cX}{nq^2} = k$ setzen, die Gleichungen:

$$\begin{aligned} T_1 \cdot \mathrm{tg}^2 D_1 &= k \sec D_0 \\ T_2 \cdot \mathrm{tg}^2 D_2 - T_1 \cdot \mathrm{tg}^2 D_1 &= k \sec D_1 \\ \cdots\cdots & \cdots\cdots \\ T_n \cdot \mathrm{tg}^2 D_n - T_{n-1} \cdot \mathrm{tg}^2 D_{n-1} &= k \sec D_{n-1}. \end{aligned} \tag{5}$$

Aus diesen Gleichungen und dem Anfangsdrallwinkel D_0 kann man der Reihe nach die zu den Weglängen

$\frac{1}{n} X, \quad \frac{2}{n} X, \quad \frac{3}{n} X, \quad \ldots \frac{n}{n} X = X$ gehörigen Drallwinkel

$D_1, D_2, D_3, \ldots D_n$ berechnen. Dabei ist aber der Wert der Konstanten c oder k zunächst noch unbestimmt. Er ist aus der Forderung zu ermitteln, daß D_n den vorgeschriebenen Wert des Enddrallwinkels annimmt. Die Addition der Gleichungen (5) ergibt, daß $T_n \cdot \mathrm{tg}^2 D_n$ größer ist als $k \cdot n \sec D_0$ und kleiner ist als $k \cdot n \cdot \sec D_n$, also gleich ist $k \cdot n \cdot \sec D'$, wenn mit D' ein Mittelwert des Drallwinkels bezeichnet wird. Ist D' etwa $= 2$ bis 3 Grad, so ist $\sec D' = 1{,}001$, also kann aus der Gleichung $T_n \cdot \mathrm{tg}^2 D_n = k \cdot n \cdot \sec D'$ der Wert von k mit einer Genauigkeit von etwa 1 pro mille bestimmt werden. Hat man zu diesem k aus (5) die n Drallwinkel $D_1, D_2, D_3, \ldots D_n$ berechnet, und sollte der letzte von dem vorgeschriebenen Enddrallwinkel noch merklich abweichen, so kann man diese Werte wie folgt verbessern. Man ersetze in (5):

$$\begin{aligned} &k \text{ durch } k\,(1+j) \\ &D_1 \text{ durch } D_1\,(1+j_1) \\ &\ldots\ldots\ldots\ldots, \\ &D_n \text{ durch } D_n\,(1+j_n), \end{aligned} \tag{6}$$

also jedes

$$\operatorname{tg}D \text{ durch } \frac{\operatorname{tg}D + j\cdot\operatorname{tg}D}{1 - j\operatorname{tg}^2 D} = \operatorname{tg}D\cdot(1+j)\cdot(1+j\operatorname{tg}^2 D) = \operatorname{tg}D\cdot(1+j\cdot\sec^2 D)$$

$$\text{und jedes } \sec D \text{ durch } \frac{1}{\cos D - j\cdot\sin^2 D} = \sec D + j\cdot\operatorname{tg}^2 D,$$

dann erhält man zur Bestimmung der Korrekturen $j, j_1, j_2, \ldots j_{n-1}$, die als kleine Größen erster Ordnung anzusehen sind, die n linearen Gleichungen:

$$\begin{aligned} J_1\cdot\sec^2 D_1 - J_0\cdot\sec^2 D_0 &= \tfrac{1}{2}\,k\cdot\sec D_0\cdot j \\ J_2\cdot\sec^2 D_2 - J_1\cdot\sec^2 D_1 &= \tfrac{1}{2}\,k\cdot\left(\sec D_1\cdot j + \frac{J_1}{T_1}\right) \\ \ldots\ldots\ldots\ldots\ldots\ldots\ldots\ldots \\ J_n\cdot\sec^2 D_n - J_{n-1}\cdot\sec^2 D_{n-1} &= \tfrac{1}{2}\,k\cdot\left(\sec D_{n-1}\cdot j + \frac{J_{n-1}}{T_{n-1}}\right), \end{aligned} \tag{7}$$

in denen zur Abkürzung immer $j\cdot T\cdot\operatorname{tg}^2 D = J$ gesetzt ist und J_0, wie j_0 den Wert 0 hat. Aus diesen Gleichungen berechnet man der Reihe nach

$$\begin{aligned} J_1 &= (1)\cdot j \\ J_2 &= (2)\cdot j \\ &\ldots\ldots \\ J_n &= (n)\cdot j, \end{aligned} \tag{8}$$

wo (1), (2), ... (n) Zahlenfaktoren sind. Aus der letzten der Gleichungen (8) ergibt sich die Korrektur j von k, da ja die Korrektur j_n von D_n, also auch der Wert J_n bekannt ist. Die Berechnung der Größen J aus den Gleichungen (7) und die Berechnung der Größen j aus $j\cdot T\cdot\operatorname{tg}^2 D = J$ gestaltet sich sehr einfach, da die dabei erforderlichen Größen $T\cdot\operatorname{tg}^2 D$ und $\sec D$ schon in den Gleichungen (5) der Reihe nach berechnet sind.

Als man vom gleichbleibenden zum wachsenden Drall überging, bestimmte man den Anfangsdrall aus der Forderung, daß die größte Drehbeanspruchung des Geschosses unter einer gewissen, vom Geschoß abhängigen Grenze liegen soll. Mit dieser primitiven Art den Drallverlauf festzulegen, mußte man sich begnügen, da damals der Verlauf der Geschwindigkeits- und der Gasdruckkurve nicht bekannt war. Neben der gebotenen Rücksicht auf die Geschoßfestigkeit darf aber die auf die Beanspruchung der Züge um so weniger außer acht gelassen werden, als das Geschoß nur einmal, die Züge dauernd beansprucht werden. Nach (3) ist nun diese Beanspruchung gleich

$$d(T\operatorname{tg}^2 D)/dx = P\cdot\operatorname{tg}^2 D + 2\,T\cdot\operatorname{tg}D\cdot d\operatorname{tg}D/dx. \tag{9}$$

Da nun beim üblichen parabolischen Drall $d\,\mathrm{tg} D/dx$ konstant ist (§ 67), während T und D nur wachsen, P bis zu seinem Maximum wächst, so ergibt sich, daß bei parabolischem Drall die Züge von Anfang an, und jedenfalls bis zur Stelle des Druckmaximums, in stark wachsendem Maße beansprucht werden. Das beweist die Unzweckmäßigkeit dieses Dralls. Dasselbe gilt also auch für die beiden anderen geometrischen Drallgesetze. Dagegen erfüllt der Drall kleinster Zugbeanspruchung auch die Forderung in bezug auf Geschoßbeanspruchung. Letztere ist nämlich gleich der Geschwindigkeit des Anwachsens der Drehwucht, also zur Zeit t gleich $d T \mathrm{tg}^2 D/dt$, also wegen (3) gleich $cv \cdot \sec D/q^2$, erreicht also am Ende den größten Wert. Aber der erfahrungsmäßige Enddrall liefert keine Rohrplatzer. Dieser Drall hat also noch den weiteren Vorteil, daß die am Ende liegende größte Drehbeanspruchung von der nahe am Anfang liegenden größten Druckbeanspruchung des Geschosses soweit als möglich getrennt ist.

Zur Bestimmung des Anfangsdrallwinkels D_0 erhält man aus (3) und (9) wegen $T_0 = 0$ die für $\sec D_0$ quadratische Gleichung

$$P_0 \cdot \mathrm{tg}^2 D_0 = \frac{c}{q^2} \sec D_0, \tag{10}$$

in der P_0 der Anfangswert der Triebkraft, d. h. des durch den Querschnitt dividierten Gasdrucks ist.

Für den Enddrall liefert die Rücksicht auf die Drehbeanspruchung des Geschosses eine obere Grenze. Eine untere Grenze erhält man aus der Forderung der Stabilität. Sind $A = B$, C die Trägheitsmomente, r die Winkelgeschwindigkeit, S der Schwerpunkt, W der Luftwiderstand, H dessen Angriffspunkt auf der Achse, $SH = h$, so heißt die Stabilitätsbedingung (s. § 54)

$$\frac{1}{4} \frac{C^2}{A} r^2 > h \cdot W. \tag{11}$$

Die links stehende, fast konstante Größe ist als das **Maß der Stabilität** anzusehen. Ihr Überschuß über die rechts stehende Größe als die **Reservestabilität**. Die rechts stehende Größe als die untere **Stabilitätsgrenze**. Mit Rücksicht auf die Beziehung

$$\mathrm{tg} D = \frac{rR}{v} \tag{12}$$

ergibt sich daraus eine untere Grenze für den Enddrall. Aus (11) und (12) folgt nämlich

$$\mathrm{tg}^2 D > 4\, R^2 h \frac{AW}{C^2 v^2}. \tag{13}$$

Aus (11) oder (13) lassen sich folgende Schlüsse ziehen: Lange Geschosse erfordern stärkeren Enddrall, um dieselbe Reservestabilität zu haben. Denn verdoppelt man z. B. die Geschoßlänge, so verdoppeln sich annähernd auch C und h, während A sich etwa verfünffacht. Die Frage, ob größere Mündungsgeschwindigkeiten geringere Achsendrehung (Wille, Waffenlehre, S. 822) oder ob sie stärkeren Enddrall (Heydenreich, Die Lehre vom Schuß, S. 98) erfordern, ist so zu beantworten. Größeres v ergibt auch größeres W, also ist nach (11) auch größere Drehgeschwindigkeit r erforderlich, wenn man dieselbe Reservestabilität wünscht. Und für den Enddrall folgt aus (13), daß die untere Grenze für ihn wächst, abnimmt oder gleichbleibt, je nachdem ob W stärker, schwächer oder ebenso wächst, wie v^2; da das in verschiedenen Intervallen verschieden ist (s. S. 14), kann man keine allgemeine Regel aufstellen. In dem Beispiel bei Heydenreich ist v einmal gleich 180, das andere Mal 500; die zugehörigen Werte von W liefert die Kruppsche Tabelle proportional 0,044 und 0,983. Da nun $0{,}983/500^2 = 0{,}0000039\ldots$ etwa dreimal so groß ist, wie $0{,}044/180^2 = 0{,}0000013\ldots$, so ist für denselben Enddrall die Stabilität für $v = 500$ viel geringer, wie für $v = 180$; entsprechend den Heydenreichschen Beobachtungen.

§ 69. Drall kleinsten Druckes.

Den Drall kleinsten, also konstanten Druckes zwischen Führungsringen und Zugflanken suchen Terquem*) und Kaiser**). Ein solcher Drall beansprucht langsam durchlaufene Stellen mehr als schnell durchlaufene.

Der Druck ist proportional dem Zuwachs an Drehwucht, also proportional $\frac{d}{d\sigma}\,\frac{1}{2}\,m v^2 q^2 \operatorname{tg}^2 D$, wenn $d\sigma$ das Bogenelement des Führungsringes ist. Wegen $d\sigma = \operatorname{tg} D \cdot dx$ wird also auch $\frac{v dv \operatorname{tg} D}{dx} = \frac{dv \operatorname{tg} D}{dt}$, d. i. die Umfangsbeschleunigung konstant***), also gleich der mittleren Umfangsbeschleunigung $\frac{v \operatorname{tg} D}{t}$. Aus $\frac{v \operatorname{tg} D}{t} = \text{konst.}$ ergibt sich, wenn das Hauptproblem der inneren Ballistik gelöst ist, durch Einsetzen von v und t als Funktionen von x auch $\operatorname{tg} D$ als Funktion von x, also die Drallkurve. Statt dieses einfachen Weges integrierte Terquem die Gleichung:

$$\frac{d\,\frac{1}{2}\,(v \operatorname{tg} D)^2}{d\sigma} = C$$

durch

$$(v \operatorname{tg} D)^2 = 2\,C\sigma$$

*) Revue d'artillerie, tome 13, S. 217.

**) Konstruktion der gezogenen Geschützrohre, Wien 1892, S. 447.

***) Einen Drall konstanter Drehbeschleunigung hatte schon v. Scheve vorgeschlagen: Arch. f. Artill.- und Ing.-Off. 93 (1886) S. 3.

und diese, nach Einsetzen von $\operatorname{tg} D = \frac{d\sigma}{dx}$, durch

$$\sigma = \frac{C}{2} \cdot \left(\int \frac{dx}{v}\right)^2;$$

wo er v prop. $\sqrt{1 - \frac{e}{x}}$ annimmt. Hiergegen, und namentlich gegen die nachträgliche Annäherung des gefundenen Dralls durch einen kreisförmigen oder parabolischen Drall gleichen Anfangs- und Enddralls, wendet sich mit Recht Kaiser. Man könnte dann von vornherein einen solchen Drall nehmen und durch die Forderung bestimmen, an zwei Stellen x_1, x_2 denselben Druck zu geben. Das ist einfacher als bei Kaiser durch die Gleichungen $\frac{v_1 \operatorname{tg} D_1}{t_1} = \frac{v_2 \operatorname{tg} D_2}{t_2} =$ konst. zu bewirken, da der Wert der Konstanten durch die Mündungswerte von v, t, D bestimmt ist.

Vierzehntes Kapitel.

Übergangs-Ballistik.

§ 70. Die zwei Phasen des Übergangs.

Mit dem Moment, in dem das Geschoß mit dem vorderen Führungsring (bzw. dem Zentrierwulst) die Mündung verläßt, beginnt die erste Phase des Übergangs. Das Geschoß gewinnt Spielraum für eine Abweichung seiner Achse von der Seelenachse. Es ist anzusehen, wie ein Kreisel, der außer seiner Translationsbewegung eine Rotation um einen Punkt seiner Drehachse ausführt. Dieser Punkt ist der Mittelpunkt des (hinteren) Führungsringes. Die Schwerkraft wirkt ablenkend auf die Geschoßachse, anfänglich in sehr geringem Maße, wie auch anfänglich der verfügbare Spielraum um dieser Ablenkung zu gehorchen gering ist. Nur genaue Beobachtungen, vielleicht kinematographische Aufnahmen, können darüber entscheiden, ob diese Ablenkung durch Reibung des Geschoßmantels an der Rohrmündung gehemmt wird; an Blindgängern war nichts davon zu bemerken. Wir nehmen im folgenden an, daß eine solche Hemmung nicht eintritt; der gegenteiligen Annahme wäre durch Anbringung einer Korrektur Rechnung zu tragen.

Diese Phase erreicht ihr Ende und die zweite beginnt mit dem Moment, in dem der (hintere) Führungsring das Rohr völlig verlassen hat. Damit hat die Wirkung des Geschützes auf das Geschoß aufgehört, aber es wirken noch die nachdrängenden Pulvergase, die einige Zeit noch die Geschoßgeschwindigkeit zu vergrößern suchen. Erst wenn diese Wirkung aufhört und auf das Geschoß nur noch Schwere und Luftwiderstand wirken, ist das Ende der zweiten Phase erreicht. Das ist zugleich der Anfangspunkt der Flugbahn, die die äußere Ballistik behandelt. Die Lage des Geschosses und sein Bewegungszustand in diesem Punkte sind für die Flugbahn entscheidend. Diese zu ermitteln, ist die Aufgabe der Übergangsballistik.

§ 71. Die erste Phase.

Die Energie der Drehung des Geschosses

$$\mathsf{T} = \frac{m}{2}(Ap^2 + Bq^2 + Cr^2)$$

wird wegen $A = B$ und (§ 53)

$$\begin{aligned} p &= -\dot{\vartheta} \cdot \sin\varphi + \dot{\psi} \cdot \sin\delta \cdot \cos\varphi \\ q &= \dot{\vartheta} \cdot \cos\varphi + \dot{\psi} \cdot \sin\delta \cdot \sin\varphi \\ r &= \dot{\varphi} \qquad\qquad\; + \dot{\psi} \cdot \cos\delta \end{aligned}$$

gleich:

$$\mathsf{T} = \frac{m}{2} A \cdot \left(\dot{\vartheta}^2 + (\dot{\psi}\sin\delta)^2\right) + \tfrac{1}{2} Cr^2 = \tfrac{1}{2} A\,|\dot{\alpha}|^2 + \tfrac{1}{2} Cr^2.$$

Die Verzögerung w und die Beschleunigung g setzen sich zu einer resultierenden Beschleunigung g' zusammen, deren Richtung als die „Quasi-Senkrechte" bezeichnet sei. Auf diese Quasi-Senkrechte beziehen sich jetzt die Winkel δ, ϑ, ψ, α.

Die Energie der Lage des Geschosses ist gleich dem „Quasi-Gewicht" mg' multipliziert mit der Höhe des Angriffspunktes von g' über einer durch die Mitte des hinteren Führungsringes gelegten Quasi-Wagerechten. Der Angriffspunkt von g' ist der Schwerpunkt, sein Abstand von der Mitte des hinteren Führungsringes sei l. Dann ist $U = m \cdot g' \cdot l \cdot \cos\delta$ die Energie der Lage.

Die Zeitdauer der ersten Phase ist gleich dem Abstand der beiden Führungsringe dividiert durch die Mündungsgeschwindigkeit, also eine Größe von einigen zehntausendsteln Sekunde. Von der Veränderung des w in dieser Zeit wird abgesehen.

Die Lagrangeschen Gleichungen*):

$$\frac{d}{dt}\frac{\partial \mathsf{T}}{\partial \dot{\psi}} + \frac{\partial(\mathsf{T} + U)}{\partial \psi} = o \qquad \frac{d}{dt}\frac{\partial \mathsf{T}}{\partial \dot{\varphi}} + \frac{\partial(\mathsf{T} + U)}{\partial \varphi} = o$$

ergeben, weil T und U von φ und ψ nicht abhängen, daß $\frac{\partial \mathsf{T}}{\partial \dot{\varphi}}$ und $\frac{\partial \mathsf{T}}{\partial \dot{\psi}}$ konstant sind. Das ergibt

$$\begin{gathered} \dot{\varphi} + \dot{\psi}\cos\delta = \dot{\varphi}_0 + \dot{\psi}_0 \cos\delta_0 \; (= r) \\ A \cdot \sin^2\delta \cdot \dot{\psi} + C \cdot r\cos\delta = A\sin^2\delta_0 \cdot \dot{\psi}_0 + Cr\cos\delta_0\,; \end{gathered}$$

---

*) S. z. B. Enzyklopädie der math. Wiss. IV. 1. S. 481.

zur Berechnung von $\dot{\psi}$, wenn die Neigung δ der Geschoßachse gegen die Quasi-Senkrechte bekannt ist.

Die Energiegleichung $$\mathsf{T} + U = \mathsf{T}_0 + U_0$$

ergibt $\frac{1}{2} A|\dot{\alpha}|^2 + \frac{1}{2} Cr^2 + g'l\cos\delta = \frac{1}{2} A|\dot{\alpha}_0|^2 + \frac{1}{2} Cr^2 + g'l\cos\delta_0$,

zur Berechnung von $|\dot{\alpha}|$. Der Winkel $\delta - \delta_0$ am Ende der ersten Phase ist gleich $\frac{l}{\varrho}$, wenn $\varrho = \frac{v^2}{g' \cdot \sin\delta}$ der anfängliche Krümmungsradius ist. Danach ist $|\dot{\alpha}|$, $\dot{\psi}$, $\dot{\vartheta}$ für das Ende der ersten Phase zu berechnen, wenn diese Größen für den Anfang derselben bekannt sind, oder umgekehrt, je nachdem, welche Werte sich empirisch ermitteln lassen.

Da am Anfang der ersten Phase Geschoßachse und Seelenachse noch übereinstimmen, sind die Werte von ψ, ϑ am Anfang der ersten Phase 0, also sind $\int\dot{\psi}dt$, $\int\dot{\vartheta}dt$ ihre Werte am Ende derselben, die Integrale über die Zeitdauer der ersten Phase erstreckt. Wegen der kurzen Dauer derselben kann man $\int\dot{\psi}dt = \dot{\psi}_0\varDelta t$, $\int\dot{\vartheta}dt = \dot{\vartheta}_0\varDelta t$ setzen, wo $\varDelta t$ die Dauer der ersten Phase ist. Die so berechneten Größen ψ, ϑ geben die Stellung des Geschosses am Ende der ersten Phase.

Bei den vorstehenden Überlegungen ist vorausgesetzt worden, daß während der ersten Phase der Drall nicht mehr „arbeitet“, d. h., daß das Geschoß keinen Zuwachs an Drehwucht mehr erhält. Dazu muß, da die Geschwindigkeit des Geschosses noch etwas wächst, der Drall etwas abnehmen, nämlich in der Weise, daß $v \cdot \mathrm{tg}D$ konstant bleibt. Ein Drall, der noch arbeitet, nachdem der vordere Führungsring die Mündung verlassen hat, würde wegen des Fehlens der vorderen Führung ein stärkeres Schleudern des Geschosses bewirken.

§ 72. **Die zweite Phase.**

Nachdem das Geschoß das Rohr ganz verlassen hat, erteilen ihm die nachdrängenden Pulvergase noch eine kurze Zeit eine allmählich abnehmende Beschleunigung. Wir können diese auffassen als verminderten Sog; denn während später ein Teil von w von dem Sog am Geschoßboden herrührt, besteht während der zweiten Phase ein Überdruck am Geschoßboden, stärker als der Druck an der Spitze. Bezeichnen wir deshalb diese Beschleunigung mit $-\delta w$, so ist ((2)S. 25)

$$\frac{dv}{dt} = -(w - \delta w + g \cdot \sin\omega).$$

Anfänglich ist dies positiv, v wächst; dann wird einmal

$$w - \delta w + g\sin\omega = o,$$

die Geschwindigkeit erreicht ein Maximum. Alsdann nimmt v ab, bis $\delta w = o$ geworden ist. Nicht der Punkt, in dem v sein Maximum erreicht, ist als Anfang der Flugbahn zu nehmen, wie das sonst gesagt wird, denn in diesem wirken die Pulvergase noch; sondern der Punkt, in dem diese Wirkung ganz aufgehört hat.

Durch Messungen zusammengehöriger Werte von s und t (nach § 14 S. 40), findet man zusammengehörige Werte von v und $w-\delta w$, also, da w kannt ist, von v und δw. Hat man auf diese Weise die Funktion δw von v empirisch ermittelt, die noch von einer (oder mehr) dem Schuß eigenen Konstanten abhängen wird, so kann man umgekehrt die Bahn des Geschosses während der zweiten Phase berechnen nach den Formeln:

$$t = -\int \frac{dv}{w - \delta w + g \sin\omega},$$

$$s = -\int \frac{v\,dv}{w - \delta w + g \sin\omega},$$

$$x = \int \cos\omega \, ds,$$

$$z = \int \sin\omega \, ds.$$

Integriert man bis zu dem Zeitpunkt, für den $\delta w = o$ ist, so erhält man Ort und Zeit für den Endpunkt der zweiten Phase. Die Geschwindigkeit in diesem Punkte ergibt sich aus der Gleichung $\delta w = o$. Stellung (ψ, ϑ) und Geschwindigkeitszustand ($\dot\psi$, $\dot\vartheta$) erhält man aus den Werten von ψ, ϑ, $\dot\psi$, $\dot\vartheta$ im Anfang der zweiten Phase wie in Kap. XI, nur ist jetzt $w-\delta w$ für w zu setzen.

Fünfzehntes Kapitel.

Innere Ballistik.

§ 73. Die Aufgaben.

Die Hauptaufgabe der inneren Ballistik ist die Ermittelung der Geschoßbewegung im Rohre und der dabei entwickelten Drucke und Temperaturen. Kennt man den Weg s, den das Geschoß von der Masse m bis zur Zeit t zurückgelegt hat, als Funktion von t, so ist auch seine Geschwindigkeit $v = \dot s = \frac{ds}{dt}$ zur Zeit t bekannt. Ebenso seine Beschleunigung $\dot v = \ddot s$, also auch die Kraft, mit der es sich bewegt:

$$P = m\ddot s. \tag{1}$$

Diese „Effektivkraft“ $m\ddot s$ ist nach der Newtonschen Bewegungsgleichung gleich der Triebkraft des Pulvers, wenn man zunächst von den kleinen Verlusten durch den Widerstand der Luft, der Reibung im Rohre und, bei geneigtem Rohre, der Schwerkraft absieht. Demnach ist P auch die Pulvertriebkraft und infolgedessen

$$P = \omega \cdot \mathfrak{p}, \tag{2}$$

wenn mit $\mathfrak{p}$ der Druck auf den Geschoßboden, mit ω der Querschnitt der Seele bezeichnet wird.

Die Bewegungsgleichung lautet also

$$m\ddot{s} = \omega \mathfrak{p}. \tag{3}$$

Es sind die vier Größen t, s, v, $\mathfrak{p}$, von denen die zusammengehörigen Werte gesucht werden. Ist der Zusammenhang zweier bekannt, so ergeben sich die übrigen durch Differentiationen und Integrationen. Ist z. B. $\mathfrak{p}$, also $\ddot{s}$ als Funktion von t bekannt, so ergibt sich $v = \dot{s} = \int \ddot{s}\, dt$, $s = \int\int \ddot{s}\, dt\, dt$.

Ist v als Funktion von s bekannt, so ergibt sich $t = \int \frac{ds}{v}$, $\ddot{s} = \frac{dv}{ds} \cdot v$; usw.

Die empirischen Ermittelungen beschränkten sich früher auf Messung der Mündungsgeschwindigkeit (s. S. 40) und des Höchstdruckes am Stoßboden des Rohres durch kupferne Stauchzylinder. Diese beiden Größen sind auch die praktisch wichtigsten, die erstere mit Rücksicht auf die gewünschte Schußweite, die zweite mit Rücksicht auf die Rohrbeanspruchung. In neuerer Zeit ist man auch dazu übergegangen, den Verlauf der Geschwindigkeit und des Druckes durch verschiedene Apparate (Velozimeter, Registriermanometer) zu messen.

§ 74. **Berichtigung der schweren Masse.**

Es wird nicht die ganze Pulvertriebkraft P in die Effektivkraft $m\ddot{s}$ umgesetzt. Vielmehr geht ein Teil für Reibung, Luftwiderstand und Schwerkraft verloren. Ist R dieser Teil, so ist die Gleichung (3) zu ersetzen durch

$$P - R = m \cdot \ddot{s}. \tag{4}$$

Setzt man

$$R = m \cdot \delta\ddot{s}, \tag{5}$$

indem man mit $\delta\ddot{s}$ die Gesamtverzögerung durch Reibung, Luftwiderstand und Schwerkraft bezeichnet, so kann man auch schreiben:

$$P = m\left(1 + \frac{\delta\ddot{s}}{\ddot{s}}\right)\ddot{s}, \tag{6}$$

d. h. die schwere Masse m ist durch den etwas veränderlichen Wert $m\left(1 + \frac{\delta\ddot{s}}{\ddot{s}}\right)$ zu ersetzen. Den Hauptanteil macht die Reibung aus. Man kann diesen Teil direkt messen, indem man das Geschoß durch den senkrecht gestellten Lauf unter genügender Belastung hindurch treibt. Der Bruch $\frac{\delta\ddot{s}}{\ddot{s}}$ beträgt nach Cranz beim Infanteriegewehr höchstens $\frac{1}{5}$ und ist beim Geschütz nach Gossot und Liouville kleiner als die Hälfte des Verhältnisses des Ladegewichts zum Geschoßgewicht. Die Verzögerung durch die Schwerkraft ist selbst beim Schuß senkrecht aufwärts so klein, daß sie neben der Pulvertriebkraft kaum in Betracht kommt. Sie beträgt z. B. bei der Feldkanone nur $\frac{1}{9000}$, beim Infanteriegewehr nur $\frac{1}{52000}$ der Pulvertriebkraft. Die Verzögerung durch den Luftwiderstand ist zwar von etwas höherer Größenordnung als die durch die Schwerkraft, aber neben der Pulvertriebkraft auch sehr klein. Im ganzen ist also $\frac{\delta \ddot{s}}{\ddot{s}}$ ein kleiner Bruch, der durch einen Mittelwert $\left(\frac{\delta \ddot{s}}{\ddot{s}}\right)$ ersetzt werden kann. Die berichtigte schwere Masse ist also

$$m\left(1+\left(\frac{\delta \ddot{s}}{\ddot{s}}\right)\right). \tag{7}$$

§ 75. Berichtigung der trägen Masse.

Wir werden später die Gleichung aufstellen, welche besagt, daß die verlorene potentielle Energie (Spannung) der Pulvergase gleich ist der gewonnenen kinetischen Energie (Wucht) des Geschosses. Aber ein Teil der Gasspannung wird verbraucht, um der verbrannten und unverbrannten Ladung und der Luft vor dem Geschoß kinetische Energie zu erteilen. Dem trägt man Rechnung, indem man die Geschoßmasse um die halbe Ladungsmasse $\mathfrak{m}$ vermehrt. Ferner wird einem Teil des Geschützes Rücklaufenergie erteilt. Ist M dessen Masse, so berücksichtigt man dies, indem man m durch $\frac{mM}{m+M}$ ersetzt, und die absolute Geschwindigkeit des Geschosses durch die relative der Massen m und M.

Ist nämlich V die Rücklaufgeschwindigkeit der Masse M, so ist nach dem Satz von der Erhaltung der Bewegung des Schwerpunktes

$$mv = MV,$$

und die Energie wird

$$\tfrac{1}{2}mv^2 + \tfrac{1}{2}MV^2 = \tfrac{1}{2}mv^2 + \tfrac{1}{2}mvV = \tfrac{1}{2}mv(v+V) = \tfrac{1}{2}(v+V)^2 \cdot \frac{mM}{m+M},$$

weil für die absolute und relative Geschwindigkeit folgt:

$$v : v+V = M : m+M.$$

Drittens ist nach S. 158 die Drehwucht durch Anbringung des Faktors $1+q^2\cdot \mathrm{tg}^2 D$ zu berücksichtigen, worin für D ein mittlerer Drallwinkel zu nehmen ist.

Viertens wird die zur Erzielung der Drehwucht geleistete Arbeit an den Zugflanken infolge der Reibung vermehrt im Verhältnis von $\mathrm{tg}(D+D') : \mathrm{tg}D$, wenn $\mathrm{tg}D'$ der Reibungskoeffizient ist, der z. B. für Kupfer auf Stahl 0,176 beträgt. Da für D nur ein Mittelwert genommen wird, kann man annehmen, daß damit auch der kleine Teil Energie mit berücksichtigt ist, der in Schall und Wärme übergeht. Die Masse

$$\frac{m'M}{m'+M}, \tag{8}$$

worin $m' = (m + \frac{1}{2}\mathfrak{m}) \cdot (1 + q^2 \operatorname{tg} D \cdot \operatorname{tg}(D + D'))$ ist, heiße die berichtigte träge Masse. Die damit gebildete lebendige Kraft werde mit T bezeichnet. Soll auch die Energie berücksichtigt werden, die zum Einpressen des Geschosses in die Züge verbraucht wird, so tritt dieselbe als additive Konstante zu T hinzu. Gemessen wird diese Einpreßarbeit, indem man das Geschoß durch Fallhammerschläge in den Lauf eintreibt. Das Produkt aus Hammergewicht und Fallhöhe gibt die jedesmalige Arbeit.

§ 76. Das Pulver. Die Abelsche Gleichung.

Man verbrenne Pulver in einer geschlossenen Versuchsbombe vom Volumen $\mathfrak{v}$. Es entstehe der Druck $\mathfrak{p}$ und die absolute Temperatur $\mathfrak{T}$. Das Volumen der Pulverladung sei $\Delta \cdot \mathfrak{v}$. Δ heißt die Ladedichte*). Nach der Verbrennung bleibt ein Rückstand, dessen Volumen etwas kleiner ist als $\Delta \cdot \mathfrak{v}$. Das Rückstandsvolumen sei $\mathsf{A}\Delta \cdot \mathfrak{v}$; A heißt das Kovolumen*). Das von den Pulvergasen eingenommene Volumen ist also $\mathfrak{v} - \mathsf{A}\Delta \cdot \mathfrak{v}$. Zwischen diesem Volumen, dem Druck $\mathfrak{p}$ und der absoluten Temperatur $\mathfrak{T}$ besteht die Zustandsgleichung, die in der Clausiusschen Form heißt:

$$\mathfrak{p} = \frac{R\mathfrak{T}}{\mathfrak{v} - \mathsf{A}\Delta \cdot \mathfrak{v}} - \frac{\varphi(\mathfrak{T})}{\mathfrak{v}^2}.$$

Darin ist R die Gaskonstante und die Funktion $\varphi(\mathfrak{T})$ nimmt ab wie eine Exponentialfunktion (Sarrau), kann also bei den hohen, in Betracht kommenden Temperaturen von einigen Tausend Grad durch Null ersetzt werden. Abel hat nachgewiesen, daß $R\mathfrak{T}$ bei Explosionen desselben Sprengstoffes konstant ist, und zwar proportional dem Volumen desselben $\Delta \cdot \mathfrak{v}$. Der Proportionalitätsfaktor ist eine dem betreffenden Pulver eigene Konstante, der spezifische Druck desselben, der mit $\mathfrak{f}$ bezeichnet wird*). Es besteht demnach die Gleichung:

$$\mathfrak{p} = \frac{\mathfrak{f}\Delta}{1 - \mathsf{A}\Delta}. \tag{9}$$

Diese Gleichung heißt die Abelsche Gleichung und ist als die erste Hauptgleichung der inneren Ballistik anzusehen. Da man $\mathfrak{p}$ und Δ messen kann, liefert jeder solche Versuch eine lineare Gleichung zwischen den Pulverkonstanten $\mathfrak{f}$ und A, nämlich $\frac{1}{\Delta} = \mathsf{A} + \frac{\mathfrak{f}}{\mathfrak{p}}$. Aus mehreren solcher

*) Bei dieser Festsetzung sind Δ und A unbenannte Zahlen, $\mathfrak{f}$ ein Druck. Definiert man aber Δ als Quotient Ladegewicht durch Verbrennungsraum, so bekommt A die Dimension reziproke Dichte, $\mathfrak{f}$ die Dimension Druck durch Dichte.

Gleichungen, mindestens zweien, sind $\mathfrak{f}$ und A zu bestimmen. Man kann $\mathfrak{f}$ und A auch a priori aus der Zersetzungsgleichung des Pulvers berechnen; aber diese Ermittelung ist unsicher, da die Zusammensetzung des Pulvers nicht genau genug bekannt ist.

Die Abelsche Gleichung liefert nach vielen Versuchen den Gasdruck $\mathfrak{p}$ mit einer für die Praxis vorläufig ausreichenden Genauigkeit.

§ 77. Entzündung und Abbrennen, geometrisch.

Auf der Oberfläche eines einzelnen Pulverkorns schreite die Entzündung mit der Geschwindigkeit $\dot{e}'$, im Innern schreite die Verbrennung mit der Geschwindigkeit $\dot{e}$ fort. Bei geringen Drucken, z. B. an freier Luft, kann man $\dot{e}$ und $\dot{e}'$ direkt beobachten. Ein zylindrischer Pulverstab verbrennt von oben nach unten mit einer konischen Spitze konstanten Winkels 2α (Mache). Demnach ist $\frac{\dot{e}}{\dot{e}'} = \sin\alpha$.

Die Zündgeschwindigkeit $\dot{e}'$ ist aber verschieden, je nachdem in welcher Richtung gegen die Schwerkraft die Zündung fortschreitet, weil die Pulvergase der Schwerkraft entgegen aufsteigen. Auch Luftströmungen sind von Einfluß. Bei den hohen Drucken der inneren Ballistik kommt das aber aus dem Grunde nicht in Betracht, weil die erhitzten Pulvergase sehr schnell die ganze Ladung umspülen und daher die Zündung sich fast momentan über die Oberfläche aller Pulverkörner erstreckt. Wir machen daher weiterhin die Annahme, daß sich die Gesamtoberfläche zugleich entzündet. Bei Schwarzpulver soll diese Annahme erst berechtigt sein, wenn dasselbe durch starke Kompression (spezifisches Gewicht $\geqq 1{,}85$) seine körnige, poröse Struktur verloren hat und homogen geworden ist (Vieille).

Es wird ferner angenommen und durch die Erfahrung ziemlich gut bestätigt, daß das Abbrennen eines Pulverkorns in parallelen Schichten erfolgt (Piobert). An Stellen starker Krümmung treten möglicherweise Änderungen ein. Sei e die Dicke der bis zur Zeit t verbrannten Schichten. Dann ist das verbrannte Volumen eines Kornes zur Zeit t

$$\mathfrak{F}\cdot e - \tfrac{1}{2}\mathfrak{H}\cdot e^2 + \tfrac{1}{3}\mathfrak{K}\cdot e^3. \tag{10}$$

Darin bedeuten, solange e klein ist gegen die Abmessungen des Korns, $\mathfrak{F}$ die Oberfläche des Korns, $\mathfrak{H}$ seine gesamte Germainsche (Kanten-) Krümmung, $\mathfrak{K}$ seine gesamte Gaußsche (Ecken-) Krümmung*). Bei größerem e sind $\mathfrak{F}$, $\mathfrak{H}$, $\mathfrak{K}$ als Integrale darzustellen.

*) Vgl. Steiner, Werke II, S. 173. Dort wächst der Körper um eine Schicht konstanter Dicke, darum ist dort das Glied mit e^2 positiv. Man beachte die Nichtumkehrbarkeit: Der abnehmende Würfel bleibt Würfel, der wachsende nicht.

Da angenommen wurde, daß alle Pulverkörner der Ladung sich zugleich entzünden, ist das Volumen des zur Zeit t verbrannten Pulvers gleich

$$\sum \mathfrak{F} \cdot e - \tfrac{1}{2} \sum \mathfrak{H} \cdot e^2 + \tfrac{1}{3} \sum \mathfrak{K} \cdot e^3, \tag{11}$$

die Summen bezogen auf alle Körner der Ladung. Bei unregelmäßigen Formen und Größen in einer Ladung sind die drei Koeffizienten als empirisch zu ermittelnde Größen anzusehen; bei regelmäßig gebildeten Körnern sind sie zu berechnen, wenn bekannt ist, wieviel von jeder Form und Größe in der Ladung enthalten sind.

Jeder Punkt im Innern eines Pulverkorns hat einen kleinsten Abstand von der Oberfläche desselben. Das Maximum dieser kleinsten Abstände nennen wir den Kornhalbmesser, den wir mit d bezeichnen. Den Kornhalbmesser zur Einheit genommen, habe ein rechteckiges Blättchen die Abmessungen $2 \leqq \frac{2}{m} \leqq \frac{2}{n}$. Zur Zeit t ist verbrannt

$$2 \cdot \frac{2}{m} \cdot \frac{2}{n} - (2 - 2\varepsilon)\left(\frac{2}{m} - 2\varepsilon\right)\left(\frac{2}{n} - 2\varepsilon\right),$$

wo $\varepsilon = \frac{e}{d}$ gesetzt ist.

Das bezeichnen wir mit $2 \cdot \frac{2}{m} \cdot \frac{2}{n} \cdot i$, so daß i eine unbenannte von 0 bis 1 wachsende Zahl ist, die angibt, ein wie großer Teil verbrannt ist. Setzen wir

$$i = a(1 - \lambda\varepsilon + \mu\varepsilon^2)\,\varepsilon, \tag{12}$$

so wird

$$\begin{aligned} a &= 1 + m + n \\ \lambda &= \frac{m + n + mn}{a} \\ \mu &= \frac{mn}{a}. \end{aligned} \tag{13}$$

Größe und Form des Blättchens sind bestimmt durch d, m, n. Statt m, n kann man als Formfaktoren auch nehmen $\frac{a}{\lambda}$ und $\frac{\lambda^2}{\mu}$.

Für das Blättchen beträgt das Volumen $\mathfrak{V} = 8 \cdot \frac{1}{mn}$, die Oberfläche $\mathfrak{F} = 4 \cdot \left(\frac{1}{m} + \frac{1}{n} + \frac{1}{mn}\right)$, die gesamte Kantenkrümmung (Mantelsumme der Einheitszylinderquadranten längs den Kanten)

$$\mathfrak{H} = 8 \cdot \left(1 + \frac{1}{m} + \frac{1}{n}\right) \cdot \frac{\pi}{2},$$

die gesamte Eckenkrümmung (Oberflächensumme der Einheitskugeloktanten um die Ecken) $\mathfrak{K} = 4\pi$.

Also wird $\frac{\mathfrak{H}\mathfrak{B}}{\mathfrak{F}^2} = 2 \cdot \pi \cdot \frac{\lambda}{a}$ und $\frac{\mathfrak{F}\mathfrak{K}}{\mathfrak{H}^2} = \pi \cdot \frac{\mu}{\lambda^2}$. Bei allgemeineren Formen müßte man also $\frac{\mathfrak{H}\mathfrak{B}}{\mathfrak{F}^2}$ und $\frac{\mathfrak{F}\mathfrak{K}}{\mathfrak{H}^2}$ als Formfaktoren des Pulvers einführen. Von ihrer Größe hängt die „Ausstrahlung" des Blättchens ab. Für flache Blättchen, wo m und n klein sind, ist a nahezu 1, $\lambda = m + n - \frac{m^2 + mn + n^2}{1 + m + n}$ nahezu $m + n$, also $\frac{a}{\lambda}$ um so größer, je flacher die Blättchen. Die Erfahrung hat ergeben, daß, wenigstens für sehr flache Blättchen, der spezifische Druck $\mathfrak{f}$ des Pulvers proportional $\frac{\lambda}{a}$ ist*). Die Pulverkonstante $\mathfrak{f}$ ist also das Produkt aus einem Formfaktor und einem Stoffaktor. Die Gleichungen:

$$2(1 + m + n)^2 - 6(m + n + mn) = (1 - m)^2 + (1 - n)^2 + (m - n)^2,$$

$$2\left(1 + \frac{1}{m} + \frac{1}{n}\right)^2 - 6\left(\frac{1}{m} + \frac{1}{n} + \frac{1}{mn}\right) = \left(1 - \frac{1}{m}\right)^2 + \left(1 - \frac{1}{n}\right)^2 + \left(\frac{1}{m} - \frac{1}{n}\right)^2$$

ergeben $\frac{\lambda}{a} \leqq \frac{1}{3}$ und $\frac{\mu}{\lambda^2} \leqq \frac{1}{3}$; und die oberen Grenzen werden nur beim Würfel ($m = n = 1$) erreicht. Für die Kugel erreichen $\frac{\mathfrak{H}\mathfrak{B}}{\mathfrak{F}^2}$ und $\frac{\mathfrak{F}\mathfrak{K}}{\mathfrak{H}^2}$ ihre größten Werte**).

Bei Körnerformen, deren Oberfläche von mehrfachem Zusammenhange ist, wird der Koeffizient μ im Falle eines Zusammenhanges gerader Ordnung gleich Null. Für zylindrische Röhren oder Ringe mit den Radien R, r, der Höhe h wird $i = 1 - \frac{\pi(h - 2e)(R + r)(R - r - 2e)}{\pi \cdot h \cdot (R + r)(R - r)} = 1 - (1 - \varepsilon)(1 - \beta\varepsilon)$ $= (1 + \beta)\varepsilon - \beta\varepsilon^2$, wo $\varepsilon = \frac{2e}{R - r}$ bzw. $2\frac{e}{h}$, $\beta = \frac{R - r}{h}$ bzw. $\frac{h}{R - r}$ ist, je nachdem welche der beiden Größen h oder $R - r$ die kleinere, also die Korndicke (doppelter Kornhalbmesser) ist.

§ 78. Brenngesetze.
Die zweite Hauptgleichung der inneren Ballistik.

Ist die lineare Brenngeschwindigkeit $\dot{e} = \frac{de}{dt}$ des Pulvers groß (klein), so heißt das Pulver scharf (mild). Die Brenngeschwindigkeit $\dot{e}$ muß abhängen von dem Druck $\mathfrak{p}$, unter dem das Pulver verbrennt, und von

*) Emery, Mémorial des poudres et salpêtres 14 (1907/8) S. 134.
**) Minkowski, Werke II, S. 127.

seiner Dichte δ*). Da diese drei Größen von den Dimensionen LT^{-1}, $ML^{-1}T^{-2}$, ML^{-3} sind, kann zwischen ihnen eine Relation nur die Form haben:

$$\dot{e} = \text{const.} \left(\frac{\mathfrak{p}}{\delta}\right)^{\frac{1}{2}}. \tag{14}$$

Für Schwarzpulver hat Sarrau in der Tat gefunden, daß bei ballistischen Drucken $\dot{e}$ etwa der $\frac{1}{2}$ten Potenz von $\mathfrak{p}$ proportional ist, während z. B. St.-Robert den Exponenten zu $\frac{2}{3}$, Sébert und Hugoniot zu 1 angeben. Für kolloidale Pulver ist er nach Gossot und Liouville $\frac{2}{3}$, nach Charbonnier, Mache, Schmitz 1. Diese Abweichungen untereinander und von dem theoretisch zu erwartenden Gesetz (14) erklären sich aus der Nichtberücksichtigung der Dichte δ, die im Gesetz (14) natürlich nicht die anfängliche Fabrikationsdichte, sondern die Dichte im Moment der Messung bedeutet. Die letztere weicht von der ersteren ab, erstens infolge des Druckes, zweitens infolge des Wärmeüberganges von den Pulvergasen auf die Ladung. Der Druck würde die Dichte steigern. Diese Steigerung bleibt jedenfalls unter der Elastizitätsgrenze, da unverbrannte Pulverkörner die ursprüngliche Dichte aufweisen (Heydenreich). Der Wärmeübergang verringert dagegen die Dichte, was bei Schwarzpulver, außer bei sehr festem, sogar zum Zerfallen in kleinere Körner führt (Vieille). Die Verringerung des Nenners δ in (14) zeigt sich als scheinbare Vergrößerung des Zählers, also des Exponenten, was den Vieilleschen Versuchen entspricht. Wenn sehr festes Schwarzpulver in einzelnen Fällen etwas langsamer abbrannte, als dem Exponenten $\frac{1}{2}$ in (14) entspricht, so ist daraus zu schließen, daß der Druck die Dichte doch etwas steigerte.

Ein anderer Umstand, der verhindert, daß das theoretische Gesetz (14) rein in Erscheinung tritt, ist der folgende. Die Brenngeschwindigkeit $\dot{e}$, bezogen auf das Pulverkorn der ursprünglichen Dichte, ermittelt man aus den verbrannten Pulvermengen und diese aus den entwickelten Gasdrucken. Daraus folgt, daß man so nur dann die wirkliche lineare Brenngeschwindigkeit mißt, wenn nicht durch Zerfallen von Körnern (Zersprühen) plötzliche Änderungen der brennenden Oberfläche eintreten. Zerfällt z. B. ein Würfel in acht gleich große, so wird die brennende Oberfläche sofort verdoppelt. Bei porösem Pulver kann Zerfallen auch eintreten ohne sprunghafte Änderung der brennenden Oberfläche.

Für die Zwecke der Ballistik kommt es nun gar nicht auf das theoretische Brenngesetz (14) an, in dem δ und $\dot{e}$ mit den erwähnten Unsicherheiten behaftet sind, sondern auf das Brenngesetz, wie es wirklich zum Ausdruck kommt. Um das auszusprechen, führen wir zunächst statt der

*) Nach Wolff (Kriegstechn. Ztschr. 6 [1903]) auch von der Ladedichte Δ. Vgl. hierzu die Bemerkungen der Enc. des sc. math. IV. 6. S. 166, 167, und Mache, Mitt. üb. Gegenstände des Art.- u. Geniewesens, Wien 1916, S. 127.

Dicke e die normierte Dicke $\varepsilon = \frac{e}{d}$ und also die normierte lineare Brenngeschwindigkeit $\dot{\varepsilon} = \frac{\dot{e}}{d}$ ein, und nehmen das allgemeinere Brenngesetz an

$$\dot{\varepsilon} = \mathrm{c} \cdot \mathrm{p}^{\alpha}. \tag{15}$$

Wir nennen α den Brennexponenten, c den Brennkoeffizienten. Von dem Einfluß der Dichte δ sehen wir also ganz ab. Wir behalten aber die Möglichkeit im Auge, daß c keine Konstante, sondern eine Funktion $c(\varepsilon)$ von ε ist. Die Größen ε und $\dot{\varepsilon}$ haben aber nur bei gleichmäßig geformten Pulverkörnern einen bestimmten Sinn, sonst nur ihre Mittelwerte. Auch kann man nur bei Pulvern aus gleichmäßigen Körnern von der verbrannten Pulvermenge auf die verbrannte Dicke e schließen. Deshalb führen wir lieber direkt die verbrannte Menge i und die „kubische" Brenngeschwindigkeit $\frac{di}{dt}$ ein. Wird dann das Brenngesetz (15):

$$\frac{di}{dt} = \varphi(i) \cdot \mathrm{p}^{\alpha}, \tag{16}$$

so ergibt sich wegen

$$i = a\varepsilon(1 - \lambda\varepsilon + \mu\varepsilon^2) \tag{12}$$

und wegen

$$\frac{di}{d\varepsilon}\frac{d\varepsilon}{dt} = \frac{di}{dt}.$$

die Funktion $\varphi(i)$ durch Elimination von ε aus (12) und

$$\varphi(i) = a(1 - 2\lambda\varepsilon + 3\mu\varepsilon^2) \cdot c.$$

Für die Funktion $c(\varepsilon)$ und also auch $\varphi(i)$ ergeben sich von vornherein Beschränkungen. Bei Blättchenpulver der Abmessungen $2d$, $\frac{2d}{m}$, $\frac{2d}{n}$ muß sie bei sonst gleicher Beschaffenheit des Pulvers nur von d, m, n abhängen. Und sie muß immer denselben Wert haben, wenn $(1-\varepsilon)d$, $(1-\varepsilon)\frac{d}{m}$, $(1-\varepsilon)\frac{d}{n}$ demselben Wertetripel gleich sind, d. h. sie ist eine bloße Funktion dieser drei Größen, oder auch von $(1-\varepsilon)d$ und den beiden Formfaktoren $\frac{1}{m}$, $\frac{1}{n}$. Die Brenngeschwindigkeit hängt also von der Größe und von der Flachheit des Blättchens ab. Das ist verständlich, denn bei einem brennenden Blättchen herrscht in einem Punkte nahe der Oberfläche eine um so höhere Temperatur, je kleiner und flacher es ist. Ist schon bei einem einzelnen regelmäßig abbrennenden Korn ein Brenngesetz der Form (16) verständlich, dann um so mehr bei einer Kartusche voll Körnern. Wir wollen nunmehr von dem Zusammenhang der Funktion $c(\varepsilon)$ oder $\varphi(i)$ mit den Pulverkonstanten a, λ, μ absehen und an deren

Stelle die Pulverfunktion $\varphi(i)$ als für das Pulver kennzeichnend ansehen; das ist allgemeiner, umfaßt auch unregelmäßiges Abbrennen der einzelnen Körner und Zerfallen derselben, da trotzdem für die ganze Ladung ein gesetzmäßiges Abbrennen stattfinden kann.

Von besonderer Wichtigkeit ist der Fall $\alpha = 1$ (Charbonnier, Mache, Schmitz). In diesem erhält man aus

$$d\varepsilon = c(\varepsilon) \cdot \mathfrak{p}\, dt = c(\varepsilon) \cdot \frac{m}{\omega}\, dv$$

bzw. aus

$$di = \varphi(i) \cdot \mathfrak{p}\, dt = \varphi(i) \cdot \frac{m}{\omega}\, dv$$

$$\frac{m}{\omega} v = \int_{\varepsilon_0}^{\varepsilon} \frac{d\varepsilon}{c(\varepsilon)} \quad \text{bzw.} \quad \frac{m}{\omega} v = \int_{i_0}^{i} \frac{di}{\varphi(i)}, \tag{17}$$

wenn man mit ε_0 bzw. i_0 den Wert von ε bzw. i bezeichnet, für den v eben noch 0 ist. Es ist also $\frac{m}{\omega} v$ eine bis auf eine additive Konstante bestimmte Funktion von ε bzw. i, die nur von der Pulverbeschaffenheit abhängt.

Umgekehrt, soll das Brenngesetz zu einer solchen Beziehung zwischen $\frac{m}{\omega} v$ und i führen, so folgt, daß auch $\frac{m}{\omega} \frac{dv}{di}$ eine bloße Funktion von i, d. h. auch $\mathfrak{p} : \frac{di}{dt}$ eine bloße Funktion von i ist. Um den Exponenten $\alpha = 1$ mit dem theoretischen Brenngesetz (14) in Einklang zu bringen, muß man annehmen, daß im brennenden Pulver bei den auf Zündungstemperatur erhitzten Teilen δ umgekehrt proportional $\mathfrak{p}$ abnimmt.

Nunmehr ist zu zeigen, wie die Funktion $\frac{m}{\omega} v$ von i empirisch zu ermitteln ist.

Es sei ωs der Raum zwischen Stoßboden und Geschoßboden zur Zeit t, ωs_0 derselbe zur Zeit t_0, das Volumen der Pulverkammer. Das Volumen $\mathfrak{v}$, das die Pulvergase zur Zeit t erfüllen, ist dann ωs vermindert um das Volumen des unverbrannten und das Rückstandsvolumen des verbrannten Pulvers. Also ist

$$\begin{aligned} \mathfrak{v} &= \omega s - \mathsf{A}\, \omega s_0 \Delta i - \omega s_0 \Delta (1 - i) \\ &= \omega s - \omega s_0 \Delta - \mathsf{B} i, \end{aligned} \tag{18}$$

wenn zur Abkürzung

$$\omega s_0 \Delta (\mathsf{A} - 1) = \mathsf{B} \tag{19}$$

gesetzt wird.

Nach der Abelschen Gleichung (9) ist also

$$\mathfrak{p} = \frac{\mathfrak{f} \cdot \omega s_0 \Delta i}{\omega s - \omega s_0 \Delta - \mathsf{B} i}. \tag{20}$$

Hat man nun ein zusammengehöriges Tripel von Werten $\mathfrak{p}$, v, s (z. B. an der Mündung) beobachtet, so ergibt sich der zugehörige Wert von i aus (20):

$$i = \frac{\mathfrak{p}\,\omega\,(s - s_0\,\Delta)}{\mathfrak{p}\mathsf{B} + \mathfrak{f}\,\omega s_0\,\Delta}. \tag{21}$$

Also liefert jeder innerballistisch beobachtete Schuß ein Paar zusammengehöriger Werte von i und $\frac{m}{\omega} v = \int \frac{di}{\varphi(i)}$. Insbesondere erhält man den zu $v = o$, $s = s_0$ gehörigen Wert i_0 von i durch Messung des Anfangsdruckes $\mathfrak{p}_0$. Dieser Anfangsdruck $\mathfrak{p}_0$ ist empirisch zu bestimmen als der Höchstdruck der größten Ladung, bei der das Geschoß noch eben unbewegt bleibt. Demnach kann weiterhin die bis auf eine Konstante bestimmte Pulverfunktion $\int \frac{di}{\varphi(i)}$, und, falls der Anfangsdruck $\mathfrak{p}_0$ gemessen ist, die völlig bestimmte Funktion $\int_{i_0}^{i} \frac{di}{\varphi(i)}$ als bekannt angesehen werden.

Die Funktion $\int_{i_0} \frac{di}{\varphi(i)}$ ist keine reine Pulverfunktion, sondern hängt noch in geringem Maße vom Geschütz ab, so daß man nur für nicht allzu verschiedene Geschütze dieselbe Funktion annehmen kann. Es liegt das daran, daß wir (§ 74) den etwas veränderlichen Betrag $\frac{\delta \ddot{s}}{\ddot{s}}$ durch einen konstanten Mittelwert ersetzt haben.

§ 79. Lösungs-Ansatz mit dem Poissonschen Gesetz.

Aus (18) folgt:

$$d\mathfrak{v} = \omega \cdot ds - \mathsf{B} \cdot di.$$

Zwischen dem Druck $\mathfrak{p}$ und dem Volumen $\mathfrak{v}$ zur Zeit t muß nun offenbar eine Beziehung bestehen, die noch von der verbrannten Pulvermenge, also von ε oder i abhängt. An Stelle von $\mathfrak{p} = \frac{m}{\omega}\dot{v} = \frac{d\mathsf{T}}{\omega ds} = \frac{d\mathsf{T}}{d\mathfrak{v} + \mathsf{B} di}$ können wir auch diese letztere Größe einführen, und berücksichtigen, daß (bei $\alpha = 1$) $\frac{m}{\omega} v$ eine bekannte Funktion von i ist. Demnach ist auch wegen $\mathsf{T} = \frac{m}{2} v^2$ in $d\mathsf{T} = \mathsf{T}'(i) \cdot di$ die Funktion $\mathsf{T}'(i)$ eine bekannte Funktion von i. Es besteht also eine Gleichung zwischen $\mathfrak{v}$, i und

$\frac{d\mathfrak{v}+\mathsf{B}di}{\mathsf{T}'(i)\,di} = \frac{1}{\mathsf{T}'(i)}\left(\frac{d\mathfrak{v}}{di}+\mathsf{B}\right)$ eine Differentialgleichung erster Ordnung für die Funktion $\mathfrak{v}$ von i. Hat die angenommene Beziehung zwischen $\mathfrak{v}$, i und $\mathfrak{p}$ die Form des Poissonschen Gesetzes

$$\mathfrak{p}\,\mathfrak{v}^k = \Psi(i)\,, \tag{22}$$

so wird die Differentialgleichung

$$\frac{d\mathfrak{v}}{di}+\mathsf{B} = \frac{\mathsf{T}'(i)}{\Psi(i)}\,\mathfrak{v}^k\,. \tag{23}$$

Man kann eine solche Gleichung integrieren, indem man von dem Fall $\mathsf{B}=0$, in dem die Variablen getrennt sind, ausgeht und $\mathfrak{v}$ und i nach Potenzen von B entwickelt. Kann man insbesondere $k=1$ annehmen, d. h. folgt die Beziehung zwischen p und $\mathfrak{v}$ dem isothermen (Boyleschen), nicht dem adiabatischen (Poissonschen) Gesetze, so wird (23) eine lineare Differentialgleichung erster Ordnung, also durch zwei Quadraturen oder durch verschiedene numerisch-graphische Methoden integrierbar.

Die Konstante $\Psi(i)$ im Gesetz (22) ergibt sich, indem man sich das Geschoß so schwer denkt, daß es in Ruhe bleibt. Dann ist $\mathfrak{v}$ gleich

$$\mathfrak{v}_0 = \omega s_0 - \mathsf{A}\,\omega s_0 \Delta i - \omega s_0 \Delta\,(1-i) \tag{24}$$

und nach dem Abelschen Gesetz:

$$\mathfrak{p}_0 = \frac{\mathfrak{f}\cdot\omega s_0 \Delta i}{\omega s_0 - \mathsf{A}\,\omega s_0\Delta i - \omega s_0 \Delta\,(1-i)}\,, \tag{25}$$

also

$$\begin{aligned}\Psi(i) = \mathfrak{p}_0\cdot\mathfrak{v}_0^k &= \mathfrak{f}\,\omega s_0 \Delta i(\omega s_0 - \mathsf{A}\,\omega s_0\Delta i - \omega s_0\Delta\,(1-i))^{k-1}\\ &= \mathfrak{f}\cdot(\omega s_0)^k\cdot\Delta i\,(1-\mathsf{A}\Delta i - \Delta\,(1-i))^{k-1}.\end{aligned} \tag{26}$$

§ 80. Lösung nach Charbonnier und Cranz vermittels der Energiegleichung (dritten Hauptgleichung der inneren Ballistik).

Statt die Beziehung zwischen $\mathfrak{p}$ und $\mathfrak{v}$ abhängig zu machen von der verbrannten Pulvermenge i, kann man sie in Beziehung setzen zu der erzeugten kinetischen Energie, die wir in $\mathsf{T}=\frac{1}{2}mv^2$ zusammenfaßten, worin m die berichtigte träge Masse ist (§ 75). Diese kinetische Energie muß der durch die Entspannung der Pulvergase verlorenen potentiellen Energie gleich sein. Die Energie eines vollkommenen Gases vom Volumen $\mathfrak{v}$ und vom Drucke $\mathfrak{p}$ ist die Arbeit, die es bei adiabatischer Entspannung bis zum Volumen ∞ leisten würde. Diese Arbeit ist:

$$\int_{\mathfrak{v}}^{\infty}\mathfrak{p}\,d\mathfrak{v} = \int_{\mathfrak{v}}^{\infty}\mathfrak{p}\,\mathfrak{v}^k\,\frac{d\mathfrak{v}}{\mathfrak{v}^k} = \mathfrak{p}\,\mathfrak{v}^k\cdot\int_{\mathfrak{v}}^{\infty}\frac{d\mathfrak{v}}{\mathfrak{v}^k} = \frac{\mathfrak{p}\mathfrak{v}}{k-1}\,. \tag{27}$$

Das Pulvervolumen $\omega s_0 \Delta i$ ergibt nach der Abelschen Gleichung im Volumen $\omega s_0 - \mathsf{A}\,\omega s_0 \Delta i$ den Druck

$$\frac{\mathfrak{f}\cdot\omega s_0 \Delta i}{\omega s_0 - \mathsf{A}\,\omega s_0 \Delta i}, \tag{28}$$

enthält also die Energie

$$\frac{\mathfrak{f}\,\omega s_0 \Delta i}{k-1} = \mathsf{E}\cdot i, \tag{29}$$

wenn mit E die Energie der ganzen Pulverladung ($i=1$) bezeichnet wird. Diese Energie $\mathsf{E}\cdot i$ hat z. T. die kinetische Energie T erzeugt, z. T. ist sie noch als potentielle Energie in der Spannung der Pulvergase enthalten. Diese letztere Energie ergibt sich aus $\frac{\mathfrak{p}\mathfrak{v}}{k-1}$, indem man hierin $\mathfrak{p} = \frac{d\mathsf{T}}{\omega ds} = \frac{d\mathsf{T}}{d\mathfrak{v} + \mathsf{B}\,di}$ einsetzt. Führt man noch die Einpreßarbeit A ein, so lautet die Energiegleichung (Résal)

$$\mathsf{E}i - \frac{1}{k-1}\,\frac{d\mathsf{T}\cdot\mathfrak{v}}{d\mathfrak{v} + \mathsf{B}\,di} = \mathsf{T} + A. \tag{30}$$

Setzt man zur Abkürzung die Arbeit

$$(k-1)\cdot(\mathsf{E}\cdot i - \mathsf{T} - A) = \Psi, \tag{31}$$

so wird die Energiegleichung $\Psi = \mathfrak{p}\mathfrak{v}$, also $\frac{1}{\mathfrak{p}} = \frac{\mathfrak{v}}{\Psi}$, d. h.

$$\frac{d\mathfrak{v}}{di} + \mathsf{B} = \frac{\mathfrak{v}}{\Psi}\cdot\mathsf{T}'(i). \tag{32}$$

Da wir (für $\alpha = 1$) T als Funktion von i darstellen konnten (S. 176), so ist nach (31) auch Ψ eine Funktion von i, also das Problem wieder zurückgeführt auf eine lineare Differentialgleichung erster Ordnung für die Funktion $\mathfrak{v}$ von i. Die Anfangswerte $\mathfrak{v}_0$, i_0 sind aus (18), (20) für $s = s_0$, $\mathfrak{p} = \mathfrak{p}_0$ zu berechnen. Nun sind $\mathsf{T} = \frac{1}{2}mv^2$, also auch $\Psi = (k-1)(\mathsf{E}\cdot i - \mathsf{T} - A)$ als Funktionen von i bekannt und die Differentialgleichung (32) kann integriert werden. Hat man dadurch $\mathfrak{v} = \omega s - \omega s_0 \Delta + \mathsf{B}i$ als Funktion von i gefunden, so ist auch s als Funktion von i bekannt. Schließlich ergeben sich noch $\mathfrak{p} = \frac{\Psi}{\mathfrak{v}}$ und $t = \int\limits_{s_0}^{s} \frac{dk}{v}$ als Funktionen von i.

Ist das Pulver verbrannt, $i = 1$, bevor das Geschoß die Mündung erreicht hat, so rechnet man von den Werten $\mathfrak{p}_1$, $\mathfrak{v}$, v_1, .., die in diesem Moment gelten, weiter nach dem Poissonschen Gesetz

$$\frac{\mathfrak{p}}{\mathfrak{p}_1} = \left(\frac{\mathfrak{v}_1}{\mathfrak{v}}\right)^k$$

und der Energiegleichung

$$\mathsf{T} + \frac{\mathfrak{p}\mathfrak{v}}{k-1} = \mathsf{T}_1 + \frac{\mathfrak{p}_1\mathfrak{v}_1}{k-1}; \tag{33}$$

wobei der Wert k empirisch zu ermitteln, z. B. aus einer oder mehreren solchen Gleichungen mit beobachtetem T, $\mathfrak{p}$, $\mathfrak{v}$ zu berechnen ist.

Vergleicht man die Bedeutung der Funktion $\Psi(i)$ (31, 29) in der jetzigen (32) und in der obigen Differentialgleichung (23), (26), so erkennt man, daß die isotherme Annahme $k=1$ zulässig ist, wenn die Arbeiten $\mathsf{T}+\mathsf{A}$ neben $\mathsf{E}i$ vernachlässigt werden können.

Gegen die obige Aufstellung der Energiegleichung darf man nicht einwenden, daß dabei die Gasentspannung adiabatisch angenommen wurde. Denn dem hieraus entspringenden Fehler sollte durch Berichtigung der trägen Masse in T mit Rechnung getragen werden, wenigstens annähernd und im Durchschnitt.

§ 81. Lösung nach Gossot und Liouville.

Die geschilderte Methode bezieht sich nur auf die Annahme, daß der Brennexponent $\alpha=1$ ist. Da diese Annahme noch nicht unbestritten feststeht, verdienen Methoden Beachtung, die an einen speziellen Wert von α nicht gebunden sind, wenn dieselben auch Vereinfachungen anderer Art vornehmen.

Wir setzen also jetzt das Brenngesetz

$$\frac{d\Phi(i)}{dt}=p^{\alpha} \tag{34}$$

voraus, das wir mit Rücksicht auf $dt=\frac{ds}{v}$, $\mathfrak{p}=\frac{d\mathsf{T}}{\omega ds}$ so schreiben:

$$v\frac{d\Phi(i)}{ds}=\left(\frac{d\mathsf{T}}{\omega ds}\right)^{\alpha} \tag{35}$$

oder, wegen $\frac{1}{2}mv^2=\mathsf{T}$,

$$\left(\frac{\mathsf{T}}{\mathsf{E}}\right)^{\frac{1}{2}}\frac{d\Phi(i)}{\omega ds}=C\cdot\left(\frac{d\frac{\mathsf{T}}{\mathsf{E}}}{\omega ds}\right)^{\alpha}, \tag{36}$$

wenn

$$C=\frac{1}{\omega}\cdot\sqrt{\frac{m_1}{2}}\,\mathsf{E}^{\alpha-\frac{1}{2}} \tag{37}$$

gesetzt wird.

Indem man $\mathfrak{p}$ und v durch T ausdrückt, führt man die korrigierenden Faktoren der schweren und der trägen Masse ein. Dem tragen wir Rechnung, indem wir in (37) m_1 statt m schreiben.

In der Energiegleichung (30), die wir jetzt schreiben:

$$i=\frac{1}{k-1}\cdot\frac{d\frac{\mathsf{T}}{\mathsf{E}}}{\omega ds}\cdot\mathfrak{v}+\frac{\mathsf{T}}{\mathsf{E}}+\frac{A}{\mathsf{E}}, \tag{38}$$

wird der kleine Bruch $\frac{A}{\mathsf{E}}$ vernachlässigt. Es wird ferner in

$$\mathfrak{v}=\omega s-\omega s_0\cdot\Delta\cdot(1-i\,(1-\mathsf{A})) \tag{39}$$

für das zweite Glied rechts ein Mittelwert ωs_1 eingesetzt, so daß s_1 ein kleiner Bruchteil von s_0 ist, der um so weniger in Betracht kommt, je länger das Rohr im Verhältnis zur Pulverkammer ist. Diese Entfernung von i aus (39) ist um so mehr zulässig, je mehr Pulver vor Beginn der Geschoßbewegung verbrannt ist, je näher $i_0 = 1$ ist. Also wird

$$\mathfrak{v} = \omega (s - s_1) \tag{40}$$

$$d\mathfrak{v} = \omega d s \tag{41}$$

und die Energiegleichung

$$i = \frac{1}{k-1} \cdot \frac{d\frac{\mathsf{T}}{\mathsf{E}}}{dl\mathfrak{v}} + \frac{\mathsf{T}}{\mathsf{E}}. \tag{42}$$

Wir führen jetzt normierte Größen der Dimension Null ein durch die Substitutionen

$$\begin{aligned} \Phi(i) &= \mathsf{Y} \\ \frac{\mathsf{T}}{\mathsf{E}} &= \mathsf{Z} \\ \mathfrak{v} &= h\mathsf{X} \end{aligned} \tag{43}$$

und bestimmen h vermittels

$$C \cdot h^{1-\alpha} = 1. \tag{44}$$

Dann werden die Gleichungen (36, 42) des Problems

$$\begin{aligned} \Phi^{-1}(\mathsf{Y}) &= \frac{1}{k-1} \frac{d\mathsf{Z}}{dl\mathsf{X}} + \mathsf{Z} \\ \mathsf{Z}^{\frac{1}{2}} \frac{d\mathsf{Y}}{d\mathsf{X}} &= \left(\frac{d\mathsf{Z}}{d\mathsf{X}}\right)^{\alpha}. \end{aligned} \tag{45}$$

Durch diese Gleichungen werden Y, Z Funktionen von X und den Anfangswerten $\mathsf{Z}_0 = 0$, $\mathsf{Y}_0 = 0$, $\mathsf{X}_0 = \frac{1}{h} \mathfrak{v}_0$. Die Gleichungen enthalten an Konstanten nur: erstens den Entspannungsexponenten k, der jedenfalls nahezu den Wert 1,41 hat, zweitens den Brennexponenten α, drittens die für das Pulver kennzeichnende Funktion Φ. Demnach bestehen zwischen den normierten Größen X, Y, Z, X_0 zwei Gleichungen:

$$\mathsf{Y} = \mathsf{Y}(\mathsf{X}, \mathsf{X}_0), \quad \mathsf{Z} = \mathsf{Z}(\mathsf{X}, \mathsf{X}_0), \tag{46}$$

in denen nur noch numerische Koeffizienten vorkommen, die also für ein bestimmtes Pulver ein für allemal bestimmt werden können. Jeder Schuß mit gemessener Mündungsgeschwindigkeit gibt einen Punkt der „Fläche der Geschwindigkeiten" $\mathsf{Z} = \mathsf{Z}(\mathsf{X}, \mathsf{X}_0)$. Den Druck $\mathfrak{p}$ erhält man aus

$$\mathfrak{p} = \frac{d\mathsf{E}\mathsf{Z}}{dh\mathsf{X}} = \frac{\mathsf{E}}{h} \cdot \mathsf{Z}', \tag{47}$$

also die Stelle X_*, wo der Druck, also Z' seinen größten Wert Z'_* erreicht, aus $\frac{d^2\mathsf{Z}}{d\mathsf{X}^2} = 0$. Die Auflösung dieser Gleichung ergibt X_* als Funktion von X_0, eine „Kurve der Höchstdrucke" mit rein numerischen Koeffizienten; infolgedessen wird auch Z'_* eine solche Funktion von X_0. Jeder Schuß mit gemessenem Höchstdruck gibt einen Punkt dieser Kurve der Höchstdrucke.

Die Gleichungen gelten nur, bis das Pulver verbrannt ist. Dann ist $\Phi^{-1}(Y) = 1$ und die Energiegleichung (45) wird:

$$\frac{1}{k-1}\frac{dZ}{dlX} = -Z + 1 \tag{48}$$

und ergibt:

$$(1 - Z)\, X^{k-1} = \text{const.},$$

also, da dann für $i = 1$ der Höchstdruck erreicht wird:

$$\frac{1-Z}{1-Z_*} = \left(\frac{X}{X_*}\right)^{1-k}. \tag{49}$$

Für den Druck wird

$$p = \frac{E}{\omega h}\cdot Z' = \frac{E}{\omega h}\cdot\frac{1-Z}{X}\cdot(k-1), \tag{50}$$

insbesondere für den Höchstdruck

$$p_* = \frac{E(k-1)}{\omega h}\cdot\frac{1-Z_*}{X_*}. \tag{51}$$

§ 82. Lösung nach Emery für konstante Emission.

Der älteren Annahme einer bei konstantem Druck konstanten linearen Brenngeschwindigkeit $\dot{\varepsilon}$ kann man als neuere Annäherung versuchsweise gegenüberstellen, daß die kubische Brenngeschwindigkeit $\frac{di}{dt}$, also die Aussendung der Pulvergase konstant ist. Dann ist $\varphi(i) = \text{const.}$ also unter Vernachlässigung von i_0 $\Phi(i) = \int_0 \frac{di}{\varphi(i)} = \Phi\cdot i$, wo Φ eine Konstante ist. Nimmt man dann

$$\left.\begin{aligned} C &= \frac{1}{\Phi\omega}\sqrt{\frac{m}{2}}\cdot E^{\alpha-\frac{1}{2}} \\ Y &= i, \end{aligned}\right\} \tag{52}$$

so werden die Gleichungen

$$\left.\begin{aligned} Y &= \frac{1}{k-1}\frac{dZ}{dlX} + Z \\ Z\,\frac{dY}{dX} &= \left(\frac{dZ}{dX}\right)^{\alpha}. \end{aligned}\right. \tag{53}$$

Schreibt man diese Gleichungen

$$\begin{aligned} \mathsf{Y}\mathsf{X}_0^{-\beta} &= \frac{1}{k-1}\,\frac{d\mathsf{Z}\mathsf{X}_0^{-\beta}}{dl\mathsf{X}\mathsf{X}_0^{-\beta}} + \mathsf{Z}\mathsf{X}_0^{-\beta} \\ (\mathsf{Z}\mathsf{X}_0^{-\beta})^{\frac{1}{2}}\,\frac{d\mathsf{Y}\mathsf{X}_0^{-\beta}}{d\mathsf{X}\mathsf{X}_0^{-\beta}} &= \left(\frac{d\mathsf{Z}\mathsf{X}_0^{-\beta}}{d\mathsf{X}\mathsf{X}_0^{-\beta}}\right)^{\alpha}, \end{aligned} \tag{54}$$

worin $\beta = \frac{1-\alpha}{1{,}5-\alpha}$ ist, so erkennt man, daß $\mathsf{Y}\mathsf{X}_0^{-\beta}$ und $\mathsf{Z}\mathsf{X}_0^{-\beta}$ bloße Funktionen von $\mathsf{X}\mathsf{X}_0^{-\beta}$ sind. Dadurch kommt eine Art Ähnlichkeit der Bewegungen zum Ausdruck: gleichen Werten von $\mathsf{X}\mathsf{X}_0^{-\beta}$ entsprechen proportionale Geschwindigkeiten. Also gilt dasselbe für die theoretischen Höchstdrucke, die demnach demselben Werte von $\mathsf{X}\mathsf{X}_0^{-\beta}$ entsprechen. Gehört der theoretische Höchstdruck zu einem Werte von Y, der größer ist als Eins, so wird er praktisch nicht erreicht. Der wirklich erreichte Höchstdruck ist dann der am Ende der vollständigen Pulververbrennung, wo also $\mathsf{Y} = 1$ ist, und wird wie oben erhalten aus (47).

§ 83. Ansatz zur Lösung bei allgemeinem Brenngesetz.

Nimmt man kein besonderes Brenngesetz an, sondern hat man empirisch die Beziehung gefunden:

$$\mathfrak{F}\left(\frac{1}{\mathfrak{p}}\right) = \frac{dt}{di},$$

so erhält man vermittelst

$$\mathfrak{p} = \frac{d\mathsf{T}}{\omega ds} = \frac{d\mathsf{T}}{d\mathfrak{v} + \mathsf{B}di} \quad \text{und} \quad dt = \frac{\omega ds}{\omega v} = \frac{d\mathfrak{v}}{\omega\sqrt{\frac{2}{m}}\cdot\mathsf{T}^{\frac{1}{2}}}$$

die Differentialgleichung:

$$\mathfrak{F}\left(\frac{\mathfrak{v}'+\mathsf{B}}{\mathsf{T}'}\right) = \frac{\mathfrak{v}'+\mathsf{B}}{\omega\sqrt{\frac{2}{m}}\cdot\mathsf{T}^{\frac{1}{2}}},$$

zu der die Energiegleichung (32) kommt:

$$\frac{\mathfrak{v}'+\mathsf{B}}{\mathsf{T}'} = \frac{\mathfrak{v}}{(k-1)(\mathsf{E}i-\mathsf{T}-\mathsf{A})};$$

zwei Differentialgleichungen erster Ordnung für die Funktionen $\mathfrak{v}$ und T von i. Setzt man $\mathfrak{v}+\mathsf{B}i = \mathsf{B}\cdot\mathsf{X}$, $\mathsf{T}+A = \mathsf{E}\cdot\mathsf{Z}$, $\frac{\mathsf{B}}{\mathsf{E}}\cdot\frac{1}{k-1} = \frac{1}{\mathsf{K}}$, so wird die Energiegleichung: $i = \dfrac{\mathsf{K}\mathsf{Z}+\mathsf{X}\frac{d\mathsf{Z}}{d\mathsf{X}}}{\mathsf{K}+\frac{d\mathsf{Z}}{d\mathsf{X}}}$. Eliminiert man hiermit i aus dem Brenngesetz, so bekommt man:

$$\frac{d}{d\mathsf{X}}\,\frac{\mathsf{KZ}+\mathsf{X}\dfrac{d\mathsf{Z}}{d\mathsf{X}}}{\mathsf{K}+\dfrac{d\mathsf{Z}}{d\mathsf{X}}}=\frac{\mathsf{B}:\omega\sqrt{\dfrac{2}{m}(\mathsf{EZ}-A)}}{\mathfrak{F}\left(\dfrac{\mathsf{B}}{\mathsf{E}}:\dfrac{d\mathsf{Z}}{d\mathsf{X}}\right)},$$

eine Differentialgleichung zweiter Ordnung für die Funktion Z von X. Es käme darauf an, entweder die empirische Funktion $\mathfrak{F}$ durch integrable Funktionen zu approximieren oder die Differentialgleichung bei allgemein gelassener Funktion numerisch-graphisch zu integrieren.

§ 84. Empirische Formeln von Sarrau für Höchstdruck und Mündungsgeschwindigkeit.

Die beschriebenen Verfahren liefern, soweit sie anwendbar sind, den Verlauf der Geschwindigkeiten und Drucke allein auf Grund der Schußdaten. Für die Praxis kommt es vor allem auf Ableitung der Mündungsgeschwindigkeit und des Höchstdruckes an. Für diese hat Sarrau empirische Formeln gegeben:

Die Mündungsgeschwindigkeit ist

$$v_{\max.}=M_\gamma\cdot\left(\frac{\mathfrak{f}a}{\tau}\right)^{\frac12}\left(\frac{\tau}{\lambda}\right)^{\frac34-2\gamma}\cdot\frac{\Gamma^{\frac34}(\delta\Delta)^{\frac14}S^\gamma c^{\frac12-2\gamma}}{G^{\frac12-\gamma}} \tag{55}$$

und der Höchstdruck auf den Geschoßboden

$$p_*=\mathsf{K}\cdot\frac{\mathfrak{f}a}{\tau}\cdot\frac{\delta\Delta}{c^2}(G\Gamma)^{\frac12}, \tag{56}$$

auf den Stoßboden

$$\mathsf{K}^1\cdot\frac{\mathfrak{f}a}{\tau}\,\frac{\delta\Delta}{c^2}G^{\frac14}\Gamma^{\frac34}. \tag{57}$$

Darin bedeuten M_γ, K und K^1 Konstanten, S den Geschoßweg, c das Kaliber, G und Γ das Gewicht von Geschoß und Ladung, δ das spezifische Gewicht des Pulvers, $\mathfrak{f}$, a, λ, Δ haben die bereits erklärten Bedeutungen; τ ist die Brenndauer unter konstantem Druck $\mathfrak{p}_0$, γ hat bei scharfen Pulvern den Wert $\frac18$, bei milden $\frac14$. Für letztere gibt Sarrau außerdem die Formel

$$v_{\max.}=A\left(\frac{\mathfrak{f}a}{\tau}\right)^{\frac12}(\Gamma S)^{\frac38}\left(\frac{\delta\Delta}{Gc}\right)^{\frac14}\left(1-\mathsf{B}\frac{\lambda}{\tau}\,\frac{(GS)^{\frac12}}{c}\right). \tag{58}$$

Die Formeln sind nicht homogen. Die Konstanten haben Dimensionen; ihre Zahlenwerte hängen von den zugrunde gelegten Maßeinheiten ab. Nimmt man mit Sarrau Dezimeter, Kilogramm, Sekunden, so wird:

$$\log M_{\frac{3}{16}}=3{,}49425,\ \log\mathsf{K}=3{,}96197,\ \log\mathsf{K}^1=4{,}25092,$$

$$\log A=3{,}16767,\ \log B=\bar{2}{,}18373.$$

Die Formeln dienen auch umgekehrt dazu, die sonst schwer bestimmbare Brenndauer τ zu ermitteln. Der Druck wird gemessen am Stoßboden des Rohres, während hier nach (56) der Druck am Geschoßboden genommen wird. Diese Drucke sind etwas verschieden wegen der Bewegung des (verbrannten und unverbrannten) Pulvers. Es muß die Beziehung zwischen beiden ermittelt werden. Nimmt man, wie üblich, an, daß diese Beziehung nur vom Geschoßgewicht und vom Ladegewicht abhängt, so kann sie nur in einer Beziehung zwischen dem Verhältnis der beiden Drucke und dem Verhältnis der beiden Gewichte bestehen, da außer diesen zwei dimensionslosen Monomen keine von diesen unabhängigen gebildet werden können. Gossot und Liouville nehmen überdies an, daß das erste Verhältnis einer bloßen Potenz des zweiten proportional ist, und finden, daß 0,3 eine gute Annäherung für den Exponenten gibt, während Sarrau 0,25 genommen hatte (56, 57).

§ 85. Empirisches Verfahren von Vallier, v. Zedlitz und Heydenreich für den Druckverlauf.

Hat man nach diesen Formeln oder auch empirisch den Höchstdruck $\mathfrak{p}_*$ gefunden, so kann man nach Vallier den Druckverlauf angenähert finden, wie folgt.

Wir führen die normierten Variablen ein:

$$\frac{\mathfrak{p}}{\mathfrak{p}_*} = \ddot{\sigma}, \qquad \frac{t}{t_*} = \tau . \tag{59}$$

$\ddot{\sigma}$ erreicht sein Maximum 1 bei $1 - \tau = 0$. Also besteht eine Entwicklung

$$1 - \ddot{\sigma} = \frac{\beta}{2}(1-\tau)^2 + \dots,$$

in der β die Gipfelkrümmung der $(\ddot{\sigma}, \tau)$-Kurve, der normierten Druck-Zeit-Kurve ist. Bis auf Glieder dritter Ordnung ist nun

$$1 - \frac{\beta}{2}(1-\tau)^2 + \cdot = (1-(1-\tau))^\beta (1 + (1-\tau) + \tfrac{1}{2}(1-\tau)^2 + \cdot)^\beta .$$

Also kann man annehmen:

$$\ddot{\sigma} = (\tau e^{(1-\tau)})^\beta . \tag{60}$$

Diese Kurve hat überdies die Eigenschaften für kleine τ zu wachsen wie eine Potenz von τ, vom Maximum bei $\tau = 1$ ab abzufallen, wie eine Adiabate und sich der Achse $\ddot{\sigma} = 0$ asymptotisch zu nähern. Bei zweckmäßiger Bestimmung von β soll sie die Druck-Zeit-Kurve mit guter Annäherung wiedergeben. Da diese Kurve anfänglich steil ansteigt (s. Abb. 37), müßte $\beta < 1$ sein, während Vallier $\beta > 2$ angibt. Die Kurve (60) ist also jedenfalls am Anfang eine schlechte Annäherung. Ist so oder besser empirisch (Heydenreich) die normierte Druck-Zeit-Kurve, also die Funktion $\ddot{\sigma}$ von τ gefunden, so ergibt sich

$$\dot{\sigma} = \int_0^\tau \ddot{\sigma}\, d\tau = \frac{1}{\mathfrak{p}_* t_*} \int_0^t \mathfrak{p}\, dt = \frac{m}{\omega \mathfrak{p}_* t_*} \int_0^t \ddot{s}\, dt = \frac{m}{\omega \mathfrak{p}_* t_*} v \tag{61}$$

und

$$\sigma = \int_0^\tau \int_0^\tau \ddot{\sigma}\, d\tau\, d\tau = \frac{m}{\omega \mathfrak{p}_* t_*^2} s.$$

Also wird

$$\frac{v}{s} t_* = \frac{\dot{\sigma}}{\sigma}$$

oder

$$\frac{vt}{s} = \frac{\dot{\sigma}\tau}{\sigma} \tag{62}$$

und

$$\frac{\frac{1}{2}\frac{mv^2}{\omega s}}{\mathfrak{p}_*} = \frac{1}{2}\frac{\dot{\sigma}^2}{\sigma}.$$

Die Größe $\frac{1}{2}\frac{mv^2}{s} = \frac{\mathsf{T}}{s}$ ist die „mittlere Triebkraft“ zur Zeit t, die Größe $\frac{\mathsf{T}}{\omega s}$ der „mittlere Druck“, ihr Verhältnis zu $\mathfrak{p}_*$ ist der normierte mittlere Druck zur Zeit t. Seinen Wert an der Mündung bezeichnet Vallier mit $\frac{1}{\gamma}$.

Ist ein Quadrupel zusammengehöriger Werte für $\mathfrak{p}$, v, s, t beobachtet, z. B. an der Mündung, so kann man aus den Vallierschen oder Heydenreichschen Tabellen der Funktionen $\ddot{\sigma}$, $\dot{\sigma}$, σ, $\frac{1}{2}\frac{\dot{\sigma}^2}{\sigma}$, $\frac{\dot{\sigma}}{\sigma}\cdot\tau$ der zwei Variablen τ, β den Wert von β entnehmen. Es müssen nämlich die Spalten für

$$\ddot{\sigma}, \quad \frac{1}{2}\frac{\dot{\sigma}^2}{\sigma}, \quad \frac{\dot{\sigma}\tau}{\sigma}$$

in derselben Zeile bzw. enthalten nach (59), (62) die beobachteten Werte von

$$\frac{\mathfrak{p}}{\mathfrak{p}_*}, \quad \frac{\mathsf{T}:s}{\omega \mathfrak{p}_*}, \quad \frac{vt}{s}.$$

$\frac{s}{t}$ ist die mittlere Geschwindigkeit zur Zeit t, $v:\frac{s}{t}$ eine normierte Geschwindigkeit.

Hat man keine Beobachtung, so empfiehlt Vallier die empirische Formel

$$\frac{\beta}{2} = \frac{1}{\gamma - 1},$$

die aber für sehr milde Pulver versagt.

Dem Verfahren liegt die Annahme zugrunde, daß zwischen den normierten Variablen $\bar{\sigma}$ und τ eine nur von einem Parameter (β) abhängige Beziehung besteht. Die empirischen Tabellen von Heydenreich bestätigen die annähernde Richtigkeit derselben. Die Beziehung (60) kann nur als eine angenäherte Darstellung dieser Beziehung gelten. Dasselbe gilt von der v. Zedlitzschen Annahme einer Beziehung der Form $\frac{1}{v} = a + bs^{-n}$, die sich aber den Heydenreichschen Tabellen besser anschmiegt*). Die Tabellen selbst sind das Wesentlichste, Annäherung durch irgendwelche Formeln ist von untergeordneter Bedeutung. Für den Exponenten n gibt v. Zedlitz die empirische Formel:

$$10^{0{,}0767-2}\left(\frac{\Gamma}{\mathfrak{p}_* s_{\text{münd.}}}\right)^{\frac{1}{3}} \frac{\mathsf{E}^{\frac{5}{4}}\,\text{Kal.}^{\frac{11}{6}}}{G} \left(\begin{matrix} s_{\text{münd.}} \text{ in mm}, \ \mathfrak{p}_* \text{ in } \frac{\text{kg}}{\text{cm}^2}, \ \text{Kal. in cm}, \\ \mathsf{E} \text{ in Metertonnen pro kg.} \end{matrix}\right).$$

§ 86. Temperaturen und Rohrbeanspruchungen.

Über die beim Schuß erzeugten Erhitzungen und Beanspruchungen des Rohres ist bisher wenig Sicheres bekannt. Die Temperaturen der Pulvergase ergeben sich aus Druck und Volumen angenähert nach der Vanderwaalsschen Gleichung**). Die Beanspruchung eines Rohrteiles nimmt mit seinem Abstand K Halbkaliber von der Seelenachse ab, wie $\frac{1 + 2 \cdot \mathsf{K}^2}{3}$ wächst. Die äußeren Schichten, etwa von $\mathsf{K} = 1{,}5$ ab, werden deshalb zu wenig ausgenutzt. Darum geht man, wenn es auf hohe Drucke ankommt, zu Mantelrohren über: jeder Mantel, heiß auf den nächstinneren aufgezogen, steht nach Erkalten unter einer Temperaturspannung. Die Mäntel sind so zu dimensionieren, daß sie möglichst gleichmäßig beansprucht werden***). Bei milden Pulvern kann, gegenüber scharfen, die Beanspruchung fast auf die Hälfte sinken, während, wenigstens in langen Rohren, dieselbe Mündungsgeschwindigkeit erzielt werden kann.

---

*) Artilleristische Monatshefte 1910 S. 157.

**) S. z. B. Enzyklopädie der math. Wissenschaften V, 1, S. 669.

***) Kaiser, Geschützrohre. Wien 1892.

Sechzehntes Kapitel.

Ballistische Wahrscheinlichkeitsrechnung.

§ 87. Abweichungen oder Fehler.

Eine Anzahl Schüsse, unter gleichen Anfangsbedingungen abgegeben, werden den theoretischen Zielpunkt P^0 nicht treffen, sondern die Aufschläge P_1, P_2, ... P_n werden sich um denselben herum gruppieren. Und zwar werden in der Nähe von P^0 mehr Aufschläge liegen, als in weiterer Entfernung. Nach welchem Gesetze das stattfindet, lehrt das Gaußsche Fehlergesetz, das wir weiter unten aussprechen und in § 90 beweisen werden.

Die Abweichungen der Schüsse P_i $(i = 1, \ldots, n)$ von P^0 rühren davon her, daß erstens kleine Unregelmäßigkeiten in den Anfangsbedingungen auftreten, daß zweitens die Geschosse etwas verschieden sind und in ihren Bahnen verschieden durch Luft und Schwerkraft beeinflußt werden. Über die Trennung dieser Einflüsse siehe weiter unten.

Man muß Seitenabweichungen Δy^0 und in horizontalem Gelände Längenabweichungen Δx^0, auf einer vertikalen Scheibe Höhenabweichungen Δz^0 unterscheiden. Um uns von diesen speziellen Annahmen unabhängig zu machen, und auch geneigtes und unebenes Gelände mit in Betracht zu ziehen, denken wir uns zu jedem Schuß P_i diejenige Änderung der Seitenrichtung ξ_i und der Höhenrichtung η_i berechnet, die ihm theoretisch entsprechen. Also ξ_i aus

$$\xi_i = \frac{\Delta y^0}{O P^0} \text{ und } \eta_i \text{ aus } \frac{\Delta x^0}{x^0} = (\operatorname{ctg}|\omega^0| - \operatorname{tg}\omega_0)\,\eta_i; \text{ (s. (8) S. 105).} \quad (1)$$

Wir nennen ξ_i, η_i die „normierten" Abweichungen (Fehler). Die Größen ξ_i, η_i repräsentieren also die Abweichungen der Flugbahn, an Stelle der Abweichungen der Aufschläge P_i, die noch von der Form des Geländes abhängen.

Das Gaußsche Fehlergesetz besagt nun: von einer hinreichend großen Anzahl n von Schüssen hat eine Seitenabweichung zwischen ξ und $\xi + \Delta\xi$ die Anzahl

$$n \cdot \frac{h}{\sqrt{\pi}} e^{-h^2\xi^2} \Delta\xi. \quad (2)$$

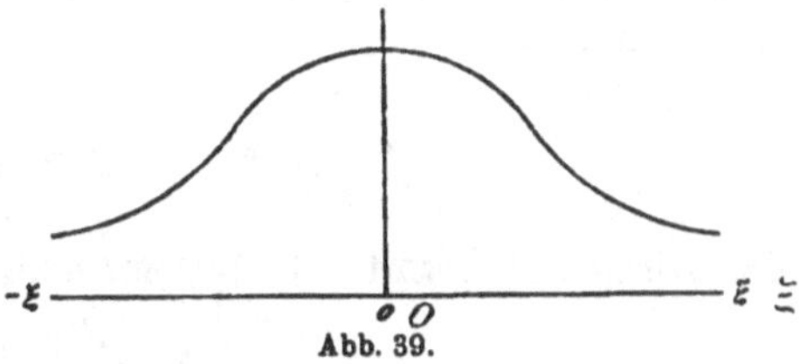

Abb. 39.

Das bedeutet also, daß die Anzahl erstens der Größe des kleinen Intervalls $\Delta\xi$ proportional ist, und daß sie zweitens mit wachsendem ξ sehr stark abnimmt, nämlich wie die Exponentialfunktion $e^{-h^2\xi^2}$ (Abb. 39). Dieses

Abnehmen der Anzahl mit der Größe der Abweichungen wird um so stärker sein, je größer h ist. Bei einem sehr präzisen Schießen, wo also die Aufschläge sich dicht um den Zielpunkt P^0 lagern, wird h groß sein: h ist also eine von der Präzision des Schießens abhängige Konstante, das Präzisionsmaß für Seitenrichtung. Ebenso ist

$$n \cdot \frac{k}{\sqrt{\pi}} e^{-k^2 \eta^2} \Delta \eta \tag{3}$$

die Anzahl der Höhenabweichungen zwischen η und $\eta + \Delta\eta$; k das Präzisionsmaß für Höhenrichtung. Setzt man die Anzahl (2) von Schüssen für n in (3) ein, so erhält man

$$n \cdot \frac{h}{\sqrt{\pi}} e^{-h^2 \xi^2} \Delta \xi \cdot \frac{k}{\sqrt{\pi}} \cdot e^{-k^2 \eta^2} \Delta \eta = n \cdot \frac{hk}{\pi} e^{-h^2 \xi^2 - k^2 \eta^2} \cdot \Delta \xi \cdot \Delta \eta \tag{4}$$

als Anzahl der Schüsse, die eine Seitenabweichung zwischen ξ und $\xi + \Delta\xi$ und zugleich eine Höhenabweichung zwischen η und $\eta + \Delta\eta$ haben.

§ 88. Abzählung.

Denken wir uns in einem kleinen Abstand Eins vom Anfangspunkt der Flugbahn senkrecht zur Anfangstangente eine Ebene, so werden die zu den Punkten P_i gehörigen Flugbahnen mit ihren Anfangstangenten Punkte Π_i in dieser Ebene bestimmen, die wir die ballistischen Bildpunkte nennen wollen. ξ_i, η_i sind die rechtwinkligen Koordinaten von Π_i, Π^0 der Anfangspunkt. Auf diese Weise denken wir uns zu einem irgendwie begrenzten Ziel das ballistische Abbild in der ξ-η-Ebene hergestellt. Dann ist es leicht, die Anzahl der Schüsse anzugeben, die auf eine beliebig begrenzte ebene oder unebene Zielscheibe fallen. Sie ergibt sich durch Summation von (4) über das ballistische Abbild, ist also gleich

$$n \cdot \frac{hk}{\pi} \cdot \iint e^{-h^2 \xi^2 - k^2 \eta^2} d\xi \, d\eta \, . \tag{5}$$

Diese Formel enthält (2), (3), (4) als Spezialfälle in sich. Denn integriert man von ξ bis $\xi + \Delta\xi$, und von η bis $\eta + \Delta\eta$, so erhält man (4). Integriert man von ξ bis $\xi + \Delta\xi$, und von $\eta = -\infty$ bis $\eta = +\infty$, so erhält man

$$n \frac{h}{\sqrt{\pi}} \cdot e^{-h^2 \xi^2} \cdot \Delta \xi \cdot \frac{k}{\sqrt{\pi}} \int_{-\infty}^{+\infty} e^{-k^2 \eta^2} d\eta \, ;$$

das stimmt aber mit (2) überein, denn es ist

$$n \frac{k}{\sqrt{\pi}} \int_{-\infty}^{+\infty} e^{-k^2 \eta^2} d\eta = n \, , \tag{6}$$

da nach (3) die Zahl links die Anzahl der Abweichungen η zwischen $-\infty$ und $+\infty$ bedeutet, also gleich n ist. Integriert man von η bis $\eta+\Delta\eta$ und von $\xi=-\infty$ bis $+\infty$, so erhält man ebenso (3).

Integriert man über ein Rechteck von $h\xi=0$ bis $h\xi=x$, und von $k\eta=0$ bis $k\eta=y$, so erhält man

$$n\cdot\tfrac{1}{2}\varphi(x)\cdot\tfrac{1}{2}\varphi(y), \tag{7}$$

wobei die Funktion $\varphi(t)$ definiert wird durch

$$\frac{1}{\sqrt{\pi}}\int_0^t e^{-t^2}\,dt=\tfrac{1}{2}\varphi(t). \tag{8}$$

Für die Funktion $\varphi(t)$ sind Tabellen berechnet worden*).

Bezeichnet man die Anzahl (7), die zum Punkte $\Pi=\left(\frac{x}{h},\ \frac{y}{k}\right)$ gehört, kurz mit $[xy]$ oder mit $[\Pi]$, so erhält man auch die Anzahl in einem beliebigen Rechteck mit den Ecken $(x,\ y)$, $(x,\ y')$, $(x',\ y)$, $(x',\ y')$, nämlich

$$\big|[xy]-[x'y]+[x'y']-[xy']\big|. \tag{9}$$

Allgemeiner, das Zielgebiet sei ein Polygon $\Pi\Pi'\Pi''\Pi'''\ldots$, dessen Seiten abwechselnd der ξ- und der η-Achse parallel seien, dann liegen in dem Zielgebiet (Abb. 40):

$$\big|[\Pi]-[\Pi']+[\Pi'']-[\Pi''']+\ldots\big| \tag{10}$$

Schüsse. Das ergibt sich, wenn man das Gebiet durch Parallelen zur ξ-Achse (oder zur η-Achse) in Rechtecke zerlegt und auf jedes den Satz (9) anwendet.

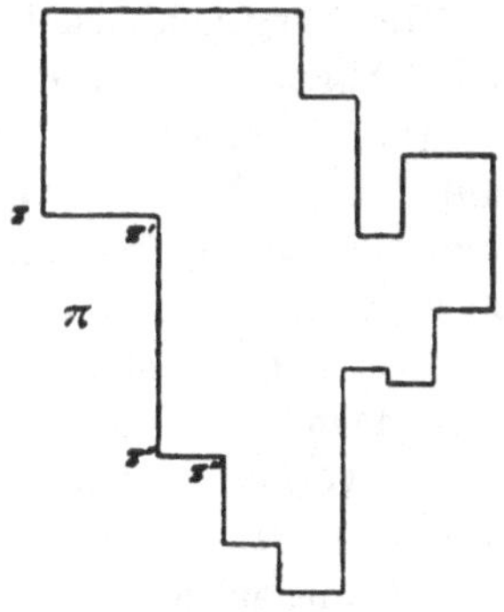

Abb. 40.

Ein krummlinig begrenztes Gebiet kann man durch ein solches Polygon beliebig gut approximieren und danach die in dasselbe fallende Schußzahl nach (10) berechnen. Man kann Π, Π'', Π^{IV}, ... auf der Begrenzung, und von Π', Π''', ... erstens keinen im Äußeren, zweitens keinen im Inneren wählen, dann erhält man durch (10) erstens eine untere, zweitens eine obere Grenze für die gesuchte Anzahl, und damit ein Urteil über die Genauigkeit der Annäherung. Zur Verminderung der Rechnung wird man in Hinblick auf (7) die Punkte so wählen, daß jedes $\varphi(x_i)$ und jedes $\varphi(y_i)$ möglichst oft zur Verwendung kommt. Außerdem lassen sich Doppelintegrale wie (5): $\frac{n}{\pi}\int\int e^{-x^2-y^2}\,dx\,dy$, deren Integrand bloß von

*) S. z. B. Cranz, Ballistik IV (1918) S. 111.

der Entfernung $\sqrt{x^2+y^2}$ abhängt, durch hierfür eingerichtete Polarplanimeter ermitteln*).

§ 89. Wahrscheinlichkeiten.

Wir haben bisher nur von Schußanzahlen gesprochen, weil diese das primär Gegebene sind. Wir führen jetzt die „Wahrscheinlichkeit" ein. Dieses Wort findet sich längst in der Sprache, ehe Mathematiker und Philosophen sich damit befassen. Wir wissen, was die Worte bedeuten: „Es ist wahrscheinlich, daß . . ." Ich betrachte daher „Wahrscheinlichkeit" als Grundvorstellung ebenso wie Gewißheit, Unsicherheit u. dgl. Wir haben in dieser Beziehung eine zweite Grundvorstellung, die wir dahin ausdrücken wollen, daß wir sagen: Wahrscheinlichkeiten sind „vergleichbar". Das heißt, es hat einen Sinn und wir wissen, welchen Sinn es hat, zu sagen: „dies ist wahrscheinlicher (oder ebenso wahrscheinlich) als jenes". Damit ist natürlich nicht gesagt, daß wir imstande sind, stets diese Entscheidung zu treffen.

Die Vergleichbarkeit besteht also in der Anwendbarkeit der Worte und Zeichen $=$, $>$, $<$.

Daß die Vergleichbarkeit noch nicht die Meßbarkeit nach sich zieht, kann man sich z. B. klarmachen an der Härteskala der Mineralien: Man kann wohl sagen, Diamant ist härter wie Stahl, aber man kann nicht sagen, er ist soundso vielmal so hart.

Wir nennen eine Ereignis A von einem Ereignis B „unabhängig", wenn nach dem Eintreten von B die Wahrscheinlichkeit von A dieselbe ist wie vorher. Wenn nichts anderes gesagt ist, werden im folgenden Ereignisse als unabhängig voneinander angesehen.

Wir legen nun Wahrscheinlichkeiten zunächst die Eigenschaft der „Addierbarkeit" bei: Die Gesamtwahrscheinlichkeit, daß entweder das Ereignis A oder das Ereignis B eintritt, ist die Wahrscheinlichkeit von A und die von B zusammengenommen. Wählt man die Ereignisse A und B gleichwahrscheinlich, so bekommt das Ereignis „A oder B" die doppelte Wahrscheinlichkeit. Sind A, B, C gleichwahrscheinlich, so hat das Ereignis „A oder B oder C" die dreifache wie A, usw. So kommt man zu dem Begriff der Wahrscheinlichkeit, die das k-fache einer anderen ist, für jede natürliche Zahl k. Es hat jetzt einen Sinn zu sagen: eine Wahrscheinlichkeit ist k-mal so groß wie eine andere.

Dies ist also lediglich eine Folge der vorausgesetzten Addierbarkeit. Unter Meßbarkeit versteht man nunmehr das Bestehen des Archimedischen Axioms, das im vorliegenden Fall lauten würde:

*) S. z. B. Enz. d. math. Wiss. II, 1, 1, S. 131.

Von der Wahrscheinlichkeit von A ist ein Vielfaches größer als die Wahrscheinlichkeit von B; für beliebige Ereignisse A und B.

Man erkennt, daß, um dies auszusprechen, die Vergleichbarkeit und die Addierbarkeit bestehen müssen.

Das Archimedische Axiom besteht für Wahrscheinlichkeiten meistens, aber nicht immer. Z. B. sind die Wahrscheinlichkeit, daß eine beliebige ganze Zahl prim ist, und die Wahrscheinlichkeit, daß sie gerade ist, nicht miteinander meßbar; aber die erste ist meßbar mit der Wahrscheinlichkeit, daß eine beliebige ganze Zahl das Doppelte einer Primzahl ist.

Nach Einführung der Meßbarkeit müssen wir noch eine Einheitswahrscheinlichkeit wählen, an der alle anderen gemessen werden können. Als solche wählen wir die „Gewißheit", d. h. die Wahrscheinlichkeit eines Ereignisses, das gewiß ist. Dieser Wahrscheinlichkeit legen wir willkürlich die Zahl Eins bei.

Betrachten wir jetzt ein Ereignis A von n gleichwahrscheinlichen und es sei gewiß, daß von diesen n eins eintritt. Z. B. ist es gewiß, mit einem Würfel eine der Zahlen 1 bis 6 zu werfen, und diese sechs Ereignisse sind, wenn nichts anderes bekannt ist, gleichwahrscheinlich. Ist w die Wahrscheinlichkeit eines dieser n Ereignisse, so ist wegen der Addierbarkeit $n \cdot w$ die Wahrscheinlichkeit, daß eins der n eintritt. Und da dies die Gewißheit sein soll, so folgt $nw = 1$, also $w = \frac{1}{n}$.

Greifen wir unter den n gleichwahrscheinlichen Ereignissen i heraus, z. B. beim Würfel die drei Ereignisse, eine gerade Anzahl zu werfen. Die Wahrscheinlichkeit, daß eins dieser i (3) Ereignisse eintritt, ist wegen der Addierbarkeit gleich $i \cdot w$, also gleich $\frac{i}{n}\left(\frac{3}{6}\right)$. D. h. die Wahrscheinlichkeit dafür, daß von n gleichwahrscheinlichen Ereignissen eins aus i bestimmten eintritt, ist gleich $\frac{i}{n}$, das Verhältnis der Zahl i der günstigen Fälle (Treffer) zu der Zahl n der möglichen Fälle.

Dieses Verhältnis $\frac{i}{n}$ wird oft als die Definition die Wahrscheinlichkeit hingestellt. Es ist so wenig die Definition derselben, wie mg die Definition des Gewichtes ist. Es ist vielmehr das Maß der Wahrscheinlichkeit. Und um dies Maß aufzustellen, muß man den Begriff der Wahrscheinlichkeit vorher haben und die Meßbarkeit etwa wie im vorstehenden begründen. Nachdem aber dieses Maß $\frac{i}{n}$ gewonnen ist, kann man es durch Grenzübergänge auf Fälle ausdehnen, in denen n und i nicht mehr endlich sind. Z. B. ist $\frac{1}{3}$ die Wahrscheinlichkeit, daß ein beliebig auf dieser

Seite gewählter Punkt im oberen Drittel liegt, und $\frac{1}{2}$ die Wahrscheinlichkeit, daß eine beliebig gewählte ganze Zahl gerade ist.

Die unter (2), (3), (4), (5), (7), (9), (10) angegebenen Anzahlen bedeuten jetzt, durch die Schußzahl n dividiert, „Treff-Wahrscheinlichkeiten", z. B. bedeutet nach (7)

$$\varphi(h\xi) \cdot \varphi(k\eta)$$

die Wahrscheinlichkeit ein Rechteck zu treffen mit den Ecken $(\pm\xi, \pm\eta)$.

Ist a die Wahrscheinlichkeit, daß A eintritt, und b die, daß Nicht-A eintritt, so ist $a + b$ die Wahrscheinlichkeit, daß A oder Nicht-A eintritt, also $a + b = 1$, $b = 1 - a$.

Ebenso seien a', $b' = 1 - a'$ die Wahrscheinlichkeiten für A' und Nicht-A'.

Wie groß ist die „zusammengesetzte" Wahrscheinlichkeit, daß A und A' eintritt? Ist $a = \frac{i}{n}$, $a' = \frac{i'}{n'}$, also nn' die Zahl der möglichen, ii' die Zahl der günstigen Ereigniskombinationen, so ist $\frac{ii'}{nn'} = aa'$ die Wahrscheinlichkeit des Ereignisses „A und A'". Ebenso ist ab' die Wahrscheinlichkeit von „A und Nicht-A'"; ba' die von „Nicht-A und A'"; bb' die von „Nicht-A und Nicht-A'". In der Tat ist $aa' + ab' + ba' + bb' = (a + b)(a' + b') = 1$, wie es sein muß, da von den vier Ereignissen „A und A'", „A und Nicht-A'", „Nicht-A und A'", „Nicht-A und Nicht-A'" eins sicher eintritt.

Wir fassen zur Abkürzung die Ereignisse A und Nicht-A zusammen in $\varepsilon A (\varepsilon = \pm 1)$, und ihre Wahrscheinlichkeiten in a_ε. Dann ist $a_\varepsilon \cdot a'_{\varepsilon'} \cdot a''_{\varepsilon''} \ldots a^{(N-1)}_{\varepsilon^{(N-1)}}$ die Wahrscheinlichkeit des zusammengesetzten Ereignisses „εA und $\varepsilon' A'$ und $\varepsilon'' A''$ ... und $\varepsilon^{(N-1)} A^{(N-1)}$".

Für $\varepsilon = \pm 1$, $\varepsilon' = \pm 1$, ..., $\varepsilon^{(N-1)} = \pm 1$ erhält man 2^N solcher zusammengesetzter Ereignisse, von denen eins gewiß eintritt. Die Summe ihrer Wahrscheinlichkeiten $\sum\limits_{\varepsilon = \pm 1, \varepsilon' = \pm 1, \ldots} a_\varepsilon a'_{\varepsilon'} \ldots$ ist gleich $(a + b)(a' + b') \ldots (a^{(N-1)} + b^{(N-1)})$, also in der Tat gleich Eins.

Handelt es sich um N gleichwahrscheinliche Ereignisse $(a = a' = a'' = \ldots = a^{(N-1)})$, z. B. um die N-malige Wiederholung desselben Versuches, dessen Gelingen (Mißlingen) das Ereignis A (Nicht-A) ist, so geben die Glieder der Entwicklung $(a + b)^N$, also $a^\alpha b^\beta$, die Wahrscheinlichkeit, daß A α-mal, Nicht-A β-mal eintritt, wo $\alpha + \beta = N$ ist. $a^\alpha b^\beta$ ist diese Wahrscheinlichkeit bei einer bestimmten Reihenfolge des A und Nicht-A. Die Wahrscheinlichkeit, daß irgendeins dieser $\frac{N!}{\alpha!\beta!}$ Ereignisse „α-mal A, β-mal Nicht-A" eintritt, ist die Summe dieser Wahrscheinlichkeiten, also

$$\frac{N!}{\alpha!\beta!}a^\alpha b^\beta. \tag{11}$$

Dasjenige dieser zusammengesetzten Ereignisse hat die größte Wahrscheinlichkeit, für das (11) am größten ist. Soll (11) größer sein als der vorhergehende und als der folgende Ausdruck, so müssen $\frac{\beta+1}{\alpha}\cdot\frac{a}{b}$ und $\frac{\alpha+1}{\beta}\cdot\frac{b}{a}\geqq 1$ sein; d. h. $b\alpha - a\beta = Na - \alpha = Nb - \beta$ muß zwischen a und $-b$ liegen, also seinen absolut kleinsten Wert haben. α und β sind also die nächsten ganzen Zahlen an $N\cdot a$ und $N\cdot b$. Unter einer großen Zahl N von Versuchen ist also etwa $N\cdot a$-maliges Eintreten von A, $N\cdot b$-maliges Eintreten von Nicht-A am wahrscheinlichsten (Bernouillis Gesetz der großen Zahlen).

Nimmt man für große Zahlen näherungsweise $\alpha = Na$, $\beta = Nb$, und nach Stirling

$$N! = \left(\frac{N}{e}\right)^N\sqrt{2\pi N}, \tag{12}$$

so ergibt (11)

$$\frac{1}{\sqrt{2\pi Nab}}. \tag{13}$$

§ 90. Das Fehlergesetz.

Bei einer Messung sei die kleinste in Betracht kommende Größe δ (mm, mgr, sec od. dgl.), der kleinste Fehler $\pm\frac{\delta}{2}$. Es mögen $2N$-Fehlerquellen wirken, deren jede mit gleicher Wahrscheinlichkeit den Fehler $+\frac{\delta}{2}$ wie $-\frac{\delta}{2}$ ergeben kann. Der zusammengesetzte Fehler liegt also zwischen $+N$ und $-N$. Ein Fehler von der Größe $i\delta$ $(-i\delta)$ kommt zustande aus $N+i$-Elementarfehlern der Größe $+\frac{\delta}{2}\left(-\frac{\delta}{2}\right)$ und $N-i$-Elementarfehlern der Größe $-\frac{\delta}{2}\left(+\frac{\delta}{2}\right)$. Ein Fehler vom absoluten Betrage $i\delta$ hat also (nach 11), da $a = b = \frac{1}{2}$ ist, die Wahrscheinlichkeit

$$\frac{2N!}{(N+i)!\,(N-i)!}\cdot\frac{1}{2^{2N}}. \tag{14}$$

Ist c das Maximum dieses Betrages, so ist nach (13)

$$c = \frac{2N!}{N!^2}\cdot\frac{1}{2^{2N}} = \frac{1}{\sqrt{\pi N}}. \tag{15}$$

Um die Stirlingsche Formel nicht vorauszusetzen, wollen wir (15) direkt beweisen. Es ist

$$\frac{2}{1}\cdot\frac{2}{3}\cdot\frac{4}{3}\cdot\frac{4}{5}\cdot\frac{6}{5}\cdots\frac{2N}{2N-1}\cdot 2N=\frac{(2\cdot4\cdot6\ldots 2N)^2}{(1\cdot3\cdot5\ldots(2N-1))^2}$$
$$=\frac{N!^2\cdot 2^{2N}}{\left(\dfrac{2N!}{2\cdot4\cdot6\ldots 2N}\right)^2}=\frac{N!^4\,2^{4N}}{2N!^2}=\frac{1}{c^2}.$$

Andererseits konvergiert bekanntlich das Produkt $\frac{2}{1}\cdot\frac{2}{3}\cdot\frac{4}{3}\cdots\frac{2N}{2N-1}$ gegen den Wert $\frac{1}{2}\pi$ (Wallis). Also ergibt sich $\frac{1}{2}\pi\cdot 2N=\frac{1}{c^2}$, woraus (15) folgt.

Um nun die Wahrscheinlichkeit (14) des Fehlers $i\delta$ als Funktion von $i\delta$ darzustellen, setzen wir sie zunächst in die Form

$$\frac{N!^2}{(N+i)!\,(N-i)!}\,c=\frac{N(N-1)(N-2)\ldots(N-i+1)}{(N+1)(N+2)\ldots(N+i)}\,c. \tag{16}$$

Die logarithmische Änderung dieses Ausdrucks (16), wenn i um 1, also $i\delta$ um $\Delta i\delta=\delta$ wächst, ist bis auf Glieder höherer Ordnung in $\frac{1}{N}$:

$$l\,\frac{N-i}{N+i+1}=l\,\frac{1-\dfrac{i}{N}}{1+\dfrac{i+1}{N}}=-\frac{2\cdot i}{N}=-\frac{2\,i\delta\cdot\Delta i\delta}{N\delta^2}=-\frac{\Delta(i\delta)^2}{N\delta^2}.$$

Daraus folgt durch exponentielle Integration für (16) der Wert

$$c\cdot e^{-\frac{(i\delta)^2}{N\delta^2}},$$

wobei der Wert der multiplikativen Integrationskonstanten c sich für $i\delta=o$ ergibt; c hat also den in (15) angegebenen Wert. Setzt man noch $i\delta=t$, $\frac{1}{N\delta^2}=h^2$, so erhält man

$$\frac{h}{\sqrt{\pi}}\,e^{-h^2t^2}\Delta t \tag{17}$$

als die Wahrscheinlichkeit des Fehlers t. Ist nun Δi nicht Eins, sondern eine ganze Zahl, die aber, wie auch i, klein ist gegen N, so bedeutet (17) die gesamte Wahrscheinlichkeit, daß der Fehler $i\delta=t$ einen der Werte $(i+1)\,\delta$, $(i+2)\,\delta$, ... $(i+\Delta i)\,\delta$ hat, daß er also zwischen t und $t+\Delta t$ liegt. Von unstetigen Größen geht man nun in bekannter Weise durch einen Grenzübergang zu stetigen über. Wir lassen δ klein, N und i groß werden, ohne daß $N\delta^2=\frac{1}{h^2}$, $i\delta=t$ ihre Werte ändern. Dann ergibt (17) das Gaußsche Fehlergesetz.

§ 91. Präzisionsmaß. Fehlermittel.

Die Ermittelung von Treff-Wahrscheinlichkeiten nach (5) setzte die Kenntnis der Präzisionsmasse h und k voraus. Diese müssen empirisch ermittelt, d. h. erschossen werden.

Dazu werden in verschiedener Weise aus den Fehlern $\xi_1, \xi_2, \ldots, \xi_n$ (bzw. $\eta_1, \eta_2, \ldots, \eta_n$) Mittel gebildet und zu den Präzisionsmassen h (bzw. k) in Beziehung gesetzt. Je größer das Präzisionsmaß, je mehr liegen die Schüsse beisammen, je kleiner ist irgendein Mittel.

Naturgemäß sind diese Mittel nur aus den absoluten Beträgen $|\xi_1|, |\xi_2|, \ldots, |\xi_n|$ zu bilden.

Ist $S(|\xi_1|, |\xi_2|, \ldots, |\xi_n|)$ eine homogene symmetrische Funktion, so wird durch die Gleichung

$$S(|\xi_1|, |\xi_2|, \ldots, |\xi_n|) = S(\mu, \mu, \ldots, \mu)$$

ein Mittel μ definiert. Die wichtigsten, durch die sich alle anderen Fehlermittel ausdrücken lassen, sind die Potenzmittel μ_r, definiert durch:

$$\sum_i |\xi_i|^r = n \cdot \mu_r^r. \tag{18}$$

In der Summe kommt jeder Fehler so oft vor, als durch das Fehlergesetz (2) angegeben wird. Also ist

$$\mu_r^r = \frac{h}{\sqrt{\pi}} \int_{-\infty}^{+\infty} |\xi|^r e^{-h^2\xi^2} d\xi = \frac{2h}{\sqrt{\pi}} \int_0^{\infty} \xi^r e^{-h^2\xi^2} d\xi. \tag{19}$$

Setzt man $h^2\xi^2 = t$, so wird

$$\frac{2h}{\sqrt{\pi}} \int_0^{\infty} \xi^r e^{-h^2\xi^2} d\xi = \frac{1}{h^r\sqrt{\pi}} \cdot \int_0^{\infty} t^{\frac{r-1}{2}} e^{-t} dt = \frac{\Gamma\left(\frac{r+1}{2}\right)}{h^r \cdot \sqrt{\pi}}.$$

Es ist also:

$$\mu_r \cdot h = \sqrt[r]{\frac{\Gamma\left(\frac{r+1}{2}\right)}{\sqrt{\pi}}}. \tag{20}$$

Da die Werte der Eulerschen Γ-Funktion bekannt sind, kann demnach h aus jedem der Mittel μ_r berechnet werden. Z. B. wird:

$$\mu_1 \cdot h = \frac{1}{\sqrt{\pi}}, \quad \mu_2 \cdot h = \frac{1}{\sqrt{2}}, \quad \text{usw.}$$

μ_1 heißt der „durchschnittliche“, μ_2 der „mittlere“ Fehler.

Wenn man den Wert von μ_r, statt genau aus (19), angenähert nimmt aus (18), so begeht man einen Fehler. Der mittlere Fehler dieser Ermittlung beträgt:

$$\frac{1}{\sqrt{n}}\sqrt{\frac{\mu_{2r}^{2r}}{\mu_r^{2r}}-1}$$

und ergibt sich für $r = 1 \quad 2 \quad 3 \quad \ldots$

bzw. gleich $\frac{1}{\sqrt{n}}$ mal $0{,}754\ldots \quad 0{,}705\ldots \quad 0{,}736\ldots$

Also ist die Bestimmung von μ_2 und von h aus μ_2 die genaueste, wenigstens bei ganzen r. Einfacher ist die Berechnung von μ_1.

Wir hatten die Fehler μ_r berechnet aus den Seitenabweichungen ξ_i der Punkte Π_i von dem „wahren“ Treffpunkt Π^0. Diese Fehler ξ_i heißen daher die „wahren“ Fehler. Die wahren Fehler sind aber nicht bekannt, da der wahre Treffpunkt Π^0 nicht bekannt ist. Nehmen wir statt dessen den Punkt Π_0, den „Mittelpunkt der Fehler“, mit den Koordinaten:

$$\xi_0 = \frac{\sum \xi}{n}, \quad \eta_0 = \frac{\sum \eta}{n}, \tag{26}$$

dessen Lage bekanntlich vom Koordinatensystem unabhängig ist. Wir nennen Π_0 den „scheinbaren“ Treffpunkt und die Fehler gegen ihn die „scheinbaren“, die mit ξ_i', η_i' bezeichnet seien. Also ist

$$\xi_i' = \xi_i - \xi_0, \qquad \eta_i' = \eta_i - \eta_0, \tag{27}$$

$$\sum \xi_i' = 0, \qquad \sum \eta_i' = 0. \tag{28}$$

Da die Fehler ξ' vermöge (27) bekannte Funktionen der Fehler ξ sind, muß sich auch der mittlere Fehler μ_2' der ξ' berechnen lassen. Zu dem Zweck beachten wir folgende Gleichungen:

$$\sum \xi'^2 + 2\sum \xi_i' \xi_j' = (\sum \xi')^2 = 0,$$

also

$$\sum_{i<j} (\xi_i' - \xi_j')^2 = n \sum \xi'^2,$$

also

$$\sum_{i<j} (\xi_i - \xi_j)^2 = \sum_{i<j} (\xi_i' - \xi_j')^2 = n \sum \xi'^2 \tag{29}$$

und

$$\sum_{i<j} (\xi_i - \xi_j)^2 = (n-1) \sum \xi_i^2 - \sum \xi_i \xi_j.$$

Unter Vernachlässigung der jedenfalls kleinen Summe $\sum \xi_i \xi_j$ ergeben die beiden letzten Gleichungen:

$$n \cdot \mu_2'^2 = (n-1) \cdot \mu_2^2, \tag{30}$$

oder:

$$\mu_2^2 = \frac{\sum \xi'^2}{n-1} \tag{31}$$

zur Berechnung des mittleren aus den scheinbaren Fehlern.

Da nach (30) der mittlere Fehler der ξ' sich zu dem der ξ wie $\sqrt{n-1}:\sqrt{n}$ verhält, verhalten sich nach (20) die Präzisionsmasse umgekehrt und die durchschnittlichen Fehler ebenso. Also ist

$$\frac{\sum|\xi|}{n} = \frac{\sum|\xi'|}{\sqrt{n(n-1)}} \tag{32}$$

zur Berechnung des durchschnittlichen Fehlers aus den scheinbaren.

Betrachtet man die $\frac{n(n-1)}{2}$ Differenzen $\xi'_i - \xi'_j$ als die beobachteten Größen, die eigentlich Null sein müßten, so ist nach (29) deren mittlerer Fehler

$$\sqrt{\frac{\sum(\xi'_i-\xi'_j)^2}{\frac{n(n-1)}{2}}} = \sqrt{2}\cdot\sqrt{\frac{\sum\xi'^2}{n-1}} = \sqrt{2}\,\mu_2 = \frac{1}{h}, \tag{34}$$

also gilt auch für die durchschnittlichen Fehler

$$\frac{\sum|\xi|}{n} = \frac{1}{\sqrt{2}}\cdot\frac{\sum|\xi'_i-\xi'_j|}{\binom{n}{2}} \tag{35}$$

zur Berechnung aus den Differenzen $|\xi'_i - \xi'_j|$.

Werden die Differenzen $|\xi'_i - \xi'_j|$ nicht alle, sondern z. B. nur die $n-1$ sukzessiven $|\xi'_i - \xi'_{i+1}|$ genommen, so ist der Nenner in (35) entsprechend zu verkleinern.

Fehlerfortpflanzung.

Haben die beobachteten Größen x, y, die scheinbaren Fehler ξ, η so hat $\mathfrak{f}(x, y)$ den Fehler

$$d\mathfrak{f} = \frac{\partial \mathfrak{f}}{\partial x}\xi + \frac{\partial \mathfrak{f}}{\partial y}\eta. \tag{36}$$

Die Fehler werden also wie kleine Größen (Differentiale) behandelt. Liegen für ξ die Werte $\xi_1, \xi_2, \ldots \xi_n$ vor, für η die Werte $\eta_1, \eta_2, \ldots \eta_m$, dann wird das mn-fache Quadrat des mittleren Fehlers von $\mathfrak{f}$ nach (18) und (28) gleich

$$\sum_{\substack{i=1\ldots n\\ j=1\ldots m}}\left(\frac{\partial\mathfrak{f}}{\partial x}\xi_i + \frac{\partial\mathfrak{f}}{\partial y}\eta_j\right)^2 = \left(\frac{\partial\mathfrak{f}}{\partial x}\right)^2\cdot m\sum\xi^2 + \left(\frac{\partial\mathfrak{f}}{\partial y}\right)^2 n\sum\eta^2, \tag{37}$$

also das Quadrat des mittleren Fehlers von $\mathfrak{f}$ gleich

$$\left(\frac{\partial\mathfrak{f}}{\partial x}\right)^2\cdot\frac{\sum\xi^2}{n} + \left(\frac{\partial\mathfrak{f}}{\partial y}\right)^2\cdot\frac{\sum\eta^2}{m}. \tag{38}$$

Entsprechend, wenn $\mathfrak{f}$ von mehr als zwei Größen abhängt.

Sind $x_1, x_2, \ldots, x_n$ mit gleicher Genauigkeit beobachtete Werte einer und derselben Größe, also ihr mittlerer Fehler derselbe, μ_2, so ist der mittlere Fehler des arithmetischen Mittels der n Beobachtungen nach (38) gleich

$$\sqrt{n \cdot \left(\frac{1}{n}\right)^2 \cdot \mu_2^2} = \frac{\mu_2}{\sqrt{n}}. \tag{39}$$

Also: Die Präzision des arithmetischen Mittels wächst mit der Quadratwurzel aus der Beobachtungsanzahl.

§ 92. Fehlerwahrscheinlichkeiten. Höchstfehler. Ausreißer.

Es sei $-\tilde{\omega}_r \ldots + \tilde{\omega}_r$ ein Intervall, außerhalb dessen nur $\frac{1}{r}$ der sämtlichen n Fehler liegen; also $\frac{1}{r}$ die Wahrscheinlichkeit, daß ein Fehler absolut größer ist als $\tilde{\omega}_r$. Insbesondere ist $\tilde{\omega}_2$ die Grenze ober- und unterhalb deren die Hälfte der Fehler liegen oder ober- und unterhalb deren ein Fehler mit derselben Wahrscheinlichkeit $\frac{1}{2}$ liegt. $\tilde{\omega}_2$ heißt der „wahrscheinliche" (50%ige) Fehler.

Die Bestimmung von $\tilde{\omega}_r$ durch Abzählung der Fehler nach der Größe ist natürlich nur ungenau. Sind die Fehler genau nach dem Fehlergesetz verteilt, so wäre:

$$\frac{2h}{\sqrt{\pi}} \int_{\tilde{\omega}_r}^{\infty} e^{-h^2 \xi^2} d\xi = \frac{1}{r},$$

d. h.

$$\frac{2}{\sqrt{\pi}} \int_{\tilde{\omega}_r h}^{\infty} e^{-t^2} dt = \frac{1}{r}.$$

Für $r = 2$ erhält man

$$\tilde{\omega}_2 h = 0{,}4769363\ldots$$

zur Berechnung des wahrscheinlichen Fehlers aus dem Präzisionsmaß.

Daß oberhalb $\tilde{\omega}_n$ noch ein Fehler liegt, hat die Wahrscheinlichkeit $\frac{1}{n}$. Dieses $\tilde{\omega}_n$ heißt der wahrscheinliche Höchstfehler.

Für	$n =$	20	100	1000	10000
wird	$\frac{\tilde{\omega}_n}{\tilde{\omega}_2} =$	2,89	3,83	5,03	5,77.

Als Ausreißer bezeichnet man Schüsse, deren Abweichungen (Fehler) entweder ein bestimmtes Vielfaches von $\tilde{\omega}_2$ übertreffen (Mazzuoli), oder deren Wahrscheinlichkeit unter einer bestimmten Grenze liegt (Chauvenet, Vallier, Heydenreich). Beide Bestimmungsarten sind gleichartig. Denn ist nach der ersten $A_n \cdot \tilde{\omega}_2$ die Ausreißergrenze, so bestimme man $s\,n$ aus

$$\tilde{\omega}_{sn} = A_n \cdot \tilde{\omega}_2,$$

so ist die Wahrscheinlichkeit eines solchen Ausreißers $< \frac{1}{sn}$. Chauvenet nimmt $\tilde{\omega}_{2n}$, Vallier $\tilde{\omega}_{n^2}$, Heydenreich $\tilde{\omega}_{2(n-1)}$ als Ausreißergrenze.

§ 93. Streuungen.

Das Doppelte der mittleren [durchschnittlichen*), wahrscheinlichen] Abweichung heißt die mittlere [durchschnittliche, wahrscheinliche*)] Streuung.

Die Schußtafeln geben zu jeder Erhöhung die wahrscheinliche (50 %ige) Streuung, d. h. das Intervall, innerhalb dessen 50 % Schüsse liegen, also das Doppelte der oben mit $\tilde{\omega}_2$ bezeichneten Größe. Ebenso wäre z. B. die 98 %ige Streuung das Doppelte der mit $\tilde{\omega}_{50}$ zu bezeichnenden Größe (etwa $= 3{,}5 \cdot \tilde{\omega}_2$); denn oberhalb $\tilde{\omega}_{50}$ liegen wahrscheinlich nur noch $\frac{1}{50} = 2\,\%$ Schüsse, unterhalb also 98 %. Diese Zahlen, wie $\tilde{\omega}_{50}$, sind von n unabhängig, stehen zu $\tilde{\omega}_2$ in einem festen Verhältnis und werden in den Schußtafeln in folgender Weise angegeben:

	0,1	0,2	0,3	0,4	0,5	0,6	0,7	0,8	0,9	1,0
%	5,4	10,7	16,0	21,2	26,4	31,4	36,3	41,1	45,6	50,0
	1,2	1,4	1,6	1,8	2,0	2,4	2,8	3,2	3,6	4,0
%	58,2	65,5	71,9	77,5	82,2	89,5	94,1	96,9	98,5	99,3
	4,4	4,8	5,2	...	...					
%	99,7	99,879	99,955	...	...					

D. h. 5,4 % Schüsse haben eine Abweichung bis $0{,}1 \cdot \tilde{\omega}_2$ usw.

Wir erwähnten bereits, daß die Streuungen auf zwei Arten Ursachen zurückkommen, erstens auf die im Abschuß liegenden, zweitens auf die in der Flugbahn wirkenden.

Betrachten wir unter diesem Gesichtspunkt zunächst die Seitenstreuungen. Würden in der Flugbahn keine streuenden Ursachen mehr wirken, so würden die linearen Streuungen, wie sie beim Abschuß entstehen, sich in der Flugbahn proportional der Entfernung vergrößern; oder die als Winkel berechneten Streuungen konstant bleiben. Nach

*) Im deutschen Heer „mittlere" genannt. Wir halten uns an den Sprachgebrauch, wie ihn die exakten Wissenschaften mit der Schöpfung der Begriffe seit langem festgelegt haben.

Abzug dieser Konstanten wachsen die von der Flugbahn herrührenden Streuungen exponentiell. Als Beispiel geben wir die Tabelle:

Entfernung x km	Seitenstreuung m	Seitenstreuung Teilstr.*)	$\left(\frac{3}{2}\right)^{x-4} + 0,05$	Fehler
1	0,4	0,4	0,3462..	+ 0,05
2	1,1	0,55	$0,49\overline{4}$	+ 0,05
3	2,1	0,7	$0,71\overline{6}$	+ 0,01
4	3,8	0,95	1,05	— 0,05
5	7,3	1,46	1,55	— 0,09
6	13,7	$2,28\overline{3}$	2,30	— 0,02
7	24,4	3,4859	3,425	+ 0,06
8	42,6	5,325	5,1125	+ 0,21

Die genauere Formel statt $(\frac{3}{2})^{x-4} + 0,05$ wäre nach der Methode der kleinsten Quadratsummen zu ermitteln. Das hätte aber nur Zweck, wenn die Streuungen selbst methodisch einwandfrei erschossen sind. Wenn also z. B. nicht beim Schießen auf kürzere Entfernungen mit Rücksicht auf die Gefechtslage eine schnellere Schußfolge verlangt wird; oder wenn beim Schießen auf weitere Entfernungen schlecht sichtbare Ziele genommen werden. Um solche Einflüsse, die von einem Schießen zum anderen wechseln, auszuschalten, wird man am besten dauernd nach einem und demselben festen Hilfsziel richten. Auf diese Weise wird es gelingen, die im Abschuß liegende Streuung von der in der Flugbahn wirkenden zu trennen.

Entsprechende Überlegungen gelten für die Längenstreuung. Um diese zunächst in Erhöhung umzurechnen, vergleicht man sie mit der schußtafelmäßigen Erhöhungsänderung für 100 m Entfernungsänderung. Die so normierten Streuungen bestehen aus einem Konstantgliede, das vom Abschuß herrührt, und einem auf der Flugbahn entstehenden exponentiellen Teil. Als Beispiel dient die Tabelle S. 201.

In der fast konstanten Differenzenreihe der Logarithmen kommt das behauptete Gesetz zum Ausdruck.

Schließlich sind bei Geschossen mit Zeitzündern die Zünderstreuungen zu betrachten, infolge deren die Geschosse nicht genau in der theoretisch gewünschten Entfernung, sondern etwas früher oder später krepieren. Auch hier sind zwei Arten von Einflüssen zu unterscheiden. Erstens die am Anfang liegenden: der Geschoßzünder wird ungenau eingestellt (Einstellfehler); aber selbst der scheinbar genau eingestellte Geschoßzünder ist doch ungenau eingestellt, weil sich die Einstellmarke nicht

*) Sechzehntel Zentesimalgrade.

Entfernung x km	Längen-streuung m	Erhöhungs-änderung für je 100 m alte Teilstriche*)	Produkt	— 22	log	Diff.
1	16	3	48	26	1,42	
						0,24
2	17	4	68	46	1,66	
						0,23
3	20	5	100	78	1,89	
						0,27
4	28	6	168	146	2,16	
						0,28
5	40	7,5	300	278	2,44	
						0,23
6	57	9	486	464	2,67	
						0,27
7	74	12	888	866	2,94	
						0,32
8	91	21	1830	1808	3,26	

genau an der richtigen Stelle befindet (Indexfehler). Der Einstellfehler und der Indexfehler werden sich nicht trennen lassen; sie verursachen zusammen einen konstanten Betrag in der Streuung. Zweitens kommen die in der Flugbahn wirkenden Einflüsse zur Geltung: diese rühren sowohl davon her, daß die Flugbahn nicht nur in ihrem geometrischen, sondern auch in ihrem zeitlichen Verlauf von Schuß zu Schuß etwas veränderlich ist, als auch davon, daß der Ablauf des Zeitzünders Veränderungen von Schuß zu Schuß unterworfen ist, bei Brennzündern vermutlich stärker als bei mechanischen Zündern. Auch die Ungleichmäßigkeiten der Teilungsskala, auf die eingestellt wird, sind hier einzurechnen. Eine Trennung dieser längs der Bahn wirkenden Einflüsse wird ebenfalls kaum möglich sein.

Die Zünderstreuungen werden in Längen angegeben. Um ihr Verhalten richtig beurteilen zu können, muß man sie in Zeit umrechnen. Einer Streuung $\varDelta x^0$ entspricht eine Zeit $\frac{\varDelta x^0}{\dot{x}^0} = \frac{\varDelta x^0}{v^0 \cos \omega^0}$. Danach ist beispielsweise folgende Tabelle (S. 202) berechnet.

Demnach wächst die Zünderstreuung in diesem Falle nur sehr allmählich von einem Werte, der etwa $\frac{1}{6}$ Sekunde beträgt, bis zu einem Werte, der etwa $\frac{1}{5}$ Sekunde beträgt. Die Einflüsse längs der Bahn machen also nur etwa $\frac{1}{30}$ Sekunde aus, kommen also neben der Anfangsstreuung, die vom Einstell- und Indexfehler herrührt, kaum in Betracht.

*) Sechzehntel Grade.

x^0 km	Δx^0 m	v^0 m/sec	ω^0	$\frac{\Delta x^0}{v^0 \cos\omega^0}$
1	62	367	1° 52',5	0,168
2	50	312	4° 45'	0,161
3	49	280	8° 45'	0,177
4	51	256	13° 41',25	0,205
5	55	239	19° 48',75	0,200

Könnte man den Indexfehler durch genaueste Ausführung des Zünders, den Einstellfehler durch sorgfältigste Einstellung vermittels automatischen Stellschlüssels beseitigen, so betrüge die verbleibende Streuung nur noch wenige Meter.

§ 94. Symmetrieachsen.

Kehren wir zur Betrachtung des Trefferbildes der Punkte $\Pi_i(\xi_i, \eta_i)$ zurück. Als Anfangspunkt der Koordinaten (ξ, η) wurde zunächst der wahre Treffpunkt, dann, da dieser nicht bekannt ist, der scheinbare Treffpunkt, der Schwerpunkt der Punkte Π_i genommen. Aber, so wenig der wahre Treffpunkt bekannt ist, so wenig sind die wahren Achsenrichtungen bekannt. Wollte man die η-Achse etwa in die vertikale Schußebene legen, so würde das nur dann berechtigt sein, wenn diese Ebene eine Symmetrieebene für die Schüsse wäre; das Geschütz müßte dann in bezug auf diese Ebene nicht nur geometrisch (was schon wegen des Dralls nicht der Fall ist), sondern auch mechanisch (in bezug auf Verteilung der Massen und Widerstände) symmetrisch sein. Im Trefferbild würde das darin zum Ausdruck kommen, daß die Punkte Π rechts und links der η-Achse „gleichmäßig" verteilt sind.

Um festzustellen, was unter dem Wort „gleichmäßig" hier zu verstehen ist, führen wir den Begriff „mittlerer Fehler in bezug auf eine Achse" ein. Das ist die Quadratwurzel des Mittels der Abstandsquadrate der Punkte Π von der betreffenden Achse. Also, wenn

$$\eta \cos\varphi - \xi \sin\varphi = 0$$

die Gleichung der Achse ist, die Quadratwurzel aus

$$\begin{aligned}\frac{1}{n}\sum(\eta\cos\varphi - \xi\sin\varphi)^2 &= \frac{1}{n}\left\{\sum\xi^2\sin^2\varphi - 2\sum\xi\eta\sin\varphi\cos\varphi + \sum\eta^2\cos^2\varphi\right\}\\ &= a\cdot\sin^2\varphi - 2b\cdot\sin\varphi\cos\varphi + c\cdot\cos^2\varphi, \qquad (44)\end{aligned}$$

wenn zur Abkürzung gesetzt wird:

$$\frac{1}{n}\sum \xi^2 = a$$
$$\frac{1}{n}\sum \xi\eta = b \qquad (45)$$
$$\frac{1}{n}\sum \eta^2 = c,$$

so daß a und c die Quadrate der mittleren Fehler in bezug auf die η- und ξ-Achse sind.

Suchen wir diejenigen Achsen, für welche der mittlere Fehler ein Extremum wird, so müssen wir die Ableitung von (44) gleich Null setzen; das gibt für φ:

$$\frac{1 - \mathrm{tg}^2\varphi}{2\,\mathrm{tg}\varphi} = \mathrm{ctg}\,2\varphi = \frac{a-c}{2b}, \qquad (46)$$

also zwei Winkel, φ_1 und $\varphi_2 = \varphi_1 - \frac{\pi}{2}$. Es gibt also zwei Symmetrieachsen; also entspricht einer ein Minimum, einer ein Maximum des darauf bezüglichen mittleren Fehlers.

Machen wir diese zu Koordinatenachsen durch die Transformation:

$$\eta \cdot \cos\varphi_1 - \xi \cdot \sin\varphi_1 = \eta',$$
$$\xi \cdot \cos\varphi_1 + \eta \cdot \sin\varphi_1 = \xi',$$

so wird (44) gleich

$$a' \sin^2\varphi_1 + c' \cos^2\varphi_1, \qquad (48)$$

wenn a', b', c' entsprechend (45) erklärt sind; denn es wird $nb' = \sum \xi'\eta' = (c-a)\sin\varphi_1 \cdot \cos\varphi_1 + b \cdot \cos 2\varphi_1 = 0$ nach (46).

Umgekehrt können die beiden Symmetrieachsen durch die Bedingung

$$\sum \xi'\eta' = 0 \qquad (49)$$

definiert werden, da diese auf (46) zurückführt.

Die ursprünglichen Achsen sind also nur dann Symmetrieachsen, wenn

$$\sum \xi\eta = 0$$

ist. Die Größe von $\frac{1}{n}\sum \xi\eta$ gibt ein Maß für die Symmetriestörung.

Siebzehntes Kapitel.

Endballistik.

§ 95. Eindringungstiefe. Durchschlagsdicke.

Dringt das Geschoß in ein flüssiges Mittel, z. B. Wasser ein, so ist außer der Änderung des Widerstandes, auch unter Umständen die scheinbare Änderung des Gewichtes G infolge des Auftriebs zu berücksichtigen.

Um das beurteilen zu können, berechne man das Gewicht $G' = m'g$ der verdrängten Flüssigkeitsmenge. Dann ist $G - G' = mg\left(1 - \frac{G'}{G}\right)$ der Gewichtsverlust (Archimedisches Prinzip). Man hat also g durch

$$g' = g \cdot \left(1 - \frac{G'}{G}\right) \tag{1}$$

zu ersetzen.

Der Widerstand befolgt in festen und flüssigen Mitteln etwas andere Gesetze, wie in der Luft, vornehmlich aus zwei Gründen. Die Wellengeschwindigkeit in solchen Mitteln ist erheblich größer, wie in der Luft (in Wasser mehr als viermal so groß, in Stahl etwa 15 mal so groß). Die Geschoßgeschwindigkeit bleibt also weit dahinter zurück; es käme also das Newtonsche Gesetz in Frage. Aber zweitens besteht der Hauptteil des Widerstandes in der Überwindung der Kohäsionskräfte. Die Annahme Poncelets, daß der Widerstand proportional $a + bv^n$ ist, hat sich nach Schießversuchen (Didion u. a.) besonders für $n = 2$ gut bewährt. Dabei ergibt sich, wie zu erwarten, b sehr klein gegen a, nämlich etwa $\frac{b}{a} = \frac{1}{2} \cdot 10^{-4}$ (für Erde, Holz, Mauer), so daß Euler mit der Annahme $b = 0$ der Wahrheit ziemlich nahe kam. Die Formel von Résal W prop. $(av + bv^2)$ gilt für Mittel, bei denen keine Kohäsionskräfte, aber um so mehr Reibung (s. S. 13) zu überwinden ist, z. B. Sand, Moor. Ohne ein besonderes Widerstandsgesetz anzunehmen, kann man folgende allgemeine Bemerkungen machen. Die Verzögerung w wird auch noch für $v = 0$ einen von Null verschiedenen Wert w_0 haben. Es sei erstens $w_0 < g$, d. h. das Geschoß sinkt auch bei $v = 0$ in das Mittel (Wasser, Moor, Sand) ein, weil sein Gewicht größer ist als der Widerstand. Ist auch noch $w_0 < g'$, so fährt das untergetauchte Geschoß fort zu sinken. Ist aber $w_0 > g'$, so sinkt es nur so weit ein, bis $w_0 = g\left(1 - \frac{G''}{G}\right)$ ist, wo G'' das Gewicht der verdrängten Masse ist; es schwimmt dann.

Es sei zweitens $w_0 \geqq g$ (also auch $> g'$); d. h. das Geschoß sinkt, wenn $v = 0$ ist, nicht ein (z. B. Erdboden). Ist $v > 0$, so ist doch immer

$$\frac{dv}{dt} = -(w + g' \sin\omega) < 0,$$

d. h. v nimmt beständig ab mit wachsendem t. Das Integral

$$t = \int_{v_0}^{0} \frac{dv}{w + g \sin\omega}$$

behält einen endlichen Wert, d. h. die Geschwindigkeit nimmt in endlicher Zeit bis 0 ab: das Geschoß kommt zur Ruhe. Umgekehrt kann man daraus, daß das Geschoß in festen Mitteln zur Ruhe kommt, schließen, daß in diesen $w_0 > g$ ist. Zur Beurteilung des Verhältnisses von $w_0 : g$ leiten wir aus $mw = W = \omega \cdot i \cdot (a + bv^2)$ ab:

$$\frac{w}{g} = \frac{\omega}{G} \cdot i\,(a + bv^2),$$

also

$$\frac{w_0}{g} = \frac{\omega}{G}\, i \cdot a. \tag{2}$$

ω ist von der Größenordnung Kaliber-Quadrat, also etwa $\frac{1}{100}$ qm bei mittleren Kalibern. Für G nehmen wir etwa 10 kg, i soll zwischen 1 (Kugeln) und $\frac{2}{3}$ (Langgeschossen) liegen. a ist von der Größenordnung 10^6. Das würde für $\frac{w_0}{g}$ die Größenordnung 1000 ergeben. Demnach kann g neben w vernachlässigt werden, es kommen daher die Formeln für den schwerefreien Schuß zur Anwendung (s. S. 39):

$$t = -\int_{v_0}^{v} \frac{dv}{w}, \qquad s = -\int_{v_0}^{v} \frac{v\,dv}{w}. \tag{3}$$

Das ergibt:

$$\begin{aligned} s &= \frac{m}{\omega \cdot i} \cdot \frac{1}{2b} \cdot l\,\frac{a + bv_0^2}{a + bv^2}, \\ t &= \frac{m}{\omega \cdot i} \cdot \frac{1}{\sqrt{ab}} \left(\operatorname{arc\,tg} v_0 \sqrt{\frac{b}{a}} - \operatorname{arc\,tg} v \sqrt{\frac{b}{a}}\right). \end{aligned} \tag{4}$$

Darin bedeutet v_0 die Eindringungsgeschwindigkeit, und die Zeit ist vom Moment des Eindringens an gerechnet.

Diese Formeln ergeben erstens für den Durchschuß eines Körpers zum Weg s^0 die Austrittsgeschwindigkeit v^0 und die Austrittszeit t^0. Zweitens ergeben sie für $v = 0$ die Eindringungstiefe und -zeit:

$$s_{v=0} = \frac{m}{\omega \cdot i} \cdot \frac{1}{2b} \cdot l\left(1 + \frac{b}{a} v_0^2\right), \qquad t_{v=0} = \frac{m}{\omega \cdot i} \cdot \frac{1}{\sqrt{ab}} \cdot \operatorname{arc\,tg} v_0 \sqrt{\frac{b}{a}}, \tag{5}$$

falls der Körper ausgedehnt genug ist; (bei Erde $\frac{1}{2}$, bei Holz $\frac{2}{3}$ der Eindringungstiefe). Bei dem Wesen dieser Formeln als Näherungen kann man für $\frac{b}{a}$ den oben angegebenen Mittelwert $\frac{1}{2} \cdot 10^{-4}$ einsetzen und auf Verschiedenheiten im Spitzenfaktor i verzichten. Dann kann man der Formel für die Eindringungstiefe die Form geben:

$$\frac{\pi}{4} \cdot \frac{G}{\omega} \cdot \varkappa \cdot f(v_0), \tag{6}$$

wo näherungsweise

$$f(v_0) = 10 \cdot \log\left(1 + \frac{1}{2}\left(\frac{v_0}{100}\right)^2\right) \tag{7}$$

ist. Für $f(v_0)$ gibt Pétry eine Tabelle und für die Materialkonstante $\varkappa$ die Werte:

Mauerwerk	$\varkappa$
Beton-	0,64
Stein-	0,94
Ziegel-	1,63

Erde	$\varkappa$
sandig.....	2,94
gewachsen .	3,86
tonig......	5,87

Dabei ist angenommen, daß das Geschoß beim Aufschlagen und Eindringen keine Deformation (Stauchung) erleidet. Deformiert es sich bei der Aufschlaggeschwindigkeit v_0, so muß sich der Formfaktor i um eine mit v_0 wachsende Funktion von v_0 ändern, von der man in erster Annäherung die zwei ersten Glieder der Entwicklung, $1 + k v_0$, beizubehalten braucht. Dieser Faktor tritt also in (6) in den Nenner (Levi Civita). k wäre empirisch zu bestimmen.

Bei kleinem $\frac{v_0}{100}$ kann man den log in (7) ersetzen durch sein erstes Glied $0{,}434 \cdot \frac{1}{2} \cdot \left(\frac{v_0}{100}\right)^2$. Ist das Geschoß eine homogene Kugel vom Durchmesser D und dem spezifischen Gewicht δ, so ergibt (6):

$$\frac{\pi}{6} D \delta \varkappa \cdot 2{,}17 \cdot \left(\frac{v_0}{100}\right)^2.$$

Z. B. gibt Journée für die Eindringungstiefe einer Bleikugel ($\delta = 11{,}3$) in Fichtenholz:

$$0{,}93 \cdot D \cdot \left(\frac{v_0}{100}\right)^2. \tag{8}$$

Ob diese empirische Formel auch bei nicht kleinem $\frac{v_0}{100}$ noch brauchbar ist, bleibt hier unentschieden.

Durchschlagsdicke. Hat das Mittel, in das das Geschoß eindringt, gerade eine Dicke gleich der Eindringungstiefe, so wird es vom Geschoß durchschlagen. Aber es kann noch bei etwas größerer Dicke durchschlagen werden, da die letzten Schichten geringeren Widerstand leisten. Die Eindringungstiefe ergibt also nicht die Durchschlagsdicke, aber eine untere Grenze dafür.

Von besonderer Wichtigkeit ist die Durchschlagsdicke von Panzergranaten gegen Panzerplatten. Dafür gibt es eine Reihe empirischer Formeln.

In einer solchen Formel müssen offenbar in Beziehung treten die Plattenstärke S, das Geschoßkaliber D, die Geschoßwucht T, und eine Größe F, die von der Festigkeit des Plattenmateriales abhängt. Diese muß die Dimension von Zug- oder Druckfestigkeit haben, also Kraft durch Querschnitt. Zwischen S, D, T, F lassen sich nur die zwei dimensionslosen Monome $\frac{\mathsf{T}}{F} : D^2 S$ und $\frac{S}{D}$ bilden, und keine hiervon unabhängigen. Die Beziehung muß also die Form haben:

$$\frac{\mathsf{T}}{F} = \frac{\pi}{4} D^2 S \cdot \Phi\left(\frac{S}{D}\right). \tag{9}$$

Vergleichen wir hiermit einige empirische Formeln, so ist zunächst zu bemerken, daß keine derselben die Größe F enthält, da das in Betracht kommende Material immer ungefähr dasselbe ist.

Krupp gibt folgende Formel:

$$\frac{\mathsf{T}}{\frac{\pi}{4} D^2} = 100\, S \cdot \sqrt[3]{\frac{S}{D}} \tag{10}$$

(T in kgm, v in m/sec, S und D in cm). Die Formel (10) ist mit (9) in Übereinstimmung für $F \cdot \Phi\left(\frac{S}{D}\right) = 100 \cdot \left(\frac{S}{D}\right)^{\frac{1}{3}}$.

Nach de Marre soll sein (S und D in dm):

$$2\,g\,\mathsf{T} = A^2 \cdot D^{1,5} \cdot S^{1,4}; \quad A = 1{,}530. \tag{11}$$

Stünde hier im Exponenten von S 1,5 statt 1,4, so ginge die Formel aus (9) hervor für $\Phi\left(\frac{S}{D}\right)$ prop. $\left(\frac{S}{D}\right)^{\frac{1}{2}}$; so ist sie nicht homogen. Die Formel (11) soll für gewöhnlichen Stahl gelten; für gehärteten sei der Faktor $1{,}885 - 0{,}0014 \cdot S$ hinzuzufügen. Die Funktion $(1{,}885 - 0{,}0014 \cdot S)\, S^{1,4}$ hat die natürlich zu fordernde Eigenschaft mit wachsendem S zu wachsen nicht über $S = 785$ hinaus. Da dieser Wert weit jenseits der in Betracht kommenden liegt, kann sie trotzdem eine gute Annäherung geben. Besser ist es, man paßt solche willkürlichen Approximationsfunktionen auch in ihrer Form den natürlichen Forderungen an.

§ 96. Scheinbare Sprengwirkung.

Die Energie, mit der ein Geschoß in ein Mittel eindringt, gibt es ab: erstens zur Überwindung der Kohäsionskräfte; zweitens, wenn diese gering sind, zur Überwindung der Reibung, wodurch Wärme erzeugt wird (in Sand z. B. werden Infanteriegeschosse fast ganz verdampft und zerrieben); drittens, wenn auch die Reibung gering ist, muß die Energie hauptsächlich wieder in kinetische Energie übergehen. Das kann beim Einschuß in eine geschlossene Flüssigkeitsmasse, wegen deren geringer Zusammendrückbarkeit, nicht anders geschehen als durch Absprengen von Teilen an der Begrenzung. Das ergibt die „scheinbare Sprengwirkung".

§ 97. Abpraller.

Der Widerstand des Mittels wirkt in der Richtung der Geschoßbahn. Dieser Satz ist richtig, solange das Mittel unbegrenzt ist. Schon in der Luft scheinen gewisse Erscheinungen darauf hinzudeuten, daß bei Unterschallgeschwindigkeiten die Nähe der Erdoberfläche auf das Geschoß hebend wirkt: „Täler ziehen das Geschoß an". Aber unzweifelhaft tritt die Erscheinung bei inkompressiblen Flüssigkeiten hervor. Bei schnellfahrenden Wasserfahrzeugen wirkt eine Einengung des Fahrwassers oder eine Erhebung des Grundes bremsend; bei Geschossen, die in Wasser oder Land flach eindringen, wirkt der Widerstand unten stärker als oben, wo das Mittel Platz macht (bzw. bei bloßem Aufschlagen kein Widerstand vorhanden ist), lenkt also das Geschoß nach oben ab. So kommt der Anpraller zustande. Der spitze Einfallswinkel, bei dem das Geschoß noch abprallt, wächst mit dem Kaliber. Er ist (in Graden) gleich dem $\frac{2}{3}$ bis $\frac{3}{4}$-fachen Kaliber (in cm) bei Wasser, bei Sand gleich dem $\frac{7}{8}$ bis 1-fachen; soweit Messungen bekannt sind.

Eine mathematische Theorie des Abprallers fehlt bisher. Die hätte auszugehen von den Differentialgleichungen:

$$\ddot{x} = -\frac{w}{v}\dot{x}$$

$$\ddot{z} = -\frac{w}{v}\dot{z} + k(z),$$

wo $k(z)$ die senkrecht aufwärts wirkende Widerstandskomponente ist. Von dieser ist vorläufig nur bekannt, daß sie in einer gewissen Tiefe z_* Null ist. Man kann sie in erster Annäherung proportional $z - z_*$ setzen. Da es sich nur um Vorgänge von sehr kurzer Dauer handelt, kann man $\frac{w}{v} = \mathfrak{w}$ durch eine lineare Funktion der Zeit approximieren: $\mathfrak{w}_0 + \dot{\mathfrak{w}}_0 t$. Dann erhält man für $z - z_*$ eine lineare Laplacesche Differentialgleichung:

$$\ddot{z} + \{\mathfrak{w}_0 + \dot{\mathfrak{w}}_0 t\}\dot{z} - k \cdot (z - z_*) = 0,$$

die bekanntlich integriert wird durch:

$$z - z_* = \int_L \mathfrak{F}(\zeta) \cdot e^{\zeta t} \cdot d\zeta, \quad \mathfrak{F}(\zeta) = \frac{1}{\dot{\mathfrak{w}}_0 \zeta} e^{\int_0^{\zeta} \frac{\zeta^2 + \mathfrak{w}_0 \zeta - k}{\dot{\mathfrak{w}}_0 \zeta} d\zeta}$$

wo der Integrationsweg L den singulären Punkt $\zeta = 0$ nicht umschließen darf. Die Brauchbarkeit dieses Ansatzes wäre an der Erfahrung zu prüfen. *)

§ 98. Sprenggeschosse.

Das Sprenggeschoß enthält außer seiner kinetischen Energie T noch die potentielle Energie seiner Sprengladung, die nach S. 178 zu berechnen ist. Ein Teil dieser Energie dient zum Zerreißen des Geschosses. Die übrige Energie liefert größtenteils die Energie der Sprengteile, ein kleinerer Teil liefert Wärme und Schall.

Es ist unrichtig anzunehmen, daß die Drehwucht des Geschosses sich als Drehwucht der Sprengteile wiederfindet. Ob ein Sprengteil Drehwucht erhält, hängt davon ab, ob die Energieübertragung zentral oder mit „Effet" erfolgt, wie beim exzentrischen Stoß auf die Billardkugel. Die Erfahrungen (Verletzungen durch Sprengteile, Eindringen von Sprengteilen in Holz) sprechen dafür, daß jedenfalls die Drehwucht der Sprengteile verhältnismäßig sehr gering ist; wie dies ja auch schon beim Geschoß der Fall war (s. S. 158). Lassen wir also dieses kleine und unsichere Element, ebenso wie die Wärme- und Schallerzeugung u. dgl. beiseite.

Das Problem: die Energieverteilung in den Sprengteilen zu finden, vereinfacht sich weiter durch Anwendung des Satzes von der Erhaltung der Bewegung des Schwerpunktes. Danach darf man von der Bewegung des Schwerpunktes zunächst absehen, und nach Ermittlung der Bewegung der Sprengteile das ganze System derselben so bewegen, daß der Schwerpunkt des Systems die Flugbahn des Geschosses beschreibt. Das ist insofern nicht ganz korrekt, als ja der Luftwiderstand die Gesamtheit der einzelnen Sprengteile etwas anders beeinflußt als das unzersprengte Geschoß. Wollte man dies berücksichtigen, so könnte man die Flugbahn des Schwerpunktes der Sprengteile mit einem etwas anderen Formkoeffizienten berechnen. Wir sehen hiervon ab, weil es sich bei den Bahnen der Sprengteile um so kurze Strecken handelt, daß dieselben meist als gradlinig anzusehen sind. Damit ist zugleich begründet, daß wir auch von der Schwerkraft absehen dürfen.

Es handelt sich jetzt um die Geschwindigkeit der Sprengteile in einer Schnittebene senkrecht zur Geschoßachse. Hat der Teil die Entfernung R von der Geschoßachse, so ist Rr seine aus der Drehgeschwindigkeit r des Geschosses entstehende Tangentialgeschwindigkeit. Darin ist die Winkelgeschwindigkeit r etwas kleiner als ihr Anfangswert r_0, etwa $\frac{2}{3}$ bis $\frac{4}{5}$ davon (Heydenreich). Von der Sprengladung wird angenommen, daß sie allen Teilen eine ungefähr gleiche Radialgeschwindigkeit V erteilt. Außerdem eine Komponente V_ζ in Richtung der Geschoßachse,

*) S. z. B. die Messungen von C. Ramsauer, Diss., Kiel 1903.

die vom normierten Abstand*) ζ der Querschnittebene des Sprengteils vom Schwerpunkt ($\zeta = 0$) und der Anordnung der Sprengladung abhängen wird. Z. B. wird bei Bodenkammer-Schrapnells $V_{-1} = 0$, bei Kopfkammer-Geschossen $V_{+1} = 0$ sein, während bei Mittelkammer-Geschossen $V_{-1} = -V_{+1}$ sein wird (annähernd).

In der betrachteten Schnittebene erhält der Sprengteil eine Geschwindigkeit $\sqrt{(Rr)^2 + V^2}$ und erreicht zur Zeit t, gezählt vom Platzen des Geschosses an, eine Entfernung von der Achse

$$\sqrt{(Rrt)^2 + (Vt + R)^2}. \tag{12}$$

Bei Schrapnells sind V und V_ζ nur klein; die Sprengladung reicht gerade hin, den Geschoßmantel zu zerreißen, damit die Garbe der Sprengteile und Füllkugeln sich in Richtung der Geschoß-Flugbahn über das Ziel ergießt. Bei Kartätschen, dem Schrotschuß der Artillerie, sind V und V_ζ sogar Null, das Zerreißen der Geschoßhülle und Divergieren der Füllkugeln erfolgt durch die bloße Zentrifugalkraft; wie bei der mit Chokebohrung versehenen Schrotflinte.

Die Sprengteile eines Geschoß-Querschnittes beschreiben grade Linien in der Ebene desselben. Dabei liegen Sprengteile, die auf einem Radius lagen, zur Zeit t auf einer Graden $\mathfrak{G}_t$; die Graden $\mathfrak{G}_t$ ($t = 0 \ldots \infty$) umhüllen eine Parabel. Sprengteile des Querschnittes, die anfangs dasselbe R haben, liegen zur Zeit t auf einem Kreise mit dem Radius (12). Kommt jetzt die Geschoßgeschwindigkeit v und die Komponente V_ζ hinzu, so beschreiben diese Sprengteile, die zu demselben R und ζ gehören, die eine Geraden-Schar eines Rotationshyperboloides mit der Geschwindigkeit

$$\sqrt{(Rr)^2 + V^2 + (v + V_\zeta)^2}; \tag{13}$$

und diese machen mit der Geschoßachse einen Winkel, der zu bestimmen ist aus:

$$\operatorname{tg} \chi = \frac{\sqrt{(Rr)^2 + V^2}}{v + V_\zeta}. \tag{14}$$

Daraus ergibt sich der größte Wert dieses Ausdruckes, also der halbe Kegelwinkel der Sprenggarbe, wenn man für R das Halbkaliber, für V_ζ seinen kleinsten Wert V_{-1} setzt. Ist $v + V_{-1} < 0$, wie es bei Brisanzgranaten vorkommen kann, so wird der halbe Kegelwinkel größer als ein rechter: es gibt Sprengteile, die eine Rückwärtskomponente der Geschwindigkeit haben.

Bei Schrapnells ist V gegen Rr, bei Granaten Rr gegen V zu vernachlässigen. Infolgedessen erhält bei Schrapnells der Winkel χ auch den Wert Null, nämlich zu kleinen Werten von R: die axial liegenden

*) Abstand geteilt durch Höchstabstand.

Geschoßteile fliegen geradeaus. Bei Granaten nimmt χ einen kleinsten Wert $\operatorname{arc\,tg} \frac{V}{v + V_{\div 1}}$ an: die Sprenggarbe enthält einen von Sprengteilen freien Kegel, einen „toten“ Raum.

Für V und V_ζ bei Schrapnells gibt de la Llave empirische Formeln (analog denen von Sarrau). V und V_ζ sind von der Größenordnung bei Schrapnells 10 m/sec, bei Granaten 1000 m/sec.

Der empirischen Ermittlung zugänglich sind in der Formel (14) die Elemente v und $\chi_{\text{max.}}$. Deshalb begnügt man sich von der Formel (14) nur die Form beizubehalten und $\operatorname{ctg} \chi_{\text{max.}}$ als lineare Funktion von v darzustellen. Deren Koeffizienten sind aus (mindestens) zwei Messungen zu bestimmen (Rohne).

Sprengtrichter. Für die Größe der Sprengtrichter bestehen einige rohe empirische Formeln. Sie ist in Kubikmeter annähernd gleich

$$m \cdot s \cdot \lambda \cdot \Gamma; \tag{15}$$

darin bedeutet Γ das Gewicht der Sprengladung in kg, λ ein Maß der Brisanz desselben ($\lambda = 1$ bei Schwarzpulver, 2 bis 2,1 bei Schießwollpulver, bis 2,2 bei Pikrinsäure), m hängt vom Material ab (Erde 1,2 bis 0,7, Mauerwerk und Beton 0,194 bis 0,014 und weniger); s ist bei Materialien, bei denen Kohäsionskräfte zu überwinden sind (Mauerwerk), die Eindringungstiefe in Metern, bei andern (Erde und Sand) eine zwischen etwa 0,503 (wenn $v^0 < 300$) und etwa 0,816 (wenn $v^0 > 300$) liegende Zahl.

Der Inhalt des Sprengtrichters liegt zwischen dem 1,5 und dem 2,5-fachen eines Kegels gleicher Basis und Höhe: in lockerem Material ist die Sohle des Trichters mehr abgerundet, wie in hartem.

Brennzünder. Der Zünder eines Sprenggeschosses sei mit einer Sekundenteilung versehen. Soll das Geschoß zur Zeit t nach dem Abschuß platzen, so ist die Marke des Zünders auf den Punkt t der Teilung einzustellen. Die Brenngeschwindigkeit des Zündsatzes unter dem Druck $\mathfrak{p}$ werde normiert, indem man sie durch die Brenngeschwindigkeit unter dem Druck $\mathfrak{p}_0 = 760$ mm Hg teilt. Die so normierte Brenngeschwindigkeit werde mit $\dot{b}$ bezeichnet. Nach dem Brenngesetz (S. 174) ist

$$\dot{b} = \left(\frac{\mathfrak{p}}{\mathfrak{p}_0}\right)^\alpha, \tag{16}$$

wo der Exponent α durch Versuche ermittelt sei.

Der Druck $\mathfrak{p}$ hängt von der Geschwindigkeit v_z und von der Höhe z des Geschosses ab.

Zwischen Druck, Dichte δ und Geschwindigkeit v der Luft nahe dem Geschoßkopf besteht, die Bewegung wirbelfrei und stationär angenommen, die Gleichung

$$d\mathfrak{p} + \delta \cdot v dv = 0. \tag{17}$$

Eliminiert man die Dichte δ durch die Poissonsche Gleichung

$$\frac{\mathfrak{p}}{\mathfrak{p}_z} = \left(\frac{\delta}{\delta_z}\right)^k, \tag{18}$$

so erhält man

$$\left(\frac{\mathfrak{p}}{\mathfrak{p}_z}\right)^{-\frac{1}{k}} \frac{d\mathfrak{p}}{\delta_z} + v\,dv = 0, \tag{19}$$

also durch Integration

$$\left(\frac{\mathfrak{p}}{\mathfrak{p}_z}\right)^{\frac{k-1}{k}} = 1 + \frac{k-1}{2k} \cdot \frac{\delta_z}{\mathfrak{p}_z}(v_z^2 - v^2), \tag{20}$$

da fern vom Geschoß $v = v_z$, $\mathfrak{p} = \mathfrak{p}_z$ ist.

Die Druckänderung $d\mathfrak{p}_z$, die zur Höhenänderung dz gehört, ist gleich dem Druck einer Luftsäule von der Höhe dz auf die Flächeneinheit, also

$$d\mathfrak{p}_z = -g\delta_z dz. \tag{21}$$

Die Dichte δ_z eliminieren wir durch die Mariotte-Gay-Lussacsche Gleichung:

$$\frac{\mathfrak{p}_z}{\delta_z} = \frac{\mathfrak{p}_0}{\delta_0} \cdot \frac{\mathfrak{T}_z}{\mathfrak{T}_0} = h \cdot g \cdot \frac{\mathfrak{T}_z}{\mathfrak{T}_0}, \tag{22}$$

wo $h =$ (ca.) 8000 m die Höhe der homogen gedachten Atmosphäre (s. S. 13) und $\mathfrak{T}_z$ die absolute Temperatur in der Höhe z ist.

Also erhält man

$$\frac{d\mathfrak{p}_z}{\mathfrak{p}_z} = -\frac{\mathfrak{T}_0}{h} \cdot \frac{dz}{\mathfrak{T}_z}$$

und daraus

$$\mathfrak{p}_z = \mathfrak{p}_0 \cdot e^{-\frac{\mathfrak{T}_0}{h} \cdot \int\limits_0^z \frac{dz}{\mathfrak{T}_z}}, \tag{23}$$

was in (20) einzusetzen wäre. Zur Berechnung von $\mathfrak{p}_z$ ist $\mathfrak{T}_z$ als Funktion von z empirisch zu approximieren.

Aus (20), (22), (23) folgt nun:

$$\mathfrak{p} = \mathfrak{p}_z\left[1 + \frac{k-1}{2k} \cdot \frac{v_z^2 - v^2}{gh\,\mathfrak{T}_z : \mathfrak{T}_0}\right]^{\frac{k}{k-1}}. \tag{24}$$

$\mathfrak{T}_z$, $\mathfrak{p}_z$ und v_z, Temperatur, Luftdruck und Geschoßgeschwindigkeit in der Flughöhe z sind als bekannt anzusehen. Dagegen ist nicht bekannt die Geschwindigkeit v der Luft am Brandloch, auf die es ankommt. Man kann nur sagen, daß sie zwischen 0 und v_z enthalten sein muß. Nimmt man an, daß v ungefähr proportional v_z ist, so ergibt (24)

$$\mathfrak{p} = \mathfrak{p}_z\left(1 + \frac{v_z^2}{c^2 \cdot \mathfrak{T}_z : \mathfrak{T}_0}\right)^{\frac{k}{k-1}}, \tag{25}$$

$(0 < \theta < 1)$

wo

$$c^2 = \frac{2kgh}{(k-1)\cdot\theta},$$

also $c > 736$ ist.

Die Brenngeschwindigkeit ergibt sich jetzt aus (16) und (25):

$$\dot{b} = \left(\frac{\mathfrak{p}_z}{\mathfrak{p}_0}\right)^{\alpha} \cdot \left[1 + \frac{v_z^2}{c^2 \mathfrak{T}_z : \mathfrak{T}_0}\right]^{\frac{k\alpha}{k-1}} \tag{26}$$

Die unbekannte Geschwindigkeit c wird empirisch ermittelt, indem man beim Luftdruck $\mathfrak{p}_0$, kleinen Schußweiten, flachen Bahnen $\mathfrak{p}_z$, $\mathfrak{T}_z$, v_z ersetzt durch $\mathfrak{p}_0$, $\mathfrak{T}_0$, v_0 und die mittlere Brenngeschwindigkeit beobachtet, d. h. die Länge des wirklich abgebrannten Zündsatzes, geteilt durch die Flugzeit. Diese „mittleren" Brenngeschwindigkeiten sind noch, wie oben, zu normieren und dann in ihrer Abhängigkeit (am besten) von der Flugzeit t graphisch darzustellen. Der Grenzwert für $t = 0$ ist dann gleich $\left(1 + \frac{v_0^2}{c^2}\right)^{\frac{k\alpha}{k-1}}$; woraus c zu bestimmen.

Ist eine Flugbahn und ihr zeitlicher Ablauf bekannt, sind also $\mathfrak{p}_z$, $\mathfrak{T}_z$, v_z bekannte Funktionen von t, so ergibt sich aus (26) durch numerisch-graphische Integration

$$b = \int_0^t \dot{b}\, dt\,, \tag{27}$$

also die zur Zeit t gehörige Brennlänge. Man ist dadurch imstande, die Teilung auf dem Zünder theoretisch voraus herzustellen. Nachträgliche Korrektur durch Schüsse bleibt natürlich nötig; aber man braucht weniger.

Wegen Einzelheiten des Verfahrens ist zu verweisen auf Stübler, Artill. Monatshefte 1918.

Achtzehntes Kapitel.

Zielen und Richten.

§ 99. Ortsbestimmung von Schuß und Ziel.

Um der Waffe die erforderliche Seiten- und Höhenrichtung zu geben, muß man bei Feld- (und See-) Zielen die Richtung und die Entfernung des Zieles, bei Luftzielen noch die Höhe kennen. Diese zwei (bzw. drei) Größen kann man nur durch zwei (bzw. drei) Beobachtungen ermitteln, mindestens.

Bei Feld- (und See)-Zielen hat man an solchen Beobachtungen vor allem die Ziellinie vom Beobachter B zum Ziel Z hin. Zwei solcher Ziellinien, von zwei Beobachtungen B_1, B_2 aus, bestimmen, auf denselben Plan eingetragen, die Lage des Zieles. (Verfahren der Lichtmeßtrupps; Vorwärts-Einschneiden des Feldmessens.) Damit sind zugleich die Entfernungen B_1Z, B_2Z bekannt. Ist insbesondere ZB_1B_2 ein Rechter, so ist

$ZB_1 = B_1B_2 \cdot \mathrm{ctg}\, B_1ZB_2$. Die Entfernung ZB_1 ist also bekannt, wenn die „Basis" B_1B_2 und die „Parallaxe"*) B_1ZB_2 bekannt ist. Rückt man B_2 so nahe an B_1 heran, daß ein Beobachter sowohl direkt von B_1 aus, als indirekt durch Spiegelung von B_2 aus nach Z visieren kann, so hat man das Prinzip des Entfernungsmessers. Die Drehung, durch die man den Spiegel bei B_2 einstellt, überträgt sich auf eine Skala, an der gleich die Entfernungen abgelesen werden.

Der Schall kann zur Entfernungsbestimmung feuernder Geschütze dienen: die Sekundenzahl zwischen Blitz und Knall eines feuernden Geschützes gibt die Entfernung in Kilometerdritteln. Mit der Ziellinie des Blitzes zusammen gibt das eine ganze Ortsbestimmung. Sieht man den Blitz nicht, so gibt die Sekundenzahl zwischen dem Eintreffen des Knalles in B_1 und in B_2 den Unterschied der Entfernungen B_1Z und B_2Z in Kilometerdritteln; also einen Hyperbelast mit den Brennpunkten B_1 und B_2 als geometrischen Ort für Z. Zwei solcher, also mindestens drei Beobachtungsstellen B_1, B_2, B_3 bestimmen Z (Verfahren der Schallmeßtrupps).

Das sind Verfahren für den Stellungskrieg. Im Bewegungskrieg ist man hauptsächlich auf Beobachtung von der Batterie F aus angewiesen; man hat also nur eine Beobachtung: die Ziellinie. Der zugehörige Entfernungsmesser ist der Schuß: durch Schüsse vor und hinter dem Ziel wird die Entfernung in Grenzen eingeschlossen, es wird eine „Gabel" gebildet. Aber nur solche Schüsse sind im allgemeinen zum Ziel in Beziehung zu bringen, die in oder nahe der Ziellinie liegen, die also entweder mit ihrer Rauchwolke das Ziel verdecken, oder auf deren Rauchwolke sich das Ziel abhebt. Das nennt man Schießen mit direkter Beobachtung.

§ 100. Hilfsplan für Schießen mit indirekter Beobachtung.

Wenn sich dagegen der Schießende auf einer weit von der Feuerstellung F der Batterie entfernten Beobachtung B befindet, so besteht eine Schwierigkeit beim Schießen darin, zu den von B aus beobachteten Seitenabweichungen des Schusses S vom Ziel Z die für die Batterie zu kommandierenden Seiten- und Entfernungsänderungen schnell und genau genug zu finden. Wie der erste Schuß abzugeben ist, ergibt sich mit Winkelmesser und Maßstab aus der Karte bzw. dem Batterieplan. Betreffs der Lage des Schusses S zum Ziel Z wird der Schießende im allgemeinen nur die beobachtete Seitenabweichung angeben, über die Entfernung erst dann etwas aussagen können, wenn der Schuß S nahe

*) So bezeichnet der Astronom jede Richtungsänderung einer Sehlinie, die von einer Änderung des Standortes herrührt.

der Linie BZ liegt. Demnach muß er die zu kommandierende Seitenkorrektur so wählen, daß letzteres erreicht wird. Liegt insbesondere die Beobachtung B auf der Schußrichtung FS_1, so verhalten sich die Seitenabweichungen für Beobachtung und Feuerstellung offenbar wie S_1F zu S_1B. Dieses selbe Verhältnis gilt nun für alle Schüsse S_1, S_2, S_3, ..., die auf dem Kreise mit BS_1 als Durchmesser liegen. Soll nämlich der Schuß S durch eine Seitenkorrektur SFT nach T in die Linie BZ gebracht werden, so verhält sich

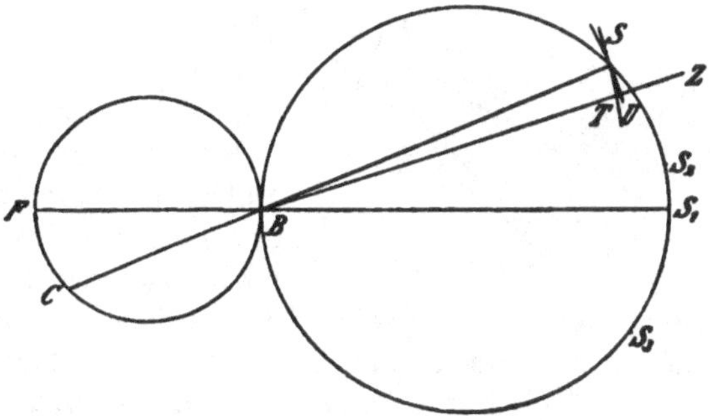

Abb. 41.

$$SFT : SBT = \frac{ST}{SF} : \frac{SU}{SB} = \frac{SB}{SF \cdot \cos UST} = \frac{SB}{SF \cdot \cos BSF} = \frac{SB}{SC}.$$

Demnach liegen alle die Punkte S auf dem Kreise über dem Durchmesser BS_1, für welche das Verhältnis der Winkel SFT zu SBT gleich $S_1B : S_1F$ ist. Man kann sich also die Karte bzw. den Batterieplan durch Kreise mit den Durchmessern $\frac{\frac{1}{2}}{9\frac{1}{2}}$, $\frac{1\frac{1}{2}}{8\frac{1}{2}}$, $\frac{2\frac{1}{2}}{7\frac{1}{2}}$, $\frac{3\frac{1}{2}}{6\frac{1}{2}}$, $\frac{4\frac{1}{2}}{5\frac{1}{2}}$, $\frac{5\frac{1}{2}}{4\frac{1}{2}}$, $\frac{6\frac{1}{2}}{3\frac{1}{2}}$, $\frac{7\frac{1}{2}}{2\frac{1}{2}}$, $\frac{8\frac{1}{2}}{1\frac{1}{2}}$, $\frac{9\frac{1}{2}}{\frac{1}{2}}$ usw., derart in Gebiete teilen, bezeichnet mit 0, 1, 2, 3, 4, 5, 6, 7, 8, 9, 10 usw., daß für jedes Ziel im Gebiet z. B. 7 auf je 10 beobachtete Teilstriche Seitenabweichung 7 zu kommandierende Teilstriche kommen.

Beispiele: Das Ziel liegt im Gebiet 7, man beobachtet 25 Teilstriche; zu kommandieren sind $7 \times 2\frac{1}{2} = 17$ Teilstriche.

Das Ziel liegt im Gebiet 4, man beobachtet 37 Teilstriche; zu kommandieren sind $4 \times 3\frac{3}{4} = 15$ Teilstriche.

Hat man durch diese Korrektur den Schuß an die Linie BZ herangebracht, so daß man ihn als Kurz- oder Weitschuß beurteilen kann, so kann man demgemäß die Entfernung ändern. Danach würde aber der nächste Schuß nicht mehr an BZ liegen, sondern erst der nächstfolgende durch eine Seitenkorrektur dorthin zu bringen sein. Das Einschießen bestände also aus abwechselnden Seiten- und Entfernungskorrekturen, würde also die doppelte Schußzahl erfordern, wie wenn man nach jedem Schuß, der an der Linie BZ liegt, gleichzeitig eine Seiten- und Entfernungskorrektur vornimmt, derart, daß auch der korrigierte Schuß wieder an der Linie BZ liegt. Soll der Schuß S nach einer Entfernungsänderung ST (Abb. 42) und einer Seitenänderung TS' wieder in der Linie BS liegen, so ist $S'T : ST = \operatorname{tg} S'ST$; d. h. das Verhältnis der Entfernungsänderung zur Seitenänderung in Metern ist dasselbe für alle Schüsse auf einem Kreise durch B und F. Man kann also ein zweites System von Kreisen zeichnen, bestimmt durch die allen gemeinsame Sehne BF und die Peripheriewinkel, deren tangens bzw. $\frac{10}{100}$, $\frac{20}{100}$, ... $\frac{90}{100}$ ist*), bezeichnet mit 10, 20, 30, 40, 50, 60, 70, 80, 90, derart, daß z. B. für ein Ziel am Kreise 70 einer Entfernungsänderung von 100 m eine Seitenkorrektur von 70 m entspricht. Für Punkte zwischen zwei Kreisen wird nach Augenmaß interpoliert. Beispiel: Ziel zwischen den Kreisen 60 und 70, geschätzt auf 64, links der Linie FB, Entfernung 4200; also 64 m = 15 Teilstriche, weil ein Teilstrich = 4,2 m. Der 4200-Schuß liegt kurz, Kommando 4400, 30 mehr. Dieser Schuß liegt weit, Kommando 4300, 15 weniger. Dieser Schuß liegt kurz, Kommando 4350, 8 mehr; usw.

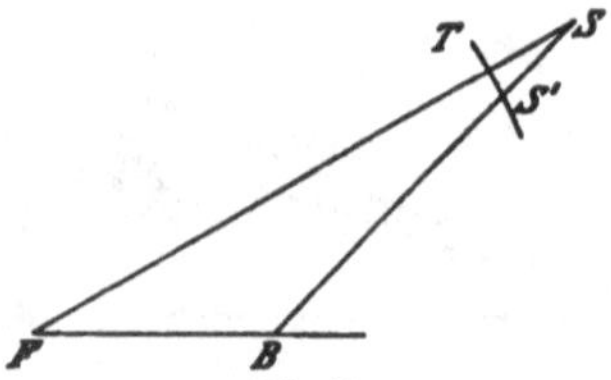

Abb. 42.

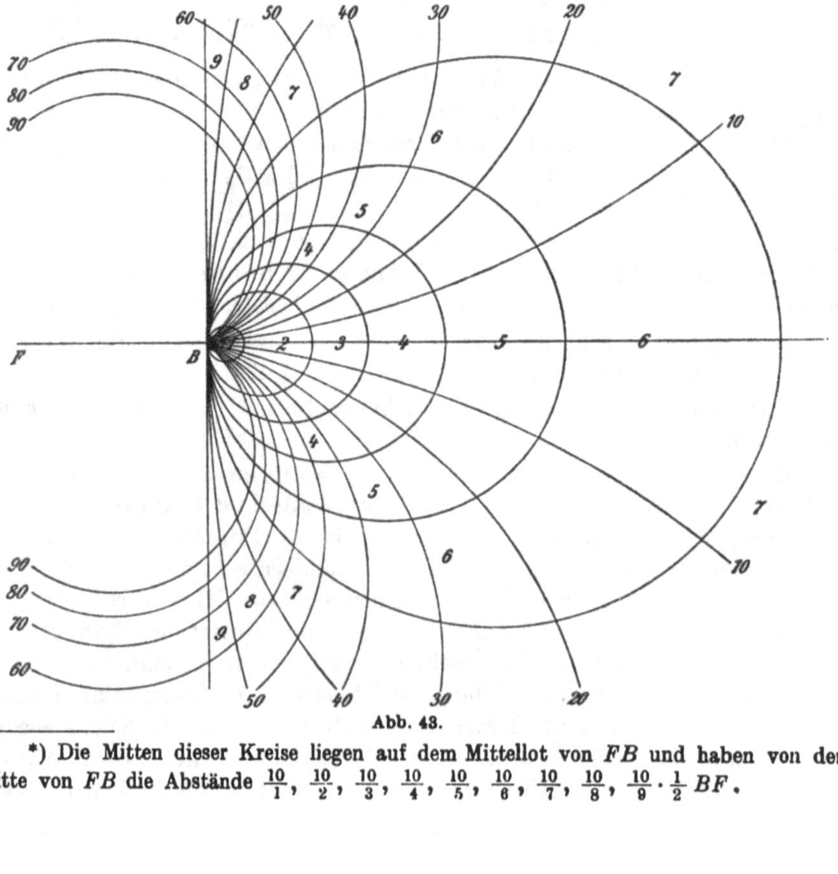

Abb. 43.

*) Die Mitten dieser Kreise liegen auf dem Mittellot von FB und haben von der Mitte von FB die Abstände $\frac{10}{1}$, $\frac{10}{2}$, $\frac{10}{3}$, $\frac{10}{4}$, $\frac{10}{5}$, $\frac{10}{6}$, $\frac{10}{7}$, $\frac{10}{8}$, $\frac{10}{9} \cdot \frac{1}{2} BF$.

Daß dazwischen infolge ungünstiger Streuung Schüsse nicht an *BZ* fallen und den normalen Verlauf des Einschießens verzögern, versteht sich, wie beim Schießen mit direkter Beobachtung, von selbst. Man hat dann wie beim ersten Schuß eine bloße Seitenkorrektur vorzunehmen.

In Abb. 43 sind unter Zugrundelegung eines Abstandes $FB = 2{,}5$ cm die beiden Systeme von Kreisen verzeichnet. Diese Zeichnung kann man sich auf Pauspapier in solchem Maßstabe zeichnen, daß man das Pauspapierblatt mit F auf die Feuerstellung, mit B auf die Beobachtungsstelle auf die Karte oder den Batterieplan auflegen kann. Praktischer ist es, wenn diese Zeichnung in hinreichend großem Maßstab auf Kartonpapier gedruckt geliefert wird, noch mit zwei Teilkreisen um F und B, geteilt in Teilstriche, versehen. Jedes Ziel kann man dann leicht mit Hilfe dieser Teilkreise vom Batterieplan auf diesen Hilfsplan übertragen. Oder man überträgt das Netz der Planquadrate auf den Hilfsplan. Zum Zwecke des Schießens entnimmt man dem Hilfsplan lediglich die Zahl 0, 1, 2, ... des Gebietes, in dem das Ziel liegt, und die Zahl 10, 20, ... des Kreises, dem es zunächst liegt, mit einer geschätzten Berichtigung. Natürlich kann man beide Systeme von Kreisen verdichten, z. B. noch die Kreise für 5, 15, 25 usw. einfügen und muß man die Zeichnung auf den ganzen Feuerbereich der Batterie ausdehnen.

Durch den Hilfsplan wird das Einschießen eine fast mechanische Sache, die jedem guten Beobachter anvertraut werden kann.

Das Verfahren ist so einfach, als es in Hinblick auf die Aufgabe möglich ist. Denn die Korrektur jedes Schusses erfordert zwei Zahlen, die also dem Schuß zugeordnet sein müssen. Das verlangt notwendig eine doppelte Art Einteilung des Planes in Gebiete. Es hat für den Stellungs- und Festungskrieg Bedeutung. Vor dem Verfahren der Meßtrupps mit zwei (oder mehr) Beobachtungsstellen hat es den Vorzug größerer Schnelligkeit, Unmittelbarkeit und Einfachheit. Es ist schon in einem frühen Stadium verwendbar, während die Einrichtung der Meßtrupps erst spät erfolgen kann.

§ 101. Höhenmesser für Luftziele.

Bei Luftzielen kommt zur Seitenrichtung und Entfernung noch die Höhe hinzu. Ist die Erhöhung der Visierlinie gegen die Wagerechte bekannt, so ist die Höhe gleich der Entfernung mal dem sinus dieses Winkels. Auf Grund dieser Beziehung und zur Vermeidung jeder Rechnung und Tabelle habe ich im April 1915 für mehrere Flugzeugabwehrformationen einen Höhenmesser konstruiert. Er besteht aus einer rechteckigen Tafel von (z. B.) 50 × 30 cm, auf dem parallele „Niveaulinien“, bezeichnet mit 0, 100, 200, ..., 3000, in Zentimeterabstand eingeritzt sind, und von dessen oberer Ecke ein Lot mit Zentimeterteilung herabhängt. Hält man die Tafel senkrecht, visiert über die obere Kante das Luftziel an, so schneidet z. B. die 2500 m-Linie das Lot an der Stelle, die die Entfernung bei 2500 m Höhe angibt, in der Zeichnung bei 4700; umgekehrt, ist die Entfernung bekannt, so liest man die Höhe ab, z. B. zur Entfernung 5000 findet man in der Zeichnung 2800 Höhe. Trüge man noch zu den Punkten der Tafel die Erhöhungen ω_0 ein, mit denen man schießen müßte, so geben die zu den gleichen Werten von ω_0 gehörigen Punkte verbunden ein im Maßstab 1:10000 verkleinertes Abbild der Flugbahn zur Erhöhung ω_0, und lassen erkennen, welcher Teil der Flugbahn durch das Ziel geht.

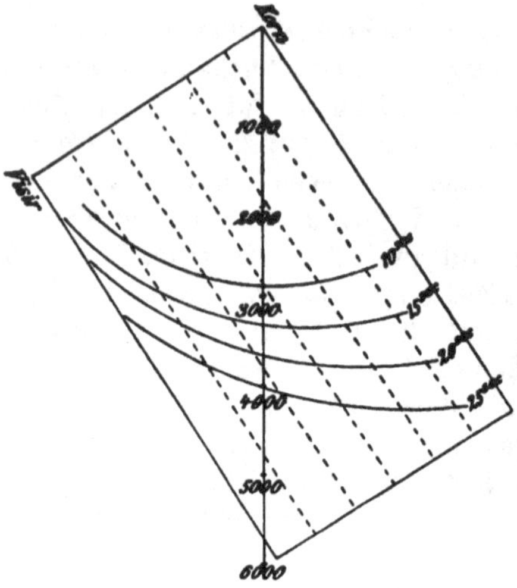

Abb. 44.

Statt dessen tragen wir aus später verständlichen Gründen zu jedem Punkte der Tafel die Zünderstellung ein, die ein im entsprechenden Raumpunkte platzendes Geschoß haben muß. Dann geben die zu gleichen Zünderstellungen gehörigen Punkte verbunden die Bilder der „Sprenglinien"; nach § 18 sind das nahezu Kreise, deren Mittelpunkte senkrecht unter dem Geschützstand liegen. Man vervollständigt so den Höhenmesser zu einem Tempierungsmesser (Brennlängenmesser), der zu jeder Entfernung sofort die Tempierung (Brennlänge) gibt, mit der geschossen werden müßte. Über die Berücksichtigung der Bewegung des Zieles siehe weiter unten.

Dieser Höhenmesser kann mit irgendeinem Visierinstrument (z. B. Entfernungsmesser, Scherenfernrohr u. dgl.) verbunden werden; dessen Visierlinie und die Oberkante des Höhenmessers müssen dann parallel gestellt sein.

§ 102. **Feld- und Luftaufsatz.**

Wenn die Visierlinie (Visier—Korn) durch das Ziel gelegt wird, soll die Seelenachse eine solche Erhöhung ω_0 erhalten, daß die Flugbahn durch das Ziel geht. Das wird bei Feldzielen in der Weise erreicht, daß der Linie Visier—Korn durch senkrechtes Verschieben des Visiers eine Neigung ω_0 gegen die Seelenachse gegeben wird. Das Maß der Verschiebung des Visiers wird an der Aufsatzstange abgelesen, an der aber statt (oder außer) den Erhöhungen ω_0 gleich die Schußweiten x^0 eingetragen sind. Ein solcher Aufsatz bezieht sich auf Ziele im Geschützniveau. Würde es sich um Ziele in 3000 m Höhe handeln, so wäre genau entsprechend ein Luftaufsatz herzustellen, da auch für diese Ziele zu jeder Entfernung eine bestimmte Erhöhung gehört. Da man aber nicht zu jeder Zielhöhe einen besonderen Aufsatz nehmen kann, kam es darauf an, einen Luftaufsatz zu entwerfen, der selbsttätig zu jeder Zielhöhe die richtige Erhöhung gibt, wenn das richtige Visier genommen wird. Nun ist zu bedenken, daß es beim Schießen gegen Luftziele gar nicht auf die Entfernung derselben ankommt, sondern auf die Zünderstellung der dahin zu feuernden Geschosse. Gleich tempierte Geschosse bei verschiedenen Erhöhungen platzen aber (nach § 18) auf einem Kreise nicht um den Geschützort O, sondern um einen Punkt M, der um Z unter O liegt. Und wegen der Gleichungen

$$x = X(t) \cdot \cos\omega_0, \quad z = X(t)\sin\omega_0 - Z(t)$$

hat der Radius MS immer die Neigung

$$\operatorname{arc\,tg} \frac{z+Z}{x} = \omega_0,$$

ist also immer der Seelenachse parallel. Daraus folgt, daß die Visierlinie VKS bei gegebener Zünderstellung t und allen Erhöhungen ω_0 immer durch denselben Punkt V der Linie OM hindurchgeht, der also das zu t gehörige Visier ist. Die Gesamtheit der Visiere ist also an einem senkrechten, nach Zeit geteilten Maßstabe anzuordnen, der nicht, wie der Feldaufsatz, mit dem Rohre, sondern mit der Lafette derart verbunden ist, daß er vermittels Libelle immer senkrecht gestellt werden kann, oder durch sein Gewicht sich selbst so stellt.

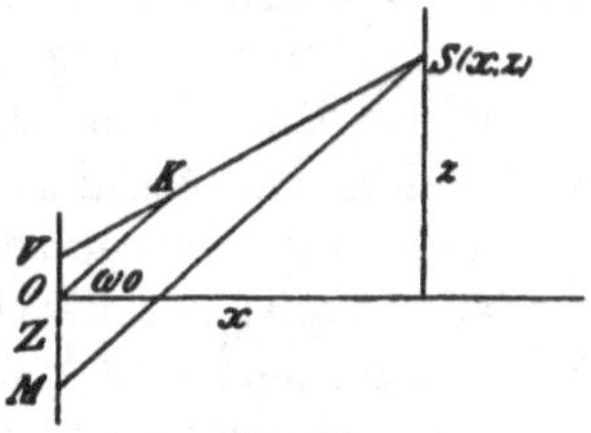

Abb. 45.

Der Satz, auf dem dieser Luftaufsatz beruht, ist aber nur angenähert richtig, also auch der Luftaufsatz selbst. Um den genau richtigen Luftaufsatz zu finden, ersetze man den Kreis um M mit MS durch die richtige Linie, auf der die Geschosse sich zur Zeit t befinden. OK (Abb. 47) sei die jedesmalige Rohrneigung gehörig zum Punkte S. Die sämtlichen Linien SK gehen dann nicht genau durch einen Punkt V, sondern sie umhüllen einen kleinen Kurvenbogen, der als das Visier anzusehen ist. Die sämtlichen Visiere können als senkrechte Parallelschnitte einer krummen Fläche getreppt nebeneinander angeordnet werden. Sie liegen nicht senkrecht übereinander, wie Abb. 45 ergab, sondern auf einer rückwärts gekrümmten Linie, wie Abb. 46 andeutet.

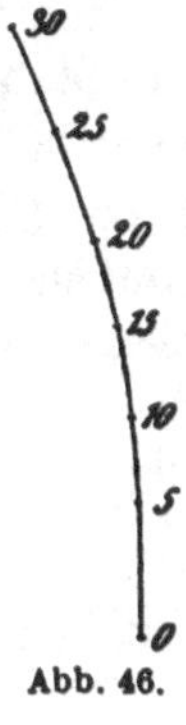

Abb. 46.

Auf den wesentlichen Unterschied dieses von mir 1916 vorgeschlagenen Luftaufsatzes gegen die früheren und gegen Feldaufsätze ist noch hinzuweisen. Die letzteren legen die Flugbahn durch das Ziel, sofern alles richtig bestimmt ist. Der oben beschriebene legt den Sprengpunkt in die Ziellinie; auch dann, wenn die Tempierung falsch war. Die Vorteile in bezug auf Beobachtung und Abwehr sind augenscheinlich.

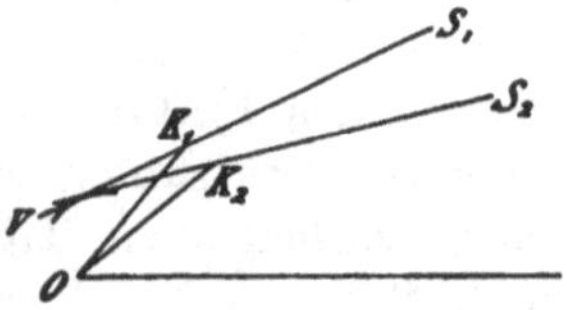

Abb. 47.

Auf technische oder artilleristische Einzelheiten wird nicht eingegangen; es kommt hier nur auf die mathematischen Grundgedanken an.

§ 103. Bewegte Ziele.

Die Bewegung eines Zieles erfolgt nach drei Komponenten: Seite, Höhe, Entfernung. Die Veränderung von Seite und Höhe kann man ermitteln aus der Veränderung der Entfernung und der scheinbaren Veränderung nach Seite und Höhe. Die Entfernung ist nun immer das unsichere Element wegen der Mängel, die jedem Entfernungsmessen anhaften und deren Zeitdauer. Demgegenüber ist die Ziellinie und die Bewegung der Ziellinie viel genauer zu erfassen, was ja auch darin zum Ausdruck kommt, daß es nicht schwer ist Strich zu schießen, aber schwer die Entfernung richtig zu treffen. Außerdem ist gegenüber der etwas unsicheren Entfernung vollkommen sicher die Zünderstellung, mit der im Moment des Abschusses geladen ist, also die Sekundenzahl t zwischen Abschuß und Geschoßzerspringen. Demgemäß ist es von erheblichem Vorteil, erstens von der wirklichen Bewegung des Zieles nach Seite und Höhe abzusehen und statt deren die Bewegung der Ziellinie zu berücksichtigen, und zweitens nicht die Entfernung des Zieles, sondern die Tempierung des Geschosses zugrunde zu legen, in der Weise, daß bezweckt wird, den Sprengpunkt in die Ziellinie zu bringen. Beträgt die Geschoßtempierung t Sekunden, so muß man am Visier in Richtung der scheinbaren Zielbewegung so viel vorhalten, als sich die Ziellinie in t Sekunden in dieser Richtung bewegt. Um diesen Betrag zu messen, werde ein Stab von 13 mm Dicke in Armlängenabstand (ca. 65 cm), so daß also seine scheinbare Dicke $1000 \cdot \frac{1{,}3}{65} = 20$ Teilstriche ist, senkrecht zur scheinbaren Bewegungsrichtung des Zieles vor das Auge gehalten, eventuell mit Auflegen. Mißt man die Zeit, die das Ziel hinter dem Stab passiert, mit einer Fünftel-Sekundenuhr oder durch schnelles Zählen, so gibt die gefundene Zahl n von Fünftel-Sekunden in 100 dividiert die Winkelgeschwindigkeit des Zieles in Teilstrichen pro Sekunde.

Das t-fache dieser Geschwindigkeit ist das Vorhaltemaß in Teilstrichen, also $\frac{100 \cdot t}{n}$. Um aber den Übergang vom Messen zum Zielen möglichst unmittelbar zu machen, werde die Vorhalteskala am Visier, statt nach Teilstrichen, gleich nach Fünftel-Sekunden geeicht, und zwar für das größte noch vorkommende t, z. B. für $t = 24$. Die Stelle der Skala, die $\frac{2400}{n}$ Teilstrichen entspricht, sei also mit n bezeichnet. Handelt es sich nun um einen Schuß von 12 Sekunden, so muß man die scheinbare Geschwindigkeit des Zieles an einer halb so starken Stelle des Stockes messen usw. Der Stock ist also so zu eichen, daß 24 Sekunden dort steht, wo er 13 mm stark ist, 12 Sekunden dort, wo er 6,5 mm stark ist, usw. (Von mir eingeführt Frühjahr 1915.)

Die Vorhalteskala UV werde nun im Nullpunkt O der Linie Visier—Korn und senkrecht zu dieser Linie in jeder Richtung auszieh- und feststellbar angebracht. An ihrem Ende V trage sie den Luftsatz, der durch ein Gewicht G immer senkrecht eingestellt sei (s. Abb. 49).

Nachdem die Entfernung ermittelt, Brennlänge t sec befohlen ist, spielt sich das Schießen so ab: Fünftel-Sekunden abzählen, die das Ziel braucht, um hinter dem Stab an der Stelle t zu passieren (n); Kommando „n“: Einstellen der Skala UV in Abb. 49 mit n auf O und in Richtung der scheinbaren Zielbewegung, Richten, Schuß.

Abb. 48.

Dieses Verfahren ist zwar schon bedeutend kürzer, als wenn Höhen- und Seitengeschwindigkeit für sich gemessen werden müssen, und jedenfalls für Behelfs-Luft-Abwehr-Geschütze ausreichend. Aber jedem Verfahren, bei dem das Zielen erst nach voraufgegangenem Messen des Vorhaltemaßes erfolgen kann, haftet der Nachteil an, daß das Meßergebnis im Moment des Abschusses nicht mehr zutreffend zu sein braucht. Man muß deshalb darauf ausgehen, daß das Vorhalten **selbsttätig** erfolgt, also in jedem Moment richtig ist. Dabei ist zu bedenken, daß das Vorhalten in bezug auf **Zünderstellung** nur möglich ist, wenn man ein dauerndes Zünderstellen am **geladenen** Geschoß vornehmen will. Das ist vorläufig in hinreichend einfacher und sicherer Weise nicht möglich. Wir können aber auch darauf verzichten. Denn auch bei nicht ganz zutreffender Zünderstellung wird doch, wenn nur das Vorhalten richtig ist, der Sprengpunkt in die Ziellinie fallen, was aus Gründen der Beobachtung, der Abwehr und Treffaussicht die Hauptsache ist. Außerdem kann man aber auch den Fehler aus der Zünderstellung dadurch

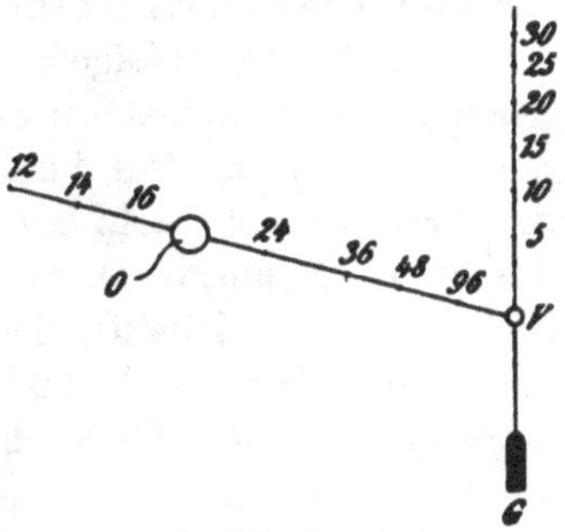

Abb. 49.

unwirksam machen, daß man in dem Moment feuert, in dem die Zünderstellung genau zutrifft. Zu dem Zwecke braucht man einen

§ 104. Tempierungsmesser mit selbsttätiger Bewegungsberichtigung.

Denken wir uns den Höhen- und Tempierungsmesser (S. 218) mit den Niveaulinien wagerecht gehalten, so daß das Lot als Visierstab *OP* zum Ziel hin gerichtet ist (s. Abb. 50), während die kurze Seite *OT* jetzt senkrecht steht. Der Bildpunkt eines feststehenden Zieles auf dem Zielstab *OP* gibt durch seine Lage zu den Sprenglinien die erforderliche Zünderstellung an. Wenn das Ziel kommt (geht), gibt der Bildpunkt nur dann die richtige Zünderstellung an, wenn jede Sprenglinie entsprechend ihrer Zünderstellung und proportional der Geschwindigkeit des Kommens (Gehens) des Zieles diesem entgegen-(gleich-) gerichtet verschoben würde. Diese Verschiebung muß bei allen Sprenglinien gleichzeitig erfolgen. Zu dem Zweck seien die Sprenglinien aus Draht gebogen und an Schiebern befestigt, die in wagerechten Schlitzen der Tafel gleiten und vermittels Führungsstiften durch den um *Q* drehbaren Arm *QR* ihrer Sekundenzahl proportional gleichzeitig verschoben werden. Der Bildpunkt *P* überträgt die Geschwindigkeit des Kommens und Gehens mittels eines Fadens *L*, der über die Walze *M*, durch einen Ring bei *P* zurückläuft und durch das Gewicht *N* gespannt wird, auf den Schwungkugelregulator *K*. Dieser hebt den Stab *J* durch die Achse von *M* hindurch, senkt den um *S* drehbaren Bügel *FGH* und drückt damit den Arm *QR*, an der die Schieber der Sprenglinien befestigt sind, aus der senkrechten Lage heraus. Anfänglich, oder wenn das Ziel „steht", d. h. seine Entfernung nicht ändert, liegt *R* in *G*. In dieser Anfangslage wird der Arm *QR* durch Feder oder Gewicht festgehalten. Aus der Anfangslage wird dem Arm *QR* am einfachsten durch Anstoß entgegen der Bewegungsrichtung des Zieles hinweggeholfen.

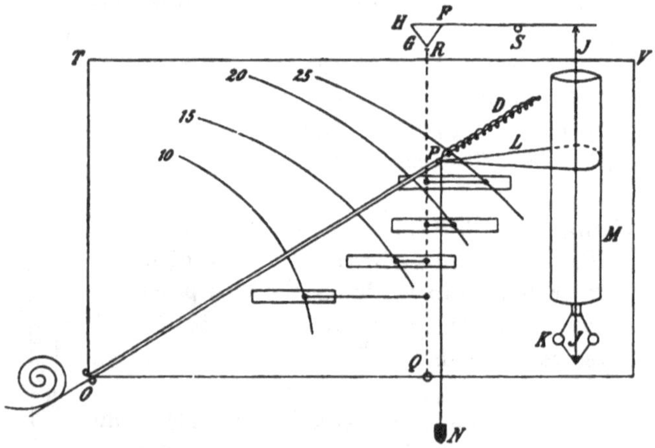

Abb. 50.

Das dauernde Einstellen des Bildpunktes P kann am besten durch den Entfernungsmesser selbst erfolgen. Dazu werde die Tafel mit dem Okularträger, der Stab OP mit dem Objektivträger des Entfernungsmessers so verbunden, daß die Tafel in die Zielebene, der Stab in die Ziellinie fällt, wenn der Entfernungsmesser das Ziel anrichtet. Auf dem Zielstab gleitet als Bildpunkt der Ring P. Dieser Ring ist an einer am Stabe entlang laufenden Schnur fest und mit dem Ende des Stabes durch eine Spiralfeder D verbunden. Die Schnur läuft über ein Schneckenrad bei O, auf das die Bewegung der Rolle übertragen wird, durch welche beim Entfernungsmesser die beiden Bilder zur Deckung gebracht werden. Möglichkeit und Ausführung der Konstruktion dieses Schneckenrades ergeben sich aus der auf einer Walze spiralig verlaufenden Skala des Entfernungsmessers, von der die Entfernungen abgelesen werden. Auf dieser Skala nehmen die Teilstrichintervalle bei wachsenden Entfernungen ab. Man übertrage diese spiralige Skala von dem Zylinder auf einen koaxialen Kegel derart, daß die Verkleinerung der Intervalle durch Vergrößerung des Radius gerade aufgehoben wird, daß also die spiralige Skala auf dem Kegel Teilstrichintervalle gleichbleibender Größe aufweist. Mit Rücksicht auf den Maßstab der Tafel muß 1 km einem Zentimeter entsprechen. Dieses flache Schneckenrad verschiebt sich auf seiner Achse, so daß der Berührungspunkt des Fadens OP an der Schnecke stets in der Verlängerung der Tafelebene liegt.

In entsprechender Weise, wie wir hier die Bewegung des Bildpunktes auf dem Tempierungsmesser durch Vermittelung eines Schwungkugelregulators zur selbsttätigen Berichtigung der Lage der Sprenglinien für Kommen oder Gehen des Zieles verwandt haben, können wir die Seiten- und Höhenrichtbewegung des Rohres zur selbsttätigen Berichtigung des Seiten- bzw. Höhenvisiers benutzen. Dabei ist aber zu bemerken, daß z. B. das seitliche Vorhalten nicht nur von der scheinbaren seitlichen Geschwindigkeit des Zieles, sondern auch von der Tempierung des abzufeuernden Geschosses abhängt. Die Übertragung der Richtgeschwindigkeiten des Rohres auf die Visiere muß also auf die Tempierung einstellbar eingerichtet sein. Das kann z. B. so erfolgen. Ein Schwungkugelregulator stellt seiner Geschwindigkeit entsprechend einen Punkt in einer bestimmten Höhenlage ein. Die Höhe dieses Punktes kann durch einen Hebel die Höhe eines anderen Punktes bewirken. Durch Verschiebung des Unterstützungspunktes kann man diese Übertragung von dem einen auf den anderen Punkt verschieden einstellen. In welcher speziellen Weise die Rohrbewegungen auf Schwungmassen einwirken und wie die Einstellung auf die betreffende Tempierung erfolgen soll, davon sehen wir im folgenden ab, um das Wesentliche um so deutlicher hervortreten zu lassen.

§ 105. Geschütz mit selbstberichtigenden Richtgeräten.

Der Entfernungsmesser *EM* steht derart links seitlich des Geschützrohres, daß seine Längsachse zunächst in die Verlängerung der Schildzapfenachse *K* des Rohres *D* fällt. Die Bewegungen des Rohres übertragen sich in der Weise auf den Entfernungsmesser, daß, wenn der Entfernungsmesser richtige Höhen- und Seitenrichtung hat, dies auch mit dem Rohre der Fall ist. Dabei muß die Bewegung des Rohres der des Entfernungsmessers immer um das bestimmte Vorhaltemaß nach Seite und Höhe voraus sein. In bezug auf die Seitendrehung nimmt deshalb die Achse *E* des Geschützes die senkrechte Achse *F* des Entfernungsmessers erst mit, wenn der Arm *R* (bzw. bei Linksdrehung der Arm *R'*) gegen die Achse *F* stößt. Die beiden Arme werden aber durch den Schwungkugelregulator auseinandergetrieben, der durch die Seitendrehung des Geschützes betätigt wird.

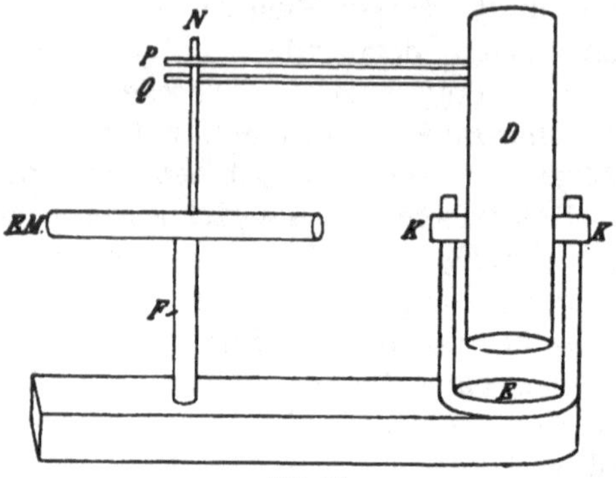

Abb. 51.

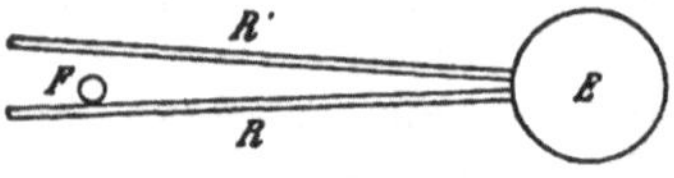

Abb. 52.

Zur Einstellung des Vorhaltewinkels in der Höhenrichtung ist der Stab *TU* vorgesehen, der senkrecht zur Achse des Entfernungsmessers steht und mit dessen Objektivteil so verbunden ist, daß der Stab *TU* stets in die Visierrichtung fällt. Der Schieber *T*, durch den der Stab gleitet, wird an dem Bogen *LN*, der wie in Abb. 46 konstruiert ist, bei der betreffenden Zünderstellung (im Bilde bei 15 Sekunden) festgestellt. Das Stäbeparallelogramm *HLNM* nimmt also, wenn es bewegt wird, die Visierrichtung *TU* mit; dabei ist die Seite *HM* fest, nur *LN* beweglich. Die Bewegung des Parallelogramms wird nun durch die Höhenrichtbewegung des Rohres wie folgt veranlaßt. An der Wiegenkappe des Rohres sind die beiden Stäbe *P*, *Q* fest (Abb. 51, 53), parallel zur Schildzapfenachse. Zwischen ihnen gleitet der Stab *HN*. Die Stäbe *P*, *Q* werden durch einen Keil vermittels eines Schwungkugelregulators entsprechend der Drehgeschwindigkeit des Rohres auseinandergedrückt. Bei sich hebendem (senkendem) Rohr, d. h. bei wachsender (abnehmender) scheinbarer Zielhöhe wird der Stab *N* an dem Stab *Q* (*P*) anliegen, d. h. die Erhöhung entsprechend größer (kleiner) sein, als bei gleichbleibender scheinbarer Höhe des Zieles.

Der sehr kleine Einfluß der geringen Seitenrichtungsunterschiede (von etwa 10° höchstens) zwischen dem Entfernungsmesser und dem Geschützrohr wird noch verringert, wenn man den Stab *TU*, mit ihm das Parallelogramm um einen konstanten Winkel nach oben um die Entfernungsmesserachse, die Stäbe *P*, *Q* um denselben Winkel um die Schild-

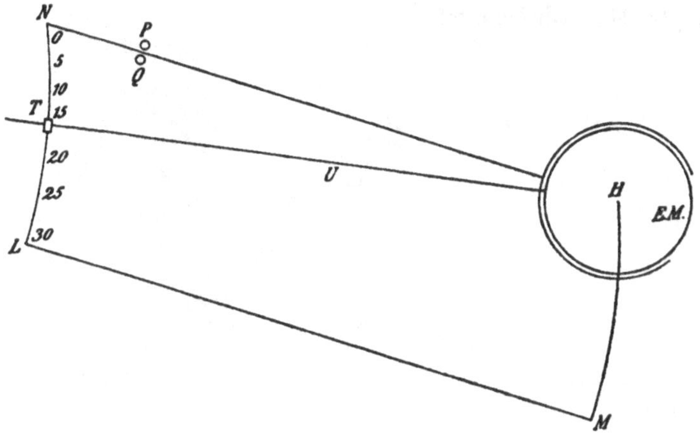

Abb. 53.

zapfenachse dreht, derart, daß bei mittleren Visierhöhen der Stab *HN* nahezu senkrecht steht. Der Höhenrichtkanonier bedient zugleich den Entfernungsmesser; dadurch, daß er das Rohr so einstellt, daß er das Ziel im Entfernungsmesser sieht, gibt er dem Rohr die richtige Höhenrichtung.

Die Abgabe eines Schusses vollzieht sich also so. Es wird dauernd richtige Höhen- und Seitenrichtung genommen. Dann wird Zünderstellung abgelesen, entsprechend (d. h. mit angemessener Vorgabe) geladen, Höhen- und Seitenrichtung für die geladene Zünderstellung eingestellt, und abgefeuert, wenn der Bildpunkt genau die Sprenglinie passiert, die der geladenen Zünderstellung entspricht. Die Korrekturen wirken so, wie es der Bewegung des Zieles im Moment des Abschusses entspricht; nach dem Abschuß erfolgende Bewegungsänderungen zu berücksichtigen, liegt nicht in unserer Macht. Wir können nur die Lösung der Aufgabe erstreben: den Schuß dorthin zu bringen, wo das Ziel ist, falls es seine Bewegung vom Zeitpunkt des Abschusses an beibehält. Außerdem muß die Zeitspanne zwischen Abschuß und Geschoßzerspringen durch hohe Geschwindigkeit v_0 möglichst kurz gemacht werden. Dichte Schußfolge und großer Wirkungsbereich eines Schusses müssen hinzukommen.

Die Vorgaben nach Seite und Höhe erfolgen so, als ob die scheinbare Zielbewegung konstant ist. Der daraus entspringende Fehler ist gering und kann in die übrigen mit eingerechnet werden. Seine Beseitigung ist nur durch so verwickelte Vorrichtungen möglich, daß der etwa gewonnene Vorteil durch die Unsicherheit vielgliedriger Mechanismen wieder aufgehoben wird. Die oben beschriebenen Vorrichtungen streben nach möglichster Einfachheit.

Anmerkungen.

Anmerkung I. In dem vorliegenden Buche ist vielfach, namentlich in den §§ 6, 17, 78, davon Gebrauch gemacht, die Form eines physikalischen Gesetzes aus den Dimensionen der darin vorkommenden Größen zu erschließen. Ich habe dieses heuristische Prinzip zuerst im Mathematischen Verein der Universität Berlin am 17. Februar 1893 vorgetragen und durch zahlreiche Beispiele erläutert und erhärtet. Damals erhob sich Widerspruch und Zweifel, so daß eine Veröffentlichung unterblieb. Heute ist die fragliche Schlußweise wohl allgemein anerkannt (vgl. z. B. Hopf in „Die Naturwissenschaften“ 1912). In der Ballistik kommt sie hier zum erstenmal zur Geltung. Es wird tunlichst aufgeräumt mit unhomogenen Formeln, wie „Gipfelhöhe der Flugbahn gleich $^5/_4$ mal Quadrat der Flugdauer“. Dimensionierte Konstante in einem physikalischen Gesetz sind ihrer Dimension entsprechend zu interpretieren, wie das Beispiel der im Luftwiderstandsgesetz vorkommenden Schallgeschwindigkeit erläutert. Das wird in entsprechender Weise nicht immer möglich sein. Aber immer läßt sich die Homogenität herstellen durch Einführung normierter Größen der Dimension Eins, wie dies z. B. in § 6 beim Bernoullischen Gesetz geschieht und wie es in § 84 bei den Sarrauschen Formeln geschehen müßte. Dadurch tritt das Wesen einer solchen Formel als Näherungsformel hervor, die nur in der Umgebung einer Stelle gilt, oder als erstes Glied einer Entwicklung aufzufassen ist. Sarraus Formel (58) für milde Pulver gibt die ersten zwei Glieder; aber die Wahl der Größe, nach der entwickelt wird, bleibt zweifelhaft. Auch bei roh empirischen Formeln ist die Forderung der Homogenität durchführbar (§ 95) oder bleibt anzustreben (§ 98).

Das Newtonsche Gravitationsgesetz setzt, wenn man der darin vorkommenden Gaußschen Konstanten die Dimension 1 beilegt, die drei Grunddimensionen M, L, T in die Beziehung $M = L^3 T^{-2}$, aus der das dritte Keplersche Gesetz folgt und die das astronomische Maß der Massen liefert, die nach dem reziproken Entfernungsquadrat anziehen (oder abstoßen). Dasselbe gilt für elektrisch oder magnetisch anziehende oder abstoßende Massen, die also als solche dieselbe Dimension $L^3 T^{-2}$ bekommen. Nur Inkonsequenz in bezug auf die Behandlung der Konstanten führte zu den bekannten irrationalen Dimensionen.

Anmerkung II. Die wichtigsten Flugbahnkonstruktionen (§ 11) hat auf ihre Einfachheit und Genauigkeit durch wirkliche Ausführung einer Anzahl von ihnen verglichen einer meiner früheren Schüler, Herr Studienassessor Bartsch. Das Ergebnis ist, daß bei gleichem Zeichnungsaufwand meine Konstruktion S. 29 (nach Abb. 10) den anderen überlegen ist*). Die Konstruktion von Cranz und Rothe (S. 33) ist zwar noch genauer, erfordert aber einen erheblich größeren Aufwand an zeichnerischer Arbeit. Wie bei meiner Konstruktion auch der Veränderung der Schwerkraft und des Luftwiderstandes und durch Konstruktion in Grund- und Aufriß auch dem Einfluß des Windes Rechnung getragen werden kann, ist in meinen „Beiträgen zur Ballistik II“ nachzulesen.

Anmerkung III. Nicht in Übereinstimmung mit dem sonstigen Sprachgebrauch ist in Gleichung (8) S. 130 der Koeffizient von α als störende (Dreh-) Kraft bezeichnet worden, weil die Bewegung im widerstandsfreien Raum als die ungestörte anzusehen ist.

Anmerkung IV. Die in § 48 und im achtzehnten Kapitel beschriebenen Vorrichtungen und einige andere sind von mir größtenteils im Felde bearbeitet und, soweit sie behelfsweise ausführbar waren, zur Anwendung gebracht worden. Sie haben den militärischen Behörden vorgelegen und sind von ihnen zur Veröffentlichung und evtl. zur Patentierung freigegeben worden. Für einige hatte ich Patente bzw. Gebrauchsmuster erworben, für die anderen zog sich die Patenterwerbung infolge meiner durch vierjährigen Frontdienst schwer erschütterten Gesundheit in die Länge. Seit dem 9. November 1918 habe ich die schwebenden Patentverhandlungen abgebrochen und die erworbenen Rechte als wertlos verfallen lassen.

---

*) Diese Konstruktion ist an der Stelle, wo sie zuerst veröffentlicht wurde (Archiv d. Math. u. Phys. III. Reihe XXVI S. 124), durch Druckfehler entstellt. Zeile 18 bis 22 muß es heißen: $QR = w_t$, $QU = RS = g$, $P_t S = v_{t+1}$, $QP_{t+1}, = P_{t+1}S$.

Namen- und Sachverzeichnis.

FSC
www.fsc.org
MIX
Papier | Fördert
gute Waldnutzung
FSC® C083411

Kolibri 360 GmbH
Ferdinand-Jühlke-Straße 7
99095 Erfurt, Deutschland
produktsicherheit@kolibri360.de